Pump Well

Captain's Store Room

Fish Scuttle

Slop Room

Steward's Store Room

Plans of
Bark E...
Deptford in July 1768

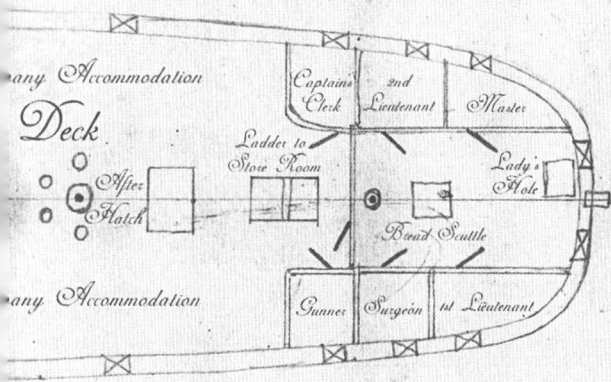

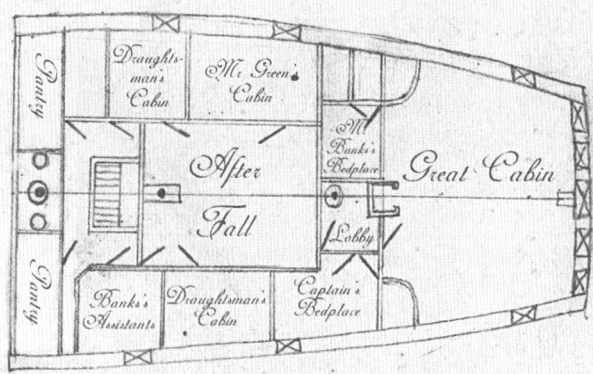

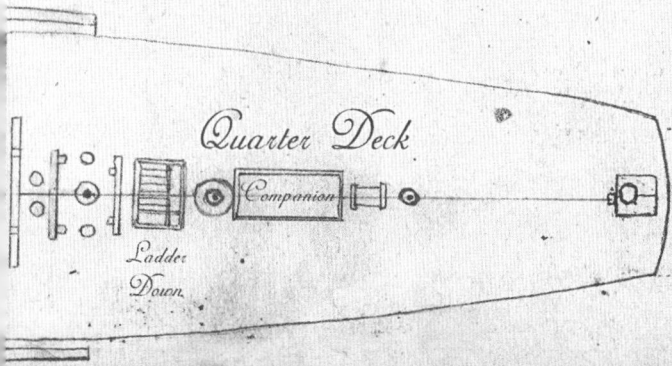

...any Accommodation

Deck

Captain's Clerk

2nd Lieutenant

Master

Ladder to Store Room

After Hatch

Lady's Hole

Bread Scuttle

...any Accommodation

Gunner

Surgeon

1st Lieutenant

Pantry

Draughtsman's Cabin

Mr Green's Cabin

Mr Banks's Bedplace

After Fall

Great Cabin

Lobby

Pantry

Banks's Assistants

Draughtsman's Cabin

Captain's Bedplace

Quarter Deck

Companion

Ladder Down

ENDEAVOUR

本书获誉

　　《奋进号》是科学与探险的完美结合，在其抒情的笔调中，能看到葱郁的热带景观，而对海岸风光的描写更仿佛能让人感受到海盐带来的刺痛感。这是一个对"华丽而亲切"的时代的写照……从开始到结束，每一页都是满满的阅读享受。

——《星期日泰晤士报》

　　摩尔为我们提供了一部关于一艘船的精彩传记，同时也揭示了塑造及围绕这艘船的文化。这本书让我想起了18世纪乔治国王享受的奢华盛宴——无穷无尽的异国菜肴都以精致的装盘端上餐桌。就像它讲述的那个时代一样，这本书也充满了活力、创造力和自信。

——《泰晤士报》

　　一个细节详尽的故事……一本有趣的传记，描述了一场海航与政治上的风暴……摩尔在这本书中对"奋进"号的论述既令人信服又无可辩驳，它不仅为我们带来了极大的阅读乐趣，还提供了大量宝贵的资料。

——《纽约时报》

　　摩尔这本内容丰富的书是对一个词、一种态度和一艘船的一封引人入胜的情书：这是一种荣耀的奋进，同时没有否认随之而来的死亡和毁灭。

——《卫报》

摩尔的研究无懈可击，他的作品光芒四射，富有诗意。他把船和船员史诗般的航行生动活泼地呈现在读者眼前……是一本从第一页到最后一页都精彩的书。

——《约克邮报》

彼得·摩尔这本优雅而有趣的新书，是一本关于"奋进"号的引人入胜的传记，将其作为一扇窗户，我们得以了解18世纪中叶英国启蒙运动的广阔世界……一本令人深感满足的书。在探险写作方面，它代表了一种聪明、多样、新鲜和富有挑战性的书写方式。

——《文学评论》

极具启发性……摩尔的这本书远超过简单的历史叙述或对"奋进"号航程的追踪。尽管细枝末节乍一看可能让人望而生畏，但读者应该坚持读下去，因为随着故事情节的发展，它会变成一个引人入胜、惊险刺激的历险故事……历史展现了其最令人兴奋和最能启发人的一面。

——《柯克斯书评》

在叙述"奋进"号的历史时，摩尔描写了这艘不起眼的运煤船不可思议的航行……在了解一艘船环游世界的壮举同时，读者也了解了在她航行期间，那种改变社会的奋进精神……在这部划时代的戏剧的第一幕中，摩尔以敏锐的眼光，勾勒出人类矛盾的冲动。航海史开始变得更加壮阔。

——《书单》

优雅……"奋进"号是航行着的启蒙精神。

——《经济学人》

ENDEAVOUR

THE SHIP AND THE ATTITUDE THAT CHANGED THE WORLD

奋进号

改变世界的伟大航行

PETER MOORE

[英] 彼得·摩尔 著　　祝晓辉 译

北京联合出版公司
Beijing United Publishing Co.,Ltd.

制造业的生产过程总会使人感到愉悦，因为它能让你见证一个再普通不过的东西，是如何通过无数人不间断的辛勤劳作，逐渐转变成一件工业产品的。看看橡树就知道了：一棵橡树最初被砍倒后无非就是个空树干，羊倌儿都不敢冒险用它渡过一条被阵雨冲刷的小河；然而当这些橡木被用来建造成战舰后，它们将攻城略地，恫吓他国，蔑视一切风暴和巨浪，游历地球上那些最遥远的角落。

——塞缪尔·约翰逊*《漫步者》（1750 年 4 月 17 日）

---

* 英国历史上最有名的文人之一，集文评家、诗人、散文家、传记家于一身。

目 录

第四部分　作战

序 言
心灵的奋进

　　1852 年 2 月，英国作家约翰·迪克斯登上了"帝国"号， 1 这是一艘从纽约开往罗得岛纽波特的蒸汽轮船。迪克斯时年四十岁左右，过去的几年间，他一直在美国各地漫游，到处打探搜罗多姿多彩的故事，为游记积累素材，其中许多故事已登载于《波士顿阿特拉斯报》。他在各地收集的物品被打包寄回英国，寄件人的签名为"一位四海为家者"，或颇有诱惑力地写作"大西洋彼岸一位杰出的文人君子"[1]。

　　迪克斯是在纽约市布鲁克林区过的冬。来自五大湖的风一刻也不停歇，不断向南袭扰着布鲁克林，像刀子一样掠过街上行人的肩膀。纽约的伊斯特河已经连续两年上冻，俨然成为覆盖在污水表面的一层冰雪地毯，鲱鱼和海豹就在这片污水里游弋。几个勇敢的人冒险穿过伊斯特河来到曼哈顿岛，那里"遍布大理石和砂浆，异常荒芜，是商业巨贾和百万富翁的居住之地"[2]。迪克斯对布鲁克林深深着迷，他写道："这里很美，冬天虽为这里穿上一件冰雪长袍，却掩盖不住它的美丽；雪橇铃发出悦耳的声响，犹如奏响美妙的音乐，回荡在每条街道。"[3]

　　直到二月下旬，刺骨的北风才被春天轻柔的暖风取代。大约就在那个时候，迪克斯从纽约的一份报纸上获悉，长岛海峡的冰面正在破裂。终于等到了这个逃离冰冻之地的机会，迪克斯步行来到港口，买了一张去纽波特的船票。他的计划是一有机会就去拜访一位居住在沿海城市的朋友，希望能从他那儿找到一些新的有价值的素材。那天下午四点，当太阳慢慢沉入哈得孙河时，他听到从码头传来的悦耳钟声。"帝国"号的轮机室发出"砰"的一声巨响，一股黑烟弥漫在空中，"与此同时，这艘巨大的双烟囱船悄然驶离岸边，几乎没有一点声音"。[4]

　　迪克斯来到美国是想重新开始。凭借一本记述天才少年诗　　2
人托马斯·查特顿的"感人"传记，迪克斯在伦敦文学界开始了其早期职业生涯。然而因为沉迷酒精，他断送了自己本来光明的前程。这个恶习不仅让他失去了朋友，还使他的文笔变得飘忽不定，致使他名声一落千丈，成了一个捏造谎言的骗子。迪克斯的重生之路开局不错。在美国，他欣然参与了戒酒运动，同时利用他局外人的身份，以一个英国人的视角向这个年轻国家投以讽刺的目光。1850年，他出版了《美国漫游记》。1852年年初，他开始着手搜集新的旅行者故事。这些故事将组成一部"美国风光"的汇编：内容包括他聆听丹尼尔·韦伯斯特在费城向一万人发表的演讲（"这不可避免地让我想起西德尼·史密斯对他的精辟描述……马裤的蒸汽机"[5]）；他前往康涅狄格州拜访了塞缪尔·格里斯沃尔德·古德里奇，那里是

"北方佬的天堂——出类拔萃之地"；他还采访《汤姆叔叔的小屋》一书的作者哈里特·伊丽莎白·比彻·斯托，这本书实在是太成功了，迪克斯估计，在最开始的九个月，它的销量就会超过《威弗莱》《少年维特的烦恼》《恰尔德·哈洛尔德游记》《间谍》《佩勒姆》《维维安·格雷》《匹克威克外传》《巴黎的秘密》和托马斯·巴宾顿·麦考莱的《英国史》这些书的销量总和。

当轮船在长岛海峡中破冰前进时，所有这些都呈现在眼前。帝国大厦是现代奢华的集大成者，与古老的带有横帆的帆船有着天壤之别。不到二十年前，查尔斯·达尔文还不得不忍受英国皇家海军"小猎犬"号＊上的恶劣条件：船员舱室内的吊床摇晃震颤不止，甲板上、船舱间的脚步声嘈杂扰人，舱内弥漫着松节油和焦油的难闻气味。现在，迪克斯在船上有自己的卧室，里面摆放着沙发、软垫搁脚凳、椅子和大理石桌子。在大厅里，一位女士弹着钢琴，旁边有一位先生伴唱。"做梦也想不到我这是'在海浪上漂浮着'。"迪克斯这样写道。对他来说，轮船"真的就是漂浮的旅馆！从理发店到床铺，一应俱全，所有这一切简直太完美了"[6]。

一天后，迪克斯到达纽波特。一上岸他就断定，这里的气候让他不由自主地想起怀特岛。纽波特是一个古老的城镇，坐落在纳拉甘西特湾复杂的地理环境中。这片海湾浩瀚无垠，一

＊　一般属于英国皇家海军的双桅横帆船，第二次出航时，查尔斯·达尔文登上此舰担任随船博物学家。航行见闻促使达尔文开始了物种转变的研究，并最终发表了19世纪最具争议的著作《物种起源》。

座座岛屿点缀其间，是当地人垂钓之旅的歇脚地。纽波特曾经是一处战略要地，但在过去的几十年里，其重要性已经逐渐减弱。在贸易向北迁移到了普罗维登斯后，这里街头的繁华仅维持了很短一段时间，之后便彻底没落了。"一年当中，只有'度假季节'会让这座老城重新焕发活力。一到这时候，俊男靓女们从美国各地蜂拥而至，尽情享受无与伦比的海水浴场和附近美丽的风景。这种间歇性的繁荣大概会持续两个月，然后纽波特便又恢复自己无精打采的沉寂状态。"[7]

　　由于不在旺季，且没有什么能让他感到愉悦的，迪克斯便在镇上闲逛。他发现了一个不寻常的旧工厂和悬崖上几处怪异的岩层。迪克斯上前查看了其中一处，赫然发现了许多钟乳石的尖顶，这些遗世独立的冰柱般的钟乳石让他想到了《天方夜谭》中"金碧辉煌的宫殿"。但接下来在码头那里，迪克斯才找到了最好的故事素材。他和"一位英国绅士"攀谈了起来，聊了一会儿之后，这位先生透露说"紧挨着这儿的商店里有一件非常有趣的海军文物"，这让迪克斯深感惊讶。他把迪克斯带到一位石油商人的财会室，那个人指给他们看一件毫不起眼的东西：一根笔直立着的大木桩，虽然已经干枯开裂，但仍然完整。

　　"这跟木桩属于'奋进'号船尾的一部分"，迪克斯在《跨大西洋追溯》中这样写道。一个世纪前，最负盛名的詹姆斯·库克就是乘坐这艘船完成了第一次环球远航。当那个人给他讲述时，迪克斯匆匆记录下来。"奋进"号完成那次伟大的航程后，在敦刻尔克被卖给了一个美国商人，他打算把这艘船重新整修一番后用来捕鲸。出于这种考虑，"奋进"号被送到纽波特进行修缮。事实证明，这艘船已变得又老又破旧。是到达纽波特港前，还是到达纽波特港后，现在已无从考证，反正"奋进"号已经"被季节变换时的大风吹得七零八落"。那个人告诉迪克斯，剩下的这根破旧的木桩曾经是"奋进"号船骨的一个组成部分。

　　这个物件让迪克斯心里泛起一片涟漪。他用诗句将自己的心绪记录了下来，以往触景生情时他也经常这样做。这首诗收录在《跨大西洋追溯》中，名叫"海洋断章"：

　　　　一根朴素的深色老木桩，
　　　　虫蛀已让它破烂不堪，
　　　　从泥淖中恢复原样，不再流浪漂泊——
　　　　所剩唯有如此；
　　　　但沉思不曾退去，
　　　　传奇般的历史终将浮出。

　　　　英国的一些昏暗森林，
　　　　生长着一棵雄伟的树木；
　　　　当大自然以微风吟唱起赞美诗，
　　　　它也在圣歌中苏醒过来，随风摇曳。
　　　　绿叶中的欢快小鸟迅速一瞥，
　　　　树下的乡亲翩翩起舞。

4

迪克斯的诗因充满传奇与冒险的神韵而得以迅速流传。他的诗歌描绘了树木的砍伐、船体的成型以及库克的现身，他是大英帝国的英雄，当世界与他背道而驰时，他"英勇无畏，在他的船甲板上踱着步"。

> 在科学的驱策下不断前行，
> "奋进"号加速航行，
> 直到船锚没入水下，
> 抵达塔希提岛*水湾。
> 她的足迹遍布半个地球，
> 现在靠着郁郁葱葱的岛屿暂时休憩。

这首诗随后笔锋一转，变得昏天黑地。塔希提岛的棕榈树和杧果被令人望而生畏的太平洋海浪所取代。诗歌仓促收尾——库克在夏威夷被当地人杀死，而"奋进"号也被改造成捕鲸船。最后，"她的船材萎缩变形，在纽波特港腐烂殆尽"[8]。诗歌的结尾如开头那样，船体四分五裂，再一次回到最开始造船时的一块块木料，直到什么也没剩下，除了那根船尾柱。

《海洋断章》这首诗体现了迪克斯作品的典型风格。这首诗构思巧妙，不断用一幅幅场景和若干有力的韵律进行编排。但是，还是那个问题，这首诗所讲述的事情只有不到一半是真的，顶多也就是半真半假。迪克斯那天在纽波特港遇到的大部

---

* 即大溪地，是法属波利尼西亚向风群岛上最大的岛屿，位于南太平洋中部。

分人，包括他在英国的绝大多数读者，都清楚地知道：1799 年情人节，也就是库克在夏威夷被当地人杀害那天，他所乘坐的是其第二艘伟大船只"决心"号，而非"奋进"号。迪克斯本人可能也知道这个实际情况，但他就是这样一个人，绝不会让冰冷的事实扼杀一段充满激情的传奇，他对事实佯装未见。"（人活着时受人爱怜）死后所留的遗物肯定为人们所珍视吧"[9]，艾米莉·勃朗特最近在她的小说《呼啸山庄》中写下这句话。联想到这里，迪克斯一定已经知道，他已经找到了最能让人们珍视的一件遗物。

迪克斯天生就是个作家，但他并不是个细心的作家。他没有停下来核对他讲述的事实，这会在很多方面对他产生不利。不过，他确实察觉到了摆在他面前的这根大木桩的叙事能力。迪克斯深谙大多数优秀作家的技法，他知道，像船尾柱这样的物件就是时光穿梭机。这些物件将数年、数十年甚至数百年的光阴浓缩成没有因果的平行时间。这些物件越是平常，其发挥的作用也就越大。如果能看到它们，或者在有条件的情况下能触摸它们，那么人们互动时那些未被察觉的意义与节点就会被层层揭示出来：一株幼苗长成一棵橡树，后被伐木工砍倒；造船者从伐木工那里得到它，并将它制成船尾柱；在后来的岁月中，它不断地接受木匠的修补，但最终还是随船沉入海底；直到潜水员将之打捞上来，由捕鲸船运到这里的码头，这块破碎的木头才重现人间。

这就是《海洋断章》这首诗歌的主题。迪克斯的叙述顺序渗透在事件意义之中。迪克斯知道，借由这根古老陈旧的船尾柱，他能唤起人们对整个乔治王朝那段黄金时代的回忆。并且，唤起这回忆的并不是簇拥着国王和王后、首相或大臣的遥远的宫廷，而是散发着泥土气息的地方：那里有橡树和咸水、太平洋上空的阳光、珊瑚石摩擦的嘎吱声、硫黄的恶臭味、四轮马车的咔嗒咔嗒声、大麻制成的厚帆布以及强劲的北风。

透过这根幸存的木桩，迪克斯看到了所有的一切。"奋进"号是一艘惠特比造船厂建造的运煤船，结实而稳定，她以自己坚毅的方式成为启蒙运动的象征。迪克斯本来可以好好核查这个事实，因为她蕴含的真相要比他想象的丰富得多。

现在的人们很少提到"奋进"（*Endeavour*）这个词了。偶尔会有政客把这个词写进演讲稿里，有意进行煽情，但除此以外，这个词显得陈旧迂腐，过分夸大，带有一种过去殖民地的味道，至少在英国人来看，他们宁愿不用这个词。但是，这个词有着丰富的历史含义。"奋进"一词来源于法语动词"*devoir*"，是"履行职责或义务"的意思。1066 年以后，这个词跟随诺曼人来到了英国。实际上，"奋进"这个词的含义要比其法语原意深刻得多，它就像芬兰语的"*sisu*"*、意第绪语的"*chutzpah*"†或波利尼西亚语的"*mana*"‡，这些词在翻译上很难做到完全涵盖所有含义。根据《牛津英语大词典》，"奋进"就

---

* 芬兰民族精神的概括，意为"力量与坚强的意志""毅力与勇气"。
† 欧洲犹太人使用的一种语言，他们用这个词概括犹太民族的性格特征，意为"胆大妄为和豪放无畏"。
‡ 波利尼西亚人用这个词概括波利尼西亚文化，意为"灵魂"。

是"全力以赴"的意思,"奋进者"指的是"奋发图强或有进取心的人",即便这种努力仅仅是个开端。[10] 努力奋进就是追求一些不容易轻易获得的东西,或者说追求近乎不可能得到的东西,有一种强迫或出于责任必须去追求的意味。正如 2017 年 1 月英国内政大臣特雷莎·梅在脱欧演讲中所说的那样,你可能不会"努力"去学习如何弹吉他,但你可能会把探索太空、开发清洁能源、提高医疗技术说成是一种"集体努力",目的是"让这个我们赖以生活的世界变得更好"[11]。

　　这个词最早的使用记录可追溯至 1417 年,当时弗尼瓦尔勋爵记下了他的"丰功伟绩、四处游历和他助理创造的'奋进'一词"。随后的几个世纪里,这个词越来越流行。莎士比亚在他的戏剧中对这个词更是信手拈来,比如《理查三世》中的一句"每个想过好日子的人都努力相信自己"。而且,宫廷的抄书吏在誊写历史和公报时也经常会用到类似"*endevoirs*""*endevoyres*""*endevyrs*"和"*indevors*"这样的词,它们都是"*endeavour*"的变形词。对于剧作家和编年史家来说,这个词非常有用,因为它隐含了在一个风起云涌的时代所经历的运动、采取的行动和取得的进步。那些奋进的人都在努力克服逆境,为了崇高的目标奋力前行。那些奋进者包括英雄、探险家、指挥官、国王或王后。17 世纪,这个词在托马斯·霍布斯*的哲学中获得了新的内涵,霍布斯在翻译拉丁语"*conatus*"

---

*　英国的政治哲学家,他的《利维坦》一书为之后所有西方政治哲学的发展奠定了根基,深刻影响了其后的孟德斯鸠和让-雅克·卢梭。

时选择"奋进"作为这个词的释义。"*conatus*"是霍布斯哲学中具有整合作用的核心概念，即"客体继续存在并增强自身的固有倾向"，这样的客体包括人类的心脏跳动、空气的运动或者是火药点燃的动力等。霍布斯认为，所有的物质都被注入了"奋进"的力量，这是一种在运动开始和结束时埋藏于物质内部并等待爆发的潜在能量。"若非跳动的弹簧，心脏又为何物？若非传递信号的连接线，神经又为何物？若非转动的连接盘，关节又为何物？这些无非是驱动整个人体产生运动的部件罢了。"[12] 正是"奋进"这一无形的要素，驱使人体这部机器变成了鲜活的生命。

到了 18 世纪中叶，这个词已经让语言变得更为饱满。如果不能很快在文中的某处找到熠熠生辉的奋进之寓意，人们就很难读懂一部名著。亚当·斯密在其名著《国富论》的第四段就使用了"奋进"这个词。托马斯·潘恩* 在其铿锵有力的政论小册子《常识》中，九次提到"奋进"。而凯瑟琳·麦考利† 在《向英格兰、苏格兰和爱尔兰人民发表关于当前重大事务危机的讲话》中则七次提到了"奋进"。这个词在英国国王乔治三世 1775 年发布的《镇压造反与叛乱宣言》中扮演了重要角色，《独立宣言》则两次使用同一词进行回应。这个词赫然出现在

---

* 英裔美国思想家、作家，美国开国元勋之一。其著作《常识》位居影响美国历史的二十本书的榜首。

† 英国第一位女性历史学家，也是当时世界上唯一的女性历史学家。

《项狄传》* 四十三字的献词里。埃德蒙·柏克 † 第二版《对崇高和美的观念的起源的哲学探究》一文中的第三个词就是"奋进"。1761 年，查尔斯·梅森和杰里迈亚·狄克逊被派往明古连 ‡ 观察金星凌日，他们尽职尽责地写信给皇家学会说："我们将尽最大努力做出成绩，不辜负大家对我们的信任。"[13]

　　"奋进"也是塞缪尔·约翰逊最喜欢用的一个词。他在其创办的《漫步者》期刊的开篇专栏中四次用到这个词，在为编著《英语大辞典》而写的《计划书》中用了五次。约翰逊将自己对"奋进"一词的理解贯穿到辞典编写工作的始终，并造就了这部辞典的优秀品质。这个词之所以如此突出，是因为它与时代的愿望融为一体。这是一个渴望鸿篇巨制的雄心勃勃的时代，约翰逊的《英语大辞典》就是一个最典型的例子。从 1746 年开始，他打算为英语中的每个单词提供定义、引文和词源。约翰逊自信满满地开始了这项工作。1748 年，约翰逊的牛津大学老友亚当斯博士到高夫广场拜访他。亚当斯发现，正在编写这部辞典的约翰逊显得很疲倦，他身边有几名抄写手在帮忙。

　　　　亚当斯：这项工作太了不起了，先生。你怎么知

---

*　英国作家劳伦斯·斯特恩写的小说，被认为是后设小说的开山之作。叔本华曾将其描述为有史以来最伟大的小说之一。

†　爱尔兰裔的英国的政治家、作家和哲学家，英美保守主义的奠基者。

‡　即今印度尼西亚明古鲁省，位于苏门答腊岛，曾经是英国的殖民地，当时称明古连。

道所有的词源？

　　约翰逊：我当然知道啊，我的书架上摆放着朱尼厄斯、斯金纳和其他人的辞典。况且，还有一位威尔士的先生出版了一本威尔士谚语集，他会帮助我了解威尔士语。

　　亚当斯：可是，先生，你怎么能用三年的时间完成这项工作呢？

　　约翰逊：我肯定能在三年内完成的。

　　亚当斯：但我们知道，法兰西学术院有四十名院士，他们花了四十年时间才完成本国辞典的编纂。

　　约翰逊：的确如此。这就是比例问题。让我想想，四十乘以四十等于一千六，也就是说三比一千六。因此，一个英国人和一个法国人的工作量比例也是如此。[14]

　　约翰逊将继续编纂他的辞典，里面包括四万两千七百七十三个词条，尽管这项工作花了他九年时间，而不是预期的三年。但约翰逊并不是个例。在这些年里，大卫·休谟出版了他的六卷本《英国史》。托比亚斯·斯摩莱特 *、凯瑟琳·麦考利、威廉·罗伯逊和爱德华·吉本也完成了其他同样的历史巨著，比如爱德华·吉本，他出版了鸿篇巨制的六卷本《罗马帝国衰

---

* 18世纪苏格兰诗人、作家，以创作流浪汉小说著名，作品影响了包括查尔斯·狄更斯和乔治·奥威尔在内的一大批作家。

亡史》。托马斯·沃顿花了几十年的时间完成了他的《英国诗歌史》。1766 年，托马斯·彭南特创作完成了大部头《不列颠动物志》第一版，以对开本的形式用奢侈的皇家御用纸印刷，这种慷慨的大手笔让他几乎破产。在法国，德尼·狄德罗* 主持编纂了一部博大精深的《百科全书》。对此，英国于 1769 年用《大英百科全书》的首次出版做出回应。 8

　　在这其中，每一项工作都可以归类为一种奋进：大胆进行计划，坚定地承诺执行，通常以公众利益为目标，并且以极快的速度推进。正如本杰明·富兰克林在《穷理查年鉴》中阐述的那样，"岁月既往，一去不回"。这些浩大的工程并不限于文学领域。同样的勇往直前还体现在 18 世纪 60 年代激进议员约翰·威尔克斯领导的自由运动，工业革命的开端，探索传说中的南方大陆的远航，全欧洲国家团结在一起尝试测量宇宙的大小，以及北美民众对殖民统治的反抗，等等。奋进的激情深植于杰斐逊一句闪闪发光的名言中——生命、自由和追求幸福。或许，再也没有什么能像 1776 年 3 月 4 日至 5 日那个夜晚发生的事更能体现奋进精神的生机与活力，就在那个暖得过头的夜晚，乔治·华盛顿将军率领部队马不停蹄地驰援波士顿多切斯特高地。第二天早上，英军在营地醒来时不禁大惊失色，发现原来空无一物的地方突然多出来二十门瞄着他们的大炮。希思将军抱怨道："竟然要在这么短的时间里干这么多事，这

---

* 法国启蒙思想家、唯物主义哲学家，百科全书派的代表。他的最大成就是以二十年之功主编完成的《百科全书》，该书是 18 世纪启蒙运动的最高成就之一。

在历史上或许也是前无古人吧。"在"这次像阿拉丁神灯精灵一样的远征"中，还有另外一个奇迹。[15]

奋进精神是启蒙运动的一个基本组成部分，1750年至1780年，这种冲劲达到了顶峰。18世纪中期，人口增长和重商主义扩张进入到了新的历史阶段，正如罗伊·波特所写的那样，"没有回头路可走了"[16]。1760年，年轻有为的乔治三世加冕为英国国王，这为历史的发展注入了新的动力。与此相结合，一种比过去几十年更为强烈的自信与冲动成为这一奋进年代的主旋律；在往后的岁月里，它还会被继续巩固加强。这种奋进的文化氛围不仅体现在对"奋进"这个词的使用，以及文学、社会和工程等各项事业发展上，同时还体现在人们对日常生活进行探索与尝试的态度上。

乔治王朝中期的几十年里充斥着人们被诱惑的传说与故事，这种诱惑就是乔治·利特尔顿勋爵所称的"摧毁一切的愤怒，游戏精神"[17]！利特尔顿所指的实际上就是赌博，那些在蓓尔美尔街博德尔赌场和怀特附近老俱乐部拥有资金（或没有资金）的人沉迷于此，不可自拔。"放纵、奢侈和赌博"在威斯敏斯特很盛行，而同样的态度在全国各地也有不同的表达方式。当时的报纸上到处都是关于彩票、为打架胜负下赌注、比试耐力或勇气的报道。1761年，英法七年战争期间，贝勒岛之战的详细战况被加急送回，但这个紧急战况却淹没在赛马主詹尼森·沙夫托和猎狐大师雨果·梅内尔为赢得两千几尼*"下

---

* 英国旧货币单位，1几尼=1.05英镑，现有时见于拍卖会。

了一笔大赌注"的消息中。梅内尔和沙夫托两人各自聘用赛马骑师，参加一场一天骑马跑一百英里*的比赛（这看似不太可能），比赛要求"用不超过二十九匹"的任意赛马，"总共比赛二十九天"[†18]。

如果这些壮举的实现带有一丝夸夸其谈或"哗众取宠"的味道，那就更好了。18世纪60年代的一则新闻就是最能说明问题的例子，这则新闻见于1768年2月20日《纽卡斯尔报》的头版："我们听说，一位高贵的勋爵为赢得六百几尼的赌注，要在半小时内吃下六磅猪肉香肠。"约翰·威尔克斯是那个时代最受欢迎的英雄人物，他太理解这种作秀的必要性了。在反抗保守当权派的活动中，人们用轿子抬着他穿过伦敦的街道，后来他在国王法庭监狱里大快朵颐地享用烤乌龟。还有一次他宣称，他"躺在贝琪·格林小姐的床上"，完成了刊载于《北不列颠人》上的颠覆性文章的"绝佳"版本。[19]

出于对威尔克斯敢于冒着生命危险主动参与平民运动的敬畏，伏尔泰从欧洲大陆致信说："你用你的勇气点燃了我，用你的智慧吸引了我。"[20]这句话把握了时代的脉搏，准确描绘了人们向前迈进的轻率和冲动，生动再现了当时充满激情的知识氛围，以及人们带着逞强的样子全力以赴的愿望。在那个年代，"奋进"不仅仅是一句口号，它更成了人们为实现更美

---

*　英国长度单位，1英里=1609.344米。

†　沙夫托和他的骑师约翰·伍德科克将取得领先地位。"约翰·伍德科克1761年5月4日凌晨一点从著名的赛马中心纽马克特出发，并于6月1日晚上约六点完成比赛，只用了十四匹马"。——原书注解

好生活而努力奋斗的一种力量。伏尔泰脑海中浮现着一个激情燃烧的人物形象，这个形象就是对"奋进"的精确阐释。英国是那个奋进年代的火源，从它熊熊燃烧的火焰中迸出了一个火花，这个火花传播得如此之远，以至于以往任何一个年代都无法企及。这个火花发出灼热的光芒，只不过它根本就不是一个火花，而是一艘船！

※

英国国王陛下的三桅帆船"奋进"号是一艘在惠特比建造 10
的运煤船。这艘船圆润而结实，远不是那种泛着时髦与优雅光泽的样子货，她的船首没有装饰漂亮潇洒的人像，也没有华而不实的雕塑，即便那些装饰性的雕刻品赋予了帆船生机与活力。作为一艘在海洋中航行的船只，她在均匀风力作用下的最大航速为七至八节*，约为全速状态下护卫舰航速的一半左右。"奋进"号在浅滩单锚停泊时会表现得很好，但除此之外并没有特别优秀的航海性能。库克船长本人更喜欢他的第二艘船"决心"号，他指挥这艘船航行的距离是"奋进"号的两倍。

"奋进"号比"决心"号略微小一些，其载重为三百六十八吨，处于中等水平。"奋进"号从船首到船尾长九十七英尺†七英寸‡，船宽二十九英尺三英寸。人们常把船比作一个世界，而船长则是这个世界的绝对君主。但是，如果说"奋进"号是库克的王国，那么这艘船绝对是一个非常普通的世界：从船尾踱

---

* 航海速率单位，1 节 =1852 米 / 小时。
† 英制长度单位，1 英尺 =12 英寸 =0.3048 米。
‡ 英制长度单位，1 英寸 =2.54 厘米。

步到船首锚架或许只需要二十秒；从右舷上缘冲到左舷上缘，库克仅需花上几秒钟的时间；而熟练的水手骑上横桄索攀爬到顶部，可能只需不到一分钟的时间；最远的路应该是穿过臭气熏天的船下部到面包房，即便如此，在乱作一团的后支索和帆脚索中穿行，也花不了很长的时间。然而，我们不能仅凭这样的统计数据来了解"奋进"号。这艘船既十分普通，又非常与众不同。英国皇家海军历史上从来没有哪艘船能像"奋进"号那样，即便普通得不能再普通，却成为英国探险史上最重要的船只。

"奋进"号在她短暂的服役生涯中造访了欧洲地理学家根本无从知晓的太平洋岛屿，在新西兰和澳大利亚的早期历史发展中发挥了重要作用，承载着像詹姆斯·库克和约瑟夫·班克斯[*]等这样的真正庄严肃穆的历史人物。"奋进"号把数以千计的植物、动物、水彩画以及礼仪和日常用品运回伦敦。根据查尔斯·达尔文的估计，在"奋进"号的帮助下，人类文明世界拓展了半个地球的疆域。这就是"奋进"号的来龙去脉。一听到"奋进"号这个名字，人们就像约翰·迪克斯一样，在脑海中浮现出与她有关的种种画面：在塔希提岛波光粼粼的海面上抛锚停泊，绕过新西兰北岛的海岬或沿着澳大利亚海岸疾驰，直到遭遇大堡礁搁浅这样令她蒙羞的事故。

但是，在这艘三桅帆船的一生中，还有很多鲜为人知的画

---

[*] 英国探险家和博物学家，参与了詹姆斯·库克船长的第一次航行（1768—1771），参与了澳大利亚的发现和开发过程，后曾长期担任英国皇家学会会长。

面，这里撷取几例：她曾沿着泰恩河上的煤炭装卸转运码头前进，也接近过福克兰群岛的埃格蒙特港定居点，还曾穿过通往　11
纽约港入口处危险的桑迪岬暗礁群。她不仅带着探险家、植物学家和波利尼西亚祭司游历，还载着纽卡斯尔的煤炭、殖民地定居者和黑森士兵。她见证了1768年发生在伦敦的威尔克斯暴乱。她曾是英国历史上最著名入侵舰队的一分子，1776年纽约的标志性战役，她也在场。她的航程横贯当时的历史，可以集结为一部叙事史诗，其中汇聚着具有真正历史意义的不同时刻。

很多人把"奋进"号留下的记忆视为珍宝，倍加珍惜，但对另一些人来说，她是一个有毒的象征。他们认为"奋进"号的存在可能剥夺了人类社会千百年来的存续样态，给社会带来了更多的破坏。从她那高高的上桅杆穿过地平线的那一刻起，就标志着"古老时代"——那一纯真时代的终结，或者至少可以说是"古老时代"终结的开始。随后她便揭开了一幅漫长而充满痛苦斗争的时代大幕。关于"奋进"号的盖棺定论，人们毁誉参半。有人看到的是一艘惠特比运煤船，或者是一艘海军运输舰；对其他人而言，她则是一艘勘探船、一艘间谍船、一艘走私船、一艘摆摊船、一艘囚船、一艘封锁船。想要得到进一步的解读恐怕比较难。"奋进"号是一座浮岛，一只神话般的鸟，一个邪恶的水精灵，一只沙蟹，一个妖精窝。甚至到了今天，"奋进"号在澳大利亚东海岸游弋的想法仍能激发人们的想象力。尼尔·默里是澳大利亚一位歌手兼作曲人，他通过土著居民和托雷斯海峡岛民的眼睛给"奋进"号画像，描绘了她在水面上滑行的情景，就像"一只巨大的独木舟，上面有一棵树从云端冒出""一只巨大的鹈鹕负载着澳洲袋貂""一艘塞满小个子白人的海船""面色苍白的陌生人——鬼魂！行尸走肉！"[21]。

　　这些都是局外人形成的画面或印象。正如格雷格·德宁 * 在《布莱先生的脏话：关于赏金的热情、权力和演戏》一书中所说："对了解内幕的人来说，这艘船一直都在被重塑，而且一直都处在这个过程中，包括其所有的空间、所有的关系、所有的戏剧。"[22]"奋进"号甲板和船舱的作用不断地变化着，因此要写出一部关于这艘船的信史几乎不可能。很长一段时间以来，我一直被"奋进"号用途的不断变更以及异乎寻常的千变万化所吸引。1764 年，自"奋进"号入海时起，她便在三个历史舞台上以三个不同的名字演绎着三种截然不同的命运。关于"奋进"号的航行史，有很多不同说法，这些历史一般是通过这艘船环球航行的弧形航线（1768—1761）或库克（或班克斯）的传记来进行讲述的。但是，我在这里想换一种思路来讲述，也即从展现这艘船本身的存在，其所体现的奋进文化，以及其曾搭载过的形形色色之人的奋进精神，这样三个角度来讲述"奋进"号的历史。通过这种方法，我希望能让这个大家业已熟知的故事焕然一新。

　　时至今日，"奋进"号仍在很多人心目中留有一席之地。12

---

* 澳大利亚最杰出的历史学家之一，也是南太平洋地区杰出的历史学家和人类学家之一。

在"奋进"号扬帆起航的二百五十多年后，人们通过海湾和海峡的命名来纪念这艘船的存在。"奋进"号留下的鲜为人知的文化遗迹（比如船上的大炮和压舱物）已成为博物馆的珍贵馆藏。在悉尼的达令港，人们正在用精致的英国皇家海军"奋进"号复原品进行历史重现，从复现的航线可以目睹这艘带有横帆的三桅帆船穿行在游艇和邮轮之间，在摩天大楼和飞机的下方滑入港口，这种场景就像古罗马战车奔驰在 F1 赛道上一样，与时代格格不入。

　　但是，原来的"奋进"号仍保持着一种难以捉摸的特点。她的重生几乎不带有任何当代的影子。但其中有一个例外，它就是西德尼·帕金森[*]的线条素描，这位年轻的艺术家是约瑟夫·班克斯远航团对的成员。帕金森把一个或许发生在太平洋上的高度戏剧性的时刻永久地记录了下来。当时，"奋进"号在一片汹涌的大海中受到猛烈冲击。当她突然向右舷倾斜时，巨大的波浪翻过船舷冲上了船首甲板。要不是绷紧的后桅支索帆，船上所有的桅杆都会裸露出来。船上的人命悬一线，这是一场生死竞赛。海浪重重拍打着坚硬的船体。

　　然而就在此刻，当这场最惨烈的搏斗进入白热化时，"奋进"号已然死亡。死亡就意义而言是死去的东西占据了她的全部：死去的橡树，朽烂的橡木。就像你在读这段文字时可能坐的椅子，或你脚下的地板，或你吃饭的桌子一样，当库

---

[*]　苏格兰植物插画家和自然历史艺术家。他是第一位访问澳大利亚、新西兰和塔希提的欧洲艺术家。

克1768年4月或5月在德特福德船厂注视这艘船之前，"奋进"号早就已经是没有任何生命的死物了。库克很清楚，他看到的这艘船在国王的船厂里不会在几天之内就组装好，即便是在之前的惠特比造船厂也一样。然而，"奋进"号靠着占船体百分之九十的坚硬的橡木船材，已然形成完全属于她自己的独特个性。和许多惠特比造船厂建造的船一样，"奋进"号异常坚固。这既缘自她的设计，也因为建造她的船材。这艘船第一次被赋予了生命，活生生的生命，而她的生命早在1764年下水之前就已经开始了。"奋进"号的故事，包括我们自己的故事，并不是从拍击太平洋的海水开始的，而是始于更早的某一时刻——那是很久很久以前阳光柔和、疾风呼啸之时。

PART ONE

Life

第一部分
诞　生

1

Acorns

第一章

橡树之子

　　"奋进"号的生命诞生于几英寸深的地下，具体何时就无
从考证了。在那里，随着夏日的退去，秋天的到来，一棵橡树
从橡子开始了它的生命历程。

　　橡子是一个囊状物，外附一层蜡质，起到保护作用。橡子
的内部存储着遗传密码以及充足的营养物质、鞣质和重要的油
脂，这些能在橡树脆弱的生命初期为其提供滋养。九月，橡子
开始在泥土里缓慢发育，直到两周后，它的外壳才会裂开。橡
子的内部第一次暴露于外，橡子的内核呈赭黄色，与外壳红木
般的深褐色形成鲜明对比，外壳在受压时会开裂。橡子开始向
下生根，细小的根须像探针一样搜寻着水分和营养。到了十一
月，当地表的泥土上霜时，橡子的外壳就完全脱落了。取而代
之的是茎的最早萌发，茎冒险向上伸展，寻找光线。

　　四个月后，橡子的外壳被彻底破坏丢弃，消失得无影无
踪。现在，这株孱弱的植物最明显的特征就是它的茎。茎继续
向上生长，到现在已经过去了六个月。当四月的阳光开始变得

温暖起来，幼小的植物穿破了土壤，它看起来仿佛不属于这个世界，苍白而空灵，就像一部老掉牙的恐怖电影里从坟墓里伸出来的一只骷髅臂。几天之内，这种苍白的颜色就会消失，取而代之的是蔓延到整株植物的生机盎然的绿色。去年秋天的橡子不见了，在这个位置长出了一棵橡树幼苗，或者说是一根橡树萌发枝：高两英寸，顶部生出一对螺旋上升的叶片，向着阳光倾斜和旋转，兴奋不已。此时，它已不再依靠种子存储的能量，而是在阳光下进行光合作用，森林的地表又增加了一个新的成员，它在荆棘、蓝铃花和栎木银莲花中若隐若现。更多的叶子冒了出来，对那些贴着它研究的人，橡树苗已然展现出人们熟悉的裂片形状。随着盛夏的到来，这些叶子散发出金色的光芒。很快，小橡树就在花丛中脱颖而出，暴露在野兔、田鼠、牛或鹿等食草动物面前。但除了这种危险外，它的未来充满希望。

　　没有人知道，为"奋进"号提供船材的那些橡树到底长在哪里。托马斯·菲什伯恩是惠特比造船厂的老板，"奋进"号就是1764年在这里建造的，但关于造船用的橡树来自哪里，没有留下任何记录。或许这些记录文件已经丢失或损毁，或许从一开始就不存在。

　　有些人猜测，这些橡树长自波兰中部大雪覆盖的森林。这些橡树在寒冷的大陆性冬季被砍伐，木材沿着维斯瓦河向下游漂流到港口城市但泽，在但泽被出售后，装进前往英国的商船船舱中。经由昔日航行着汉萨同盟*肥胖的柯克船†的古老固定航道，商船穿越波罗的海，小心翼翼地驶过分隔丹麦和瑞典的海峡，进入一片被称为"德国海"的缓慢流淌的广阔水域，然后驶向英国东海岸。

来自利物浦的造船师罗杰·费舍尔提出了不同的理论。1763 年他写道，"北雅茅斯、赫尔、斯卡伯勒、史托顿、惠特比、桑德兰、纽卡斯尔和苏格兰北部海岸"的东部造船港主要从与特伦特河和亨伯河接壤的肥沃低地获得橡木。[1] 就在罗杰·费舍尔写下这段话后不久，建造"奋进"号的橡材就将抵达惠特比造船厂，因此费舍尔的观点颇有一些道理。但不偏不倚地来看，考证得越仔细，这种说法听起来就越不可信。费舍尔住在英国西海岸，他自己承认对东部港口的航路知之甚少。他搜集的所有资料都是第二手或第三手的。

费舍尔这么写还有别的目的。他写的一本关于英国橡树的书《橡树之心：英国的堡垒》于 1763 年出版。那是被载入英国史册的一年，就在这一年，《巴黎和约》的签订结束了英法七年战争。在这场冲突中，英格兰的林地遭到过度砍伐和破坏，其原因是政府下定决心要为日益壮大的英国海军提供补给。和他之前的许多人一样，费舍尔对这种大规模破坏感到非

---

*　12—13 世纪中欧的神圣罗马帝国与条顿骑士团诸城市之间形成的商业、政　　治联盟，以德意志北部城市为主。15 世纪中叶后，随着英、俄、尼德兰等　　国工商业的发展和新航路的开辟而转衰解体。

†　汉萨同盟各都市进行贸易时喜欢用的船种，大航海时代北欧体系船只中最　　为发达的船舶。

常寒心。他在英国到处都可以目睹这种景象。英格兰故国的森林、树木、丛林和狩猎地正在逐渐消失，他在《橡树之心：英国的堡垒》一书中悉数记下了这些，以此存证。木材贸易的联系人告诉他，英国"百分之七十五"的林地已经"在这五十年里消耗殆尽了"[2]。斧头所向之处，肆无忌惮。在河谷和阳光明媚的南部田野，在威尔士和古老的内陆森林，同样的悲剧也在上演着。

在费舍尔看来，这个国家已经走到了介于德行纯朴的美好 17 过去和一片荒芜的凄惨未来之间的转折点。为了突出他这本书的主题思想，费舍尔唤起了不久以前的一幅景象。他勾勒出一位与大自然融为一体的土地所有者，这位土地主"有些厌倦了享乐"，想"抽身而退，静心休养"，在他广阔的森林里悠闲地漫步。这是贺瑞斯[*]追求的理想，一种远离城市烦恼和干扰的自由自在。费舍尔用语法上的现在时态来增强这种失落感，他描述了这是怎样一种情形：

> 各种各样的场景让他低迷的精神重新振作起来。在一棵顶部枝叶茂密的橡树枝头上，相距不远的乌鸦和画眉彼此啁啾着，就好像在祝福它们的恩人。再往前面一点，失去伴侣的斑鸠发出哀伤的鸣叫，直到附近树林的回声穿过寂静的空气，快乐的一对又重新结合在一起。多样的变化描绘了在茂密的橡树林和生机

----

[*] 古罗马诗人，他在吸收古希腊抒情诗的基础上，用拉丁语进行诗歌创作，并把古罗马抒情诗创作推向了高峰。

勃勃的植物中度过的愉快时光。国家的美好前景使他
心旷神怡。[3]

　　似乎预见到蕾切尔·卡逊[*]的《寂静的春天》会在两个世纪
后诞生，罗杰·费舍尔描绘的是一幅同样的失乐园景象。不
过，最近的学术研究表明，橡树问题并不像他认为的那样严
重。费舍尔很可能感受了这样一种形式的环境恐慌，即一半是
目睹的，一半是感觉到的，这种类型的环境恐慌在未来的岁月
里会越来越普遍。在18世纪60年代，像他这样的态度掩盖了
一个历史真相。18世纪中叶，当托马斯·菲什伯恩在四处寻找
可靠的木材时，橡木可能并不充足，但还是有很多。

　　英国的橡树千姿百态，有的年代久远，有的扭曲盘绕，有
的参天而立，有的树枝粗大，像巨人的四肢一般伸展着。几乎
英国每个教区都有自己钟爱的橡树类型，而这些橡树也就成为
当地的一个永恒的景观。18世纪60年代，当牧师兼博物学家
的吉尔伯特·怀特开始记录汉普郡塞尔伯恩的自然历史时，他
首先从描述英国乡间的橡树着手。吉尔伯特怀着悲伤的心情记
下一棵"古老的"橡树，它矗立在偏僻小村塞尔伯恩中心位置
的一片绿地上，旁边紧挨着教堂。这棵橡树"低矮敦实，巨大
的树冠水平伸展，快要把整个村子都罩住了"。几个世纪来，
它一直"给老老少少带来欢乐"。教区的村民用石阶把它围拢

---

[*] 美国海洋生物学家，其著作《寂静的春天》引发了美国以至于全世界的环
　境保护事业。

起来，把椅子放在周围，让这里变成了"夏日夜晚非常惬意的　18
纳凉地"。村里的长辈习惯聚集在塞尔伯恩橡树下进行"严肃
的辩论"，而年轻人则"在长辈面前嬉戏跳舞"[4]。

　　还有一个类似的故事来自于吉尔伯特·怀特同时代的牧师
约翰·卡伦爵士，他在他的《萨福克郡霍斯特德和哈德威克的
历史与古迹》（1784 年）开头一段中描述了教区橡树。卡伦提
到一棵名叫"福音橡"的"雄伟之树"，这棵树"矗立在一座
山丘上，前面有十分开阔的景色"。在他一年一度的"巡游"
活动中，卡伦和他的信徒们会在树荫下停下来，"对一个富饶
而文明的国家进行范围相当广泛的调查，反复诵读一些适合这
个场合的祷文"[5]。不只是卡伦会这样做，虔诚的教区民众也
会聚集在这棵乡间的橡树下。这一幕鲜明而生动，代代相传。
一千年前，盎格鲁-撒克逊人被埋在挖空的橡树树干里。人
们把橡树叶别在外套上以示忠诚，并把橡子放在口袋里以求
好运。

　　如果人们把橡树蕴含的潜能视为一种象征，那么他们同样
会崇拜橡树的力量。没有其他树可以和橡树媲美。一则深受欢
迎的古老故事讲述了古希腊克罗顿城邦的米隆。"米隆力大惊
人，在历史上非常有名"，18 世纪 60 年代有一本书这样记载
着米隆在古希腊奥运会上六次夺冠的故事。"据说他肩上扛着
一头四岁大的公牛绕行整个体育场一圈，接着一拳就把这头牛
打死了，然后在一天之内吃了它。"[6]米隆的死颠覆了这个故
事。米隆发现一棵老橡树，为了炫耀力量，他试图用手把它撕
开。当米隆抓住那棵树时，他的双手被紧紧夹住，一瞬间，那

棵橡树把古希腊最强壮的人变成了最悲惨的受害者。由于无法脱身，米隆被一群狼撕成了碎片。

　　人们无须通过知晓米隆的故事来认识橡树的力量。他们只需要环顾四周，看看那些映衬着美丽风景的大庄园宅邸和大教堂，看看那些塔楼和桥梁，看看那些包括磨轮、木桶、木棍、匕首和木杆等在内的上百种日常用品。这些年来，人们像卡伦和怀特那样去欣赏教区的橡树，目的是为了唤起自己对宁静与沉思的向往。卡伦和怀特都对大自然深深着迷，他们可能已经意识到，一棵橡树的力量来源于它的形状。一棵长成了的橡树，其冠幅可达树高的三倍。一月份的某一天，当橡树的叶子脱落时，你便可以看到它的真面目。橡树站立在那里，弯弯曲曲的树枝向四面八方伸展。当风猛烈抽打这些树枝时，它们就像撬棍一样在空中摆动并拉紧，将自然界的力量聚集起来。这些力量被向内引导，从萌发的芽尖，到最细小的树枝，然后沿着粗大的树枝回到树干。这种运动会产生巨大的应力，当时速六十英里的风刮向树木时，产生的应力相当于二百二十吨重。橡树和大自然一样，寻求的是平衡。面对疾风，橡树的反应是让自己的树干变强，让纤维变硬。

　　霍斯特德和塞尔伯恩的橡树就是这样，其他珍贵的英国橡树也一样，比如康沃尔郡的达利橡树、林肯郡的鲍索普橡树以及舍伍德森林的大橡树。在一个快速变化的社会，这些橡树成为联结过去的强大纽带。历经时代的变迁，这些橡树永远挺立在那里，它们从中世纪一路走来，俨然成为不老的坚忍圣物。但真正使这个国家变得伟大的橡树并不是这些，而是那些曾经年轻的橡树，树龄在五十至一百五十岁之间。它们一茬茬儿地被砍伐，用来建造可长久使用且必须坚固结实的任何东西。正如剑桥大学生态学家奥利弗·拉克姆后来所说，这样做的结果就是让英国成为一个"年轻或还算年轻树木的终结之地，这就像一个人才三十岁就被迫执行安乐死"[7]。

据估计，用于建造"奋进"号的船材来自两百棵长成了的橡树，这些橡树为船体内的大型结构肋材提供原材料，包括底肋板、复肋材与肘板、船体的所有外板以及大部分内部装饰板材。在《橡树之心：英国的堡垒》一书中，罗杰·费舍尔可能无法准确地提供建造"奋进"号橡树的来源地，但他介绍了一种方法来推测这些橡树被砍伐时的树龄。"一般认为，至少要一百年橡树才能完全长成，"费舍尔写道，"长成后继续维持这种状态一百年，之后一百年内逐渐老化。"[8]这条经验法则随后会在罗伯特·格林哈尔希·阿尔比恩*的《森林和海军强国》（1926 年）一书中进一步得到印证：

何时砍伐橡树是木材种植者面临的主要问题之一。这里有一个所谓的"心理最佳时刻"，即在这个时间段内伐树会比在其他任何时候带来更多的利润。请牢记，橡树的生长周期非常缓慢，要到八十至一百二十年时橡树才能进入成熟期，此时树木的直径可达十五至十八英寸。在此之前把橡树砍倒做船材

20

---

* 哈佛大学第一位海洋历史教授，他激励了美国两代海洋历史学者。

是无利可图的，因为橡树要等长成参天大树时才有附加价值。而超过了成熟期，橡材老化的风险就会飙升。[9]

这从一开始就搅乱了"奋进"号的故事。如果追溯"奋进"号船材的来源，便需将故事的开头从1764年推行重商主义的英国向前推到一个世纪前宗教更为狂热的时代——"快活王"查理二世治下走向复兴的英格兰，这样就会撼动整个故事的时间脉络。在那个时代，查理二世奉行享乐主义，大肆复辟封建王朝。

橡树一直深受英国人喜爱，但在英国历史上还没有哪个时代能像查理二世在位时那样崇拜橡树。人人都知晓查理二世的故事，自然也就知晓斯图亚特王朝。1651年伍斯特战役后，查理二世险些丧命英国议会手下，从战场侥幸逃脱后，他藏在了什罗普郡和斯塔福德郡交界处博斯科贝尔庄园的橡树枝上。奥利弗·克伦威尔的士兵们在那棵橡树下徘徊搜查，这一天，查理二世过得提心吊胆。在他最凄凉无望的时刻，橡树向他伸出了幸运的枝条。1660年重返英国恢复国王身份后，查理二世将这个故事运用到了极致。他指定每年的5月29日，即1660年他返回伦敦的日期，为全国性的庆祝日——栎瘿日。到了这一天，浩大的游行队伍穿过伦敦城，人们穿着打扮成橡树模样，代表着"在一片长着皇家橡树的广袤树林里，他们的国王在博斯科贝尔庄园奇迹般地逃脱"[10]。在接下来的几年里，英国各地的城镇都挤满了皇家橡树酒馆，在那里，人们可以一边喝着伯顿啤酒，品尝着柴郡干酪，一边诅咒法国人，感觉比其他任何地方都更有英国味。

从起源上说，"奋进"号最初来自提供造船橡材的橡树的橡子，而这些橡子在萌芽时，正是橡树被提升为一种爱国符号之际，这样的观点非常吸引人。并且，如果说英国在17世纪60年代刮起了一股普遍颂扬橡树之风，那么也正是在这段时间里，人们开始试图从科学角度解释到底是什么原因让橡树变得如此与众不同。这场运动的领导者便是约翰·伊夫林，他是英国皇家学会的创始人之一，头脑聪明，对事物充满好奇心。现代人提起伊夫林，最先想起的便是他的日记（伊夫林的日记多记述冷血的事情；而与他齐名的塞缪尔·佩皮斯*，其日记的内容则非常温情），但在17世纪60年，让伊夫林声名显赫的是他出版的一本书——《森林志》（又名《林木论》，1664年）。

《森林志》将古典思想、伐木技艺、民间传说和细心观察 21
结合在一起，既新颖又富有说服力。收集这本著作的素材时，伊夫林集思广益，不仅依靠自己的学识，还求助一大批有哲学天赋的记者，把大家的聪明才智汇聚在一起，互通有无。他的雄心壮志是对英国树木展开全面调查，突出实用性，解释各个物种的特征，并给出树木的培育方法以及如何转化为实用优势。伊夫林很自然地先从橡树着手。他尝试着给橡树起了

---

* 英国托利党政治家，其在1660年到1669年间写下的生动翔实的日记，被认为给后人提供了英国复辟时期社会现实和重大历史事件的第一手资料和研究素材。

几个科学名称[*]。其中一个学名来自拉丁文，为"*Robur*"，表示"力量"的意思。接下来是第二个拉丁文学名，为"*Quercus*"。不论哪种学名最好，伊夫林都把英国橡树划分为独特的几个"种"。一种英国橡树是"栎属森林生种"（*Quercus sylvestris*），这种橡树"木质坚硬，具有黑色纹理，橡子较小"。伊夫林简略提到了一类被称为"土耳其栎"的橡树，这种橡树"外形优美，除此之外无他"。伊夫林认为最有趣的是"栎属厄巴纳种"（*Quercus urbana*），这种橡树"树干更为笔直，植株干净，材质较轻，最适合做造船用的肋材"[11]。

想要促进橡树的生长，伊夫林说明了橡树生长或"扩大"所需的空间，栽植、培养和移植的理想条件，以及用荆棘或木桩围绕树苗的重要性，以防止树苗被牲口糟蹋并保护树苗不被"大风吹袭"。伊夫林建议，橡树成长在很大程度上取决于它们所处的环境。他警告说，"空气就像水和土一样扮演着母亲或护士的角色"，因此，他建议种植者要警惕"各方面"的"不友好"，比如山顶的劲风。树木"生长在山的向阳面比生长在背阴面的长势更好，后者的树皮往往坚硬、发暗，更为粗糙且长满苔藓"[12]。但是，如果提前考虑各种因素并耐心地等待，树苗终有一日会长成一棵枝繁叶茂的橡树，它会伸出双臂欢迎你的到来，这将是一幅多么令人"心醉"的景象。

伊夫林的《森林志》有一章是"关于早于橡树的物种：榆树、山毛榉、白蜡树、栗树和其他大约四十个物种"，与其他

---

* 即物种的学名，以拉丁语作为载体，以林奈提出的双名法进行表示。

章节关于土壤、种子、播种和疾病的内容结合在一起，最后于 1664 年结集出版，而整整一百年后，"奋进"号启程远航。《森林志》是伦敦新皇家学会为促进自然知识普及而出版的第一本书。这本书抓住了时代的脉搏，充分利用了橡树的时尚与流行，并将其与内战后的一项爱国事业（恢复英国林地）相结合，以恢复战争过后国土的生机。正是出于这种期待，英国七百名公民以个人名义订购了这本书，两年之内，该书的第一版就有超过一千本被"买下并广泛传播"。伊夫林在第二版的 22 前言中不加掩饰地写道："这本书的销量非常惊人。"[13]

《森林志》一书的问世产生了很深远的社会影响。这本书以实践性和爱国性的优势，为以传播知识及经验为目的的科普工作提供了一个典范。此外，这本书还说明了橡树和任何其他生物一样，容易受到环境的影响。这不可避免地导致了"完美橡树"这一概念的出现。英国橡树林立，长期以来一直被认为是上帝赐予英国人民福祉的确凿证据。但橡树遍布英国的意义远不止于此。英国的气候具有某种特质，这赋予了英国橡树无与伦比的品质。伊夫林这样断言："我们英国的橡树要比法国橡树好太多了，法国橡树既没什么太大用处，相比之下也不是很强壮……希望我们英国的橡树能够经受住当地春天的气候和恶劣环境。"[14] 这种森林培育的仇外心理将持续几个世纪。18 世纪 50 年代英法七年战争期间，有一本书曾经这样宣称："私掠船的船长非常小心谨慎，不到万不得已，是不会冒险将他们像蛋壳一样脆的侧面对着我们英国橡木船的。"[15]

但是，在所有的橡树中，最好的橡树在哪里呢？伊夫林在

《森林志》中已经清晰地表达了他的偏爱，他非常肯定地说：
"如果让我选择橡树的生长地，那么我会选择这样一些地方，
比如最好的奶牛牧场，或山地草甸，这里的霉质土壤肥沃且优
良（萨福克郡就是一个极好的佐证）。"或许这就是后来将在海
军中占据一席之地的偏见的根源所在。斯图亚特王朝和乔治王
朝时期的海军主管人员奉行的信条是，在所有的橡树品种中，
最好的是"优质而可靠的苏塞克斯橡树"，这些橡树分布在一
条黄金生长带上，它横跨整个英国南部，从迪恩森林开始，然
后向东穿过格洛斯特郡、萨默塞特郡、汉普郡和肯特郡。[16]

　　罗伯特·格林哈尔希·阿尔比恩将证实，"对英国造船者来
说，世界上没有比苏塞克斯橡树更好的木材了"，他在这种偏
袒之上又给其他品种的橡树贴上了有成见的标签。海军不仅指
定英国南方橡树为采办品种，而且"不断歧视约克郡和北方其
他郡出产的橡树"。海军认为，英国北方郡县的橡树因为难耕
的黏重土壤而被糟蹋了，这种土壤抑制了橡树的生长，而不是
给橡树提供滋养。但在约克郡，几乎没有人同意这种观点。

　　1782年，一位名叫威廉·马歇尔的土地测量员回到他的家
乡约克郡，开始对这里展开农业调查。马歇尔已经撰写了两份　23
翔实的报告，分别是《农业会议纪要》和《农业与气象实验和
观测》。这些成果出自他的敏锐眼光和独立思考。马歇尔最近
研究了诺福克农村地区，在未来的几年里，他将把他的研究计
划扩展到英国中部地区。但在1782年，他很高兴能身处约克
郡的老家，"我年轻时就在那里度过，当然，我对现在诺福克
农村地区的从业者也非常熟悉"。

马歇尔的调查将扩展到一个为期五年的项目中，在此期间，他将收获"我根本没想到的大量最新信息"。这项工作最终促成了他的《约克郡农村经济》（1788年）一书，这本书一开头就阐述了典型的地方主张：

> 约克郡一直被认为是英国的第一大郡。如果我们考虑到它幅员的辽阔，自然特征的多样性和广泛性，土壤的肥沃，人民的勤劳，河流的丰富和水资源的充沛，两岸的富饶，以及山中丰富的动植物资源，那么约克郡就当之无愧地享有优先地位。[17]

这样的开篇很尖锐犀利，但或许也不失公允。约克郡下设有众多的选区，是英国面积最大的郡。任何一个爬上约克大教堂并环视四周景色的人，都能领略马歇尔提及的那种多样性。约克郡东部，白垩丘陵宛如一条绵长而优雅的曲线，一直延伸到弗兰伯勒角的海岸。南部和西部是肥沃的草原，向北则是约克谷地。"一片沼泽之地，多么富庶的平原，"马歇尔写道，"如果我们根据约克谷地的河流数量，水资源的丰富程度，以及两岸的富饶程度来评估它的价值，那么在任何国家，想要找到能与之媲美的地域，可能都将是困难的。"[18]

但并非所有的郡都如此诱人。在英国东北角，茂盛的洼地之外是一片荒野。这里的景色给人一种不祥之感，大多数人都会选择避开这里，除非不得不从这片贫瘠之地穿过。伊丽莎白时代的地志学者威廉·卡姆登曾描绘了一些光秃秃的山丘，只有少数"蜿蜒徘徊的小河和湍急的小溪"才让这些山丘有了些许生机；湍急的河水肆意横行，所过之处不留下一丁点念想。[19]据说那里的山洞中潜伏着狼群，整个冬天都危机四伏，甚至对当地人也是如此。在马歇尔开始调查的八年前，一位名叫尼古拉斯·哈克的人在斯卡伯勒郊外的荒野小路上遭遇了暴风雪。几天后，哈克和他的妻子被人从沟里挖出来，身体僵硬得像铅块一样。

　　马歇尔走着哈克当年走过的那些路，并去了惠特比，哈克生前曾在惠特比造船厂当过制绳工。惠特比位于荒野的尽头，这是一个令人感到好奇的地方。惠特比曾经只是一个小渔港，到了17世纪，由于明矾开采业的兴起，这个小镇经历了一个快速发展的时期。大量的明矾从四周的悬崖峭壁上被开采出来，在坑里燃烧熔化后再煮沸，最后提炼出用于给羊毛染色的明矾晶体。17世纪，为了将明矾晶体运往海外市场，一支商船队应运而生，并不断发展壮大。"在那之前，不论去哪里，只要是来自惠特比的人，没有不先立遗嘱再出海的，甚至远在伦敦的惠特比人也是这么做的"[20]。从明矾开采业兴起开始，到18世纪80年代马歇尔开始开展他的调查工作，"惠特比海港"和与之毗邻的斯卡伯勒已经成为著名的"孕育吃苦耐劳海员的摇篮"，对此，"整个国家欠他们太多了"[21]。

　　惠特比水手们的坚韧与顽强是与船的耐用性相匹配的。在商船中，"惠特比建造"的简称已成为高品质的标志。惠特比建造的船之所以有那么一种韧性，来源于造船的某些要素。虽然英国皇家海军对一艘军舰能服役三十年就已经感到很满意了，相比之下，惠特比建造的商船或运煤船，其服役期却要长两到三倍。有一艘"威廉和简"号运煤船是1717年下水的，到了18世纪80年代，也就是马歇尔正在编写他的研究报告之际，这艘船仍在海上服役。还有一艘"海上冒险"号是1724年建造的，要不是因为1810年在林肯郡海岸失事沉没，这艘船还会一直服役下去。"即便到了最后，这艘船也没有撞成碎片，而是在狂风和涨潮潮水的裹挟下被冲到一片田野里，那里地势很高，没有海水，是一个离开大海的好方法。"[22]类似的例子不胜枚举。比如"幸福归来"号服役长达一个世纪之久，而捕鲸船"志愿者"号执行赴北部海域的固定往来任务有七十五年的时间，曾先后五十四次远航至格陵兰捕鱼。

马歇尔知道，惠特比造船厂早就开始用当地的橡木做船材。多年前，惠特比造船的船材来自四英里外一个叫"埃格顿"（Egton）的地方，"Egton"是"Ochetun"的派生词，"之所以叫这个名字，是因为那里被橡树所环绕"[23]。但是，随着时间的推移和橡材供应量的逐渐萎缩，造船厂开始向更远的地方寻找货源。1707年的一份销售清单显示，一位惠特比的造船工人以八百五十英镑外加十几尼黄金的价格从约克郡附近的一个地方购买了两百九十三棵橡树。这种交易方式在早期很典型，造船公司和土地所有者之间可直接讨价还价。随着18世纪渐渐远逝，专业的木材买家和中间商也参与进这一交易过程中来，中间商在乡村四处奔波，搜寻顶级的木材，然后直接在港口谈价格，以高达每吨三几尼的价格销售出去。这就是马歇尔在18世纪80年代发现的交易体制。代理商向重要市场提供木材，比如惠特比港和斯卡伯勒港，这些市场会"挑出较大的木材"[24]。

　　马歇尔了解到木材的主要来源是皮克灵山谷，它位于到惠特比必须途经的荒野的对面。他认为，这片出产木材的山谷是"一条非常重要的国家通道"。他写道："也许，这片本来应该成为湖泊的山谷是大自然唯一一个无限接近完成却又从未完成的设计。"在说明该山谷不寻常的平坦时，他给出了这样的描述，山谷内的河流"迈着慵懒的步伐"。其中有一条叫赖伊河，"河水要花上四天或五天的时间才能从赫尔姆斯利流到莫尔顿"，而这个距离只有十四英里。德文特河也一样，从艾顿流到莫尔顿十五英里的距离需要"不少于一个星期"的时间。这些河流流过曾经被皮克灵皇家森林覆盖的土地，这是一片落叶林地，古时候，国王曾在这里猎杀雄鹿和野猪。到了18世纪，这片森林凭空消失了，只剩一些"橡树、白蜡树和榆树"侥幸存留了下来，在山谷中繁衍生息。"这些山谷中的广阔林地散布在周围山丘的底部"，马歇尔认为，"皮克灵山谷将成为一条国家通道，从美的角度而言，它和这里的自然景观一样，都非常独特"[25]。

　　二十英里长的荒野将惠特比与皮克灵山谷隔离开来。想通过这二十英里的路程往返于山谷和惠特比之间从来都不是易事。但到了1759年，惠特比的商人们募集到一笔捐款，修建了一条"非常不错的收费公路"。这条公路直接以城镇为起点，穿过布满岩石的广袤荒野，到达多尔比山谷的北口。[26]至1763年，这条收费公路已经投入使用，大概就是在这个

时候，山谷林木开始被不断地大规模砍伐。1767 年 8 月 15
日，《纽卡斯尔报》上刊登的一则广告揭露了当时的砍伐规模：
三千五百四十三棵橡树摆在一块空地上等待出售，其中"大多
数适合做造船的船材"，这块空地"距惠特比只有十七英里"。
尽管这些橡材都不可能用于建造"奋进"号（那时"奋进"号
已下海服役），但从中可以看出，当时利用橡材造船的规模是
相当大的。18 世纪 60 年代中期，惠特比周边的橡木足够用来　26
建造两艘亨利八世的旗舰"玛丽·玫瑰"号，或者是十五艘菲
什伯恩运煤船。

　　1762 年 4 月 10 日，《纽卡斯尔报》上刊登的另一则广告
说的是供应荒野西侧的橡树：

待　售

　　此批橡树原产地为约克郡克利夫兰吉斯伯勒教区
科尔曼德尔。

　　一宗上等橡木，有标记和编号，含五百棵以上橡
树，全部生长成熟，适用于建造巨型船只；其中有许多
大的弯曲木材，以及其他可供选择的珍贵木材。[27]

　　这只是当时打出的众多广告中的一个。但就是这条广告，
因其具备的时效性，至今仍留在人们的记忆中。这条广告的刊
登时间是"奋进"号下水的两年前。

　　约翰·图克是继 18 世纪 90 年代马歇尔之后不久，第二位
对约克郡北赖丁区情况展开调查的农业测量员。图克同意马歇

尔对皮克灵山谷（他将这一地区称为"拉伊代尔"）的评价，
认为该地区是造船厂木材的主要来源地。他注意到这片荒原的
边缘地带土壤非常肥沃，这很不寻常，那里的黑色泥炭土变成
了一种红色的黏土或淡褐色的肥土。这些荒原边地富含沃土，
图克认为这种土质"显然是很久以前洪水冲刷地势更高的地
区带下来的"。这种冲刷作用形成了一片"非常肥沃"的土壤
层。[28] 尽管这里气候很恶劣，但这片土壤非常肥沃，可为落叶
乔木、橡树、榆树、白蜡树和阔叶榆或无毛榆的发育成熟提供
充足的养分。这些树木生长缓慢，根系紧紧抓住岩石。成熟橡
树的年轮并不是按半英寸间隔规则地排列，而是紧密地聚集在
一起。

　　生长在这片土地上的橡树被染上了北方树木的特征，变得
黑黝黝、充满野性、寿命极长。这既有空气的原因，也和土壤
有关。北赖丁区的天气一年中有多达九个月的时间"极其寒冷
而昏暗"，图克写道，夏季至少比南方晚三个星期到来。整个
冬天，这里的积雪有几码＊深，在山坡上斜射下来的微弱阳光
的照耀下闪闪发亮。只有最强壮的树才能在这种环境中存活下
来，整个 17 世纪和 18 世纪初，这里的冬天一如既往地寒冷恶
劣。1650 至 1800 年正好处于现代某些气象学家所称的"小冰
河时期"的主要时间段内，在当时，泰晤士河的冰冻期可持续
数个星期。要说有什么不同的话，那就是约克郡的情况更为糟
糕，这里大雪连年不断，比如 1698 年，降雪从十二月一直持

27

＊　英制长度单位，1 码 =0.9144 米。

续到第二年四月。

　　无论气候如何，北赖丁区都会受到从设得兰群岛一路吹来的凛冽北风的影响，不会有丝毫中断。测量员马歇尔这样写道，"寒冷中夹杂着大风""严霜冻得让人感到刺痛"[29]。十月至来年二月期间，最令人恐惧的是刮大风。一片片乌云从北方悄无声息地快速袭来，吞没整个荒地。有时，来自东北方斯堪的纳维亚的风暴会带来可怕的影响。最恐怖的是 1740 年 11 月 20 日的那场暴风雨，其引发的结果是如此惨重，据苏格兰报纸报道：

　　　暴风雨结束之际，惠特比镇损失惨重：他们许多来自萨瑟克区的五百吨级船在仅装有压舱物的情况下，被迫在港口中看得见的地方靠岸。有些船在海上突然被暴风雨缠住，翻船沉没；其他船则被岩石撞得粉碎，许多残骸被冲上岸。据统计，这场暴风雨所造成的损失高达四万英镑。作为海员摇篮的惠特比，长期以来因煤炭贸易而雇用了许多大型船舶，截至目前其规模已达两百艘。这场暴风雨让许多经验丰富的船长和勇敢强壮的水手不幸殒命，这不啻国家的巨大损失。整个城镇陷入悲痛之中。镇上一千两百户人家几乎每家都有亲人丧命或财产损失，更有许多家庭是人财尽失。[30]

　　1743 年 4 月又是一次风暴袭击，接下来是 1752 年 1 月。

尽管报道从始至终关注的都是城镇居民遭受的苦难，但这些风暴也在暗中重新塑造了城市的景观。并且，当许多人因暴风雨而蒙受磨难时，非常奇怪的是，橡树却从这种天气中获益颇丰。古典思想家对此进行了思索。狄迪莫斯曾写到，橡树是如何"不断遭受风吹雨打，适应力变得更强，木质变得更坚韧"。这一理念同样也吸引着塞涅卡*，他说："树越暴露于风，则越结实强壮。"这就是弗朗西斯·培根在 17 世纪反复思考的一个问题。当伊夫林偏爱温暖而非湿冷的地方时，培根则更倾向于认为："最适宜造船的船材应该是那些生长在更潮湿土地上的树木，这样的树木最结实，不易开裂。"[31]

　　惠特比的造船者们也对这个事实坚信不疑。与海军的观点完全相反，惠特比造船者认为约克郡的橡木并不差，反而结实可靠，能用在很多方面。测量员图克也注意到了约克郡橡树的这些优秀品质。他的观点非常明确：28

> 　　来自北赖丁区大部分地方的橡材虽然个头不是很大，但却是最优秀的。那里的橡树主要生长在坚实且通常布满岩石的土地上，生长速度非常缓慢，这使得它变得非常坚硬和耐用。惠特比的造船者们能发家致富，包括他们建造的船能享有盛誉，或许正是拜大量使用这种橡材所赐。[32]

---

* 古罗马著名的斯多葛学派哲学家、政治家、剧作家，被德国哲学家恩格斯称为"基督教的叔父"。

　　图克并没有提到任何"享有盛誉"的具体船名。不过，在1794年写下这段文字的时候，他脑海中能想到的船名也确实没有几个。在这其中，"奋进"号格外显眼。四年前，艺术家托马斯·鲁尼曾前往惠特比，研究一种历史主题下的海景图，即"三桅帆船'彭布罗克伯爵'号，后改称'奋进'号，1768年离开惠特比港"。惠特比历史上没有任何一艘船能像"奋进"号那样获此殊荣，由专业艺术家专门作画，然后送到伦敦皮卡迪利大街的皇家艺术院进行展览。

　　约克郡的乡村特征还给惠特比造船厂带来了另一个优势。惠特比出产被称为"弯曲木材"的橡材。弯曲木材来自不属于特定种植园或林场的橡树。这些橡树孤零零地长在公路边、灌木丛中或田野边上。造船工人和林务人员已经认识到弯曲木材在造船中的重要性，他们知道，产生弯曲木材的橡树绝大部分分布在石楠丛生的荒野附近。

　　这些橡树尽其所能地生长，但它们是否能活下来则令人担忧。这些橡树暴露在野外，各种气候环境肆无忌惮地侵蚀它们，牲口和野鹿啃食它们的上部树冠，久而久之它们便长得变形了。这些树的树冠普遍歪斜，向外凸出的方向令人感到莫名其妙。它们生长缓慢，为了应对被迫承受的外力，受力部位就会长得很坚硬。对造船者来说，这简直就是天赐良材。为了解决造船的难题，这些弯曲的橡树提供了现成的船材，尤其适合船体的特殊部分。弯曲的树干可作为船首锚架和复肋材。橡树靠近地面的"Y"形分叉部位可制造船尾肘板。左摇右摆形成的"S"形树干可用作船底肋材。且不论木匠的技术如何，一

整块弯曲木材的强度总要比将几根木材捆绑在一起要大。正 29
如测量员图克记录的那样，约克郡的"篱笆墙内摆满了大量木
材，特别是在约克谷地、霍瓦迪亚山脉和拉伊代尔山谷"。并
且，1762 年《纽卡斯尔报》上刊登的广告特别提到了"有许多
大的弯曲木材，以及其他可供选择和珍贵的木材"。

　　约克郡的荒地和山谷是惠特比造船者的天然工厂，在这
里，不知道哪个角落会生长出这个国家所需要的独一无二的木
材。图克和马歇尔对此心知肚明。观察一棵树不仅仅要研究它
的形状和颜色，还要考虑它的过往历史。一棵树越是被迫承受
环境带来的压力，它就会变得越强大。这就是为什么在野地里
孤零零生长的、干枯的橡树，能在一次又一次的大风中存活
千百年，而那些看起来年轻、柔韧又健康的其他树木却不能。
一棵橡树要花上一百年的时间才能成熟，在这一百年里，它会
成为它所经历的一切的档案室或博物馆。这不仅可以从年轮中
看出，还可见于受到巨大拉伸而弯曲的各个部位。

　　重申一下，没有人能确切地说出建造"奋进"号的橡树到
底生长在哪里。为了满足特定的需求，一旦有条件，造船者就
会寻找新的橡材来源。但可以这么说，在 18 世纪 60 年代初
期，惠特比周边长着很多当地的橡树，托马斯·菲什伯恩可以
随意购买。春天是约克郡的砍伐季。林务人员会反复打量一棵
树的形状，看它的树干是笔直且不偏不倚的，还是多节和弯曲
的。他们可用手掌拍打树皮，或者用锤子敲打树皮，总之，他
们会用各种方法去判断树木的内部质量。如伊夫林在《森林
志》一书中所谴责的那样："从本质上讲，如果挑选树木时仅

凭其外表判断好坏，那没有什么比这种欺骗更应受到谴责的了……仅从外表无法看出的、隐藏在内部的各种各样的毛病和疾患，直到被砍倒和锯断时才会暴露出来……木材商完全是在赌一棵树能否成为可用的木料。然而除非树木倒下死亡，否则永远也不会有人知道这棵树到底价值几何。"[33]

实际上，林务人员只有一种方法来检测树木的质量，那就是用斧头朝树上砍上半个小时。很快，木材是好是坏便清晰可见。

橡树从来都是慢悠悠的，生命从它们身上渐渐消逝，就像它们慢慢长大一样。但很少有什么能像橡树那样还有来生。1764 年头几个月，就在惠特比小镇附近，托马斯·菲什伯恩造船厂堆积的橡材有了一个新的用途。一个新生命呼之欲出。

PART TWO

Trade

第二部分
贸　易

2

Enigmas

第二章

数学谜题

惠特比镇位于约克郡海岸东北角的埃斯克河河口,小镇的南部和西部与一片荒野接壤,北部和东部紧挨着北海。几个世纪来,惠特比一直像一座与世隔绝的海岛,是约克市或皮克灵市场的一个隐蔽前哨。但是,由于内港的庇护,惠特比可能根本就没有来过外人。然而就在这里,冰冷的埃斯克河绕过地势较高的城镇蜿蜒而下,穿过两个陡峭的悬崖之后渐渐变宽,最终汇入大海。在远处的浅滩上,渔民们自古就在这里抛竿投钓,捕捉鳕鱼、鲭鱼或黑线鳕。几个世纪来,惠特比以危险海岸线上的避风港而著称。

1764 年,距离惠特比港码头扩建已经过去了半个世纪。现在,这些码头向北伸入大海,西码头比东码头长三分之一,形成蟹爪之势。惠特比港脱离了寒冷刺骨的北方地平线,一千年前,斯堪的纳维亚人(挪威人)就已踏足这里。从东边悬崖上的惠特比撒克逊修道院远眺,小镇的居民们可看到一艘艘泛着光泽的修长船只。这些船的船首很锋利,上面装饰着龙头,四五十只船桨整齐划一地来回划动,在深蓝灰色的水中劈出一个个白色水涡。千百年来，惠特比的居民养成了具有当地特色的刚毅性格，操着一口带有硬邦邦辅音的方言，代代相传地在这片土地上繁衍生息。在这里，一个山涧就是一条小河，一片沼地就是一块倾斜的林地，一处池塘就是一片沼泽之地，脚下充满危险。一条条石梯形成了惠特比房屋之间的幽幽小径，一直潜入岸边。惠特比人用鹤嘴锄挖土，但却用铁锹下葬。有些无所事事的懒汉躲在码头边窥探，当地人叫他们"唐纳特"（donnaught）。这里的食物要么丰富，要么稀缺。"斯卡伯勒警告"根本就不是指警告*，而是"突如其来的惊喜"[1]。

　　惠特比还有另外一种习俗。在东侧悬崖那片神圣土地上，矗立着修道院的断壁残垣。很久以前，每天在鸡鸣和薄暮之间，本笃会的僧侣们都会在这里祈祷七次，第一位英国诗人凯德蒙就是这样被赐予了上帝的祝福，拥有了创作诗歌韵文的禀赋。东侧山崖的崖脚一直以来都是当地人最喜欢的狩猎菊石兽的地方，当地人称之为"海蛇"。约翰·利兰是亨利八世的古文化研究者，他早就听说过这些生物，自己可能也收集到了一些。"看到这种蛇真是太妙了"，利兰写道，这种动物"扭曲成圆形，且在上帝的怜悯下，或者正如僧侣们通过圣希尔达祈祷文所讲述的那样，变成了石头"[2]。

　　修道院的第一任女修道院院长圣希尔达将海蛇变成了石

---

*　相传中世纪时，在斯卡伯勒抓获的嫌疑犯常常在街头法庭被判处绞刑，后来 "Scarborough warning" 在英语里就成了"没有先兆"的意思。而斯卡伯勒最早是由维京人在英格兰西北部北约克郡登陆后逐渐建成的一个重要港口。

头，这个传说在人们心中根深蒂固，但这并不能解释在斯科尔或斯卡尔〔当地人把布满岩石的前滩称为"斯科尔"（scaur）或"斯卡尔"（scarr）〕发现的其他许多新奇之事。大约在1710年，当地挖出了一只石化的手臂，"手和手臂的所有骨头和关节都清晰可见"[3]。1743年，这里出土了一具完整的石化人体骨骼。然后是1758年，镇上的一位航海大师威廉·查普曼觉得有必要给英国皇家学会写信，告诉他们这里偶然发现了一具"短吻鳄"的尸骨，这些残骸（十英尺长）埋葬在黑色的片状岩石中。查普曼观察到，它们当然属于"蜥蜴类"[4]。

这个神秘的世界一点一点地将自己显露出来，让一些人深深着迷，利昂内尔·查尔顿便是其中之一。他是镇上的一名教师，和镇上的其他许多人一样，他隐隐感觉到惠特比背后隐藏着什么。他写道，鳄类动物"以前从未在我们这片海洋中出现过"，他感到困惑不解。查尔顿自称非常爱好钻研学问，但他知道，这次科学并没有给出明确的答案。查尔顿后来做了一些记录，有些人认为，前滩上发现的这些石化残骸是由沿海的明矾页岩通过发酵作用形成的；其他人则认为它们是大洪水时期被囚禁在地壳中的"古老动物"。查尔顿对这两种说法一直将信将疑。当听说又发现了几块木化石时，他亲自过去进行了检查。"用肉眼根本区分不开这些石化的木头和真正的木头，"查尔顿写道，"这些石化木总体来看应该是橡木。我从中非常清楚地看到了外树皮、内树皮、纤维、纹理、硬结以及其他特征，毫无疑问，这些特征都是橡树所固有的。"[5]只是这些橡树是怎么现身在那里，又古老又坚硬，冰冷如石头，查尔顿不知该如何解释。但在触摸它们时，查尔顿感觉到了一股神圣的力量。看着悬崖上那些层次分明的岩层，根据这种"最精确的对称和顺序"，查尔顿得出结论："这些石化树的所有纤维中都藏着万能造物主最初杰作的标志和特点，从这些杰作问世以来，未曾有过任何重大变化。"[6]

　　1764 年，查尔顿时年四十四岁，他在惠特比已生活十六年之久，靠做土地测量员和教师来维持生计。虽然久居惠特比，但他仍然保持着一个外来人的眼光和状态。查尔顿出生在更靠北的泰恩河畔赫斯利塞德小村庄附近，他的家庭属于古老的诺森伯兰家族。自爱德华四世统治以来，查尔顿一家人一直在此定居，最近他们家族还有一个人担任了诺森伯兰郡的郡长。从语文学校毕业后，查尔顿去了爱丁堡，在那里他交了几个学期的学费进入当地的爱丁堡大学学习。不久后，他便越过边界来到英格兰，并于 1748 年在惠特比定居，当时他二十八岁。查尔顿是从北方进入约克郡的，他避开了那片荒野之地，选择走水路，小心翼翼从一艘运煤船爬到一艘港口船起伏不定的船腹中。这是一幅多么浪漫的画面。很快他就会上岸，进入一个他将慢慢爱上的美丽之地。

　　在市井渔妇、赤脚学徒和穿着考究的商人中，查尔顿在惠特比脱颖而出。他把"家乡粗嘎的腔调和乡下口音"一同带到了这个小镇。[7]查尔顿在市场广场周围街道上蹒跚而行的景象令人难忘。一位当地人记下了当时的情景，他的一只手臂"干瘪"无力，"或许正是这种身体状况促使他的父母让他接受古典教育"。查尔顿的一条腿也有些"跛"，这让他的步态倾斜起

35

伏。[8]踏上这片土地后不久，查尔顿从庄园主那里租了一处叫"托博特"或"城镇之家"的房子，并成立了一所日间学校。他宣布自己是"数学老师"，"托博特"学校最早的学生永远也不会忘记他们那位站在教室最前面说一不二的老师。一位学生写道，他"面容枯槁，一脸厉色，在当时看来，作为一个卖弄学问的教师，他非常严厉苛刻"[9]。查尔顿的粗暴严厉或许还可从他另一个学生后来写的一首诗中看出一些端倪：

> 不再带着欢乐的面庞不辞辛苦地去上学，
>
> 在那里只会被呵斥为笨蛋和傻子；
>
> 可怕的桦条不再令人生畏，
>
> 它已常常威胁到这个一心向学的脑袋瓜。[10]

查尔顿和学生之间的对立状态向两极发展。他的一个学生后来坦白说，查尔顿老师的"古怪"为他们的讽刺才能提供了"取之不竭的源泉"。并且，如果有谁能和这位严厉、不顾形象、张牙舞爪、满嘴呵斥的老师相媲美，那么与他同时代的塞缪尔·约翰逊或许就是一个不错的选择。约翰逊博士十年前在斯塔福德郡的埃迪尔建立了一所学院，像查尔顿一样，约翰逊也随着年龄的增长而逐渐变得成熟。对他是"怎样"获得"如此准确的拉丁语知识"这一问题，约翰逊博士给出了令人难忘的回答："老师严厉要求我非常好。要不是这样，先生，我将一事无成。"[11]

作为一名教师，事实将会证明，查尔顿会比约翰逊更出

36

色。18 世纪 50 年代，"托博特"学校不仅让他成为惠特比港地理知识方面的权威，更使他成为惠特比港熠熠生辉的智者。有了这个基础，他给惠特比带来了一种绘制地图的风尚，这种风尚当时正席卷整个西方世界（在大西洋彼岸，乔治·华盛顿此时正以土地测量员的身份大显身手），直至现在仍发挥着影响。从《位于鲁斯沃普附近卡斯的一处梅勒先生所拥有农场的精确计划与调查》（1761 年）一文中可以看出，查尔顿大大提高了测量起伏地形的几何精度。查尔顿将这片土地划分为各种牧场、庭院、泥塘、内院、地埂和花园等十一个部分。尽管这些地块的形状并不规则，但查尔顿把每一块这样的土地都规划成能计算出来的英亩 *、叉 † 和杆 ‡。查尔顿这种自信的风格引人注目。在落实一项任务时，他超凡的魅力、优雅的行动以及新颖的方法，总能引起周围的注意：把信号旗敲进湿软的泥土里，在斜坡上蹒跚而行，用经纬仪确定一个角度。这也是吸引梅勒先生开展土地测量的原因。通过查尔顿的工作，他知道了自己"空空如也的卡斯"不仅是一块相当大的田地，而且面积达"三英亩、三叉、七杆"[12]。这不禁让他感到一阵自豪，这个农场是他所有土地中面积第五大的。

查尔顿的能耐不止于此。除了数学，他还懂拉丁语，"对法语也有一些了解"[13]。在一个许多人依然目不识丁的小镇，这些技能打开了一片新的世界：古典的罗马或启蒙的巴黎。到

---

* 英制面积单位，1 英亩 =4046.8564224 平方米。

† 英制面积单位，1 叉 =1011.7141056 平方米。

‡ 英制长度单位，1 杆 =5.0292 米。

了 18 世纪 60 年代，查尔顿最早的一批学生将毕业并前往世界各地，其中包括作家弗朗西斯·吉布森和威廉·沃特金斯。在接下来的几年里，"一批优秀的学者"紧随其后。[14]

※

如果说埃斯克河东岸查尔顿开设的学校象征着知识上的探索，那么西岸则是一个更充满泥土气息、更注重实际的地方。这里是惠特比造船业的中心。一座座繁忙的造船厂聚集在河边，周围是一片被称为贝尔岛的潮汐滩地。贝尔岛在半潮时干涸，为惠特比造船厂提供了所需的一切。贝尔岛离港口很近，但横跨河底的岩石脊让它得以躲过来自大海的汹涌巨浪，在一个潮汐区间内发挥着托起重物的自然杠杆作用。

正是在贝尔岛，紧挨着一条叫作"巴格代尔贝克"的荒野小溪的地方，贾维斯·科茨于 18 世纪初建立了他的船厂。科茨是惠特比第一个造船主，四十年来他一直主宰着这一行业。科茨建造的船坚固、能抢风航行且实用。这些船在设计上就是为了成为将大量煤炭从纽卡斯尔运到伦敦的运输工具。随着北方更多的煤矿被开采，伦敦对煤炭的需求量也变得更大，科茨作为中间人赚得盆满钵满。到了 18 世纪 30 年代，他已经挤进惠特比的绅士行列并牢牢站稳了脚跟。他在镇上商业中心的巴克斯特盖特街二十三号有一处房产，步行到他的船厂只需要一分钟。

贾维斯·科茨有三个男孩，分别是小贾维斯、弗朗西斯和本杰明，他们都子承父业进入了家族企业。科茨家的财富不断增加，孩子们也慢慢长大成人。当老贾维斯于 1739 年去世时，他已经为后代留下了可以延续百年的遗产，这似乎已是铁板钉钉的事。现在，这个家族的主人小贾维斯已经证明了他宏伟的志向。小贾维斯将巴克斯特盖特街的房产变卖后，重新置办了一栋优雅的联排别墅，房子有六十至八十英尺宽，三层楼那么高，并把旧船厂扩建到住所旁边。当小贾维斯把精力放在新造船厂上时，老贾维斯年幼的儿子本杰明则控制了老造船厂。从表面上看，兄弟的事业都很兴旺，但实际上他们却被父亲的遗愿束缚住了。老贾维斯决定把他的造船厂分给四个子女，即贾维斯、弗朗西斯、本杰明和他的女儿汉娜，但他们只有在母亲默西·科茨逝世后才能继承遗产。这样做的本意可能是为了一碗水端平，但结果却事与愿违。1743 年，小贾维斯破产了，无法再为他的扩张计划提供资金。本杰明和弗朗西斯在整个 18世纪 40 年代都在继续做生意，但他们中没有一个活到可以继承遗产。到 1759 年默西·科茨去世时，她的三个儿子已先于她离开人世。自 1739 年贾维斯·科茨去世后仅二十年的光景，这个家族的财富和影响力便烟消云散。[15]

　　科茨的不幸却让其他人有了机会。尽管默西在 18 世纪 40 38
年代和 50 年代一直保留着造船厂的所有权，但这些造船厂的地盘已被雄心勃勃的新造船老板蚕食殆尽，他们有造船厂发展所必需的资本和动力。到了 1748 年，也就是查尔顿到达惠特比的那年，小贾维斯建造的新船厂被一个三十岁的精明小伙子托马斯·菲什伯恩"占领"。托马斯是以科茨家族的学徒身份开始他的工作生涯的，这是历来的传统，除此之外人们对他知之甚少。但就是这个造船厂的学徒工，将在 18 世纪 60 年代英国伟大的造船事业中写上浓重的一笔。菲什伯恩和他的同龄人一样，并不把自己当成一个造船工人，当时这种称呼被认为是一种贬低（有人曾抱怨说："造船工人这样的正当职业给人一种非常低级粗俗的暗示，仿佛一个资历非常浅的人就可以完全胜任。"[16]），相反，他把自己标榜为"造船大师"。菲什伯恩早在 1750 年给儿子的洗礼颂词中就曾这样称呼自己。那时他正忙着完成造船订单，其中有一个订单是"自由与财富"号。这艘船将承载着菲什伯恩的所有特质。这是一艘坚固耐用的惠特比运煤船，它将于 1752 年下水后在北海贸易航线上航行一百零二年之久——这艘在《约翰逊辞典》出版之前下水的船，在克里米亚战争期间仍在继续服役。

从菲什伯恩努力建造干船坞这件事上就能看出他的远大抱负。干船坞全年工作不休：重新翻修磨损的接缝，重新铺设破损的船壳，并在冬季休耕月份修改船只的设计。1734 年，当一家自称"船坞公司"的联合企业成功开设惠特比第一个石砌干船坞时，小镇迎来了一个值得骄傲的时刻。《纽卡斯尔报》大张旗鼓地宣布了这一事件：

> 这是在向所有造船主发出通告，约克郡惠特比镇最近建造完成了两座非同寻常的干船坞……惠特比镇约翰·林斯基尔先生约三百五十吨的"惠特比"号正在上述船坞修复。在那里，任何人都能以合理的价格排队得到服务。[17]

"非同寻常"这个词一点儿也没有夸大事实。当时在伦敦以外几乎没有几座干船坞，对大多数商人来说，这意味着除了维修船只外，还需要把船停靠在泰晤士河岸，等着罗瑟希德区的球形浮动码头或伦敦塔对面的圣萨维尔码头空出泊位。惠特比干船坞为繁忙的沿海航线提供了另外一种选择。无论年轻的 39 菲什伯恩是否看到过这则广告，拥有一座自己的干船坞成为他早期职业生涯的一个明确目标。

菲什伯恩在小贾维斯的造船厂当了十年学徒工，然后才开始募集资金开启他自己的造船事业。他的第一座造船厂选址在哪里现在已无据可考，但看起来很可能是在科茨造船厂的前面。一位当地人后来回忆说，"接近完工之际，他的船厂一夜之间就陷入泥淖之中，地面以下分明就是一片泥塘"。这段小插曲让菲什伯恩损失惨重，但到了1757年，他已经在上游重新找好了地方。新的船厂选在水塘巷修建，这个地方听起来就不靠谱，更别说是位于博格霍尔的小村庄。然而第二次尝试却大获成功。在此期间，菲什伯恩遇到的大麻烦和投入的巨额成本可从他自己发布的广告中觅得一丝踪迹，当时他一定是非常骄傲地将广告提交给了1758年12月的《公共广告人》：

> 惠特比造船厂的托马斯·菲什伯恩花费巨资建造了一座干船坞，适合接收任何载重量的船舶，请熟悉的船主和船长知悉，我方将乐意听从您的差遣，保证以最合理的价格完成您交给的任务。[18]

菲什伯恩打出的广告连续刊登了三天。这则被包围在密密麻麻的海事学会新闻和专利药品制造商公告中的广告，仿佛是一位省级商人的勇敢声明，希望能吸引伦敦商贾的目光。1759年默西·科茨去世后不久，菲什伯恩时来运转，他完全拥有了这个造船厂。菲什伯恩现在全权负责埃斯克河西岸的重要业务，生意非常兴隆。一位当地居民这样写道："从此，我们的码头发生了巨变，这里经常挤满来自遥远海岸的船只。"船主们"纷纷被说服，只有在这里才能获得如此优质的服务，在其他任何地方都不行"，他们将"向惠特比的造船大师们提出申请，并频频允诺，在他们的船修好下水之前的一年或两年内开仓买进我们的股票"[19]。菲什伯恩的生意正如日中天。菲什伯恩娶艾丽斯为妻，育有三个孩子，未来的几年他将建造埃斯克大宅，以此证明他在镇上的地位。这座大宅在设计上采用的是整齐美观的乔治王朝时代的建筑风格，有着宽敞的花园，从屋后一直延伸到他的船坞。后来有人评论说，在所有造船主的房子中，菲什伯恩的房子是"最优雅的"[20]。

40

一套有关惠特比的学术论文集曾这样描述晚年的菲什伯恩，说他是"一位享有崇高职业声誉的绅士，以其无可指摘的正直和乐善好施的性情而受到高度称赞"[21]。这并非是文字上的吹捧，而是对一个注重实干之人的公允评价。更多的线索来自菲什伯恩的设计，以及任何带有制造者痕迹的作品。这些线索便是坚固可靠、经济高效、完全遵从传统建造的帆船。据目前所知，还没有一幅经过证实的菲什伯恩的肖像画流传下来，尽管从他儿子的嘴中可大致猜测出他的长相：高高的额头，长着络腮胡，面颊发红。这是一位打扮优雅的约克郡绅士，坐在一块荒地的岩石上，手里拿着一把枪，一座座小山在他身后向远方延伸。在猎犬的陪伴下，菲什伯恩的儿子出现了，他和庚斯博罗*画笔下的托利党乡绅没什么不同：以英格兰为荣，家中的桌子上摆放着一块牛肉和一杯马德拉白葡萄酒。

　　1764 年春天，菲什伯恩的工作重点是建造一艘新船，这艘新船是惠特比一位船长为纽卡斯尔煤炭贸易而订购的。在某个时候，最有可能是一两年前，一位名叫托马斯·米尔纳的惠特比人找到菲什伯恩商量他的造船计划。新的委托造船订单通常会敲定船的一些关键尺寸，包括龙骨的长度、最大宽度、货舱深度、甲板和船腰之间的高度等等。菲什伯恩所需要的一切都已准备就绪。船厂备足了造船用的必要物资，比如橡木、龙骨，船尾柱用的榆树，桅杆用的欧洲赤松、冷杉木，以及牛脂、硫黄、沥青和清漆。任何其他物资则可以在巴克斯特盖特街或斯皮特尔桥遍地的制造厂以及河对岸托马斯·博尔比的绳厂购买到。但菲什伯恩不太可能想要任何东西。这次的订单并不罕见，要建造的是一艘沿海船舶，船体又宽又结实，载重量约三百六十吨，这种船他再了解不过了。

　　利昂内尔·查尔顿可能目睹了菲什伯恩在惠特比的崛起，查尔顿 1748 年来到惠特比镇，当时正好是菲什伯恩买下小贾维斯造船厂的时候。尽管这两个人因阶层和职业的不同以及宽

---

* 英国肖像画及风景画家，皇家艺术研究院的创始人之一。与竞争对手乔舒亚·雷诺兹同为 18 世纪末期英国著名肖像画家。

阔的埃斯克河而被隔离开来，但是，对菲什伯恩建造的船，包 ₄₁
括船本身表现出来的匀称比例、结实的船体和几何结构的简单
等各个方面，查尔顿佩服得五体投地。查尔顿酷爱数学，人们
对他的评价多种多样，有人说他是"天才数学家"，有人认为
他是"数学知识相当丰富的人"。查尔顿生于1720年，他出生
的那个年代有牛顿这样的伟大名人；当他一点点长大时，陪伴
他的是伯努利和欧拉这样的大思想家，他们正用数字揭开大自
然的奥秘。当查尔顿创办他的"托博特"学校时，他对外宣传
自己是"惠特比的数学老师"，这其实是在向未来的学生表明，
他在课堂上将主要讲授代数、流数*、几何学、三角学、物理、
力学、天文学和枪械学。

　　当时英国社会对数学的兴趣并不局限于教室或大学里。一
个引人注目的例子便是《女士日记》的广泛流行，这本年鉴于
1704年出版发行。《女士日记》的编者是考文垂的一名老师，
名叫约翰·蒂珀，他借助安妮女王加冕的影响力构思出这本出
版物，用精心挑选的"适合所有状况、品质和心境"的作品集
呼吁社会"尊重女性"。在这本书中，"全然不见任何卑鄙和琐
碎的东西，也没有任何使人脸红的内容，更不会出现使人产生
邪念的文字。总而言之，这里面的一切都是清白、谦虚、有教
育意义而又令人愉快的，除此无他"[22]。蒂珀这本年鉴原打算
搜罗一些菜谱、故事，并就年轻女士的举止和仪态给出一些

---

* 即微积分。流数是牛顿对于导数的称谓。莱布尼茨和牛顿都被普遍认为是
　独立的微积分发明者，牛顿最先得出结论，而莱布尼茨最先将其发表。现
　代使用的微积分符号主要来自莱布尼茨。

建议。按照这个思路，年鉴不断出版下去，直到1707年偶然碰到这样一个机会，在一位男性读者的提议下增选"数学方面的"内容。事后证明这一提议大受欢迎。于是蒂珀决定用"谜题"或复杂的数学难题代替原来食谱的内容。

蒂珀的《女士日记》很快就培养了各种各样的读者群，他们加入了一个正在进行的竞赛，设计并解决有趣的算术谜题。女人和男人争先恐后地求解代数问题或三角问题，这是男女之间的一种非同寻常且有趣的智力角逐。北约克郡有一位女士名叫简·斯夸尔，她对这种数字方面的文化深深着迷，并这样写下了她对数学的热爱："如果有什么可玩的东西在我看来不需要使用数学，我是不会有任何印象的；反过来，如果有什么使用数学方式在我看来和可玩的东西无关，我也不会记得的。因此，我想不明白，为什么我要把自己局限在针线活、扑克牌还有骰子上。"[23] 随着时间的推移，《女士日记》的谜题发展出了有其自身特色的暗示性叙事技巧，而不再仅是单纯地为了求解：

> 我希望我能成为这样一位使人着迷的人，
> 我很乐意用另一个方程式求婚，
> 就连最好的代数学家也永远无法解开，
> 从此他对 V、X 和 Y 永远感到困惑。[24]

42

这是查尔顿所欣赏的智力谜题类型。18世纪60年代，"惠特比的利昂内尔·查尔顿先生"这个名字出现在《女士日记》

上，当时这本书已更名为《女子年鉴》。[25] 年鉴每年的发行量达三万册，已成为智力挑战的重要刊载媒体，并受到坊间普遍欢迎。查尔顿的热心参与让惠特比小镇上的人们记忆犹新，这在某种程度上缓和了他给人造成的目中无人、傲慢自大的印象；而且这也揭示了另外一个事实，即查尔顿在热衷于数字问题的同时，还渴望汇入智力探索的集体潮流中。

像《女子年鉴》这样的书可能为理论上的争鸣提供了一个论坛，同时也鼓励了技术与工艺的实际应用。这类书给读者提供建议，告诉他们怎样才能更好地观测日食和其他天文现象。1761 年发生了"金星凌日"的天文奇观，"太阳系中灿烂无比的金星通过散发着万丈光芒的太阳表面"[26]。在此之前，人们满心期待，《绅士日记》或《数学知识库》连续刊文向读者解释这一天文现象不同寻常的意义。金星是夜空中最亮的行星，但这颗行星在白天也时会出现。早在本世纪初，英国天文学家爱德蒙·哈雷就曾预言，在 18 世纪 60 年代，金星将两次运行通过太阳表面。这种罕见的天文现象常成对出现，其间相隔八年，再出现就要等到一百多年以后了，因此，18 世纪 60 年代出现的金星凌日现象将为科学界创造难得的机遇。如果将分散在各地的不同观测数据收集起来，就可以"确定观测太阳时的视差，也就意味着由此可计算出地球及其他行星与太阳的距离"。为此，所有需要做的就是应用约翰尼斯·开普勒提出的数学公式，并求解"这个自然界中最伟大高尚的问题"[27]。这将从数学的角度揭示太阳系范围的秘密，而所有这一切都要通过观测和数学来解开谜底。

再也没有比这更重要的问题了。这种观测和计算表明了自17 世纪以来数学到底已经发展到了怎样的程度，当时萨维尔几何学教授约翰·沃利斯 * 这样写道："……很少有人把数学看作是一种学术研究，数学更多地被视为一种交易员、商人、海员、木匠、土地测量员等类似人员的机械式重复劳作。"[28] 托马斯·菲什伯恩同样也在以他自己的方式运用着数学，并和查尔顿运用数学的方法一样高明。到了 18 世纪 60 年代，建造木制帆船的手艺已经发展到一种高度复杂和精致的程度。从伊丽莎白时代开始，数学曲线被引入到船体的设计中，这样设计出来的船体既光滑又坚固。造船业长期以来都奉行阿基米德的理论，即排开的水对船只产生向上的浮力。进入 18 世纪后，造船者不断加大对鲭鱼、海豚和鸭子等生物身体流线外形的研究，将这种逼真的曲线引入到流线型船体的设计中。对他们来说，把船的首尾修整得像"鳕鱼头和鲭鱼尾"一样，是一种很常见的方法，这意味着船体在向船头一侧会变得越来越宽，而到船尾时则宽度逐渐收拢。他们深知，虽然一艘船承受着数不胜数的外力，但由此引发的两个最关键的运动是纵摇（前后摇摆）和横摇（左右摇摆）。船体承受横摇的能力要远远超过纵摇，因此，如何减少船体的纵摇就成为一项关键任务，这也是时刻萦绕在查尔顿脑海中的一个谜题。所有这些压力都是抵抗海水产生的，而海水的运动不断发生着变化。正像澳大利亚作家雷·帕金所说的那样，每一位造船者和每一名水手寻求的无

---

* 英国数学家，英国皇家学会创始人之一，对现代微积分的发展有很大贡献。

非是一种和谐共处：

> 几百年来，许多水手从来都没有怀疑过这样一个简单的事实：大海、船舶和海风并不是互不相容，而是在所处的共同环境下努力和谐相处。这不是在讨论一个很不错的哲学观点，而是在理智和狂热之间做出选择。海水击打着船只，而船也同样在回敬着海水；大风从牵拉船桅和风帆的绳索中呼啸而过，但它使不出一点力气，只能徒然地愤怒呼号而已。大海、空气和船舶只是在寻找着平衡。[29]

为了使造出来的船浑然一体，像菲什伯恩这样的造船大师开始平心静气地仔细揣度船体，理性地对其展开分析。查尔顿写道："我们的造船大师深谙他们的事业，非常清楚船上所有组成部分之间所应具有的精确几何比例。"[30] 造船商以前曾被被嘲笑无非就是个"商人"，但在工业化进程加快的社会中，这些造船商将会赢得赞誉和欣赏。约翰·拉斯金是维多利亚时代的审美家和艺术批评家，他透过约瑟夫·马洛德·威廉·透纳[*]的画作，惊奇地回望着乔治王朝时代的造船者，这些造船者无愧实践方面的天才，他们的天赋淋漓尽致地展现在船体的线条中。"总而言之，作为一种群居性动物，人类制造出来的最值得尊敬的东西，就是一艘有着完美线条的船……她把人类

44

---

[*] 英国浪漫主义风景画家，水彩画家和版画家，现代公认的最伟大的风景画家。

的耐心、直觉判断力、先见之明、实验哲学、自制力、遵守秩序的习惯与隐忍、千锤百炼的艰苦劳动、对野蛮无知的抗拒以及对上帝审判的平静期待，等等，都融进了这三百英尺长、八十英尺宽的空间里。"[31]

18 世纪 60 年代，英国的海面上到处充满各种类型和大小的帆船，每艘船都是为了满足特定目的而建造的。皇家海军的各种战舰最常见于索伦特海和朴次茅斯附近的斯皮特黑德锚地。这些战舰要么是专为纯粹的威力而设计的（比如风帆战列舰），具有足够的稳定性来安装重型舰炮，还能对均匀开火的火力平台起到平衡作用；要么是为了速度和机动性而设计的，像新型护卫舰那样，水下船体细长苗条。运载东印度公司金银财宝的船只则将宽敞的货舱和足够的火力结合在一起，让私掠船心惊胆战，不敢贸然靠近。其他商用帆船由于航行海域仅限于英国或欧洲，这些商船不需要具备东印度公司船只那样的防御能力，相反，它们在建造时特别考虑经济性。在很多情况下，这些船只的设计可简化为一个简单的命题：如何用最少的水手运输最多的货物。现代欧洲的商船队已经找到应对这一挑战的方案，整个北方海域遍布他们坚固的商船，比如单桅商船、快速平底船、粉红船*、独桅艇和三桅帆船。

要想区分这么多种类的商船，从未出过海的人肯定是不行的。18 世纪，也就是那个伟大的分类时代，不同类型的船只是根据船体的长度和形状来进行划分的。这种划分方法既简单

---

* 专指一种用于沿海航行和捕鱼的小型船只，特征是平底，有凸出的船边。

又非常复杂，要理解它们，就需要有一个巧妙而专业的词汇表，用以强调不同船只的细微差别。当菲什伯恩看到一艘返航进港的商船时，他可能会在心里过一遍各项参数的列表，包括船的长度、船首（船头最前面的部分）、船尾（船舶的后部或尾部）、船体中段、载重量（适当海上配平条件下船舶运载货物的吨数）和吃水（船舶浸在水里的深度）。护卫舰的首尾都有一个饰像，一眼就能看出来。但这些船根本不需要拜访惠特比。惠特比港更熟悉的是双桅横帆船和主桅杆后面带小桅杆的双桅横帆船；或者是更笨重的单桅帆船，这种船的船尾凸出且逐渐变细，吃水线较深；或者是三桅帆船，这种船和主桅杆后面带小桅杆的双桅横帆船属同类，但更平坦、更结实，带有平甲板和宽大的船尾。尽管如此，这两种帆船还是截然不同的，三桅帆船没有突出的船尾和左右摇摆的横帆。

　　双桅横帆船、主桅杆后面带小桅杆的双桅横帆船、单桅帆船和三桅帆船定义了惠特比镇的形象：这是一个务实之所，而非炫耀之地。这些帆船很难进行精确的分类，为了避免争议，更简单的方法便是回到能概括这一切的术语"运煤船"，它指的是任何一种运输煤炭（一种大宗货物）的船舶。事实上，惠特比造船并不是为了打造符合完美分类的船舶，惠特比造的船可能会兼顾各方面的属性，这取决于特定时期造船厂可用的材料，但最终还是为了达到某种使用目的。惠特比造的沿岸航行船只，其出发点是安全地实现最大运煤量，同时尽可能降低人力成本。正是基于这样的考虑，旁观者必须分析科茨或菲什伯恩建造的任何一艘船。这些船的船体很宽，内部甲板很整洁。

船底是平的，因此吃水较浅，这使其具备以下三重优势：一是可以航行到岸边或浅滩河口，便于装载货物；二是落潮时可以竖直停靠在陆地上，既容易卸载货物，也容易进行冲洗清洁；三是货舱避免了水下光滑船体形成的尴尬空间。平底敞口货舱被加固的橡木船壳包裹着，这相当于举起数百恰耳德伦*重的煤炭，同时肩负着抵御辽阔海洋汹涌海浪和恶劣狂风的重任。加固后的船体并不是运煤船的独特之处。运煤船以肥胖圆滚的船头而闻名，其船头甚至不装饰人像。如此省略外饰的设计可以让船使用得更久。这样的运煤船可一口气在海面上航行几个月，当大海退潮时对船体"熏烤"（通过燃烧清除船底污垢）或"侧倾"（对船体一侧进行修理或堵缝时，让另一侧倾斜），除此之外就可以长时间停放在海岸边，而不必去港口。

　　18世纪60年代，站在惠特比东边悬崖景色最为宜人的瞭望台上，一幅贸易和运输的繁忙景象就会映入眼帘。通往伦敦的沿海公路径直穿过惠特比港，然后折向南方。这里的每一 ₄₆ 天，一艘艘苏格兰式的单桅帆船将乘客们运往城市；双桅横帆船或主桅杆后面带小桅杆的双桅横帆船繁忙地运送着明矾矿石；双桅船或纵帆船则为所有工作提供服务，张着满帆掠过海浪。夹在所有这些帆船中间的是运煤船，像汉尼拔军队里的大象一样慢吞吞地行进着。这般景致足以展现出惠特比的独特魅力，而在伴着和风春意盎然的日子里，从东边的悬崖上远望，甚至还会发现一种奇异的美感：只见一艘艘帆船光滑的上漆船

＊　英制煤炭重量单位，1恰耳德伦相当于2500—2900磅。

壳与暗淡粗糙的船帆交相辉映，海风吹向船帆，展现出一道道优美的曲线。本杰明·富兰克林曾记下这幅景象的魅力："一艘扬着帆的船，一个大腹便便的女人，这是日常所见中最美的两件事物。"[32]

　　运煤船在远处可能显得脆弱不堪，但在惠特比港附近或码头外公路上近距离观看，其强度和刚度清晰可见。但这只是18世纪60年代早期惠特比造船厂的造船水平。组装这些船体用不了多长时间，在短短几个月的时间里，以经过适当风干的木材为材料，菲什伯恩的造船厂将展开一个驾轻就熟的过程。首先，将一根榆木龙骨铺满整个造船厂，榆木能承受海水长期的浸泡，由榆木制成的龙骨构成了运煤船的脊柱。在1764年，龙骨一般长九十一英尺，宽一英尺。龙骨的尺寸既取决于菲什伯恩造船厂的大小和选用船材的规格，也取决于买方的偏好。一旦龙骨准备就位，接下来将把另外两个巨大的结构木材嵌入其中，一个构成前面的船首，另一个构成后面的船尾。在垫木上固定稳妥后，就可以开始从地面向上搭建运煤船的船体框架。从前面看，运煤船的骨架呈"U"形：内龙骨从上面对龙骨进行加固；一根根底肋木材被打入并固定在三节向上弯曲的复肋木材上，复肋是船的肋拱。在此基础上加装顶肋。除龙骨外，所有这些结构件都采用橡材制成，经过几个星期的拉伸、敲打、加固和锁紧，全部结构件用一系列肘板（肘板是用弯曲木材制成的角撑架）和与船体等长的外部船壳环绕龙骨形成一个刚性骨架。

　　1764年整个春天，按照菲什伯恩的计划，后续造出来的船与三桅帆船的轮廓几乎完全一致，整个船体非常宽阔，船尾宽大，船头肥胖。但伦敦德特福德造船厂的一名官员却不这么认为，他很快就把这艘船描述成"在独桅帆船基础上建造的三桅帆船"*，从而引起人们几个世纪的困惑不解。[33] 在未来的岁月里，这条模糊的分界线（菲什伯恩对这点产生的困惑就如同农民不知道该怎样区分"长着山羊外形的绵羊"）会让很多人方寸大乱，不知如何应对，但对 1764 年的菲什伯恩来说，他的运煤船到底该划入哪一类船可能并不是他最关心的事。菲什伯恩更多的是从实际出发，把他的努力方向放在怎样利用手头的材料使造出的船更坚固、更适宜航海。从这点出发，在造船的过程中，这艘运煤船的裸船体和一个巨大的胸腔没什么两样。在不知情的人看来，这样造出来的船似乎就像从沙土里挖出了某些远古时代的罕见生物。然而，对惠特比镇的人而言，这一景象就像在蓓尔美尔街闲逛的顾客看到抬人的轿子一样再熟悉不过了。查尔顿后来绘制了一张惠特比的图画，画面上除了有小镇的布局和建筑，还描绘了贝尔岛的景象，那里挤满了架在船架上正在建造的船，船的轮廓清晰可见。在三百码的范围

*　德国模型制造者和海军船舶结构历史学家卡尔·海因茨·马奎特确认了三桅帆船和独桅帆船在船体上存在的三个关键不同。第一，三桅帆船的船尾横翼几乎总是直的，而独桅帆船则是圆的；第二，这就意味着，三桅帆船的船尾较宽大，而独桅帆船的船尾则较狭窄；第三，独桅帆船以船腰较深和组合式的船头与后甲板为显著特征，相比之下，三桅帆船通常采用"平甲板式"。"'彭布罗克伯爵'号没有一处符合独桅帆船的特征，"马奎特写道，"这清楚地表明，'彭布罗克伯爵'号的船体就是三桅帆船形式的。"——原书注解

内，七艘船体正处于不同的建造阶段。图中大部分船只还处在光秃秃的骨架状态，但至少有两艘船看起来马上就要完工了，前后框架铺上了木板，用水手的话说就是从船头到船尾都铺上了板材。这些板材将用大木钉、树钉，或一英寸半粗、三点五英尺长的橡木销钉固定在船体骨架上；固定用的钉子随意打在船体周围，以免产生薄弱之处。

将橡材转换成浑然一体的船体是一项艰巨的任务，至少要花上几个星期的时间，船厂的工人们从"早上五点忙到晚上七点"。运煤船从沙土地上一步一步慢慢拔起，不断变化的外观给这个号称转变之地的惠特比镇又增添了一番景致。惠特比不仅矗立陆地和海洋的边界，还让它的修道院成为连接天上与凡间的通道。以前这里有牧师会礼堂和神学院，现在则有了造船厂和学校，新的启蒙世界正在取代旧的宗教世界。在订购、分配、测量、锯切和紧固的过程中，惠特比镇的人把自然界的原材料变成了整洁、有用甚至美丽的各种新事物。

在造船厂经历这一过程的同时，木材还完成了第二次性别的转化。长在荒郊野外的树木被视为男性力量的象征。在《森林志》一书中，伊夫林习惯性地用男性代词描述活着的树木——"把一棵像你大腿一样粗的树砍掉，将他周围的泥土清除"，这是一个典型的段落。[34] 乡村风景中一棵树的轮廓和线条与当代观念里对男子汉气概的定义相吻合：坚忍、顽强而始终如一。艺术家也了解这一点。乡绅们会在他们庄园里最喜欢的树前摆造型，庚斯博罗在他的画作《安得烈夫妇》中，包括雷诺兹在《托马斯·利斯特大师》中，都对这种时尚进行了描绘。但在造船厂里，由于原材料被赋予了形态，其性态就被重新调整。作为一棵活着的树，"他"矗立在乡村的土地上；作为一根木材，"它"躺在造船厂里；在支撑架上准备组装时，"她"一点点被建造出来，身材曼妙，楚楚动人，从世上的各种制造产品中脱颖而出。

惠特比还有更多的转变发生。贝尔岛本身就是，一天之内随着潮涨潮落两次出现和消失。然后是不同人群的相聚，这里有未出过海的人和靠海为生的人，或者是笨拙的水手和快乐的水手，他们彼此嘲笑着对方。对于一个来自约克郡或皮克灵的客商来说，这里的语言和术语会让人觉得陌生疏远。如果有人把双桅横帆船与主桅杆后面带小桅杆的双桅横帆船相混淆，惠特比当地人可能会礼貌地纠正他，或者背地里直接称其为蠢货。与常人生活脱节更明显的是水手，这些水手被描绘成在陆地上东倒西歪，毫无规矩可言，因为亵渎行为而遭到唾弃。在伦敦这样的城市里，水手们住在自己的住处，比如宽街或者沃平区的老砾石巷。这些住处都是城中城，是生活节奏加快的边缘地带，这里挥霍无度、危险重重，其他任何一个地方都看不到这种现象。在这里，嘲笑这些"身强力壮的年轻人"在陆地上东摇西晃、错误百出，被酒馆里的风吹得心神不宁，或是被管乐器的声音吵醒，已成为乔治王朝时期一种悠闲而招人喜欢的消遣方式。托比亚斯·斯摩莱特＊在《蓝登传》（1748年）一

＊　英国作家，18世纪英国小说发展过程中的重要人物，为现实主义小说在19世纪的繁荣打下了坚实的基础。

书中，更是把这种嘲讽发挥到了极致。他给小说中笨手笨脚的英雄蓝登虚构了一位海盗叔叔，这个海盗叔叔"常年在国外，是帆船上的海军上尉"，一个衣架挂在他的腰带上，满嘴咒骂——一个夸张的、漫画似的形象跃然纸上。他对着一个抗命者大声咆哮："该死的，你这个贱人，我来教教你怎么跟你的上司说话！"又或者直勾勾盯着一个漂亮的女孩，往前一蹿，好像发现了大陆一样："我的天啊，罗里！这真是一个无比荣耀的战利品，建造精良，船帆和索具都太豪华了！"[35]

　　在惠特比的大街上、小酒馆里，尤其是靠近码头的地方，也总有这样的共鸣，尽管很微弱。水手们穿着法兰绒条纹夹克、帆布裤子、褪色的蓝色大衣和尖顶帽子，完全像是来自另一个世界。从陆地登船要穿过一道栅栏，在那里，时间的计算方式甚至都不一样，船上的时间比陆地要提前十二个小时。

　　惠特比是一个有着开始和结束、变化和分界的地方。蛇变成了石头，尸体变成了灵魂，木材变成了船只。真相没有逃出一个世纪后到访惠特比的爱尔兰作家布莱姆·斯托克的眼睛。斯托克被惠特比的氛围深深震撼，他决定以此为背景创作一部哥特式小说。斯托克的故事讲述了一艘顺风疾驰的纵帆船是如何从一场北海暴风雨中逃出的：这艘船升起船帆并用尽全力，纵帆船在码头之间飞驰而过，镇上的人们驻足观看，可甲板上却连一个水手也没有，只有舵手的尸体绑在舵轮上。

　　　　船驶上沙滩时，发生巨大的震动。所有的桅杆、绳索和支索都绷得紧紧的，有些"顶锤"也从上面

砸了下来。最为奇怪的是，帆船触岸的瞬间，一只
体形巨大的狗从下面跳到甲板上，好像是被冲击力
抛上来的一样，向前奔跑着，然后从沙滩上的船头
跳了下去。[36]

当然，这条狗根本就不是狗。安全抵达这个转变之城后，
德古拉*很快就会现身。

最猛烈的北海暴风雨素有"寡妇制造者"之称。1763 年
12 月 1 日晚上，惠特比就遭遇了一场这种暴风雨的袭击。这
是"一场风雨交加的最猛烈的风暴"，一直持续到第二天。[37]
整个英国都能感受到这场暴风雨带来的灾难性影响。伦敦的
房屋被吹倒了。诺福克郡韦尔斯的居民醒来后发现，码头和
邻近的街道上到处散落着缆绳、小艇和船只的残骸，"有些船
被拦腰折成两段"。诺福克乡下的沼泽地被洪水淹没，据说有
一千五百多只羊因此丧命。距惠特比二十英里的斯卡伯勒刮起
了一场"最可怕的飓风"，肆虐了整整一个晚上。[38]十二艘停
在锚地的船被拽走，被暴风雨裹挟着远离前滩，最后被汹涌的
海浪吞没。尸体被冲到海湾里。"这个城镇和弗兰伯勒之间的
海岸线上到处是残骸，"一位斯卡伯勒的居民曾这样写道，"半
裸的水手尸体遍布岸边。"《苏格兰水星报》以极其悲痛的文字
记录了当时的一些惨况：

50

---

* 爱尔兰作家布莱姆·斯托克的小说《吸血鬼德古拉》中塑造的吸血鬼形象，
　惠特比镇因为布莱姆·斯托克著名的吸血鬼故事而名传后世。

镇上的所有人都惊慌失措，整晚都不敢躺下，很
多人绝望到了极点。在这个死亡之夜里，被海浪卷向
远方的人大声哭救，不绝于耳的哭救声（通过喇叭筒
传过来）让镇上的人沮丧至极，无法得到一丝安慰。[39]

据估计，这是自 1740 年 11 月以来最严重的暴风雨，惠特
比也未能幸免。《苏格兰人杂志》刊载的一篇文章这样写道：
"狂风暴雨肆虐，洪水瞬间泛滥，几乎所有靠近河边的房子都
被冲走或受到损毁。"[40] 港口里的许多船只都遭到损坏，甚至
连干船坞里的船都被冲走了。但让人感到更伤心的是惠特比
的修道院遭到破坏，整个西翼被风吹倒在地。几个世纪来，
"二十根坚固的哥特式柱子和拱门"一直支撑在这里，如今毁
于一旦。利昂内尔·查尔顿是参与灾后调查的人之一。除了回
廊的北墙和西端墙的一部分，原建筑几乎没剩下什么。查尔顿
预测说："这座建筑挺不了太久，整体破坏太严重，再过一百
年肯定会变成一片废墟。"[41]

如果真像查尔顿设想的那样，这座修道院若干年后被夷为
平地，那就意味着人们将要彻底断绝与这个古老基督教团体的
最后联系。正是这种对即将到来的损失的深深恐惧，激励着查
尔顿开始着手编写惠特比第一部现代而全面的历史，这将成为
他一生的事业。从撒克逊修道院的第一任女院长圣希尔达和英

国诗人凯德蒙 *，到现代的造船者，查尔顿写就的《惠特比史》
将承载他的雄心壮志和辛苦付出，既拯救过去又抓住现在。他
这样写道："所有人都会欣然承认，这么多珍贵的历史遗迹，
如果不向世界广泛宣传，为了子孙后代的利益和幸福而保存下
来，而是任凭其化为尘埃，那真是太令人惋惜了。"[42]

　　查尔顿的兴趣不只局限于古老的过去，他也意识到，在
过去的一个世纪里这里发生了一些不寻常的事情。16 世纪 40
年代，当亨利八世洗劫这座修道院时，惠特比只有"三十到
四十"个农舍，住在这里的或许也就几百人。到了 17 世纪 50
年代，这一数字已经上升到两千五百人左右，其中大多数人依
靠二十艘用相互重叠的木板搭造的平底小渔船，通过捕捞并贩
卖鲱鱼维持生计。查尔顿《惠特比史》的第三部分用了大量篇
幅介绍了 1660 年王政复辟 † 后一个世纪时间里惠特比取得的进
步。同一年，查尔顿记录道，惠特比镇用一个"新的大摆钟"
做"点缀"，这个摆钟安装在市场广场的"托博特"那里，后
来他在那里成立了自己的走读学校。[43] 在查尔顿的记述中，摆
钟的到来预示着惠特比将开启历史上一个勇敢的新纪元。这座
摆钟代表着精确、科学、进步。从 1660 年起，《惠特比史》满
是介绍新街道、更好的码头、更大的船只、更宏伟的教堂和更
整洁的花园这方面的内容。1725 年，惠特比的房子第一次装上
了上下推拉窗，这在当时让人们感到很新奇。惠特比镇在这些

51

---

* 英国第一位留有名字的诗人，他曾是撒克逊修道院的牧牛人，因诗歌天赋
　而被接纳为修道士，并创作了许多以宗教为主题的诗作。
† 指 1660 年英王查理二世复辟封建王朝。

年里发展壮大，成为一个拥有一万人口的城镇。原来只有二十艘船，现在增加到近两百艘。荒野远处有一个靠一条小河滋养的无名渔村，这个渔村开始进入上升发展轨道，成为一个新的造船中心，很快就会超过利物浦、格拉斯哥和布里斯托尔。

　　惠特比崛起的时代恰好与作家丹尼尔·笛福*所称的"开发的时代"重合。笛福认为，在 1680 年至 1720 年这四十年的时间里，英格兰（《联合法案》通过之后改称英国）深受"发明幽默"的影响。[44] 笛福在一本名为《论开发》的书中提出了他的这种想法。笛福年轻时，他的国家充满了大胆的发明和设计，比如曾经被提及的消防汽车、伦敦芬尼邮局、新型金属以及"浮动牵引装置……用马匹装饰，在逆风和潮汐中牵引大船"。接下来还有"外国殖民地如宾夕法尼亚、卡罗莱纳、新泽西等地的垦殖规划者威廉·佩恩、沙夫茨伯里勋爵和考克斯博士"[45]。在《论开发》一书中，笛福将"投机精神"的兴起归结于创造性思维，试图用这种精神弥补九年战争（1688 年至 1697 年）给他们个人带来的损失。"在需要的推动下，他们绞尽脑汁寻找新的计谋、新的发明、新的贸易、新的投资资本与项目以及任何东西，孤注一掷地想重新得到他们曾经的财富。"同样令人鼓舞的是威廉·菲普斯†的故事，"他的奇特能力让许多人着手为自己发明创造东西"。菲普斯大约于 1650 年出生在马萨诸塞湾殖民地的一个牧羊人家庭。菲普斯天生志向高

---

* 英国小说家、新闻记者，以其代表作《鲁宾逊漂流记》闻名于世，被视作英国小说的开创者之一。

† 第一位被封为爵士的新英格兰本地人，马萨诸塞州第一任由王室任命的州长。

远，最开始是一名造船师，但很快就于 17 世纪 80 年代开始沿 　52
美国海岸寻找宝藏。笛福写道：

> 我们见证了威廉姆·菲普斯爵士至死不渝的远
> 航。这只不过是一种投机，一件只有十万分之一胜算
> 撞大运的事；这就是在冒险，如果失败了，每个人都
> 会为自己参与进来而感到羞耻；这是一次荒谬绝伦的
> 航行，就像堂吉诃德大战风车一样：为我们祈祷吧！
> 人们要远赴三千英里外的开阔海域寻找西班牙银圆！
> 为什么要这么做？他们将把这次远航编成民谣，商人
> 们会畅谈所有不可能完成的冒险，包括菲普斯这次没
> 有回头路的远航。[46]

没人知道菲普斯打捞上来多少钱，笛福给出了一个夸张的
数字，"接近二十万英镑。这是在远离任何海岸的公海中，从
一艘沉没了四十年以上的西班牙古老船只中打捞上来的标准纯
度的西班牙银圆。"笛福说。这次冒险取得了巨大的成功，一
夜之间模仿者如雨后春笋般冒了出来。

菲普斯发现宝藏之后的几年里，"投机者"变得很容易辨
认且备受嘲讽，被视为当时"设骗局的人"。从一开始，这就
是一个贬义词，笛福称之为"顶着卑鄙头衔的投机者"。对小
说家来说，投机者有一种与生俱来的欺骗能力，他们荒唐可
笑，夸夸其谈，自高自大，自私自利。乔纳森·斯威夫特在
《格列佛游记》一书中对他们进行了激烈抨击。在小说中，勒

皮他学院成了投机者的巢穴，他们想从黄瓜中提取出阳光。
1720 年南海泡沫*破裂后，投机者的丑恶行径变得越发严重。
然而，笛福在《论开发》中，试图扭转大众对他们的偏见。他
认为，投机者的存在仅仅是社会向前发展带来的结果。虽然有
些人故意蒙蔽易受影响的人，"而另一些人却出于同样的需要，
把心思放在诚实的发明和创造上，这样的发明和创造建立在独
创性和诚实性基础上。……从贸易、艺术和大自然不解之谜中
涌现出来的商品制造或土地改良方面的新发现，毫无疑问都会
带来巨大好处，其与世界上所有学院和皇家学会在自然科学研
究方面所取得的任何一项发现有着同样的意义"[47]。

　　这就是惠特比镇取得发展的大的时代背景。贾维斯·科茨
很可能被称为造船厂的投机者，或者菲什伯恩被称为干船坞的
投机者。但惠特比镇比伦敦那些充满阴谋诡计的小巷要有很多
优势，那里到处可见形形色色的投机者。惠特比镇的人口是
居住在这里的定居者，而不是匆匆的过客，这意味着这里的
人们可以一直保持当地的特色。并且，惠特比镇还具有第二个
优势，那就是投资新兴事业的人群固定不变。这个城镇的文化
也很独特。惠特比镇的许多经商家族都属于贵格会教徒，这是
一个不信奉英国国教的新教群体，他们看重严谨的生活、辛勤
的工作并善于记账。在查尔顿父辈那代人时期，这里设有一所
贵格会学校可以为男孩和女孩提供早期教育，但孩子们都学会

53

---

* 英国在 1720 年春天到秋天发生的经济泡沫，与同年的密西西比泡沫事件及
　1637 年的郁金香狂热并称欧洲早期"三大经济泡沫"。"经济泡沫"一语即
　源于南海泡沫事件。

了一条人生格言：勤勉和虔诚相伴相随。这所学校帮助惠特比的女性（比如默西·科茨和她的女儿汉娜）获得解放，教会她们不仅要拥有一些造船厂的财务控制权，还要成为惠特比商船公司的重要股东。商船公司的股份通常被分成六十四等份，因此一艘运煤船的所有权是多种多样的。对那些追名逐利的人来说，机会每周都会出现在《纽卡斯尔报》上：

　　威廉·比金斯船长持有惠特比"霍普韦尔"号第六十四份股权

　　亨利·阿特金森船长持有惠特比"亨利和玛丽"号第三十二份股权

　　威廉·沃克船长持有惠特比"沃克"号第六十四份股权

　　这种安排有利于处理复杂的所有权比例。投机者可以挑选他们最喜欢的船和船长，或者通过分散资金来降低风险。海洋是一个向所有人开放的市场，大方的参与者将逐渐握有整艘船。一旦获得资金支持，惠特比造的船往往会用在两个截然不同的市场。一个市场是纽卡斯尔和伦敦之间的煤炭贸易；还有一个市场是波罗的海的远航贸易，煤炭经由这条航线被运到像卢贝克或里加这样的港口，而木材和焦油这类的物资则被运回国内。相比而言，煤炭贸易是最可靠的。1700 年至 1750 年间，伦敦对燃料的需求从每年八十万吨增加到一百五十万吨，这就意味着在泰晤士河北岸的沃平或沙德韦尔几乎总能找到买家。

波罗的海的远航贸易风险更大，但潜在利润更高。一次出航要
在海上航行几个月，惠特比的运煤船吃水较深，沿着布满浮冰
的海面一路向东，在盘旋鱼鹰的伴航下，通过穆胡岛，直到俄 　54
罗斯帝国的海岸。相比其他市场，惠特比造的船尤其适合煤炭
市场。到了 1751 年，五分之一从波罗的海进入伦敦港的船只
归惠特比所有。1755 年，惠特比拥有的船只每年赴纽卡斯尔煤
炭装卸转运码头的航行达六百多次，约占总数的四分之一。到
了 18 世纪 90 年代，惠特比的造船规模将会扩大到这样一种程
度，即按总吨位计算排英国第三位。

　　查尔顿将把这个发展壮大的故事浓缩到其《惠特比史》的
第三部分。惠特比从一个无名的小渔村崛起成为一个充满活
力的商业中心。查尔顿写道："我们从荷兰进口亚麻、护壁板、
火山土、白兰地酒、杜松子酒和帆布；从法国进口白兰地和部
分葡萄酒。从东方进口大麻、亚麻、铁器、木材、桅杆、松木
制品、橡木板、卷心菜、烟斗、板条、木条、柏油、云杉啤酒
和其他一些物资；从美国进口大米、树脂、焦油、松脂和松
木板。"到了 1750 年，该镇的人口已攀升到约五千人。1764
年，一个剧院开张，把大都会的文化和艺术带到了这个小镇。
海运的繁荣发展产生了这样一种矛盾，虽然惠特比在地理上
与约克郡和皮克灵（皮克灵是位于内陆腹地的主要城镇）保
持着隔离，但却越来越和遥远的港口维系在一起。从波罗的
海到巴尔的摩，商人很有可能会偶遇惠特比造的船。查尔顿
对此进行了强调：

只要我们都恪守勤劳和有节制的精神，我们的贸易就会兴旺起来，我们就会成为富足和幸福的人；但是，如果我们让自己丧失活力，被懒惰、奢侈和放纵所俘获，我们的财富就会消失，商机就会离我们而去，我们会在不知不觉中逐渐变得黯淡无光。[48]

1779 年出版时，查尔顿的《惠特比史》长达三百六十二页，内容翔实，清晰简明，每一页内容都有事实、日期、姓名和数字做支撑。这本书还介绍了小镇的规划并收集了丰富的古文物资料，因此吸引了更广泛的读者群体，而不限于小镇当地。共有五百一十三人订阅了五百五十一本正式出版的书籍，这其中就包括塞缪尔·约翰逊博士、乔舒亚·雷诺兹爵士以及律师兼古董商戴恩斯·巴林顿爵士。这些年来，查尔顿还与博物学家兼古文学家托马斯·彭南特建立了通信往来。彭南特和塞尔伯恩的吉尔伯特·怀特、苏豪广场的约瑟夫·班克斯是当时哲学圈子的核心人物。对这些人来说，查尔顿将成为热爱钻研的启蒙圈子的惠特比通讯员，将有关惠特比奇怪的化石、石化的橡树、吟唱的修道士和贸易船只等消息传递给大家。

查尔顿在他的书中并没有提到"奋进"号这艘运煤船。这样的疏忽很奇怪，但也许是因为菲什伯恩的三桅帆船在当时还没有清晰的历史脉络，毕竟这艘帆船直到 1764 年才从离查尔顿学校几码远的造船厂启航。幸运的是，从贝尔岛的一幅历史图画中可看到一艘运煤船处于完工阶段的情景。填塞船缝的施工队会爬到船体框架上，把填絮塞到缝隙里，然后浇上一

种由滚烫的沥青和斯德哥尔摩焦油构成的混合物。整个运煤船
从前到后没有内甲板，相反，在船头最前面有一处向下的倾斜
区域，这个位于下面的狭窄空间可供水手休息和存放物品。此
外，在船尾有一个大舱，供船长和他的随从使用。在未来的日
子里，这艘船将在整个甲板上从前向后安装三根桅杆——一根
前桅杆、一根主桅杆和一根后桅杆。吃水线以下的外部船体被
涂覆上一层黏性的黑色混合物，由山羊毛或牛毛、柏油、硫黄
和沥青掺在一起，起到防止船体被海水侵蚀的作用。所有这些
都会与盐水的味道、焦油的臭味和油漆的刺鼻气味混合在一
起，产生一种独特的气味，这种气味紧紧围绕着造船厂。甲板
上其余设备也会陆续被运来，包括一个用来吊起重物的绞盘、
船首斜桅、将锚挂在船体上的船首锚架、起锚机和支撑杆。

　　前面提到的这些词语对现在的我们来说似乎显得很陌生，
但这些词语对当时的水手来说是一种精确而丰富的航海语言，
其重要性就像拉丁语对学者一样。这里试举一些例子："保持
安全距离""很难测深""主桅支索""熟悉缆绳打法""保持船
身平稳""突遇逆风""将锚缆系于缆柱（直至痛苦完结）"*。这
些航海术语已经融入未出过海的人的口中。其他术语至今仍是
个谜。"支撑杆"和"船首锚架"（catheads）这两个术语的来
源各不相同。对"船首锚架"的一个解释是，造船工人以前习
惯在这些船材上刻上猫脸。菲什伯恩并没有这样做，他的船不

---

* 以"保持安全距离"为例，其英文写作"giving a wide berth"，该短语现在
　一般被用来表达"敬而远之"的意思。

会以花哨的装饰而闻名。但在这艘特殊的帆船上有一个雕刻，雕刻的是一位足智多谋的老水手的脸，他从起锚机那里凝视着甲板。仔细看的话还会注意到这艘船的其他一些门道。一个是主桅周围甲板的混乱搭接和重叠，另外就是这艘三桅帆船有多种用途。菲什伯恩在船舷凿了五个槽，这样就能从龙骨处铲煤或装船。此外，船头还开了一个槽，可快速装卸木材。

随着菲什伯恩的新三桅帆船在造船厂逐渐成形，冬天寒冷的北风也减弱了。在《约克郡农村经济》一书中，威廉·马歇尔勾勒了季节的变化："黄华柳盛开——4月5日，孤燕近水 *——4月12日，山楂树覆叶——4月18日，群燕绕屋飞——4月27日，布谷鸟第一声啼叫——5月6日，雨燕疾飞——5月12日，橡树发叶——5月29日，山楂树开花——6月10日，白蜡树长叶——6月11日。"[49]这艘船随着季节的变化一起成长。追溯"奋进"号的诞生其实就是寻找有据可考的第一次记录。通过采取这种方法，我们发现，1764年6月的某个日子，或许距离6月4日乔治三世国王生日后不久，完整的她被交付给了她的主人托马斯·米尔纳。到这时为止，她已经装备好铁锚和火炉，三根桅杆都已配备了升降索和支柱，船身已被清洗完毕并涂好油脂，为安装船帆、贮藏室、绳索和足够的压舱物做好了一切准备。这时她已完全满足航海标准，终于瓜熟蒂落。在米尔纳的指挥下，十二名船员在这次处女航中受命出海。同行的还有一位叫约翰·布朗的大副，一位名叫罗伯

* 英国有句谚语"one swallow doesn't make a summer"，即"孤雁不成夏天"。

特·卡思伯森的厨师，以及六名海员和四个仆人。[50]

还剩下最后一件事，就是给这艘新帆船命名。在英国海军中，一艘舰船的名字通常能反映出它的大小，比如，如果装备十四门舰炮，那么取名"獾"号就比较合适，装备七十门舰炮则取名"多塞特郡"号。或者是根据用途命名，比如，1764年准备就绪、装备一百零四门舰炮的一级旗舰"胜利"号；快速护卫舰"灰狗"号已经出海；火攻船"爆炸"号、"火焰"号和"埃特纳"号，在七年战争期间一直服役；在即将到来的战争中，以"大象"号命名运输船就比较妥当。并不是所有的名字都像前面提到的那些船名那样漂亮抢眼。休·帕利泽是来自约克郡的一名海军军官，他给自己的单桅纵帆船取名皇家海军"鼬鼠"号，终日游弋在海面上，让法国海盗船闻风丧胆。在商船队中，帆船的名字更是五花八门。惠特比的居民自古以来就有加入贵格会的传统，这确保了"兄弟般手足情谊"的遍地开花。妻子、女儿、情侣、众神之名或古典英雄的名字也为惠特比船只的命名提供了其他灵感，港口停泊的船起名"玛莉"号、"简"号、"仙女"号和"海神尼普顿"号之类的，随处可见。一艘船的名字常常透露出某种含义，比如忠诚、友谊或愿望等。有时，给船起名也是非常富有技巧性的，毫无疑问，"米尔纳"号这个名字就是有所指向的。七年战争胜利后，米尔纳决定利用一种仍在英国活跃的爱国情愫。四月份的报纸报道说彭布罗克郡伯爵亨利·赫伯特被擢升为"英国皇家第一龙骑兵团"的指挥官，这是一支极负盛名的军队。[51]这个消息一定引起了米尔纳的注意，因为他选择"彭布罗克伯爵"号作为他的船名。

　　惠特比船厂造出的船实在太多了，因此"彭布罗克伯爵"号的驶出不太可能引起任何注意。这艘船只是最近离开繁忙造船生产线的一艘很普通的船，和前面其他许多船一样奔赴运煤航线。后来有报道称，惠特比的船员们聚集在码头上，纪念"彭布罗克伯爵"号的处女航，当船经过时向天空抛帽致礼。柯勒律治笔下的古代水手将从甲板上描述他们看到的景象："船上一片欢呼，港口开启了闸门／我们欢快顺流而下／在教堂下面，在小山下面／在灯塔顶下面。"[52]

　　穿过栅栏，呼吸着海上的空气，米尔纳脚下的船体终于动了起来，海浪拍打着船舷。在前方，他将会迎来一片壮丽的景色：夏日的海面波光粼粼，闪烁的波光一直延伸到这艘三桅帆船前面好几里格*外，直到与远处的天际融为一体。

----

*　欧洲古代长度单位，在海洋中，1 里格 =5556 米；在陆地上，1 里格 =4828 米。

3

Cross Currents

第三章

时代横流

海景图只能讲述整幅故事画卷中的一小部分。前面描述的波光粼粼的海面是真实可见的，但没有人知道水下到底有什么。这幅画卷生成了一个经验与想象混搭的现实，在这种建构的现实中，一艘帆船悬浮在海面上，恰如一个读者读了半本小说：知道了很多情节，但想象的情节更多。丹麦作家艾里克·彭托皮丹在《挪威的自然历史》（1755 年）一书中写道："海洋之中藏有太多的秘密。"[1]"在炎热的夏天"，就像"彭布罗克伯爵"号在海上航行的那段日子，隐藏的秘密有时会显露出来。在离海岸二十英里的地方，挪威渔民测量到海水深度从一百英寻*急剧上升到三十英寻。他们知道这并不是正常的地理现象。这里肯定不是浅滩，因为如果真是浅滩，那么其由深到浅的变化会像小山的轮廓一样。相反，渔夫们相信，彭托皮丹写道，他们的水砣已经撞上了北海巨妖的身体。挪威传说中的北海巨妖是一种"浑身长满触角"的圆形扁体海怪。"在这

---

* 海洋测量中的深度单位，1 英寻 =1.829 米。

些地方，他们通常能找到最丰富的鱼类资源"，尤其是受到海底食物诱惑的鳕鱼和一种与鳕鱼相似的食用鱼。渔民们很高兴能在海怪上面捕鱼，但他们必须慎之又慎。根据水砣的指引，他们有时会注意到海水深度越来越浅——从三十英寻到二十英寻，再到十英寻。"他们发现海怪正在上浮，没有时间再待下去了；他们立刻停止捕鱼，拿起桨，尽可能快地离开了。"[2]

对于像"彭布罗克伯爵"号第一任主人托马斯·米尔纳这样的资深船长来说，讲述有关北海巨妖或利维坦的故事，就像告诉他的学徒水手怎样抛缆绳或把船帆系在桅杆上一样，是日常生活的一部分。他们既是知识和学问的守护者，又是权威的行使者。他们清楚，一种游戏精神或讲上一个小时的故事都像严格的纪律一样能使船员团结在一起。米尔纳多年来一直深谙这些道理。米尔纳1709年生于惠特比，1764年时他五十五岁，是惠特比镇上年纪较大的水手之一。他的职业生涯赶上了惠特比及其船队以及造船厂崛起的好时候。当科茨的造船厂在贝尔岛蓄势待发时，他还是个小男孩；等到菲什伯恩开始意气风发时，他应该早已奠定了自己的优秀水手地位。

1764年7月，米尔纳第一次有机会在远海评估他这艘新运煤船的质量，倾听她在海水里发出的嘎吱声，感受她的灵活与敏捷，包括她怎样横摇、纵摇或开始航行。在标准化造船之前的年代，每艘船都是不同的。木头的质量不同，船身的曲线不同，桅杆的高度不同。不论哪方面，只要是有细微的差别，都会形成每艘船各自的特色，而这些也就成为这艘船的性格。水手们有时会谈到一艘船在"说话"。更多的时候，他们讨论的是船舶修整或准备航行的状态——船首比船尾吃水深，船尾比船首吃水深，或者是船首和船尾保持水平。最好的船是那些能抢风航行的船，"彭布罗克伯爵"号当然是这样。据后来测算，"彭布罗克伯爵"号的最好航行状态是"船尾比船首吃水深三四英寸"。

> 她最好的航行状态是正横后一两点钟方向来风，此时她将以七八节的速度航行，同时舵略向迎风面……如果完全顺风使用主帆或保持平衡，那么她根本不会遇到任何危险……她下锚停泊平稳，容易侧倾，没有丝毫危险……她在航线上的表现和大多数船只一样好……（顶风中）她操控良好，航速可达五节。[3]

一阵风吹来，米尔纳感觉到船帆突然被拉紧，至少他又可以在平静的海面上航行了。自从签订《巴黎和约》正式结束英法战争，时间已经过去一年多了。也就是从那时起，波罗的海和纽卡斯尔之间古老的海上航道又恢复了往昔的拥挤。"彭布罗克伯爵"号本来就是用于沿海贸易的，现存的记录显示，她的首航是在纽卡斯尔求购煤炭，然后南下抵达伦敦，再以双倍价钱将煤炭卖出。这意味着这艘运煤船将在夏日初试身手，向西北航行十或十一里格，直到抵达泰恩河的河口。

现在，他的船已经下水航行了，米尔纳将全凭本能和随机应变来发挥他的航海技术。用罗伯特·米德考夫的话来说，他就是"海上机械师"[4]。他的任务是获得并驾驭大自然的力量，将这种力量用到极致。对米尔纳来说，吹到他两颊上的微风、后桅发出的咯吱声、上桅帆的轻轻飘动以及漩涡的下层逆流等等，所有这些迹象都需要进行解读。就像扑克牌手畏畏缩缩不敢出牌或舰队街小偷闪烁不定的目光，最肯定的表面现象可能是最不可捉摸的。米尔纳的游戏是在大自然下手之前做出预测，要比大自然更深谋远虑。

"彭布罗克伯爵"号还有其他故事可讲。英国人一直认为自己是海洋的主人。早在爱德华三世统治时期，当时的硬币上就刻有赞美英国船只威力的图案。到了1764年，更多的辉煌战果又为此增添了浓重一笔。1759年，海军上将爱德华·霍克率领舰队在基伯龙湾海战中大获全胜，再也没有哪个故事比这更熠熠生辉的了。当时，英国受到法国的威胁，法国是欧洲最强大和最繁荣的国家，唯一能阻止法国海军元帅德·孔弗朗入侵英国的就是霍克指挥的皇家海军西部支队。几个月来，英国国内一直处于恐慌之中，英法两国海军在法国大西洋沿岸反复缠斗，一场暴风雨让霍克率领的舰队被迫改变航向退出了战斗。这给德·孔弗朗元帅提供了一个机会，让他从被囚禁在法国港口的困境中逃了出来，奔往法国在基伯龙湾的陆军和海军基地，然后率领舰队向英国发起进攻。

霍克因恶劣天气无奈退到了托贝港，看上去很无助。11月14日，一支由二十一艘战列舰组成的法国舰队从布雷斯特起航，两天后消息就传到了英国。紧接着就是一场发生在大西洋暴风疾雨海面上的角逐。当霍克向基伯龙湾疾驰时，德·孔弗朗元帅已经领先两百英里。但霍克强在航海技术非常出色。

60

到了11月19日，霍克的二十三艘战舰对法国舰队形成了合围态势。德·孔弗朗元帅根本不知道霍克已如此逼近。但是，即便看到了英国舰队，德·孔弗朗元帅依然镇定自若，因为他知道，基伯龙湾浅滩、暗礁与礁石相连，敌舰根本无法进入。一份1756年的海军部备忘录曾警告舰队司令，基伯龙湾是一个"我们不敢进入"的地方。

尽管如此，1759年11月20日，霍克乘着猛烈的大风，在处于半潮期布满礁石和浅滩的基伯龙湾追赶着德·孔弗朗元帅。霍克豁出去了，不管冒什么样的风险。他写道："我们撑开每一个船帆在后面紧紧包围着他。"正如一位历史学家描述的那样，"好像没有哪位英国海军上将曾在如此危险的情况下冒险作战，只要看见'英勇无畏、像插着翅膀一样的霍克'，敌人无不望风而逃……永远忘记那一天"[5]。从那时起，有关这场战役的故事便不断在后甲板和艏楼上反复传颂。比如四十节的大风；法国人不愿意战斗；英国皇家海军"高尚"号舰与法国"英雄"号战舰交战，在其发起攻击前就消灭了四百名船员；霍克舰队的"皇家乔治"号与德·孔弗朗元帅的旗舰"太阳王"号战列舰对峙，舷侧炮发起一波一波的炮击，直到德·孔弗朗元帅的旗舰搁浅并烧毁。基伯龙湾海战是英国历史上最大胆、最激动人心的胜利之一。在这场海战中，霍克只损失了两艘船，彻底摧毁了法国舰队，数千人被歼灭。法国海军要花很多年才能恢复元气。

霍克上将能够大获全胜离不开惠特比商船队的支援，这也是惠特比商船队为这次大捷感到骄傲的另外一个原因。在交战前的几个月，惠特比商船队采取了一种创新性的方法，使西部支队能在海上保证粮食和淡水的补给。按照惯例，消耗物资的补给是在中继港口进行的。但这次商船队改变策略，直接出海，在大西洋上为霍克舰队提供给养。在这些运输补给的商船中，就有一些来自惠特比。霍克的策略很成功，他不仅能将法国舰队围困在布列斯特港，而且超乎寻常的是，舰队官兵一直保持着健康状态。交战当天，英国西部支队只有二十名水手病倒，这个数字令人震惊。与之形成对比的是，法国人则饱受伤寒和痢疾的折磨。

像这样与英国海军签署合同，在海上为皇家海军西部支队提供后勤补给，这为惠特比优秀的水手们提供了新一轮的发展机遇。七年战争（1756年至1763年）和以往的战争并不相像，这场战争并不是集中在一个单一的战场，一片具体的水域，甚至一个特定的地理区域。许多人把这场战争看作第一次世界大战，事实上，这里有一个印度、欧洲和北美之间冲突交织在一起的大环境、大背景，其中发生在北美的战争被称为"英法北美战争"。这场战争不仅是一场战场战术的较量，也是一场对双方后勤方面的挑战，诸如运送武器、运送军队和维持补给，等等。从1756年起，这些在战时不能中断的事项和问题变得异常尖锐。在伦敦，海军部不久就意识到惠特比的商船队提出了他们想要的解决方案。凭借强大的储存能力以及探测河流与沿海浅滩的能力，惠特比运煤船的船长和船主得到了海军部出价慷慨的合同。米尔纳就是其中的获益者。1759年，他为普利茅斯造船厂和修船厂提供桅杆和圆材。第二年，他将

横渡海峡去法国。1762 年，他将军队从威廉斯塔特港运送回 62
国。只要想赚钱，就能赚到钱，米尔纳似乎就是这样一个赚
钱高手。

　　如果说冲突给小镇的水手们带来了机会，对那些背靠约克
郡海岸的水手们来说，则不是什么好消息，这令他们时刻感到
不安。1756 年 7 月 8 日英国对法国宣战后不久，《苏格兰水星
报》刊登了一封信，信上说一艘"非常小的外国建造船只"在
一天的拂晓时分出现在惠特比海岸。船上有七个人，打探着进
港航道。他们"一直没停下，直到靠近码头的顶头；当码头上
的人猜测这艘船会进港时，她却沿着近海岸曲折航行，最后消
失在人们的视野中"[6]。

　　一年之内，惠特比、斯卡伯勒、桑德兰、哈特尔普尔和
泰恩茅斯这些北部港口达成一致意见，当看到类似的可疑船
只时悬挂一系列旗语信号，彼此进行通报。事实证明，这种
举措非常及时。1758 年，法国海盗在惠特比海岸附近劫持了
两艘斯卡伯勒的船只。1760 年 2 月，另一艘私掠船开始骚扰
东海岸的沿岸交易，劫持两艘双桅帆船，将船上物资洗劫一
空，然后索要三百英镑赎金。1761 年 1 月，一艘装备二十门
舰炮的船在惠特比沿岸现身。同年 5 月，一艘"海獭"号运
输船被两个法国人撵到港口，他们跟丢原来的目标后临时换
了这艘运输船下手。[7]

　　米尔纳曾在这些血腥的水域航行过。1761 年，法国"贝尔
岛"号在布列塔尼半岛沿岸被捕获，这是非常有政治头脑的战
争英雄威廉·皮特发起的一次漂亮的两栖攻击。在这之后，米

尔纳加入了从科克港出发向军队运输绵羊和公牛等货物的运输队伍。穿过凯尔特海的回程航道充满危险，在最近的一次穿越中，一艘名为"狮子"号的惠特比船被"一阵大风"吹散，和其他船失去了联络。"狮子"号的船长给家人写了封信，讲述了随后发生的事。这封信的落款日期是 1760 年 11 月 6 日：

> 在从基伯龙湾到科克港的途中，我们被一阵大风吹散，脱离了护航队的保护，之后遭到圣马洛诺埃尔·特洛米斯船长指挥的圣特里萨私掠船的袭击，这艘船重二百四十吨，共有六十八人，装备了十六门舰炮，八个旋转炮架，但只有船舷一侧的七门舰炮投入了战斗。经过三个小时的斗智斗勇，对方两次强行登上我的船，但他们觉得赶紧逃跑才是最明智的，于是便留下两具尸体，还有一名负伤的三副，该三副以为他们的大副和许多人都已丧命。我和船上另外五人也受了伤，两颗子弹打穿了我的顶戴。我们的桅杆和索具大部分都被震碎了，船帆上布满了弹孔，我们的左舷侧到处都是火枪和炮弹留下的痕迹。国王陛下的"斯皮德威尔"号战舰曾派十二个人协助我们对船进行了改装。我只有六门舰炮和二十人，他们充其量也就算男子和少年，没有什么战斗力。[8]

这封信不仅反映了 18 世纪 60 年代初期欧洲海域的剑拔弩张，也传达出了水手们深沉的爱国情与责任感。战争改变了这些水手，尽管冲突和战斗打乱了他们的正常生活节奏，带着他们远离熟悉的海上航线，但他们已经羽翼丰满，他们的观念也被重塑一新。1757年3月，海军上将约翰·宾因玩忽职守被处决，这是人尽皆知的事情。当时的大环境是，宾在与法国对手交战时没能将其驱逐出梅诺卡岛，咖啡馆里的人们对此一直争论不休。战舰后甲板上的军官更是毫不迟疑地吸取了这个教训。这一事件进一步增强了英国水手既有的坚强意志，鼓励水手养成一种后来非常知名的综合素质：抓住主动权的决心，置个人安危于不顾，冷静超然地看待事件。水手们将学会如何从相反的方面应对外部刺激，对危险淡然处之，对悲剧回以幽默，用雅量回应胜利。沃尔夫指挥部队巧妙机动，曲折地通过圣劳伦斯河充满危险的险滩、沙洲和门牙状的岩石，这为他取得亚伯拉罕平原战役的大捷奠定了基础。"老基利克"是"古德威尔"号运输舰的舰长，据说他曾召集部下训话，言语中带着一种让人颇为赞赏的冷静沉着："如果泰晤士河上没有一千个比这里危险五十倍的地方，我便要为英国人在这件事上如此乱作一团而感到羞耻。"[9]

　　除了纯粹的荣誉，对商人来说，还有一个经济方面的动机。进入18世纪60年代后，很少有运煤船能得到安全保证，这意味着一旦发生货物损失，往往会导致个人事业或家庭财富的损失。像米尔纳这样既是船主又是船长的人更有理由倍加关爱他们的船只。他的一位同僚这样写道，他们"一般都有很强的荣誉感，作为一名水手，如果因为自己的指挥或操作不当而受到指责，那真没有什么困难或危险比这更可怕了。如果因为

64

无知愚昧或粗心大意而损失一艘船，那么要很久以后他们才能
被重新委以另一艘船”[10]。

后人对米尔纳几乎一无所知。没人知道他的身高，肤色是
发黑还是白皙，体态是肥胖还是轻盈，性格是爱说话的还是沉
默寡言。他就这样存在于历史的长河中，但只是一个模糊的身
影。同样，我们所需要知道的全都记录在统计数据中。因为，
如果说驾驶运煤船航行并把它们安全带回家是对一个人品格的
考验，那么，米尔纳一次又一次地通过了测试。从 17 世纪 20
年代到 17 世纪 50 年代的这几十年里，关于运输损失、船只撞
击惠特比沿岸的礁石或船底防护层破漏这样的报道比比皆是，
但米尔纳的名字一次也没出现过。我们知道，他在十九岁的时
候受命指挥一艘名叫“玛丽·安”号的船。从 1728 年起，在
他的整个职业生涯中，没有任何米尔纳卷入事故的案例报道。
这提醒我们，惠特比最优秀的水手是那些在历史上几乎没留下
任何痕迹的人。唯一寻得到的就是一段简短的命令记录：18 世
纪 40 年代的“特里同人鱼”号，不久后的“朋友荣耀”号，
18 世纪 50 年代的“海神尼普顿”号和“彭布罗克伯爵”号。[11]

米尔纳以严格的纪律管理他的船只。乔治王朝时代计算海
上工作量的一种方法是比较应征水手人数与注册吨位的比值。
一艘战舰的比值通常是每人三吨。对东印度公司商船或西印度
公司商船，比值是每人十五吨。但是，像惠特比运煤船这样的
沿岸航行商船，劳动强度是最大的，水手与吨位的比值上升
到了每人三十吨。实际上，这意味着要求每名水手都要付出
更多的辛劳。操纵处在航行中的帆船只是个开始。除此之外，

对人手较少的运煤船，水手们还面临着没完没了的繁重任务：
牵引锚、盘卷绳索、修补船帆、添堵船缝、移动压舱物、擦
拭木材等。

　　有时，船长们过于严厉。1758 年，一艘商船抵达锡利群
岛，"这艘船出海时间实在太长了，船底寄生了大量的贝类和
藻类，泛着深绿色，绳索和船帆都已泛白。船员们因长时间连
续劳作显得疲惫不堪，身体极度虚弱，连帆桁都抓不住了；其
中一个船员实在过于虚弱，当船进入海峡时，他竟从主帆的帆
架上摔落了下来"[12]。人们从来没听说过米尔纳的船出现这种
情况，但事实揭示了一幅图景，在"彭布罗克伯爵"号的首航
中，水手与吨位的比值为每人二十八吨。这透露出以下几点
信息：米尔纳过于吝啬，或者至少可以说他精于算计；他情愿
让他的船员付出艰苦劳动；他对自己在危机中渡过难关的能力
充满信心。米尔纳致富的道路既没有事先铺平，也不是一片坦
途。他的财富是通过一点一点的积累获得的，是靠北海漫长航
行的微薄利润积攒起来的。

　　米尔纳存在的一个有形线索被保留在 1748 年 12 月的一张
收据里。这张废弃的小纸片乍一看并没有什么引人注目的信
息。它只是告诉我们这张收据是在斯卡伯勒签下的，米尔纳承
认欠一个名叫约翰·理查德森的人一英镑十五先令*。收据底部
有一个有趣的细节：签名"托马斯·米尔纳"不是印章盖上去
的，而是直接用笔写的。并且，在签名中有一个半华丽半羞怯

---

* 　英国旧货单位，1 先令 =0.05 英镑。

的字母"M"。这个字母"M"起笔是一个夸张的圆圈，显得很自信，但不到一秒钟，写这个字的人就失去了信心。起笔是一个熟练的笔画，收笔则是向下匆匆的一笔。也许米尔纳一直在摇晃的船舱中休息，这就是他的日常生活，但字母"M"比这更能唤起人们的联想。"M"下面印着"Mark"这个词，这是米尔纳不识字的确凿证据。[13]

这个很容易被忽视的细节打开了米尔纳更丰富的人生传记。乔治王朝时代的社会存在很多界限，比如有爵位的人和平民百姓，男人和女人，主人和仆人，等等。其中一个最明显的界限是那些识字的人和那些"文化水平还停留在口语阶段的人"[14]。米尔纳就属于后一类人。他的学问建立在实用和与生俱来的天赋基础上，而不是通过大脑学习获得的。对米尔纳来说，即便是航位推算这样的基本方法（用测程板以节为单位测量速度，并在航海图上绘制进度），也让他感到非常困难。米尔纳在存在这种短板的情况下能使自己的事业发展壮大那么多年，这说明他警惕性非常高。正如佩皮斯所说："最好的航海家是最好的外围观察者。"惠特比水手们对此再了解不过了。这座城市的特殊地理位置使他们天生谨慎。码头向东有一片危险的页岩暗礁，这就是大家熟知的惠特比礁石，其隐藏在水面以下。不知道从什么时候起，人们在这片礁石中开辟出一个航道，并将这个航道称为"橇道"，其宽度和深度只够一艘船在涨潮时通过。对惠特比的船长来说，从经验出发通过这个橇道，不仅是一种实用，也是一种骄傲。将右舷船头对准十字形修道院北耳堂的圆花窗，沿这个方向便可从港口进入这条航道，然后"沿着悬崖顶如轮滚动般行进"，向东航行。[15]

　　这是一种典型的传统智慧，一种融入了当地意义的智慧，船长将这种智慧手把手传给他的助手，从雇员传给学徒，一代又一代流传下去。为了让细节更令人难忘，这种指点往往会简化成脍炙人口的诗句："首先是达吉恩，然后是斯珀恩，接下来是弗兰伯勒，越来越靠近法利布里格，再向前就是城堡高耸的斯卡伯勒。"这首打油诗指出了从伦敦到纽卡斯尔的海路，"惠特比礁石延伸到海里，再转向更北边两点钟方向"：

> 哈特尔普尔位于海湾，
>
> 锡厄姆港出现在眼前。
>
> "老人"说："如果天气好，
>
> 今晚我们就会到达泰恩河。"[16]

　　这些小诗与实地观察、月相知识和北极星结合在一起，无论到哪里都伴随着米尔纳。由于不会写字，他无法将自己作为"彭布罗克伯爵"号主人目睹的一切记录下来。但当他驶出惠特比时，他的一个同代人就在不远处。与米尔纳不同的是，亨利·泰勒能够写作，他在回忆录中记录了惠特比船长的生活。"我不是很关心怎样遣词造句，但我努力用日常谈话中习惯使用的那种浅白的方式来写整句话，"泰勒写道，"用这种表达方式呈现出事物的本来面目。"[17]

　　查尔顿在他的《惠特比史》中写道："惠特比居民天生的聪明才智会根据大海做出不可思议的转变。孩子们只要会动了，就会努力适应水性，划起双桨，学会撑帆和掌舵。因此，当他们到了十三四岁能出海的年龄，已经是半个水手，并了解船上的方方面面。"[18]

在查尔顿于惠特比生活的早期，亨利·泰勒就是这样一个学徒。泰勒生长在单亲家庭，没有太多的钱供他上学。但即便家里有钱，他也不太可能离开这里。后来他曾这样写道："我骨子里一直非常喜欢航海生活，尽管慈爱的父母求我找一份不那么危险的工作，但我还是不能不遵从自己的内心。"[19]

1750年，泰勒已经十三岁了，他开始接受六年的学徒训练。这些年来，泰勒在煤炭贩运中做着苦工，擦拭并给甲板涂抹防水油脂，修补船帆，用填絮填塞船壳漏水缝隙，升起压舱物；睡在桅杆前像狗洞一样的舱口里，靠麦酒、斯托克顿奶酪或萨福克奶酪、咸牛肉、燕麦粉和偶尔提供的牛头肉勉强维持生存。多年以后，当泰勒回想他的学徒生涯时，他觉得正是这样的经历成就了他。他认为，这背后的秘密就是严格服从命令和日复一日的重复劳作。服从孕育了纪律性，做什么都要严格遵守等级制度：船长、大副、木匠、水手、学徒。这个等级链又被年龄和经验进一步固化。泰勒写道："每个人格外小心地照管船上的一部分物资，只要有需要，他一定要随时准备好。"水手们很少挨打，船上的老手不会殴打或辱骂同伴，"取而代之的是用让人羞愧和丢脸的言语进行提醒"。船上会开展一些小型比赛：早上谁第一个醒来，谁把甲板擦得最亮，谁操作绞盘最有劲。这些"是为男人和男孩争夺荣誉设计的项目"[20]。

船的表层分为三个区域：前甲板、主甲板和后甲板。每个

部位的分工各不相同，进入的许可也不相同，另外还有不同的
规则。船上的时间是按夜晚、白天、潮汐、钟表、沙漏计时来
区分的，然而白昼和黑夜的界线会随着永无穷尽的起锚、移动
锚位、操纵支撑杆、收帆、保持航线和加固桅杆而变得模糊甚
至消失。泰勒回忆说，学徒"没有大副的许可，绝不敢上岸"，
且每周休假很少超过一次。相反，这些男孩将成为船上取之不
竭的能量，他们的一举一动都受船长一时的兴致支配。这就是
那六年当中泰勒生活的全部。在那段时间，他的船长只有三次
选择离开安全的沿海贸易航线而行驶到深海中，一次是去挪
威，两次是去斯德哥尔摩。

　　泰勒写了一本关于这些年的回忆录，他决心为纽卡斯尔煤
炭贸易描绘一幅历史画卷。泰勒是一个能干、勤奋、思路清晰
的年轻人。学徒期满后，泰勒离开了煤炭贩运行业，在一艘驶
往波罗的海的船上找到了工作。泰勒从一开始就认为这艘船的
管理很松懈。船长是个懒惰的家伙，"自豪而高傲"，而他的大
副，"虽然知道自己的职责"，却是个醉鬼。泰勒和一群缺乏经
验的水手在桅杆前操纵着船只，慢慢地从感到不和谐逐渐演变
为和其他水手频繁地争吵。运煤船在英国纽卡斯尔装煤，然
后驶向德国的吕贝克。这是一条众所周知同时又充满危险的
航线，穿梭在丹麦、瑞典和彼此分隔的岛屿之间，这些岛屿
守卫着波罗的海的入口。到了晚上，船长就溜到自己的船舱
里睡觉，而大副则喝得不省人事。年轻的学徒们被抛弃在甲
板上置之不理，任由他们随心所欲地航行。有两次他们差点
把船弄翻。

68

　　从里加湾返航途中，要在德沃尔改变航线，当时一阵大风袭来，船长根本就不关心，竟蒙头大睡去了。那是一个夜晚，船以五六节的速度寻找着陆地。站在起锚机末端的大副睡着了，一个经常往返里加湾的掌舵的年轻人对我说："我们跑得太远了。"我立刻抓住舵柄，发现只有三英寻多一点就撞岸了，大喊道："小心，汤姆！"船舵立即被调整过来，海面非常平静，船很快就避开了危险，但是大副喝得醉醺醺的，睡着了，我们在他醒来前把他拖离了起锚机几码的距离。[21]

　　这种抓住船舵的意愿让泰勒脱颖而出。到了第二年，当时才二十一岁的他就被任命为一艘运煤船的船长。这几乎和米尔纳被任命为船长时的年龄相同。但泰勒拒绝了这个机会，他认为自己经验还不足。作为船上的大副，泰勒又随船航行了一年，接着又被委以船长的职务，这次他接受了。此时是18世纪50年代末，英法七年战争正处于白热化阶段。在这些年当中，泰勒和米尔纳在同一条运输路线上航行，把马匹运到德国的威悉河，把武器运到布列塔尼半岛的贝勒岛，把公牛和绵羊从科克运到法国海岸。

　　虽然才二十出头，但泰勒从学徒生涯中汲取经验教训，并将其塑造成自己独特的领导风格。他坚定果敢，坦白直率，有时又很好斗。在贝勒岛，他挑起了一场外交争端，与一艘小型风帆战舰的暴脾气舰长吵了起来，泰勒指责他的航海技术太鲁

莽轻率。他对那位海军军官说的话没有任何恶意。最后，那位
舰长登上了泰勒的运煤船，抓住他的衣领，然后和他的大副离
开了。泰勒一如既往地坚持自己的意见，始终拒绝放弃。他觉
得，在管理一艘船时，保持一定程度上的不灵活是至关重要
的。他解释说："每当有新人上船工作，我都会趁早告诉他们，
在我的船上，我保证不会发生咒骂或类似的事情。只要他们
和我一起出航，我对他们都会待以温柔和仁慈；但是，除非
他们按照我制定的规则来管理自己，否则我会第一时间开除
他们。"

泰勒坚信，"把竞争的力量与清醒和热情结合在一起"，这
将让水手远离海上的诱惑和过早毙命。"这一直是我恪守的准
则，"泰勒详细阐述说，"爱所有的人，不畏惧任何人。"除了
回忆录，泰勒还留下一本破旧的现金账簿，这本现金账簿属于
镇上的一艘运煤船所有，是二十世纪中叶在惠特比巴克莱银行
档案馆中翻出来的。这本现金账簿有一半已经损毁，曾属于一
位名叫布拉什·泰勒的船长，他在 18 世纪 50 年代出海航行。
"布拉什"是个昵称，该船长具体叫什么已经不得而知。但亨
利·泰勒是我们所知道的那些年一直从事煤炭贸易的唯一一个
姓泰勒的船长。

现金账簿记录的是一段被人遗忘的交易历史，这是一段用
数字传递的历史。从这本现金账簿中可以看出，泰勒的船在五
年的时间里从纽卡斯尔到伦敦航行了三十四次，平均每年不到
七次。该船购买时的总成本为一千八百八十七英镑九先令七

69

点五便士 *，按惯例分成六十四股，每股二十九英镑九先令十便士，泰勒持有一股。22

账簿记录了装备船只时采购的物品，包括圆材、桨、上桅、榆木板、老旧绳索、缠麻绳的"卷盘"、几英担†的绳子和几"绞"默林羊毛。航行携带的食品也进行了清点。萨福克奶酪每英担十二三先令。咸牛肉是一种主食，购买价格是每英担十八先令。有时还会有一蒲式耳‡的豌豆（十六先令），一英担马铃薯（十八先令），或相同分量的葡萄干（十一先令）以及几桶面粉（一英镑六先令八便士），足够用来烘烤葡萄干甜点。除了上述所有食品，还有定期补充的酒类，大多数是七先令一桶的啤酒，但有时也会购入白兰地和糖，用于特殊场合的祝酒活动。

但最能说明问题的是这本账簿记录的在纽卡斯尔的交易情况。就在希尔兹这个地方，惠特比的水手们将与一位来自煤矿的代表一起谈生意，这位代表习惯上被称为"掮客"。账簿上记载：

用于交付的白兰地和糖	十先令零便士
船长的账单和驳船工人	二先令零便士
搬运压舱物	十七先令六便士
掮客账单和劳工	一百三十英镑六先令六便士

---

* 英国旧货币单位，1 便士 =0.004167 英镑。

† 英制重量单位，1 英担 =50.802 千克。

‡ 英制容积单位，1 蒲式耳 =36.3688 升。

掮客的雇工	二先令六便士

清单中列出的是在希尔兹的整个交易记录。这说明了船长和掮客之间进行了会面，以及船长怎样处理他的白兰地酒交易。对驳船工人还有另外一份账单，这些人划着驳船将煤炭运往上游的泰恩河。驳船是一种船首巨大、形状如弓的帆船，四十英尺长，二十英尺宽，用一把大桨掌舵。接下来，压舱物被吊到运煤船的舷侧，然后换成新开采的煤，这些煤是从达勒姆和桑德兰周围的矿井中开采出来的。装完煤后，掮客就会出具一份账单，旁边还会标注给雇用工人的小费。然后，运煤船准备扬帆起航，迎接潮汐和海风。

约瑟夫·马洛德·威廉·透纳在他的风景画《泰恩河上的希尔兹》（1823 年）中描绘了这种交易情景。虽然这幅画绘制于米尔纳和泰勒两代人之后，但画面中的场景几乎不会随着时代而有所改变。这幅画描绘出一幅梦幻般的夜曲：一轮巨大的皎洁明月在东方闪耀，投射出耀眼的蓝光，在黑色的水面上闪烁着光芒；驳船正给两艘双桅帆船装载煤炭，这两艘帆船之间冒出的熊熊火焰给夜色的寒冷增添了一丝暖意；煤炭在船上堆得冒尖，煤堆上面站着一个高个子的人，向着船舷挥动着铁锹；两个水手不顾船长的责骂悠闲地靠在右舷栏杆上。画面的前景中隐约可以看出一位女士在与其中一名水手交谈：她可能带着食物，或者是在船上打听着什么。夜晚似乎是描绘这段模糊乃至几乎被遗忘历史的最理想环境。潮水已经将驳船抬高到与运煤船持平的高度，掮客已经谈好价格，赚钱的欲望达到了顶峰。

　　米尔纳和他的"彭布罗克伯爵"号在 1764 年 7 月的首航就是这番景致。装煤需要花上几个小时的时间，煤块落到橡木地板上发出咔嗒咔嗒的声响：煤炭和木板摩擦着，外面的火焰噼啪跳跃着，海鸥的尖叫声伴着夏夜的丝丝凉风。

※

　　到了 1764 年 8 月初，"彭布罗克伯爵"号返回南方。现在是航海的旺季，她在海面上并不形单影只。和她一起从纽卡斯尔到伦敦的有约翰·伯纳德的"阿米蒂增进"号，威廉·罗素的"海神尼普顿"号，特雷斯·多布森的"乔治和玛丽"号，爱德华·罗布森的"亨利"号，威廉·贝恩的"坎伯兰公爵"号，西奥多罗斯·安布罗斯的"罗克伍德"号，以及其他十几个人。在接下来的十天里，这些人会成为在伦敦沿海航线上的一群结伴同行的兄弟。

　　运煤船像成群的鸟儿一样在护航队中行进，既受到保护，又不会迷航。尽管这是一条煤炭贸易中每一位船长已经走过几十次的航线，但其中仍然存在不安全的因素。战争虽已结束，仍有私掠船潜伏在海上某处，伺机打劫。这样一来，成群结队地同行所具有的优势就不言而喻了。运煤船船队很少停靠在港口，泰勒估计，其中有些运煤船"已经出海七年，每年航行八至十次，但在这期间从来没有顺道把船开进港口"。船队几乎总是浮在水面上，从海岸附近的一个锚地前进到下一个锚地。船与船之间靠得很近，船长命令只下一只锚，以保持快速前行。泰勒写道："我知道有一百多艘帆船在雅茅斯航路上逆风航行两三个星期，十分安全。"[23]

当"彭布罗克伯爵"号通过惠特比码头和罗宾汉湾广阔而遍布礁石的海域时，从右舷船头便可以看见一连串标志性建筑。先是斯卡伯勒。提到斯卡伯勒，高高耸立在悬崖上的城堡，浅滩排放着很多活动更衣室的海滨景象就会在脑海中浮现。接下来映入眼帘的是法利，岩壁直冲进大海，看起来是那么壮丽，恰如龙的脊骨。从那里开始就是英国最好的海滩之一，平坦的金色海滩以优美的弯曲弧线延伸到弗兰伯勒的白垩质悬崖，塘鹅在裂缝中筑巢，海水在悬崖底部冲出一个个洞穴。在这之后是布里德灵顿的避风港，然后是斯珀恩角，随后河道逐渐变窄，运煤船依次经过赫尔和乌斯河。

如果是在夏天，这会成为一条不错的航线，水域内的深度甚至可达三十五英寻。但过了赫尔，航道就变得危险重重了。G. 伍德豪斯在《伦敦到弗兰伯勒角的海岸图》（1743 年）用点线标出了运煤船的航线。过了赫尔，三十五英寻深的舒适航道 72 开始变得狭窄，那里由十到十二个波状起伏的浅滩组成，很容易掀起波涛汹涌的大浪。以前那里曾经是一片开阔的水域，现在则是林肯郡和诺福克海岸附近的沙洲，包括伯纳姆低地、达吉恩浅滩、哈斯伯勒沙地、奥瑞沙洲和莱蒙沙洲。到八月初，运煤船船队已经驶过雅茅斯，绕过奥福德的岬角，进入泰晤士河口。现在，北方的大海已被远远甩在后面。在这条英国最著名的要道上，混杂着各色船只，有英国皇家海军装备七十四门舰炮的三甲板战列舰，上面陈列着一排排炮眼和高耸的桅杆；有优雅而快速航行的单桅纵帆船；有东印度公司远洋商船。就在不久前，约翰·拜伦指挥的一艘三十二门炮护卫舰"海豚"号通过了这些水域，开始了一次环球航行。这在米尔纳看来是很可笑的，但他不曾想到，有一天他的运煤船也会如这艘船一般，开启同样的旅程。

所有这些都使首航时处于最佳状态的"彭布罗克伯爵"号隐姓埋名。要不是海军军官习惯性地瞥了一眼，看看她是不是按要求在与国王的舰船交会时收起上桅帆，没有人会注意到那艘大腹便便（船身中部装满煤）、深陷水中的惠特比运煤船。在泰晤士河下游，米尔纳和他的大副约翰·布朗需要用上他们所有的经验。海中船舶可掉转方向的水域很窄，从上游进入到西风带而不与其他船相撞，这总归是个挑战。运煤船在涨潮时经常像幽灵一般悄悄行进，借着涨潮这种自然现象，海水可以毫不费力地将船抬高，载着她们通过蒂尔伯里、格雷夫森德、达格纳姆行政区以及泰晤士河流经巴金和格林尼治地区的马蹄湾，最后到达码头和沃平海关。在伦敦涨潮最厉害的这个季节，成百上千艘运煤船聚集在狭窄的河流中，她们看上去黑黢黢的，非常强壮，成群结队地昂首驶向伦敦。

翻开 1764 年 8 月 7 日星期二这一天的《公共广告人》，眼睛盯着标题为"船运新闻"的专栏往下看，一位伦敦商人可能恰好注意到了米尔纳新运煤船的最早交易记录。在分节广告不起眼的底部有一条标题为"来自纽卡斯尔的运煤船"的新闻，这段新闻用五个非常简洁的词介绍道："'彭布罗克伯爵'号，托马斯·米尔纳。"[*24]

　　1764 年，沿着伦敦的主要商业大道河岸街漫步，可以看到世界的缩影。在这里，几乎每一栋沿街而立的、四到五层优雅别致的城镇房屋，第一层都开设有一家商店。商店的玻璃橱窗正对街道，整齐有序，灯火通明，世界上没有任何地方能展示出如此丰富的商品。这里有中国的茶叶、阿拉伯国家的咖啡、牙买加的可可和糖、印度马德拉斯的棉花和丝绸，美洲弗吉尼亚和卡罗莱纳种植园的烟草、纽约的皮草，以及用从寒冷的北部海洋捕猎到的鲸鱼的骨头做成的女士帽绳。

　　正是这种世界主义促使五十年前的约瑟夫·爱迪生将伦敦称为"世界商业中心"[25]。18 世纪初，伦敦的人口就已超过了巴黎；到了 18 世纪 60 年代，伦敦的人口已经攀升到了七十五万左右。现在的伦敦城已经做好准备，在不久的将来将成为自古罗马以来第一个拥有一百万居民的欧洲首都。当时出版的《伦敦指南》曾宣称："现在，这座城市就像古罗马一样。"从河岸街到梅费尔的繁华街道，富人们可以透过窗户窥视，搜寻富有异国情调的商品，沉溺在这种乐趣之中。这就是现代"购物"概念的早期雏形。塞缪尔·约翰逊写道："从人类社会的最早时代算起，从没有像现在这样一个时代，贸易引起人类如此之大的关注，或者是用如此普遍的竞争来攫取商业利益。"[26] 只要有任何商品上市，报纸都会竭尽所能地做广告。1764 年 12 月 11 日，也就是米尔纳驾船到达泰晤士河四

---

*　原文为：*Earl of Pembroke*,Thomas Milner。

个月后，又有新的抵达消息见诸报端。当日的《伦敦纪事报》
报道："昨天星期一晚上，本杰明·富兰克林博士从费城来到伦
敦。"[27]

富兰克林时年五十八岁，被公认为一位文笔流畅、才智卓
越的作家，他的才华在广受欢迎的《穷理查年鉴》中得到了淋
漓尽致的展现。但他的名气主要来自他勇敢无畏的导电实验，
当时他用一根导电棒驯服闪电，震惊了世界。富兰克林作为一
名无畏的"电学家"在美国和欧洲广受赞誉，曾获得圣安德鲁
斯大学和牛津大学的荣誉博士学位，同时还获得了英国皇家学
会科普利奖章。现在，他又回到了伦敦，这是一个他熟悉并热
爱的城市。富兰克林四十多年前第一次踏上伦敦的土地，作为
一个二十岁、心地善良的小伙子，他在首都引人注目。在泰晤
士河上优雅地来回畅游，这是一项最先在波士顿港流行起来的
技能。如今他的身材已经发福，成了一名博学多识的智者，这
是他第三次来到伦敦，不会再去泰晤士河畅游。富兰克林只用
了一个月的时间，就借着从费城到英吉利海峡的洋流"通道"
横渡大西洋。12月9日，他已到达朴次茅斯。又过了一个晚 74
上，他来到了位于克雷文街距离河岸街不远的旧住所，管家史
蒂文森夫人"在客厅见到了我，惊喜不已"[28]。

富兰克林很高兴能回到伦敦。一年前，他从费城给史蒂文
森一家写了封信：

> 英国值得羡慕的地方太多了，但我最羡慕的还是
> 生活在这个国度的人民。和美国广袤的国土相比，这

个在小岛上建立的国家就像小溪中的一块踏脚石，小
到稍不留心就会掉到水里把鞋子弄湿。但我想说的
是，为什么就是这样一个美丽的小岛，到处都是明
智、高尚、优雅的头脑，比我们聚集在一百里格范围
内广袤森林里所有的聪明才智都要多？[29]

　　富兰克林用他有趣的方法思忖着这个乔治王朝世界的一个
地理真相。这个世界越来越庞大，但它依然保持着很小的内核
不变。富兰克林知道，在史蒂文森夫人客厅一英里的半径范围
内，就居住着这么多引领时代发展的重要人物。艺术家乔舒
亚·雷诺兹住在莱斯特广场四十七号。著名演员大卫·加里克
住在南安普顿大街二十七号。离那里不远的是考文特花园，作
曲家托马斯·阿恩和演说家托马斯·谢瑞登的家就在那里。离
克雷文街更近的亨格福德市场远处是约克大楼，科学仪器制造
商约翰·伯德在那里工作，他非常擅长制作黄铜望远镜、象限
仪和六分仪。靠近伯德工作地点的是博福特大街，1748 年托比
亚斯·斯摩莱特在那里写就了《蓝登传》。再多走一分钟，富
兰克林就可以从河岸街浓重的商业色彩中摆脱出来，进入朴实
无华的地段，这里有舰队街及其附近错综复杂的庭院和小巷，
比如飞行屋庭院、挂剑巷、红狮庭院等等，这里聚居着记者、
小册子作者、诗人和作家，其中包括奥利弗·哥德史密斯和塞
缪尔·约翰逊。

　　舰队街的作家、考文特花园的演员、苏豪区和威斯敏斯特
的政治家以及梅费尔的贵族们彼此住得都很近，这使得他们更

容易聚集到自己的知识圈子当中。富兰克林坚信"人类之间有一种基于仁爱这种自然本能的社交亲和力"，他所说过的"人是社交性的生物"正是对这一信念的高度升华。[30] 从 1764 年 12 月起，富兰克林将融入这个让他觉得如此兴奋而亲切的环境之中。伦敦到处都是俱乐部、辩论会和咖啡馆，朋友们可以聚集在那里细细品味一天下来发生的政治事件，辩论哲学体系，或者提出可能对自己，或者更广泛的对社会有益的计划。

约翰逊所称的"俱乐部式"的文化在许多方面实现了爱迪生 1711 年在《旁观者》杂志上向外界宣告的一个雄心壮志，即将"哲学从书橱、图书馆、学校和学院中带出来"，允许哲学"存在于俱乐部和集会、茶桌边和咖啡馆中"[31]。当时有各种具有政治色彩和社会背景的俱乐部，但他们的观点往往是务实的和人文的，强调"改良"的启蒙式美德。约翰逊的"俱乐部"成员，包括埃德蒙·柏克和乔舒亚·雷诺兹两人在内，每周一晚上在苏豪区希腊大街的土耳其黑德小院会面。富兰克林更喜欢有科学实用型人才参加的聚会。他是皇家学会俱乐部的成员，被称为"皇家哲学家"。成员们每周都会聚集在舰队街的主教法冠餐厅，在那里，他们将哲学对话与一品脱*葡萄酒、令人应接不暇的家禽菜单和异域水果融合在一起。富兰克林会尽可能地出席聚会。他这样写道："我发现我喜欢参加聚会、聊天、大笑、喝酒，甚至放声高唱；同时，我比以前更喜欢严肃的观察和从老人口中说出的充满智慧的话语。"[32]

---

* 英制容积单位，1 品脱 =0.56826125 升。

　　这大抵是"老人"的谈话。但在富兰克林上一次访问
（1762 年）结束和新访问开始之间的这段时间内，发生了很多
事情。其中有一件事是英国突然出现了一位博学而迷人的女
性，她就是"著名的麦考利夫人"。1763 年，在几乎无人知晓
的情况下，麦考利夫人出版了《英国史：从詹姆士一世即位到
汉诺威王朝的建立》一书，这让文学界欢呼雀跃。《伦敦纪事
报》发表了一篇评论，认为"一位女士出版英国史似乎是一个
非同寻常的现象，以至于每个人都热切地追问这到底是什么原
因促成的"[33]。麦考利当时三十出头并刚刚结婚，住在有钱人
经常出没的圣詹姆斯广场附近，这是一个不符合她政治观点的
地方。麦考利夫人并不是一位胆小羞怯的历史学家。事实上，
她写的关于 17 世纪的英国史是对"自由"问题的长期思考，
这部英国史强调了专制统治精英对政治权力的滥用。麦考利夫
人的这部著作还没有最终完成，她将继续出版更多卷本的历史
书籍以及一些奇怪的政治宣传册。在其中一部《对霍布斯先生
哲学基础中某些立场的漫谈》（1767 年）中，麦考利明确表示
了她对民主的偏好，"民主是唯一一种能够维护人民统治权和
自由的政体形式"[34]。

　　麦考利的出现正值英国人再次质疑政府在他们生活中发挥
着什么作用的时间点。在上个世纪，人们已经目睹了国家机器
的发展和国家影响的范围，和所有人一样，富兰克林一定能够
领会到英国作为一个不断壮大的帝国所带来的巨大影响。过去
几年间，在伦敦上空飘扬的联合王国国旗，已经呈现新的象征
意义，它象征着大不列颠的重生；而这种重生可以用这些词来

76

概括：喧嚣、广阔、争吵、勇敢、光荣、奋斗、不屈不挠、优惠特权、自由。同样是这面深蓝而火红的联合王国国旗，其不仅飘扬在伦敦和富兰克林所在的费城，自 1763 年 2 月 10 日签署《巴黎和约》以来，还飘扬在遥远得令人难以想象的地方。正如弗朗西斯·帕克曼所说，"用笔轻轻一画"，法国就将其在魁北克省、五大湖地区以及密西西比东部的所有殖民地都割让给了英国。虽然西班牙在地缘政治的讨价还价中占领了路易斯安那州，但英国则把佛罗里达州换成了哈瓦那。威廉·皮特观察到，英国在征战中"统治的世界"比罗马人在一个世纪内征服的都要多。

富兰克林站在主张英国扩张的一方。作为波士顿的一个智慧超前的男孩，富兰克林得到了笛福《论开发》一书的副本。他在有生之年目睹了笛福所设想的活跃的商业社会的形成。伦敦城的每一个地方都得到了改善，到处是闪烁的灯光、整洁的人行道和优雅的广场。新威斯敏斯特大桥于 1750 年建成，耗资三十八万九千五百英镑。另一座桥已经在伦敦克佑区开通，黑衣修士桥也即将竣工。土地正在转亏为盈。1764 年的一份报告透露，"皮卡迪利的一小块地"以两千五百英镑的价格售出，而上一代人仅以三十英镑的价格就购买了这块地。查尔斯·丁利号称"道路设计师"，他在伊斯灵顿修建了一条从埃奇韦尔通往安吉尔的新道路，为伦敦提供了一个新的外部边界和足够的扩张空间。到了 1764 年，丁利一直在酝酿一种"风力"锯木厂的想法，该锯木厂最终将于 1767 年在莱姆豪斯开张，为他赢得了"艺术、制造业和商业鼓励协会"颁发的一枚金牌。

约翰逊在《探险家》中提醒他的读者说："规划的愚蠢和愚人 77
的蠢行根本不可同日而语，前者通常是在各种知识基础上开阔
思维的集中迸发，同时经过大脑反复的思考酝酿。"[35]

　　1760 年 10 月乔治三世即位，这给人的感觉是国家的崛
起更有希望了。如果说英国是新时期的罗马，那么很难不把
乔治说成是苏拉或恺撒。众所周知，乔治三世非常喜欢园艺，
这是苏拉或恺撒不能比的。另外他年纪轻轻，头脑冷静，对
君主的角色尽职尽责。乔治三世在致议会的就职演讲中不无
奉承地说："我生在这个国家，长在这个国家，我以英国为
荣。"随着贸易的蓬勃发展，新国王的即位，人民富有朝气而
乐观；加之多年战争后被压抑能量的释放，国家的发展前景
几乎已经乐观到无以复加的程度了。"彭布罗克伯爵"号驶入
泰晤士河时，报纸早就开始用"彻底的和平时期"这种陈词
滥调来描述 1764 年的政治环境。但当米尔纳走到近旁，准
备向海关支付每吨五先令的煤炭税时，这就在第一时间表明，
现在离和平与繁荣的黄金时代还相差甚远。众所周知，这场
战争给英国经济造成了毁灭性打击。1763 年 1 月 5 日，也
就是《巴黎和约》签署的前一个月，英国国债总额为一亿
二千二百六十万三千三百三十六英镑，每年支付的利息达
四百四十万九千七百九十七英镑。[36]

　　对债务的担忧已经影响到英国的政治。1761 年，皮特因
为未能说服他的同僚向西班牙宣战而辞职。1762 年 5 月，与
他长期共事的纽卡斯尔公爵步其后尘，与国王闹翻了，其实他
只是政府有名无实的首脑。1762 年 5 月 29 日，第三世比特伯

爵约翰·斯图尔特就任英国第一财政大臣。比特伯爵的性格有
问题。虽然还不到五十岁，但他谈吐不凡，颇有才干，是一个
有德行的人，可很多人认为他对国家有害。1755 年以来，他
一直辅导着现在已成为国王的乔治三世，人们普遍有一种感
觉，认为乔治国王受到了他的胁迫。有传言说，如果不和比特
伯爵商量，国王就无法行使权力，且国王的秘密议事厅悬挂着
比特伯爵的全身画像。比特伯爵是一个苏格兰人，人们至今仍
对 1745 年詹姆士党叛乱（这场叛乱得到了苏格兰高地人的支
持）记忆犹新，这一事实加剧了人们对比特伯爵的反感。比特
伯爵姓 "斯图尔特"，这对他也很不幸，因为英国人很讨厌这
个姓氏。斯图尔特已经取代皮特成为英国的首要决策者，这让
英国人难以忍受。当人们知道比特伯爵主张和平时，再一次与
皮特背道而驰，许多人认为他的行动过于仓促，结束了一场对
英国有利的战争。比特伯爵上台后，签订和平条约的进程加快
了。1763 年和平到来之后，人们普遍认为他对待法国太谨小慎
微了。这与其说和平结束了多年的冲突，不如说是启动了一系
列新的事件。

　　这就是 "彭布罗克伯爵" 号首航至伦敦时所处世界的情
势。到了 1764 年，人们可以窥见未来岁月中塑造这艘三桅帆
船命运的强大力量。对比特伯爵的怨恨就是其中一股力量。作
为国王身边的宠臣，几十年来人们一直对他极度厌恶，其原因
是极端的政治人物一直揪着他不放。1762 年，约翰·威尔克斯
三十多岁。作为艾尔斯伯里的下院议员，他曾参加过几个委员
会，支持皮特派系，但他从未担任过高级职位。要说他因为什

么出名，那绝对是他丑闻连篇的私生活。约翰·威尔克斯长得丑是远近皆知的：下颌突出，牙齿参差不齐，眼神恍惚。在爱慕虚荣的社会里，这些缺点让威尔克斯根本没法融入家乡的时尚圈子。但是，威尔克斯以他那卓尔不群的聪明才智，反倒把他的丑陋外表变成其独特魅力的一部分。他吹嘘说他能在三十分钟内把他的脸向一个女人解释清楚。霍勒斯·沃波尔评价他说："在私生活中可恶，在议会中沉闷，但他们说，在和女人调情时却很风趣。"[37]

1762 年，威尔克斯已经开始着手挑起英国政治史上最令人瞠目结舌的一段插曲。作为一名作家，他在歪曲讽刺和激烈谩骂方面绝对是个大师级人物。出于对比特伯爵的憎恨和想让皮特重掌大权，威尔克斯想出了一个具有颠覆性的出版物，他取名为《北不列颠人》。威尔克斯设想用"北不列颠人"这个标题来回应亲政府的《不列颠人》。他是《北不列颠人》的首席作家和编辑，他以一个快乐、自鸣得意、挑衅的苏格兰人口吻来写作。一年来，威尔克斯一直用《北不列颠人》这本刊物来羞辱比特伯爵并破坏他的政治权威。在早期的出版物中，威尔克斯让他的"北不列颠人""衷心地向我亲爱的同胞们道贺，因为我们终于实现了伟大的、长期寻求的、全民性的国家目标，这是我们的所有愿望，这实际上就是给英国财政部扣上了一顶苏格兰人的帽子"[38]。威尔克斯利用人们对苏格兰人的厌恶和不信任，创作了一本讽刺刊物《未来编年史》。这份刊物将时间点设置在不远的将来，包含以下内容桥段：

昨天早上，因弗内斯公爵阁下在海德公园检阅了
两个新组建的高地警卫团，他很高兴地说："他们做
得很好，非常出色地完成了训练任务。"……约翰·布
尔先生是一位非常值得尊敬的朴素而诚实的撒克逊血
统老绅士，他刚过世不久，死因是他被不经意吞下的
苏格兰国徽给噎住了，这枚苏格兰国徽本来是放在头
盔顶部做装饰品的。实际上，这么多年来他身体一直
非常健康。[39]

十个月来，《北不列颠人》一直以讥讽嘲笑的口吻向比特
伯爵发难，用威尔克斯自己的话说就是，这是为好事的读者奉
上的"煽风点火的好燃料"。尽管政府很快就发现大部分文章
出自威尔克斯之手，却不能以诽谤罪起诉他，因为他匿名掩盖
了自己的作者身份。随着他的文章变得名声在外，威尔克斯变
得更大胆了，他指责比特伯爵在处理财政问题时"无能或蓄
意犯罪"。1764 年当富兰克林重返英国时，《北不列颠人》已
经停刊了。威尔克斯在第四十五期刊物中终于做过了火，他竟
指责国王在议会撒谎。几个月的法律纠纷接踵而至，最终威尔
克斯被驱逐出境，《北不列颠人》也被宣布为非法刊物。《记录
年鉴》给出这样的结论性评价："这让那位不幸的绅士彻底身
败名裂，他在一段时间内受到了公众的极大关注，如果他的聪
明、勇气和幽默不是太出格的话，是非常值得赞赏的，而且等
待他的很可能是另外一种完全不同的命运。"[40]

威尔克斯虽然流亡海外，但他在离开前把比特伯爵给扳倒

了。国王身边的宠臣换成了乔治·格伦维尔，他组建了新的内阁。乔治·格伦维尔坚定而自信，他是皮特的连襟。为了解决债务问题，格伦维尔继续推行比特伯爵制定的政策。在继续推行《苹果酒法案》的同时，他还在大西洋彼岸寻找额外的收入来源。《巴黎和约》签订之际，英国和其美洲殖民地之间的关系看起来似乎很稳固。富兰克林给一个朋友写信这样说道："历史上英国签署的和平条约从没像现在这样真实存在，并且让英国取得了实质上的有利地位。在美洲这边，英国凭借帝国的伟大和稳定打下了一个广泛而牢固的基础，以此建立起最有利和最可靠的商业。英国的辉煌达到了巅峰，我觉得乔治三世是历史上最优秀的国王。"[41]

　　但是，在富兰克林回到克雷文街后的几个月里，他看到英国政府和美洲殖民地之间的和谐正逐渐削弱。柏克嘲笑格伦维尔是个"大资本家"，因为格伦维尔的态度非常坚决，殖民地应该为他们的防御出钱出力。他清楚，殖民地的税收远低于英国本土，这给人的一般感觉是，七年战争期间，殖民地从英国的庇护中获益颇丰。格伦维尔立即开始着手修补这套税收体系。他对在殖民地卖得很好的马德拉葡萄酒征收每吨七英镑的税。与此同时，他还命令皇家海关官员按现行税制进行更严格的征收工作。除此之外，他还对加勒比糖浆（美洲朗姆酒的重要成分）实施了新的关税政策。

　　这些措施于1764年在英国议会获得通过，当时菲什伯恩正在建造"彭布罗克伯爵"号运煤船。前面提到的那些税收法案统称为《食糖法案》，一位总督报告称，这项新法案"比

80

1757 年法国攻占威廉·亨利堡引起的恐慌还要大"[42]。这种举措使一项宪法原则受到严重威胁：议会在未经美洲殖民地同意的情况下对其征税。这项税收政策的执行恰逢战后殖民地经济出现大幅衰退，引发了强烈抵制。但是，随着《印花税法案》的通过，更糟糕的情况很快就会在 1765 年发生。这项法案拟对所有加盖印章的文件征收关税，包括信件、法律文书、大学学位证、酒类许可证、抵押证明和报刊杂志。富兰克林没有预料到这会引发如此严重的反应，但他很快就有所耳闻。有消息传到伦敦，弗吉尼亚州和马萨诸塞州出现暴徒聚众闹事事件。即便是罗得岛州这样的小殖民地，猛烈的抨击也不亚于其他任何地方。英国政府一位"保守党"支持者托马斯·莫法特博士被揭发，说他"一看就是那些声名狼藉的背信弃义者中的一员"，他目睹自己的画像被当众焚烧。罗得岛州纽波特的一位居民怒不可遏地说："我认为没有人应该因为他的长相而被绞死，但谢天谢地，有些人的卑鄙企图就长在他们的脸上，只配让人看不起。"[43]

这股愤怒与波士顿一群自称"自由之子"的持不同政见者一拍即合。殖民地的建筑被烧毁，印章分发者遭到骚扰和攻击，其中一个人差点被活埋。对富兰克林本人来说，他一直密切关注着来自伦敦这个帝国中心的报道，《印花税法案》的实施标志着他开始从国王的忠实臣民转变为革命的爱国战士。

这些政治和经济交织在一起的横流很快将导致"彭布罗克伯爵"号三桅帆船发生同样彻底的转变，1764 至 1767 年这段时间是"彭布罗克伯爵"号过得最安稳的一段日子。米尔纳的行踪，包括沿海贸易的固定往来，都可以从《劳埃德晚报》和《公共广告人》发布的声明中找到踪迹。1764年8月，她在伦敦的一片静谧水域。9月20日，她又从纽卡斯尔来到伦敦。12月19日，她赶在航运季结束前匆匆返航。1765年3月21日，《印花税法案》在议会获得通过之际，她回到伦敦，然后在当年6月和10月再次返回。1766年出现了断档，这可能是因为她到波罗的海巡航或赶赴皇家船坞，也有可能是"彭布罗克伯爵"号被1767年1月的大风暴困住了，这场风暴和亨利·泰勒曾目睹的那次一样残酷。"彭布罗克伯爵"号和米尔纳再次现身是1767年7月。1767年8月25日，"彭布罗克伯爵"号最后一次出现在报纸上。

那个时候，富兰克林已经遇到一个人，他将对"彭布罗克伯爵"号的未来产生更直接的影响。富兰克林总是被雄心勃勃又有思想的人所吸引。18世纪60年代中期，他认识了其中最聪明的一个人，一个富有冒险精神的年轻预测者，他对东方有着专门的知识，对太平洋地理有着深刻的见解。亚历山大·达尔林普尔是一个易怒而又十分聪明的苏格兰人，那年二十八岁，人们说他是"一位比我们现在这个冰冷时代培养出来的人更浪漫的人"。他的哥哥这样写道："他是陆地上培养出的一个商人，现在已经成为一个非常能干的航海家。如果他活着，他将成为一个有无数作品传世的作家。"[44]

多年来，达尔林普尔一直思索着怎样才能在东方国家扩大英国的贸易。不过最重要的是，他掌握了一条关于古代地理谜团的新情报：一个未被发现的南方大陆的存在。1765年，达

尔林普尔抵达伦敦，开始寻找那些支持他计划的朋友。早就
对他深信不疑的富兰克林自不必说，而政治理论家亚当·斯密
则是另一个能帮助他的人。1767 年 2 月，南部大臣谢尔伯恩
伯爵收到了斯密代表达尔林普尔写的一封信。斯密告诉谢尔伯
恩，达尔林普尔正在完成一份关于"南海[*]全部发现"的手稿。
斯密承认，南方大陆是否存在，"现在可能还不确定；但假设
确实存在，我敢肯定，你永远不会找到一个比他更适合进行探
索；或者比他更坚定，能不顾一切危险去探索的人……他说，
最适合这次探险任务的船应该是一艘设计上装备五十门舰炮的
旧船，但拆掉所有舰炮。不过他并没有坚持一定要这样做，只
要有一艘载重量为一百吨至一千吨的船，他就会驾着这艘船出
海寻找南部新大陆"[45]。

利昂内尔·查尔顿经过惠特比码头时，不时会瞥见菲什伯
恩的运煤船。即便像其他任何人一样眼拙，他也一定能分辨出
惠特比造的船。米尔纳有时会带着"彭布罗克伯爵"号回家乡
修整，冬天和妻子一起休息，同时为来年开春再次出航寻找船
员、供给或物资。到了 1768 年年初，这一年他五十九岁，他

---

* 在 15 至 17 世纪的欧洲大航海时代（又被称作地理大发现时代），以西班
牙、葡萄牙和大英帝国为首的欧洲国家开启了发现新大陆、开辟新航线的
热潮，欧洲人的足迹横渡大西洋到达美洲、绕道非洲南端到达印度，新的
大陆和大洋不断增加到世界地图中。但在库克于 1768 年至 1771 年完成发
现新西兰和澳大利亚的环球航行之前，世界版图仍有很多未解之谜，其中
最著名的就是"南方大陆之谜"，而那个年代的人们从未停止过对南太平洋
大陆的寻找。南太平洋在当时称作"South Sea"，本书统一译为"南海"，
请读者在阅读过程中注意这里的南海所代表的地理范围。

又回到了熟悉的南方航道。托马斯·鲁尼的海景画勾勒了这一
场景，这幅画名为"三桅帆船'彭布罗克伯爵'号，后改称
'奋进'号，1768 年离开惠特比港"。这幅画充满了平静而舒缓
的田园风光。"彭布罗克伯爵"号滑入水平如镜的大海中，温
暖的阳光在头顶上照耀，甲板上零星站着几名水手，如果米尔
纳也在其中就好了。而在海滨，一小群人在聊着天，全然没有
理会身后悄无声息滑入大海的三桅帆船。

　　如果说这幅海景画描绘的情景没有什么特别之处，画作选
择的时间则对人颇有启发。这幅海景画的叙事性非常有力。历
史的大幕已经开启，但所有人却全然不知。这将是"彭布罗克
伯爵"号最后一次看到家乡的港口。当她驶入德国海域时，大
事将接二连三地发生。在伦敦，达尔林普尔的计划正有条不紊
地展开。在巴黎，约翰·威尔克斯正在策划一场具有轰动性的
归国之旅。在这之后，高悬于帆船上空的金星将沿着它的轨道
继续运行，很快就会与地球和太阳处于同一条直线上。

4

Mr Birds Ways

第四章

最终抉择

1768 年 1 月 7 日，皇家学会俱乐部成员按惯例在舰队街
举行每周的碰头晚宴。晚宴一般有十二个人参加，上周富兰克
林来时也是这样。但这次明显不同，参加新年第一次晚宴的人
异常地多，总共来了三十三人。主教法冠餐厅为他们呈上了一
份包含各种美味的菜单："鲑鱼、鲽鱼、鳕鱼、牛骨、火腿牛
肉、烤羊颈肉、布丁、火鸡、两份苹果馅饼、两份龙虾、一份
螃蟹、两份牛肚、脆面包、阉鸡、牛排、黄油和奶酪。"[1]

坐在桌子最前面的是皇家学会主席莫顿伯爵；还有戴恩
斯·巴林顿，他是一名律师兼古文物研究者，也是托马斯·彭
南特的朋友；皇家天文学家内维尔·马斯基林；查尔斯·卡文
迪许勋爵，他是自记温度表的发明者和德文郡公爵的后代。这
是一月份的一个夜晚，在昏暗的灯光和高昂的精神之间，在美
味的螃蟹和红葡萄酒之间，人们彼此结识，酝酿重大的决定。
在乔治王朝时代的英国，大人物的圈子相对较小，外人很难加
入。对刚进城的新人来说，想要进入有影响力的领域，引荐卡
片或推荐信是至关重要的通行证。但是，那些大人物能做的也

就是让有志之人跨进一步，仅此而已。对于大多数人来说，想与大人物建立亲密关系并真正发挥自己的影响力，比登天还难。英国皇家学会的一条内部章程明确规定："除学会主席介绍外，今后不允许任何陌生人在此用餐。"如果被允许以客人的身份进入，这既是一个机会，也是一个挑战。在那个一月份的夜晚，亚历山大·达尔林普尔作为医学博士亚历山大·拉塞尔的座上宾，首次在晚宴上亮相。

达尔林普尔从东方国家回来已经两年多了。他花了很多时间编纂他穿越南海的历史航行记录，太平洋在那个时代被称作 84 南海。虽然大多数人可能或多或少知道一些亚伯·塔斯曼、雅各布·勒梅尔或西班牙探险家胡安·费尔南德斯的航海经历，但达尔林普尔踏足的地方比他们还要远。他深入研究了古代手稿，发现并解读古老信件和日志，将那些迷人岛屿的细节呈现出来，"所有进行移植、播种和耕作的"岛屿，被森林覆盖的岛屿和到处是水果的岛屿，这些岛屿受当地土著居民监管，他们有的肤色"像西班牙人一样大致呈棕色"，有些是黑皮肤，有些是白皮肤，"还有一些人肤色发红，好像被太阳烤焦了一样"[2]。在东印度公司的训练下，达尔林普尔的眼睛紧盯着各种商业机会。在那些手稿中有一段文字引起了他的注意，这段文字提到有一座小岛"到处都是上等的树木"，可可树坚果，"对病人极其有益的药草；遍地的蚌类、珠母贝、珍珠母和珍珠牡蛎……因此，这里的珍珠渔业发展前景非常广阔"[3]。

皇家学会俱乐部的聚会给达尔林普尔提供了一个机会，让他能够面对面地私下描述这些世界，可以对那些肯定对此感兴趣的人详尽说明并吸引他们的注意。众所周知，除了新的税收政策外，英国政府还在积极谋划"深海"政策，即在世界各国范围内扩张英国贸易。这项政策的目的在于，新的贸易将提供更多的偿债收入。

随着对北美洲的争夺偃旗息鼓，政府的注意力开始转向以前的探险计划。地球表面仍有许多地方鲜为人知。身处理性时代，很少有人在印度洋或大西洋南纬五十度线以南航行，也没有人正确地绘制出东方香料群岛的地图，这看起来似乎很荒唐。东印度公司的章程批准了对这些岛屿进行商业探索（不管荷兰提出什么抗议），然而在18世纪60年代早期，英国人还没有出现在苏门答腊岛以东的地区，"而且，除了中国广州地区以外，那里和英国几乎没有任何往来或商业活动"[4]。

达尔林普尔知道这个地区，这是一处大海泛着光芒、森林郁郁葱葱的地方，对主教法冠餐厅外处于寒冷冬季的伦敦而言，那里一定让人觉得遥不可及，甚至根本无法到达。圣诞节前一场严寒袭来，寒冷并没有随着新年的到来而有所减弱。到了1月9日，人们纷纷谈到，今年冬天的寒冷非同寻常。巴斯城的最低温度达到了八华氏度，这估计是本世纪有记载的最低温度了。突如其来的强劲寒流使伦敦的大街小巷结满了冰。不远处的泰晤士河不再是一条河流，而变成了冻得硬邦邦的冰块。"今天早上，桥下的河流呈现一片沉船的景象，大大小小的船只横七竖八地停在桥下，有的在岸边，有的沉入河底或倾覆。"在德特福德，一艘渔船被冰层卡住了，里面的人已经冻僵，"最小的一个只有大约十七岁，被发现时坐得笔直，好像还活着"[5]。

　　整个伦敦的周边地区直至乡村，到处都重复着德特福德发生的悲剧。一名作家这样估计道："这场严寒……继续肆虐着，给下层人民带来了巨大灾难，他们本来就已经被过高的粮食价格折磨得奄奄一息。"[6]随着冰冻从泰晤士蔓延到威斯敏斯特，下游的河流被返航进港的东印度公司的商船和运煤船堵得严严实实，船上滑轮装置里的绳索冻得僵硬，船帆都已收起并放在下面。与此同时，伦敦港的煤炭挑夫、驳船夫和雇佣水手都无事可做。到了1月14日，当严寒退去，大地开始解冻时，这对每个人来说都是一种解脱。经过几个星期的封港后，河道又恢复了通航。一天的时间内雪就消失得无影无踪了，"就像被施了魔法一样"。很快，东印度公司的商船便重新开始向码头靠拢。

　　达尔林普尔正是搭乘这样的船从马德拉斯返回伦敦的。1765年，他从"诺丁汉"号大商船上岸，当时他二十八岁，是一个温文尔雅的旅行者。在外漂泊十三个年头后，他身上已带有些许东方国家的味道。回到苏格兰东洛锡安纽威尔斯大宅后，他坐在中式客厅里请人画了一幅肖像画。约翰·托马斯·塞顿在这部作品中，将盖恩斯伯勒乡绅的所有纤细优雅描绘得淋漓尽致。他坐在一把弧形椅上，懒洋洋地垂着一只胳膊，身着深蓝色双排扣长礼服和马裤，脚上是白色及膝长袜和东印度公司带着金色扣子的鞋。他看起来很放松，很自信，很浪漫。他的左臂伸出来，把观众的眼睛引向一个地球仪。桌子上放着一顶三角帽和一张航海图。这幅肖像画中最引人注目的是光线，它不是苏格兰低地那种单调而漫射的光，而是泛着香槟色的明亮，就好像达尔林普尔不知何故聚集了东方的光辉，并把它带到了苏格兰一样。这幅肖像画将地理学者与富甲商人合二为一，是一种对启蒙的视觉呈现。

达尔林普尔 1737 年出生在这个苏格兰乡村大宅，父亲是 86 英国财政部审计员詹姆斯·达尔林普尔爵士，母亲是克里斯蒂安夫人。达尔林普尔生在富庶之家，他的哥哥大卫是兄弟姐妹中第一个崭露头角的，以哈利斯勋爵头衔被任命为苏格兰最高民事法庭的一名法官。另一个兄弟成为陆军中校，还有一个兄弟是爱丁堡市长。但从很小的时候开始，达尔林普尔就被吸引到了另一个方向。据他后来的讲述，他的父亲教他地理方面的知识，"父亲用他自己的欧洲旅行见闻，把课讲得生动有趣"。即便如此，达尔林普尔的视野也远远超出了威尼斯运河或巴黎的房屋。他用第三人称对此进行了思考："作者仰望哥伦布，仰望麦哲伦，仰望那些不朽的英雄，他们让我们看到了外面崭新的世界，将欧洲的名字和影响远播到那些遥远的国家。他心中充满了为促进人类普遍利益而有所作为的雄心壮志，同时这也能为自己的国家带来更多的荣誉和利益。"[7]

达尔林普尔在东印度公司稳定下来。到了 18 世纪中叶，东印度公司已成为英国的主要贸易机构，垄断了东方岛屿的贸易。对于像达尔林普尔这样的男孩来说，没有比这更好的地方了。随着几次学费暴涨，加之父亲的影响，他十五岁就离开了苏格兰。1752 年 12 月，达尔林普尔从格雷夫森德登上一艘名叫"萨福克"号的东印度公司商船，前往马德拉斯。接下来的十三年，印度将成为达尔林普尔的新家。尽管达尔林普尔出身高贵且在当地有联系人，但他最开始还是举步维艰。到达港口后，他发现自己的介绍信一文不值，所有的联系人要么已不在镇上，要么已身故或病逝，更糟糕的是，他的字写得很不好，无法按照最初的设想担任作家一职。所以，他被打发到仓库里干苦活儿，"在那里什么也学不到，也没什么值得学习的" [8]。达尔林普尔最终从这个倒霉的开端走了出来。他很聪明，完全配得上自己的宏大抱负，最终赢得了马德拉斯总督皮戈特勋爵的信任，后来又得到一位很有影响力的行政长官奥姆先生的垂青，允许他"自由出入"他的图书馆。"一方面是书的稀缺，另一方面是奥姆先生的慧眼识珠，让达尔林普尔获得了双重优势" [9]。

在大英帝国的东方前哨，达尔林普尔可以自由地学习、交友并在公司的显赫人物中周旋。当他把知识转化为实践优势时，越来越多的人开始找他征求意见，询问怎样找到更有效的航线。达尔林普尔被指定为东印度公司在马德拉斯的下一任秘书长，他的美好未来似乎指日可待。但是，一直萦绕在他心头的环球航行梦想并没有丝毫减退。《海军编年史》后来曾这样记载："在这个驻地，我们看到达尔林普尔先生那洋溢着热情的抱负。因为看上去他一边检查以前的记录，通过吸取这方面的大量知识，使自己有资格担任秘书长一职，同时他发现寻找与东方岛屿的贸易机会是公司重点考虑的目标，而实现这一目标就成了他的当务之急。" [10]

1759 年至 1753 年，随着西方世界和东方世界因冲突战乱而损耗严重，达尔林普尔说服皮戈特勋爵允许他探索东方尚未开发的岛屿。起初，他以东印度公司商船的客人身份出游，当时这艘大商船正经由马德拉斯前往中国。后来，达尔林普尔获得了自己船只的指挥权，他可以像以前其他人一样自由探索，将商人和航海家的角色融为一体，这和在英国海岸上航行的米尔纳没有什么不同。达尔林普尔加入联盟，签订条约，探索浅滩、礁石和暗礁，到访菲律宾的苏禄群岛和巴兰班根群岛，同时还练习"做出明智的判断和巧妙的管理"。

这就是 1765 年达尔林普尔回到英国时所表现出来的优良血统。当他坐在洛锡安的家里完成那幅肖像画时，这个世界很可能就躺在他伸出手臂的末端。他曾发誓要用新的地理发现来提振贸易，现在他已经兑现了承诺。不仅如此，他还领命指挥了自己的船只，并成功与岛上的居民建立了联系，更因自己的言行赢得了非同一般的尊重。现在，住在赞助人皮戈特勋爵位子繁华苏豪广场的连栋房屋里，与易装谍王德翁骑士、担任过两任伦敦市长的威廉·贝克福德和亨利·康韦将军为邻，此时达尔林普尔能够将注意力转移到最崇高可贵的事业上了，那就是去探索他自孩提时代起就魂牵梦绕的南方大陆。

不知从何时开始，有人说在世界很远很远的地方有不为外界所知的大陆。公元前三世纪，以计算地球周长闻名的埃及亚历山大图书馆馆长埃拉托色尼就是古代播下这种探索未知大陆种子的人之一。这颗种子势必会生根发芽。到了 16 世纪和 17世纪，人们在绘制早期现代地图时，心中始终惦念着那片失落的南方大陆。南方大陆的称谓不尽相同，西班牙人将其称为

88

"圣灵的南大陆"，还有人称其为"陆地""澳大利亚""南方大陆"，等等。随着探索时代慢慢过去，发现南方大陆的谣言断断续续地传开了。地球的尽头是一片迷人的土地，那里栖息着带翅膀的马和能飞的鱼。那是一片充满金山银矿和稀有香料的土地。

那片迷失的大陆完全与世隔绝，与北方文明的发展并驾齐驱，但永远不存在交汇。它似乎是一种"客迈拉*，云中之物"[11]。人们怀疑的这个过程的确在发生着：一艘没有精密导航仪器的船在南部海域航行时，就会意外发现一座岛屿或在海岸登陆；然后一则逸事将传到欧洲，而航海图上则会出现一条航线，这条航线好像和什么相交，接下来幻想就会铺天盖地。直到另一个探险家将其推翻，这个过程又会重新开始。一位作家承认，"坦白地说，所有建立在推测之上的概念，无论在一个系统中有多漂亮，都只能起到迷惑和误导的作用"[12]。另一位英国作家约翰·卡伦德这样详细说道：

> 可以非常肯定地说，许多聪明而有见识的人都将发现"未知的南方大陆"视为一种空想的点金石；一种永远无法实现的永动机；或者更直接地说，是一种奇美拉式的动物，只适合填充狂热预测者空空如也的大脑。然而，为什么在处理争端时极富能力的法官就应该不容分说地断定不存在这样的大陆？或者说断言

---

* 古希腊故事中狮头、羊身、蛇尾的吐火怪物。

根本就没什么值得发现的大陆，这似乎没有充分的理由。这些草率的结论对一般的科学，特别是对航海这个行业，都是极其致命的。[13]

正如卡伦德所暗示的，发现南方大陆的想法从来都没有完全失去吸引力。并且，随着英国海上贸易的快速发展，探索一个全新大陆的想法让许多人兴奋不已。随着世界地图的充实完善，留给这个大陆的剩余空间越来越小。这个大陆最有可能的位置就在南海的中心，它和英国没有什么不同，只不过位于高纬度地区，在那里，同样非常适合买卖相同的衣服、相同的食物、相同的矿产。

如果不去搜寻这样一个大陆，似乎太过愚蠢了。退一万步说，即便真的没有什么确凿发现，至少也会找到非常多的细微迹象。地理学家早就开始搜集整理有关那个神秘大陆的证据，比如风向和洋流运动出现的异常，鸟类迁徙模式的改变，浮动木头的暗示性存在，或者是合恩角以外海域冰块的密度出现变化，这是最能说明问题的证据 *。对于亚瑟·杨格来说，如果这样的证据还不足以吸引欧洲的海上强国，这简直"太让人吃惊了"。他问道：

难道他们没有好奇心去了解地球上那么一大块土

----

* 18世纪的科学研究认为，冰不能在开放海域中形成。因此，只要是冰，肯定发源于陆地。也就是说，在一个特定区域发现的冰越多，不远处有陆地的证据就越确凿。——原书注解

地上人们的思想、举止、习俗和知识吗？这些人目前
和月球上的居民一样不为人所知。试想一下，那些我
们并不知晓的人也可能拥有艺术、科学和各种人类知
识，他们只是在等待一些欧洲人怀着积极的好奇心去
将它们以数不清的有益形式扩展到人类另一片世界，
这该是多么美妙的想法啊！ [14]

　　这些就是达尔林普尔最想要与人分享的完美典型。在他
1766 年开始准备的一本书稿中，达尔林普尔称南方大陆为他
的"第一个也是最引人注目的研究对象" [15]。在马德拉斯的图
书馆，他从西班牙人很久以前写的航海记录中筛选有用线索。
他心里想，"如果长期专注一个问题，即便是从非常微不足道
的线索中也能获得启发" [16]。他相信，是荷兰人亚伯·塔斯曼
于 1642 年发现了南方大陆的西侧；而南方大陆的东侧则是半
个世纪前由西班牙人胡安·费尔南德斯发现的。还有更多南纬
六十四度至四十度描述的记录，每一条记录都极有可能是对巨
大陆地的诱人一瞥。

　　达尔林普尔不仅依赖逸闻趣事来支持他的想法。追随法国
学者查尔斯·德·布罗斯及其《南半球的航海历史》（1756 年）
一书的思想，他用数学术语阐述了他的理论。德·布罗斯倡导
一种"均势"理论，即为了使地球保持正常运动，赤道以南必 90
须存在一块质量与面积与北半球大陆相等或相近的陆地。这种
"均势"是一种为迎合理性思维而量身打造的思想，它影响到
达尔林普尔的观点。他仔细计算了所有已知的大陆块，从中发

现，在赤道和回归线之间，两个半球的陆地比例相近。这种协调只在高纬度地区受到干扰，北回归线以北的陆地比南回归线以南的陆地多出八分之七。达尔林普尔通过推算，做出了一个"非常充分的假定，即南半球存在着迄今为止完全未被发现的、有价值的广阔陆地"。由于亚伯·塔斯曼已经证实好望角以东没有陆地，达尔林普尔据此得出结论，南海"从南回归线到南纬五十度之间存在广袤大陆"。他猜测，塔斯曼发现的另一块陆地——新西兰，很可能构成了未知大陆的东部边缘。由于陆地是向东无尽延伸的，根据达尔林普尔计算的总和，新西兰以西"肯定几乎全部为陆地"[17]。

达尔林普尔的猜想是为了迎合 18 世纪的思维方式。在数学上，他的均势理论与地球运动存在神秘的内在协调的观点相一致。这就是牛顿提出的潮汐理论所精确表现出来的现象。自从文艺复兴以来，欧洲文明就一直崇尚比例的存在，从佛罗伦萨建筑到达·芬奇的"维特鲁威人"，这种整齐的比例既可以存在于人体内部，也可以呈现在圣十字教堂的走廊中。如果能找到证据说明作为万物基础的地球有其自身的陆地平衡，这将成为终极的启蒙发现。

问题是，怎样检验达尔林普尔的假设呢？如果南方大陆确实存在的话，那距离实在太遥远了，远到蒙蔽了所有欧洲人的眼睛。从英国出发的船至少要花上六个月的时间才能进入南海。除了时间上的漫长，还要跨过合恩角或麦哲伦海峡这样残酷无情、狂风肆虐的屏障，此后即便进入南海，也注定要成为"停不下来的流浪者"。二十五年前，英国海军负责人想在南大西洋建造了一个海军基地，作为进入太平洋的跳板；同时还能为船只提供了一个避风港，经过大西洋的艰难航行后，可在那里进行补给和维修。

　　有一些潜在的选址地点引起了人们的浓厚兴趣，特别是福 91 克兰群岛和神秘的佩皮斯岛。18世纪40年代末，英国海军部在一位年轻的海军大臣第四世桑德维奇伯爵约翰·蒙塔古的开创性领导下，开始为前往该地区的探索航行做准备。这一决策充满危险。自1494年西班牙和葡萄牙签订《托尔德西里亚斯条约》以来，西班牙人一直把这片海域视为自己的私有财产*。虽然英国秘密地开展这项计划，但西班牙还是很快就听到了风声。西班牙"表示强烈反对，坚决维护西班牙人对南海的专属统治权"，包括"麦哲伦区"内岛屿的专属统治权，第四世桑德维奇伯爵不得不放弃他的计划。[18]

　　然而十五年后，签订完《巴黎和约》的英国人又开始将注意力转向南方。有这个想法的并不仅限于英国。法国人对失去加拿大领土仍然感到愤愤不平，他们"一直设想通过发现南方大陆以及通往南方大陆的那些大型岛屿来补偿自己"[19]。这些强烈的愿望是由一位非常显赫的欧洲贵族率先付诸实施的，他就是法国外交官及魁北克蒙特卡姆前幕僚长路易斯·安东

---

* 1494年6月，葡萄牙与西班牙签订了《托尔德西里亚斯条约》，旨在解决两个大国在瓜分新世界出现的领土争端。方法是在距佛得角群岛以西三百七十里格处划定一条穿过大西洋的分界线，线东新发现的土地属于葡萄牙，线西划归西班牙。该条约受到普遍尊重，影响持久。——原书注解

尼·德·布干维尔[*]。布干维尔曾在英国的游记中读到福克兰群岛，他立刻认识到这些岛屿的战略重要性。只要控制了这些岛屿，就掐住了通往太平洋的咽喉。

　　1763 年 9 月，布干维尔在英国人的鼻子底下悄悄从圣马洛起航，并于 1764 年 4 月抵达了福克兰群岛。继布干维尔之后不久，海军准将约翰·拜伦于 1764 年夏季指挥装备三十二门舰炮的"海豚"号护卫舰出航。拜伦奉命夺取佩皮斯岛和福克兰群岛，但他没有找到佩皮斯岛，或许这座岛屿只不过是个地理错觉罢了。但在 1765 年 1 月，也就是布干维尔抵达福克兰群岛九个月后，拜伦驶进了福克兰群岛的一个"便利海湾"，他把这个海湾命名为埃格蒙特港。经过九天的短暂停留，拜伦宣布这些岛屿为英国所有。他的一位军官写道："这是一个'非常快乐'的时刻，他们在岸上豪饮潘趣酒，为成功发现这么好的一个港口祝酒干杯。"[20]

　　布干维尔和拜伦的到访使福克兰群岛一分为二。法国人在岛屿的东部登陆，而英国人则在西部插上了他们的国旗。西班牙坚持主张整个福克兰群岛的所有权，导致局势进一步恶化，这就形成了一种不稳定的地缘政治形势，但这种形势不会持续很久。1763 年至 1765 年对福克兰群岛的争夺标志着英法两国开始了跨国竞争。（尽管西班牙的国力日渐衰弱，但也不能完全忽视其存在，这个国家仍然酸溜溜地关注着局势的发展。）塞缪尔·约翰逊在舰队街若有所思地说："如果因为争夺地球上

92

---

[*]　和库克同时代的法国海军军官，他是法国第一位完成环球航行的探险家。

的几块陆地使整个欧洲帝国体系面临新的冲击，而这几块陆地深处海洋荒漠之中，几乎没有人会注意到；并且，要不是凑巧给出了航标，这几块陆地或许永远处于未知状态，我们怎么能指望幸福将延续下去呢？"[21]

　　18世纪60年代中期，不论是英国还是法国，都不愿意受到这种说教或古代条约的限制。1765年，拜伦在福克兰群岛短暂停留后，穿过麦哲伦海峡进入南海。布干维尔很快便紧随其后。1766年春天快结束时，拜伦完成环球航行后返回伦敦，而"海豚"号战舰则受命立即重新闯入南海。康沃尔郡人塞缪尔·沃利斯负责指挥"海豚"号第二次环球航行，同行的僚舰是菲利普·卡特雷特上尉指挥的皇家海军"燕子"号，以及一艘补给舰。沃利斯此行得到秘密指示，航行到南海寻找南方大陆，因此全程受到严密保护，所有船员都没有被告知航行目的地，为的是防止欧洲间谍窃取秘密。

　　这就是18世纪60年代中期达尔林普尔带着新航海图返回时伦敦所处的情势。由于当时伦敦对福克兰群岛和南方大陆非常感兴趣，达尔林普尔至少得到了伦敦高层的保证。与此同时，他还得到了亚当·斯密的支持，加之他写的《南太平洋探索发现记录》私下印刷发行（其中一份副本呈交给了北美南部大臣谢尔伯恩伯爵），他的前景开始变得逐渐明朗。达尔林普尔 93 希望能有一艘船载着他到达南海。幸运的是，英国皇家学会的显贵们出于自身的考虑，愿意帮助他到达那片海域。

　　英国皇家学会俱乐部对南海感兴趣还有其他原因。1769年6月3日，众所周知，金星将在地球表面某些地方的夜空中以一个完美的黑色圆圈亮相，而不是一颗闪烁的星星，这个黑色圆圈将划过太阳的表面。金星凌日是一次宇宙中恒星与行星的相遇，在任何活着的人的有生之年都不会重演。金星凌日每隔一百零五年到一百二十二年出现两次，而 1769 年将是 18 世纪这一重要天文学事件的第二次亮相。这出好戏的第一幕已于 1761 年 6 月 6 日上演。在一位名叫约瑟夫·尼古拉斯·德利尔的热心法国人的鼓舞下，法国、瑞典、俄国和英国迅速派遣天文观察员小组前往亚洲和欧洲大陆观测区内的不同地点，其目标是收集来自两个半球高度分散区域内的金星凌日观测数据。这将为数学家提供重要的原始数据，通过这些原始数据便可以用一个有趣的方程计算出地球和太阳之间的距离。希望很高，但结果喜忧参半。当时世界各国冲突不断，天文学家的科考船躲不开敌对国家的追击，无法到达观测地；而且当地土著居民充满敌意，天气也常常不适合观测。除此之外，观测过程中仪器也暴露出更多问题。

　　展望 1769 年，欧洲和美洲的科学学会有意纠正过去犯过的错误。但这一次又遇到了新的障碍。在英国和欧洲西部地区只能看到此次金星凌日凌始外切的最开始阶段，想要观测整个过程，根据天文学家的计算，观察者要么进入夏季北方的日不落地区，要么进入美洲地区。有一个完美的观察位置是南海，但没有人知道任何一座可供观测岛屿的确切位置，找到一块陆地进行观测是绝对有必要的，因为在摇晃的甲板上不可能完成精确观测。对于这个谜题，达尔林普尔用他的航海图和经验提出了一个非常有吸引力的解决方案。

英国皇家学会是负责监督英国境内金星凌日观测的组织。₉₄
早在 1766 年 6 月 5 日，他们就"决定把天文学家送到世界的
若干个地方"。更详细的讨论始于 1767 年 11 月，当时在一次
理事会会议上讨论了观测金星凌日的可能地点和人员名单。可
供选择的潜在地点包括哈德逊湾的丘吉尔堡和纽芬兰。皇家学
会认为"应该派两名观察员去南海"，尽管没有人十分确定具
体位置应该在哪里。"达尔林普尔先生"就被提名为观测金星
凌日候选人之一。[22]

接下来的几周时间里，英国皇家学会的计划开始付诸实
施。内维尔·马斯基林是皇家天文学家，他本人在 1761 年就
曾随天文学家队伍外出观测，现在他负责监督这些任命。数学
家威廉·威尔斯被选为北美观测学者，杰里迈亚·狄克逊则被
选为挪威观测之旅的最佳人选。与此同时，敲定达尔林普尔
先生远赴南海观测的可能性也在不断增大。毫无疑问，皇家学
会的组织者们认为，通过任命达尔林普尔先生，他们不仅能让
一位航海家率领一些有资质的天文学家前往航海图上标记的岛
屿，他们还有可能探测到南方大陆的未知区域。

1767 年 12 月，达尔林普尔收到了皇家学会主席莫顿伯爵
的来信，信中释出了"皇家学会有意选择他"的强烈信号。剩
下的核心问题就是达尔林普尔在船上的角色。在偶尔的情况
下，非海军军官的民间专家曾被任命为舰长。本世纪初，爱德
蒙·哈雷曾三次指挥皇家海军"帕拉莫"号战舰，调查有关罗
盘磁场变化的问题。就在不久前，法国的布干维尔奉命指挥一
艘战舰，尽管他并没有海军军衔。这正是达尔林普尔想要的，

正如他之前所暗示的，这对他来说是一件至关重要的事情。达尔林普尔认为，如果由海军军官和贤明绅士分头指挥，必然会引起麻烦。达尔林普尔认为自己已经做出了决定，于是抓住机会坚持自己的主张。1767 年 12 月 7 日，他致信英国皇家学会秘书查尔斯·莫顿。达尔林普尔知道他们的注意力仍然集中在金星凌日上，他做出保证，"1769 年 6 月无论我在什么地方，我绝不会错过一个对科学如此重要的观测机会"。在信中，他毫不掩饰地以这样的文字结尾：

> 但是，可能需要提醒阁下注意的是，如果不能由 95
> 我负责这艘科学观测船，而只是作为一名随行成员，
> 我是不会考虑此次航海任务或其他任何目的的。[23]

※

18 世纪 60 年代的英国是一个被各种矛盾撕扯得四分五裂的国家。尽管有金银堆成山的富豪存在，但仍有成千上万的人依靠短期合约维持生计，他们口袋里的钱很少超过一把便士。这就是生活，但这是一种朝不保夕的生活。1768 年年初的严寒更是让他们的处境雪上加霜。一个月无钱可赚将许多人推向饥饿的边缘，但这并不影响伦敦上流社会的浮华和伦敦西区的奢侈，圣詹姆斯公园"奢华的宫廷生活"和各郡贵族老爷们的疯狂下注不断见诸报端，这让人越来越无法忍受。没有一个部门设法消除这种不平等。1765 年格伦维尔政府垮台后，取而代之的是由罗金汉侯爵领导的短命政府，随后被威廉·皮特领

导的"各色人等混杂"的联合政府所取代，尽管他作为查塔姆
勋爵在很大程度上只不过是一个象征性人物，并且经常因病离
开威斯敏斯特宫。由于受够了政府多年的无能领导，1766年，
《记录年鉴》刊登了一份"女性执政幽默提案"，该提案倡导一
种完全由女性组成的新型政府。对于每一个政治职位，都有一
位上流社会女性被提名。该文作者建议，如果读者被这个荒谬
的想法所激怒，那么他们或许应该将那些被任命的女性（比如
凯瑟琳·麦考利被任命为皇家历史学家）"与现在尸位素餐的
男性"比较一下。[24]

　　当然，不会有女性执政的政府，只会有更多的税收。许多
人开始想弄明白，这种争权夺利何时是个尽头。英国平民主义
者约翰·特伦查德曾这样写道："权力就像一团火焰，关注它时
会变暖，煽动它时会炽热，再添把火就会毁灭一切。"[25] 就在
这个时候，在1768年的头几个月，首都的面包价格上涨了四
分之一，达到了每磅两便士，以一种人们无法理解的方式扰乱
了经济平衡。1768年2月，随着达尔林普尔航海计划的展开，
现在只需要一件事：用什么东西把国家首脑的怨气和怒火点
着。这个东西很快就出现了，它是如此猛烈，致使整个伦敦陷
入一片混乱。除此之外，它给泰晤士河带来的混乱几乎让英国 96
皇家学会的南海探险还没有成行就付之一炬。

　　自从约翰·威尔克斯1763年被流放后，政府就一直为他
的回归忧心忡忡。公开宣布威尔克斯为非法分子后，这就多多
少少让他有了侠盗罗宾汉的身影。大家都知道，这次政府选
举为他回国提供了一个绝佳机会，《纽卡斯尔报》含蓄地报道

了他的行踪。在 1 月 2 日本年度的首刊中，有这样一条新闻：
"他们从海牙来信说，本月 16 日，'知名人士威尔克斯就在这
里'。"一个月后，事情有了新的变化。为了防止威尔克斯带来
的危险，政府试图用巴哈马群岛总督的职位诱惑他。相反的传
言则是，威尔克斯正准备加入国外持不同政见的势力，可能是
在马萨诸塞州的波士顿。但每个人都知道，他最引发轰动的举
动是不顾一切危险毅然返回伦敦。2 月 27 日，《纽卡斯尔报》
刊载了一个报道："据悉，一位有名的非法分子就在王国。"这
条消息不啻惊雷，任何人都不会视而不见，包括在惠特比教室
里的查尔顿、在造船厂的菲什伯恩和"彭布罗克伯爵"号上的
米尔纳。

　　换作其他时候，这个消息可能也就到此为止了。但当米尔
纳最后一次把"彭布罗克伯爵"号驶到泰晤士河上时，威尔克
斯的故事即将引燃熊熊大火。3 月 11 日，令所有人大为惊讶的
是，威尔克斯公开露面，在即将到来的选举中自荐为候选人。
虽然威尔克斯在法庭上被判有罪，但他选择站出来接受舆论法
庭的审判。3 月 19 日的《伦敦纪事报》上刊登了一条令人难
以置信的消息："据可靠消息，议会候选名册破天荒地列出了
一位非法分子的姓名，他在没有被撤销罪名的情况下有可能被
选为议会代表。"这是以前从未有过的冒险举措。威尔克斯在
民众中享有盛誉，却是当权者的眼中钉肉中刺。一位观察家写
道："这是一种施压，需要当局动用所有技巧和权力来应对。"[26]

　　一股歪风邪气在伦敦城里蔓延。威尔克斯的目标是拿下伦
敦市的选民，市民们抗议事态的最新进展。3 月 11 日发表公开

演讲后，威尔克斯随后于 3 月 16 日在市政厅进行演讲：

> 先生们，我自己一个人站在这里，和大人物没有
> 任何关系，也没有任何党派的支持。我没有后援，只
> 有你；我不希望有其他后援，我从来没有比站在这里   97
> 更确定、更荣耀了。[27]

没过几天，投票选举活动开始了。乔治王朝时代大选的节
奏与今天不同。在那个年代，竞选活动时间较短，而投票过程
则持续数日，不像现在经过很长时间的竞选活动以后才迎来只
有一天的选举日。3 月 16 日，投票在伦敦市政厅举行，随着时
间的推移，越来越多的选民参加了投票。就在这段时间，大约
是 1768 年 3 月 21 日，海军委员会的一位官员来到托马斯·米
尔纳停泊船的地方，要求检查他的船只。

米尔纳和那位匿名官员的会面是可以彪炳史册的重要历史
时刻之一，其一直隐藏在半明半暗中。我们所知道的全部就是，
那次会面很可能是在一个叫"伯兹威先生"的码头附近，这是
水手睡觉的地方。在泰晤士河北岸的沃平区，有一片由狭窄而
人口稠密的街道构成的区域。从史密斯菲尔德到埃塞克斯郡的
拉德克利夫公路就通过这片区域。公路穿过沃平区时的分岔路
叫老砾石巷，在这条小巷里，到处是亚麻布商店、小酒馆和小
餐馆；当小巷延伸到河边时，就变得破旧脏乱不堪了。这是一个
暂住区，到处都是水手、煤炭挑夫、妓女和小罪犯，他们的大部
分生活都是在户外度过的：把水手用的贮物箱拖回家，或者招揽

生意。伯兹街距离老砾石巷只有几秒钟的路程，再靠近河边就是
"沃平区旧石阶"，距离行刑码头只有一分钟的路程，海盗、走私
犯和反叛分子在那里被绞死。在河边的某处，在"伯兹威先生"
码头，"彭布罗克伯爵"号靠岸抛锚。

　　上个月在伦敦的威斯敏斯特宫，英国皇家学会经历了一片
喧嚣。正如本杰明·富兰克林在给法国的让-巴蒂斯·勒罗伊
的信中所说："我们英国皇家学会将派遣三位天文学家到国外，
观测下一次金星凌日现象。我们选定的观测点分别是哈德逊
湾、北角和赤道以南某个地方。"但是，当他们"专注于头顶
上的星空时"，却忽略了地面上发生的事。他们的"书记员和
收税员在他们毫无察觉的情况下，用掉了将近一千五百英镑，
这让我们不得不向皇家申请援助"[28]。

　　这件令人遗憾的事给英国皇家学会的资金带来重大损失，
也将产生更大的后果。富兰克林把自己的名字签到"致最伟大
的国王陛下"的备忘录上，这份备忘录是为了向国王解释"金
星在太阳圆盘上通过的路线……1769 年 6 月 3 日之后再发生
类似的天文现象，还要再过一百多年"[29]。这些"递备忘录的
人"不仅通过呼唤爱国主义让国王支持他们的事业，还通过
唤起国王对皇家遗产的重视来达到同样的目的。他们提醒他，
一百年前，皇家学会的成立就是为了完成他们目前所关心的任
务。备忘录是在二月份寄出的，国王只花了几个星期的时间就
批准了他们的请求并转寄四千英镑，"用于支付合适人选的远
航观测费用"。此次远航的资金得到了保障，但拿了国王的钱，
任务的独立性也就不复存在了。英国皇家学会也不能再单方面

　　行动。1768 年 2 月 29 日，海军部被纳入了航行计划，其接到国王的命令，"皇家海军应提供一艘合适的船只"[30]。

　　政府的齿轮立即开始转动起来。三月初，寻找一艘探险船的工作正在进行中。寻找工作的详细情况可从白厅、沃平区和德特福德之间一系列通信的历史记录中挖掘出来。3 月 5 日，海军部长给海军委员会写信，就"适合这项观测任务的船只"征求建议。[31] 三天后，海军委员会答复说，一艘单桅纵帆船"特里亚"号"将很适合这项任务"。这艘船正在德特福德码头进行重新整修，要到五月底才能一切准备就绪，"且目前国内没有其他船只能在短期内整修完毕，以胜任如此之远的航程"。海军部在两天内给出了反馈意见，推荐一艘名为"玫瑰"号的船，并提醒海军委员会说，"这艘船今年春天必须起航"。十一天后，海军委员会做出决定，其已派人检查了"玫瑰"号，但发现这艘船"可能无法装载所需的全部后勤补给物资"。虽然"玫瑰"号的提议被否决了，但他们又有了一个新的目标："海军委员会建议使用一种空间足够大，在独桅帆船基础上建造的三桅帆船来完成此次观测任务，从泰晤士河采购一艘载重吨位约为三百五十吨的这种帆船即可。"[32]

　　从表面看，这是一个出乎寻常的建议。运煤船可没有优雅的外表来胜任如此富有魅力的任务。此外，运煤船没有装饰船头的人像，没有舰炮提供防护，也没有供军官们消遣娱乐的大舱房。海军对商船一直有偏见。在太平洋波光粼粼的海面上，给一艘运煤船装饰华而不实的船首人像，看起来肯定非常不协调，就像一个初进社交界的上流社会年轻女子与一个住在莱姆豪斯街的小贩手挽手来参加皮卡迪利大街举办的舞会。虽然这一想法十分古怪，但实际上这是一个从经验出发的有用建议。七年战争中，运煤船经常用于运送货物和人员。此外，冬季过后，泰晤士河面上这种帆船非常多，她们建造坚固，内部空间非常大。这个想法很有吸引力。海军部在同一天，即3月21日就答复了海军委员会。信中流露出一种紧迫感，仿佛终于找到了一个拿得出手的解决办法，或至少可以容忍的办法。"批准在独桅帆船基础上建造的三桅帆船的建议，采购即刻生效。"两天后，海军部在每天的例会上讨论两艘候选运煤船的优缺点，这两艘船分别是"瓦伦丁"号和"彭布罗克伯爵"号。

接下来的几天到底发生了什么并不是十分明确，也存在争议。从这些信件可以看出，评估两艘船的责任已经从海军委员会移交给德特福德造船厂的官员，这些官员每天都与船只共事，非常了解这些船。或许就是这些官员倾向于选择米尔纳的运煤船，但其他人后来声称是他们最终敲定的决定，这其中就有达尔林普尔本人。达尔林普尔两次公开表示，他选择菲什伯恩的运煤船，而不是其他船只。有一次，他坚持说他和海军调查员一道去了"伯兹威先生"码头，现场查看了这两艘船。"因为得到了他的批准，自然也就采购了"。[33]达尔林普尔是在1802年才做出决定的，但他在1773年也做过类似的声明，声称他更喜欢"彭布罗克伯爵"号，"而不是另一艘比较小的船"，因为前者"能多带一根锚和一套缆绳"，他觉得"这可能是让他做出决定的最重要因素"[34]。

官方文件中没有任何支持达尔林普尔声明的证据。根据各种传统的说法，"彭布罗克伯爵"号是由海军上校休·帕利泽，甚至是詹姆斯·库克选定的，但是从时间先后顺序来看又是不可能的。在复述历史的过程中，有人认为达尔林普尔这样声称是为了夸大其词或自吹自擂，但他的叙述有一些还是具有说服力的。达尔林普尔后来遭到各种嘲笑，说他放纵、易变、不爱表达、爱发脾气且嫉妒心强（他内心深处肯定燃烧着一团热火），但从来没有人认为他是个骗子。借用一句格言，"为了掩饰一个谎言，需要更多谎言"，如果达尔林普尔明知道某种说法或某事不对，他还是坚持很容易被反驳的主张或声明，那岂不是太愚蠢了。

　　到底是谁最终促成了米尔纳和海军委员会之间的交易，已经无从考证了。但可以肯定的是，"彭布罗克伯爵"号在三月份最后一个星期的决定中脱颖而出，成为所有选择中最好的一艘船。检查花了一个星期才完成。一共有三艘运煤船接受检查："瓦伦丁"号、"彭布罗克伯爵"号和"安·伊丽莎白"号。最终的决定因素似乎取决于可用性、实用性和完好状况，经过评定，"彭布罗克伯爵"号成为最佳选择。除了是谁做出最终选择这个问题外，第二个困扰后人的谜团也产生于这一时期。海军委员会最初的命令是挑选一艘"在独桅帆船基础上建造的三桅帆船"，严格来说，这艘"在独桅帆船基础上建造的三桅帆船"应该有很宽的船尾且为平甲板，但"彭布罗克伯爵"号并非如此。或许是德特福德造船厂的官员无法判断这其中存在的细微差别，也有可能是他试图隐瞒事实，用"在独桅帆船基础上建造的三桅帆船"这样含混其词的描述来加快挑选的过程。不管怎样，这句话都会在接下来的几个世纪里使后人对菲什伯恩的运煤船形成误解。

　　"彭布罗克伯爵"号的特征可在 3 月 27 日德特福德造船厂的官员写给海军委员会的一封信中略见一斑。"彭布罗克伯爵"号的载重吨位为 368$^{71/94}$，船体总价二千二百一十二英镑十五先令六便士，桅杆和帆桁总价九十四英镑十先令。对米尔纳来说，这是他遇到的所有事中最幸运的一个。他的这艘修长而稳固的运煤船出厂已三年九个月，价值二千三百零七英镑五先令六便士。海军委员会花了二千八百四十英镑十先令十一便士买下。这笔交易让米尔纳失去了他的运煤船，却使他成为富翁。3 月 29 日，海军委员会向海军部报告：

　　　　已采购一艘在独桅帆船基础上建造的三桅帆船，
　　载重量为三百六十八吨，船龄三年九个月。请批准进
　　行试航前的整修。可能需要加装护盾并填充底部，装
　　备六到八门发射四磅炮弹且配备八个旋转炮架的舰
　　炮，正如给"特里亚"号所提建议一样。请海军部为
　　这艘船命名造册。[35]

　　海军部用了一个星期的时间认真思索了这个问题。但目前至少有一件重要的事情是可以肯定的：不管达尔林普尔是否参与其中，更重要的事实是他已经拥有自己的船。从 3 月 31 日德特福德造船厂的官员呈给海军委员会的一份文件中可以看出，采购"彭布罗克伯爵"号的决定是在三天前即 28 日发布

的一份授权令中获批的。这就符合时间的先后顺序了。在同一座城市、同一日期、同一年份发生了两件大事：英国皇家海军采购"彭布罗克伯爵"号三桅帆船以及约翰·威尔克斯再次竞选议会议员。

　　单独来看，威尔克斯1762年至1763年针对比特伯爵及其政府发动的颠覆运动在英国政治中是一起非同寻常的事件。而他在1768年初春采取的行动则有过之而无不及。3月16日，成百上千人挤进市政厅，听他在竞选中发表的讲话。《纽卡斯尔报》这样报道说，"人们怀着无比强烈的好奇心来看威尔克斯先生"，市政厅外的街道上人山人海。举手表决时（选举候选人最简单也是最常见的方法），威尔克斯似乎排在第三位。后来需要进行官方投票时，各政党派系用了一个多星期的时间各显神通。3月23日，选举结果公布，威尔克斯遥遥领先。但后来出现了突然变化。威尔克斯登上讲台，把许多人期待的让步发言变成了一场新运动的启动宣告。他说："现在，先生们，请允许我把你们称为自由的朋友以及米德尔塞克斯郡的终身保有者；我宣布，我将代表诸位以候选人的身份出席议会。"[36]

　　米德尔塞克斯投票选举的日期定在3月28日。它将在伦敦西部的布伦特福德举行。经过五天的竞选活动，威尔克斯的参选活动如火如荼。威尔克斯于3月27日出发，第二天早上他是第一个到达竞选活动现场的候选人，比其他竞选对手提前一个小时。威廉·比彻姆·普罗克特爵士骑马赶来，而乔治·库克则乘坐一辆四轮大马车在六点钟赶到。

　　选举结果在第二天早上（即3月29日星期二）九点钟

101

公布。

威尔克斯先生	1292 票
库克先生	827 票
威廉·比彻姆·普罗克特爵士	807 票[37]

人们为此欣喜若狂。在布伦特福德出现了一个暴徒团伙，他们围堵经过该地区的四轮马车，如果在车身没有张贴"威尔克斯和自由"这样的标语，绝不允许通过。写着嘲讽话语的旗子挂得到处都是，"食物要更多，烹饪要更少"*，这让乔治·库克很是懊恼。3 月 29 日夜幕降临时，家家户户的窗台都摆放着象征自由的点燃的蜡烛。

威尔克斯的当选既让人兴奋，也让人感到厌恶。大街小巷到处声嘶力竭地喊着为威尔克斯写的小调，暴徒们要求"不论多么高贵的绅士和女士，当他们坐着马车经过时，都要为威尔克斯和自由呐喊"。泰晤士河两岸发起的这场运动很快便扩散到全国其他地方。在去温彻斯特的路上，本杰明·富兰克林看到，"在城外十五英里的地方，道路旁几乎家家户户的门窗上"都张贴着与威尔克斯有关的标语，"到六十四英里外的温彻斯特，一路上都是这样"[38]。与此同时，米尔纳带着足够退休的钱一路北上回到惠特比，相信在他回到家乡的时候，纽卡斯尔的骚乱也已开始了。这场骚乱是在四月份的第一个星期开始

---

* 英语中，"烹饪"一词和"库克"谐音，借此讽刺乔治·库克。

的。五百名水手聚集在北希尔兹的装卸转运码头抗议。他们从北希尔兹出发一路游行到桑德兰，在那里宣读了他们遭遇的种种委屈，要求"立即得到赔偿"。此后，他们一窝蜂地登上运煤船，驾船撞击造船厂。这伙暴徒的人数不断增加，他们在街上游行击鼓，彩旗到处飘扬，就这样折腾了整整一天。据后来《记录年鉴》的一篇报道，"当天下午，这伙人就分道扬镳了，先前的一伙人又回到了希尔兹，他们犯下了更大的暴行，尤其是他们所到之处的那些肉店和面包店，损失极为惨重"[39]。

　　到了三月底，莫顿伯爵和皇家学会理事会一定觉得，经过这么多的伪装和掩饰，他们的计划终于落实到位了。他们有了指挥船只的船长，也已经选好了一艘船，国王还为这次观测行动提供了全部资金。但就在政治秩序在米德尔塞克斯解体之际，他们的计划也分崩离析。

　　问题出在达尔林普尔本人身上。事情成于他的勤奋和聪颖，但也毁在他的独立思想上。长期以来，达尔林普尔在外人面前一直将自己塑造成自由思想家的形象。他曾这样写道："错误会导致真理，但是，如果把所有人的想法放进一个磨粉机里绞磨，那就不会再有调查和发现了。"[40]经过这么多年的沉思，他的观念已经根深蒂固。达尔林普尔固执地认为，这次远航就是为他一个人准备的，他说得很明白，最初他是通过亚当·斯密向谢尔伯恩伯爵提出的申请，后来又在十二月写信给英国皇家学会提出申请。他寻找并培养关系，多次写信促成他的想法，这些长期的对外交往已经耗费了他很多时间。他做的大部分工作都很有成效。现在他还得到了英国皇家学会理事会的支持。但二月份形势发生的变化让所有付出都变得一无用处。达尔林普尔列出了这次远航要实现的宏伟目标，根据任务需要调整了航行计划，帮助寻找到了合适的船只，他一直十分珍惜这个计划。但他在这个计划中扮演的角色马上就要结束了。

他的问题肇始于二月份英国皇家学会给乔治国王寄出的备忘录。随着国王提供财政援助的到来，海军部也参与了进来。这次远航不再是一项私人科考事业，相反，它将成为由英国皇家学会和海军共同负责的冒险行动。皇家学会将负责具体的观测事宜，而海军将提供船只和航海专业知识。这和达尔林普尔的设想完全不一样。莫顿、富兰克林、卡文迪许和马斯基林都不受他控制了。相反，名单上突然冒出了很多新的名字：霍克上将，基伯龙湾海战的老英雄，现在是英国海军大臣；霍克的前任查尔斯·桑德斯爵士；休·帕利泽，归来的纽芬兰总督；菲利普·斯蒂芬斯，英国海军部有影响力的秘书。一旦买下"彭布罗克伯爵"号，且船只整修和军官任命计划有条不紊地展开，这些人才是最重要的。和他们相比，达尔林普尔根本就说不上话了。

在达尔林普尔后来的记录中，他曾暗示海军方面立即就采取了不友好的态度。达尔林普尔写道，当他查看运煤船时，他更喜欢"彭布罗克伯爵"号，而不是另外一艘船，这是因为"彭布罗克伯爵"号舱室容量大，"能多带一根锚和一套缆绳"。但是，当他把这点告诉海军部一位官员时（达尔林普尔拒绝透露他的姓名），他写道："一位海军方面的消息灵通人士告诉我，如果我认为这次远航我想带什么就带什么，那我就大错特错了，因为背后有当权派控制着这艘船。不过，在这样一次远航中，我或许会被允许携带非同寻常的锚和缆绳。"[41]

如果这笔买卖真的发生了，那一定是在三月底，当时"彭布罗克伯爵"号的采购正在进行中。1768 年 4 月 3 日，英国皇家学会召开了一次理事会会议，这次会议预示着接下来的一个星期将发生什么事情。达尔林普尔受邀以客人的身份出席，想必他迫不及待地想听到一切都已准备就绪，就等着船只整修过程结束了。但在 4 月 3 日，他发现情况并非如此。莫顿伯爵宣布，他已向海军大臣推荐达尔林普尔担任指挥职务，"但被告知这样的任命完全违反了海军的规定"。让一介平民指挥大英帝国国王的船，这种想法颠覆了一个世纪以来建立的整个等级制度。达尔林普尔对此事的反应可从一段非常简短的对话记录中看出，"出席皇家学会理事会会议的达尔林普尔先生拒绝雇用观测人员，除非他能负责指挥船只，所以会议决定考虑由一个合适的人选代替他"[42]。

达尔林普尔后来写道，"尊敬的"霍克"被旁敲侧击，如果他任命海军军官以外的任何人担任指挥官，他将面临议会弹劾"。达尔林普尔解释说，霍克陷入了绝境，他别无选择，只能停止对他的委任。达尔林普尔并没有像后来许多人想象的那样责怪霍克，相反，他感到被其他故意挫败他计划的人背叛了。他在一段回忆录中用第三人称写道："尽管亚历山大·达尔林普尔被授权在此次航海任务中发出指令，指挥这艘船的海军军官应积极听从他的意见，否则以后晋升无望，但亚历山

104

大·达尔林普尔意识到，从经验上来讲……在这样的航海行动中，分头指挥根本不适合完成民间任务，他拒绝在这种规定下出航。"[43]

达尔林普尔如此表现有两种可能的解释。他拒绝出航可认为是一种脾气爆发的结果，因为达尔林普尔下定决心要完全由自己做主。达尔林普尔的脾气确实很难控制，晚年的他表现得更暴躁。而另一种可能正如他所声称的，这是他出于自己的私心做出的决定，因为他清楚，分头指挥只会带来麻烦，这一点他确信无疑。不管是哪种情况，在一次皇家学会单独召开的会议上，也许就是一到两个小时的时间，达尔林普尔的梦想彻底破灭了。他将被剥夺一生中最大的机会。与此同时，英国皇家学会也从一种进退两难的困境被抛到了另一种同样的境遇。就在一个星期前，他们有船长但没有船；但现在的情况是，船有了，可没有人驾驭她。

5

Land of Liberty

第五章

生而自由

1768 年 4 月 2 日，"彭布罗克伯爵"号以原来的船名完成
了最后一次航行。那个星期六，她驶过泰晤士河浑浊的水域，
停靠在德特福德港的一个单泊位码头。在这里，原来商船那种
粗糙混乱都要经过打磨修整，使其焕然一新，真正具备一艘皇
家海军舰艇应有的整齐划一。

德特福德依偎在泰晤士河西畔，河水滚滚向南奔向格林尼
治。1768 年，这个造船厂占据了整个城镇。干船坞和湿船坞
依河岸而建，从海岸线向后依次分布着仓库、粮食办公室、制
绳厂、船帆制品间和船厂官员征用的房屋。河里面停泊着等待
造船厂维修保养的船只。这里有时也会停靠大型战舰，比如皇
家海军"战神贝罗纳"号这样的装备七十四门舰炮的标志性战
列舰，或者是皇家海军"安森"号这样的服役年代较早装备
六十门舰炮的四级战列舰，两种战舰的编制人数都有数百人。
有些待整修的船只在支付相应费用后闲置在港口。新到的船将
被锚定在更远的地方，比如六级护卫舰或者是装备三十二门或
二十四门舰炮的单桅纵帆船、粮食补给船、医院船和快艇，船

坞的小船穿插在这些船之间。其他船只将在码头附近进行整修或立在支架上。尽管这些船的种类不一，但在某些方面则存在一定的共同点。许多船会在船体的上半部分涂上蓝色条纹，有时会在船尾涂上少许活泼的金丝雀黄色。从船只的舰旗或信号旗可看出军官的等级。这种等级也反映在造船厂里，造船者、仓库管理员、办事员、绳索工人和后勤人员等都严格服从等级管理。但是所有这些人，都给一位头面人物打下手，他就是造船大师亚当·海斯。

海斯现在特别关注"彭布罗克伯爵"号这艘船。4月5日，也就是抵港三天后，海斯接到了命令：这艘船将"加装护盾、填充底部和进行修整"，用于"向南方运送人员，他们被派往那里观察金星凌日天文现象"。海军委员会还敲定了第二个行政问题。这艘船"将列入海军三桅帆船序列，被命名为'奋进'号"[1]。

将这艘探险船命名为"奋进"号的决定是由海军本部办公局在4月5日做出的，这一天正是将指令送达德特福德港的日子。1768年，海军委员会的海军大臣和有发言权的实权派是霍克上将。霍克上将提出将这艘船命名为"奋进"号，他这么取名是渴望给即将到来的远航注入一种品性，而许多人将这种品性与自基伯龙湾海战以来的霍克上将的品格联系在一起，这想起来就非常令人心动。如此一来，霍克上将不仅赋予了这艘船勇敢无畏的身份认同；而且正如他非常了解的，这将给船员们传递一个信号：这是他们所热切渴望的内在气质。

或许，这个问题和谁提议取这个名字无关，它最好应该这么问：为什么在 1768 年 4 月这个时间选择取这样一个名字？
海军部会议正好是威尔克斯在米德尔塞克斯赢得选举胜利一周
后召开的。整个伦敦都因为他的胆大妄为而陷入一团糟的境
况。威尔克斯曾宣称："我将用我一生的努力奋进来回报你们
对我持之以恒的认可和支持……我恳请你们能接受我竭尽所能
地表达出的快乐心情。在这个如此令人关注、如此令人感动的
时刻，这将让我备受鼓舞。"[2]"努力奋进"是那个时刻最能引
起共鸣的词。4 月 16 日，富兰克林给一位宾夕法尼亚州的记
者写信说："在我逗留期间，我将尽最大努力为我所在地区服
务。"[3] 1768 年 4 月那种勇敢而坚定的气氛似乎也让菲什伯恩
的三桅帆船受到了感染。它将不再是刻板拘谨的"彭布罗克伯
爵"号，而是闪耀着探索精神的"奋进"号。

虽然这个名字赋予了这艘船一种全新的身份认同，但亚
当·海斯的主要关注点几乎没放在这个问题上。海斯是他这个
行当的专家。过去十年间，他专攻配备七十四门舰炮的开创性
三级风帆战列舰，这些战列舰有着响当当的名字，包括"宏
伟"号、"海神之子"号、"壮丽"号和"天龙"号，她们都有
着优雅的线条和强大的火力。海斯偶尔也会被迫接手不同类型
的船只，比如配备十四门舰炮的单桅纵帆船、小型武装快艇或
像"威廉和玛丽"号那样的游艇。但在他的职业生涯中，海
斯从未想到会接受改装惠特比运煤船的任务。海军以前从未
正式采购过这种类型的船只。

海斯成为德特福德的造船大师已有十二个年头了，地位非
常显赫。虽然现在不怎么出海了，但海斯和其他人一样对海洋

非常了解。18 世纪 30 年代，他还是个小男孩的时候，就开始
在船上做木匠。很快他就被带上皇家海军"百夫长"号，从
此，他开始与当时最著名的航海活动有了交集。在乔治·安
森[*]准将的指挥下，"百夫长"号于 1740 年 9 月从斯皮特黑德
起航，这是一艘配备六十门舰炮、编制人数为四百人的战列
舰。和她同行的有"格洛斯特"号（五十门舰）、"塞文"号
（五十门舰）、"珍珠"号（四十门舰）、"韦杰"号（二十四门
舰）、"特里亚"号（八门舰）以及一队商船，这其中就包括
一艘惠特比运煤船，这队商船运载着总计一千九百人的补给
物资。在与西班牙开战之初，安森接到命令，破坏西班牙在
南海的贸易。

英国几乎每个人都多多少少知道一些关于安森这次远航
的事情。舰队在合恩角附近遭遇了巨大危险。随后又爆发
了坏血病和其他疾病，最早的那批船员中有一千四百人不
幸罹难。接踵而至的是伟大的胜利。1743 年，安森的"百
夫长"号与传说中的宝藏船"科瓦东加圣母"号相遇，当
时这艘船正航行在马尼拉和阿卡普尔科之间的航道上。这
艘船号称"携带着整个海洋的宝藏"，安森逼近这艘大型
帆船，在不到两个小时的行动中就将其俘获。自从弗朗西
斯·德雷克爵士时代以来，还没有发生过这样的劫掠。这艘
大帆船载着一百三十一万三千八百四十三枚西班牙银圆和

---

[*] 英国近代海军改革者，他改革了英国舰队组织，建立了海军陆战队，提高
　了英国舰队的作战能力，其率领的"百夫长"号是第一艘越过太平洋到达
　中国水域的英国船只。

三万五千六百八十二盎司*的纯银，在计算奖金后，安森成为
英格兰最富有的人之一。整个探险活动通过《乔治·安森环球
航行记》这本书被世人永远铭记，成为那个时代激动人心的航
海史诗。在这本书中，与"科瓦东加圣母"号大帆船的搏斗是
令人读时不禁屏息的核心故事。"百夫长"号的航海故事已经
成为冒险事业的光辉缩影，在酒馆故事和街角民谣中被一遍遍
地述说着。

　　即使是二十多年以后的现在，那些曾经在"百夫长"号上
战斗过的人仍然享有余晖笼罩下的崇高荣誉。舰队中的一些海
军军官，比如约翰·坎贝尔和奥古斯塔斯·凯佩尔，从那时起
就开始在海军中崭露头角。和凯佩尔一样，海斯的内心深处
是否仍对那次航行中的船头破损或弹片划伤心存伤痛不得而
知，但是在1743年6月20日安森与那艘大帆船交战时，他就
在船上。此后，海斯似乎也成了安森的一个追随者。1746年
"百夫长"号返回后不久，海斯被任命为直布罗陀造船厂的造
船大师。从那时起，他不断取得进步，后来进入普利茅斯，在
有影响力的本杰明·斯莱德手下工作。在英国出类拔萃的造船
者中，能称得上好师傅的并不多。斯莱德似乎把海斯介绍给了
他的侄子托马斯·斯莱德，他是一位颇富创新精神的年轻造船
家，他设计了许多当时的标志性战舰，包括革命性的七十四门
舰，以及像皇家海军"胜利"号这样的大型战舰。

　　18世纪50年代，海斯跟随托马斯·斯莱德一路升迁，先

*　英制质量单位，1盎司=28.349523125克。

后被任命为希尔内斯造船厂造船大师、伍利奇造船厂造船大师和查塔姆造船厂造船大师。海斯不仅有能力，而且很受欢迎。1755 年，当他升任德特福德造船厂厂长时，《白厅晚报》报道了他从查塔姆出发时的情景："许多造船厂的官员和其他人都来给他送行，他们（由衷表达对如此值得尊敬和优秀的人的尊重）打算陪他到德特福德。他的和蔼可亲为他赢得了普遍的敬爱和尊重，这太引人瞩目了。"[4]

海斯深知，船从根本上说是很坚固的物体。如果被刀劈斧砍，要花费些力气才能把船劈开。但这并不代表船结实耐用，船在开阔的大海上航行时，会开始退化，比如麻绳收缩、磨损或擦破，船帆也会撕裂；帆桁和桅杆可能会开裂，防止船体渗水的堵缝会被海水破坏。沿岸航行的船只并不担心这些问题。伦敦和希尔兹之间的航程不超过一个月，如果出现破损，什么时候都能把运煤船拖上岸。惠特比的船长们不论是谁都知道怎样进行基本的濒海维护。运煤船可能需要"烘船底"，烧掉船只底部的杂草、软泥和废物，然后用硫黄和牛脂的混合物擦拭。在船只的吃水线处进行清扫时，有一种类似的维护工序叫"船底上部清扫"。勤勉的人最喜欢的方法是"将船倾侧"，也就是说用压舱物使船体向舷侧倾斜，这样就可以在正下方进行刮擦。

但是，一旦航行在一条又长又深的航线上，所有这些日常维护工作就变得非常困难。杂草、滨螺或其他海洋生物可能会堆积在船底。"冠军"号战舰的军官有一天在法夫狭长海湾把船停下来检查船壳，"惊奇地发现，一大串甲壳软体动物黏在船底，几乎和塔糖*一样大"。"冠军"号舰长下令将其取下并用它们"擦洗和清洗"船底，但在大海中这是不可能完成的任务。船体凹凸不平会扰乱航行，即便是简单的操纵也会变得危险重重。南海还有一种更有害的生物，这就是船蛆，一种双 109 壳类软体动物。自从有海上探险以来，"船蛆"就成为许多灾难的源头。这种蠕虫在六十至八十华氏度的温度下繁殖得非常快，在幼虫期时会钻入没入水中的船材中，迅速繁殖并将船材挖空，造成不可避免的严重后果。

就是这样一种温顺的无脊椎动物竟然能摧毁一艘巨船，这看起来仿佛是古希腊神话故事。而随着探索时代的推进，挑战变得更为尖锐。几个世纪来，造船工人们找到了一种解决蠕虫蛀蚀的方法：用焦油、牛毛或山羊毛涂抹船底，然后用黄铜或后来采用的纯铜包覆船底。德特福德造船厂最近试制了几艘"包铜"船，但由于时间紧迫，对这一工艺还没有达成定论，海军部决定对"奋进"号最好是采用简单的"填充"法。这意味着菲什伯恩造船用的橡木底肋材将涂覆由焦油和毛发组成的混合物。在这层黏性表面一层层黏结橡木板，直到船体的整个底部用宽头铁钉固定住，这种工艺被称为"滚钉"。

这一准备步骤完成后，海斯就能把精力放在船体内部。"彭布罗克伯爵"号因其宽大的船体而被选中。每一寸空间都会物尽其用。到了 4 月中旬，计划已经拟定。船身中部主甲板

---

* 19 世纪末以前，塔糖是制造精制糖的常用半成品，外形呈圆锥体，顶部浑圆，体积较大。

七英尺下铺设全新的舱板，为新增的船员提供睡觉和吃饭的空间。已有的船头最前面的下倾甲板和船尾下倾甲板将被保留下来，和改装设计整合在一起，这就多出了一些临时空间。在前甲板和后甲板的下方，内甲板只有四英尺高，站在里面几乎不可能，这样的空间想用作他用也是非常不方便的。但至少它在船尾为军官们留了一个宽敞的空间，这是一个大舱房，内设大厅、隔间和被天窗照亮的食品储藏室，通过后甲板的梯子就可以进入这里。更多的隔间嵌入在船头，正好位于锚眼的后侧，这是给准尉们留下的杂乱空间。再往下更深处，有更多的隔断，这些空间用于存放远航所需的物品。

德特福德造船厂和白厅之间的通信详细说明了一切。4月7日，开始安装护盾。4月12日，需求清单中增加一艘大划艇、一艘中型艇和一艘小划艇。加装最终取得了令人满意的速度。4月19日，以首字母"AH"打头的便笺被送到海军部（这些 110
便笺几乎都是亚当·海斯写的），建议将某些任务外包给工匠：在舷侧加一段台阶，定做储物柜和货厢，安装新的隔离壁和隔间。"奋进"号最终变得焕然一新。曾经有空间的地方，现在则变得有条有理，舱口通向的俨然是一艘军舰的内部。4月25日，造船厂官员向海军部秘书斯蒂芬斯报告说："德特福德造船厂的官员们说，'奋进'号三桅帆船下星期将准备接受船员登船。"5

在威尔克斯竞选成功后的兴奋余波中，一封来自"约翰·特罗特先生"的尖刻信件刊载在《公共广告人》上。信件是这样开头的："目前针对四轮马车的怒火根本控制不住，城镇的大街小巷到处都弥漫着这种愤怒，应该尽快采取措施加以制止。"特罗特这个名字恰如其人，无疑是代表城市智慧的化名，他抱怨说："每一个假装尝到甜头最少的人，几乎都忘记了该如何迈动双腿。"[6]

正如乔治王朝时代媒体惯用的手法，这封信用讽刺喜剧的方式来表达一个严肃的观点。特罗特断言，日益崛起的商业阶层已经用牺牲自由的代价来换取奢侈的生活。"我真诚地恳求他们，因为他们热爱自由，想依靠自己的双脚走路，不再让自己受任何刚愎自用残暴之人的奴役。但是，从他们踏上马车的那一刻起，他们就把自己出卖给了那些反复无常的人。"

> 我们从书上读到的那些从自由国度沦为受奴役国度的所有国家，都是通过让自己蒙受耻辱换得的奢侈。毫无疑问，四轮马车是堕入奢侈的明显标志。我觉得我了解这样一些人，他们只不过把四轮马车看作富丽堂皇的监狱而已。最自由的人当然是那些从不知道如何使用马车的人，他们也是那些最有可能靠自己的双脚走路的人。在我们自己的国家，就有这样一个最新的例子，在这个国家，似乎只有少数人才拥有真正的、不可抗拒的自由精神，我说的就是为威尔克斯先生投票的人，他们几乎无一例外地步行到了布伦特福德，为这位诚实的绅士投票；而且我敢说，他们中的很多人甚至一想到坐马车就恐惧得要命，觉得比戴上颈手枷示众还要丢脸。[7]

特罗特的信是米德尔塞克斯郡选举后发生在伦敦的很有 111
代表性的言论。其关注的焦点是"解放"，用今天的话说就是
"自由"，但在 18 世纪，这是一个充满政治意义的词。随着民
族国家的巩固和壮大，国家银行、常备军、司法机关和税收控
制着一切，个人越来越感到这些国家力量在向他们施压。让-
雅克·卢梭在《社会契约论》（1762 年）一书中有一句名言：
"人生而自由，却无往不在枷锁之中。"[8] 到了 1768 年，一个人
对国家的服从程度在他们的头脑中是最重要的。在首都一个名
为"伟大的演讲辩论俱乐部"，有人提出了这个问题："如果幸
福掌握在我们自己手中，那么它最容易呈现的人生境界是什么
样？"有人给出了这样的答案："在这个国家，我们渴望的是
什么？——自由。我们心中最大的愿望和慰藉是什么？——自
由。在这个国家最可靠的成名之路是什么？——在自由的事业
中彰显自我。"[9]

注意，凯瑟琳·麦考利曾写到，"独特的精神"弥漫在城市
的大街小巷。威尔克斯激起了人们潜意识中一些强烈的情感，
恰如标语所写"威尔克斯和自由！"。对于麦考利来说，她追
求自由的坚定信念和威尔克斯根植于心的自由信仰一样根深蒂
固（或许比威尔克斯还强烈），但米德尔塞克斯郡发生的一幕
则令她感到困惑。她对内阁派系在投票箱前表现出的低声下气
感到非常兴奋；但同样令她惊愕的是，像威尔克斯这样"如此
放肆且自相矛盾的戴罪之人"，已经成为一个受欢迎的英雄。[10]
威尔克斯大获成功，他在向米德尔塞克斯郡选民发表的胜利演
说已经登上了豪言壮语的顶峰：

让他们去狡辩吧！他们把自己的胆怯懦弱称为小心谨慎，但却可耻地亲吻着权杖，毫无骨气地拜倒在车轮下，那是狡猾的大臣阴险地给他们准备并肆意强加的。而先生们，你们已经表明，你们既不想被欺骗，也不想被奴役。[11]

把威尔克斯的自负推向另一个高度的是来自巴黎的德尼·狄德罗的一封信，这封信是在威尔克斯当选后几天写的："我是第一个对你的当选表示祝贺的人，并向所有人类朋友表示祝贺，他们肯定从来没有打算戴脚镣。英国威严的参议院仍将把一位叫威尔克斯的先生算作其最杰出的议员之一。"[12]

若不如此又将怎样呢？还没有人知道政府会做出怎样的反应。本杰明·富兰克林在四月中旬给儿子的一封信中承认，"这场骚乱还没有结束，他已承诺下周三将向法庭自首，届时将出现另一场骚乱，结果将是谁也无法预料的"。富兰克林暗指的最后摊牌定于4月20日。然后，英国的法律体系将就威尔克斯的非法身份拿出法律意见。以威尔克斯那种一如既往的张扬性格，他会向外界宣布，他自愿接受威斯敏斯特国王法庭的审判，并完全按照法庭的意愿行事。他还会让人们知道，他希望被无罪释放，以合法的身份担任下院议员，并恢复他以前的议会议员身份。

4月20日星期三这天，威尔克斯信守诺言，到法庭自首。威斯敏斯特宫周围的街道挤满了翘首以盼的人。威尔克斯后来抱怨说，政府的"密探和信差驾轻就熟地大肆编造谣言并广为散布"，警告说"肯定会发生大暴动和骚乱"[13]。结果就是，威斯敏斯特全部警察都上街巡逻，两个营的警卫在圣詹姆斯公园待命，更多的部队被派往圣乔治庄园、萨沃伊和塔楼等处。很多人认为，这是比特伯爵干的好事。据说每人"配发了十六发子弹"。

事态进展给人虎头蛇尾的感觉。有一些法律问题阻碍了威尔克斯案的进行，最终案件推迟了一个星期审理，其间紧张局势逐渐缓和。4月27日中午，威尔克斯再次出庭。这一次，法庭宣布指控成立，择期再审。与此同时，威尔克斯被拒绝保释。在案件宣判之前，他将被投入圣乔治庄园的国王法庭监狱。威尔克斯现在成了一名囚犯，被监狱的执行官带进一间单人牢房，在那里，他在两名法警的押解下进入一辆出租马车。这一幕不可避免地在追随威尔克斯的人群面前上演，霍勒斯·沃波尔将这些人称为"第三议会"。目睹自己的英雄被逮捕，这刚好为愤怒的爆发找到了理由。

这辆出租马车刚移动到威斯敏斯特大桥，就被愤怒的人群拦下了。威尔克斯呼吁冷静，但不到一分钟，法警就被制服了。有一个人大声喊道："我告诉你，威尔克斯先生，马常用来拉驴，但您既然是人，就应该被人拉。"[14] 接下来，马被解开了缰绳，威尔克斯察觉到了麻烦，便叫法警赶快逃跑。在公然违抗法庭命令的情况下，他们耀武扬威地抬着威尔克斯穿过伦敦的大街小巷。游行队伍一直向东，直到斯皮塔佛德三桶酒酒馆才散去。在那里，喧闹的庆祝活动正式开始。威尔克斯先是国王的俘虏，然后是人民的俘虏；只有当夜幕降临在斯皮塔佛德时，他才得以逃脱。威尔克斯乔装溜出酒馆，一路来到圣乔治庄园，向监狱看守自首。《纽卡斯尔报》以略带惊讶的语气写道："许多犯人想尽办法化装逃出监狱，但威尔克斯先生可能是第一位乔装偷偷溜进监狱的人。"15

　　内阁在这些日子如坐针毡。人民已经用实际行动证明了一个令人不安的事实：他们可以压倒政府的力量并取得胜利。这就是民主的恐怖，"民主"这个词仍然带有希腊语"暴民统治"这种最初的恐怖含义。在泰晤士河以南的圣乔治庄园，威尔克斯明白形势变得多么紧张。想起在威斯敏斯特大桥发生的事件，他写信给一个朋友说："上周三我救了三个人，我认为这是我一生中最光荣的一天。这真是了不起的营救，这真是从威斯敏斯特到斯皮塔佛德的胜利转移。我是这些伟大人民的国王，我将为他们的利益而奋斗。"16

　　告别了四月，进入阳光明媚的五月，圣乔治庄园也成为威尔克斯的新总部。他在监狱窗口的每一次露面都充满新闻价值，他播种的混乱持续加剧。店主和学徒们对政府如此处置他们的英雄深感愤怒，纷纷借此机会发泄自己的不满。国王在德特福德的造船厂也没能幸免。"奋进"号经过四月初以来几个星期热火朝天的修整，现在所有的工程都停滞不前了。造船厂靠的就是人力，但和女帽设计者、帽匠和向上游运煤的工人一样，木匠们也放下了他们手中的工具，趁这个机会要求提高工资。

　　5月1日这一天本来是传统的集市开张、跳舞和开心的日子，但"一大群水手"开始聚集在沃平的泰晤士河岸边。他们扣留了所有驶出的船只。5月2日，他们在斯特普尼庄园聚集了数千人，将各种诉求汇集成一份请愿书。请愿书写好后，水手们向皇家交易所游行进发，一路上不断有人"欢呼雀跃"地加入。[17] 他们一到城里就被劝说自行解散。有些水手默默接受了规劝，然后回家了，但其他水手则汇入不满者的滚滚人群，朝圣乔治庄园继续前进。至少从当时的情形来看，威尔克斯就是他们的国王，国王的法庭监狱则是他的宫殿。

为了迅速遏制这种局面，财政大臣诺斯勋爵召集支持国王的党派在白厅举行了一次会议。会议达成一致意见，坚决不允许威尔克斯获得下议院席位。国王听到这一决议后，表示同意。乔治三世写道，将威尔克斯拒绝在下议院之外，这将"遏制近几年来逐渐形成气候的平等原则，恢复服从法律和政府这一宪法规定的明智之举，只有这样才能防止庶民打着自由的旗号，最后发展成无法无天"[18]。

现在提起崇高的意志为时已晚。五月的头十天，伦敦的街道上到处是参加游行的抗议者，"彩旗飞扬，鼓声震天，横笛四响"，向紧张不安的雇主传达着他们的诉求。威尔克斯后来坚持认为，要不是一支苏格兰分遣队令人遗憾地赶来，其实一切都会平静下来。"随着这支军队的到来，他们粗暴地对待人民，滥用暴力，威胁恐吓，用刺刀推搡伤人，结果引发了骚乱。"[19] 与以往一样，在这种形势下，对后续具体情况的报道肯定会截然迥异。政府会称赞军队行动迅速，表彰他们的"热情和优异表现"。其他人则会说军队引起了恐慌。但至少有一个内情是清楚无误的。在一个身穿红色外套的人的挑衅下，一

114

小队苏格兰军队把他追到了一个“牛舍”，把他逼到墙角后开枪射杀了他。直到人死之后他们才意识到撵错了对象，这在以前是不会发生的。无辜的受害者威廉·艾伦是一个旅店老板的儿子。他本来在看热闹，不知道发生了什么事，“看到别人跑，他也跑，但不幸被误射”[20]。

当艾伦被射杀的消息在大街上传开时，形势变得一团糟，石头和砖块满天飞。一队精锐部队的士兵被派到这里，像治安法官一样宣读了《反暴乱法》。在场群众高呼：“去你的国王！去你的议会！去你的正义！”不到几分钟，士兵们接到命令向
人群开火。但他们再一次表现得笨拙至极，丝毫看不出一点 115
冷静。士兵们瞄准人群的头部，但无意中又击中了很远处的旁观者。一个坐在干草拖车里，另一个在卖橘子，第三个则是无辜地走在路上。聚集的群众怒不可遏，蜂拥着采取行动。马匹飞速地“来回跑”。威尔克斯的一份出版物后来声称，“自从温和的布伦瑞克内阁执政以来，英国从来没有发生过这样的事情”[21]。愤怒的群众继续向前推进到伦敦桥，然后涌入市区，把艾伦的尸体放在一块石板上，向所有愤怒的人昭示政府的暴行。消息迅速传开。英国人“像成群的麻雀一样肆无忌惮地”被杀害。“自从普雷斯顿潘斯和福尔柯克荒原战役之后，苏格兰人就没有这样屠杀过英国人。”[22]骚乱和暴力在伦敦蔓延了好几天。这成了每个人表达自己压抑在心中不满的时刻。在莱姆豪斯区和沙德韦尔区，大约五千到一万五千名水手（具体人数有多种不同说法）一路游行到威斯敏斯特宫，向国王递交他们的请愿书。

愤怒的人群也去了德特福德。一篇报道记载道，"一大群水手聚集在一起"，在码头周围群情激愤。他们"强行登上了几艘船，解开了顶帆，并扬言在老板同意提高工资之前，任何船只都不能驶出泰晤士河"[23]。在德特福德，宝贵的几个星期就这么过去了，"奋进"号在这段日子里没有一天进行整修，这艘运煤船也难逃暴乱人群的注意，因为她是这个单泊位码头里最容易发现的一个目标。

在蜂拥而至的人群中，有一位水手来自旧城区麦尔安德的集会街。他此行的目的不是游行或暴乱。詹姆斯·库克个子高高的，意志坚强，镇定自若且深思熟虑。他原来是皇家海军"格伦维尔"号的航海长，根本就不是那种闹事的人。库克也没有什么理由抱怨。和斯特普尼庄园的同行不同，1768年的春天对库克很友好，不仅给他提供了一个极好的机会，而且还让他找到了最不寻常的工作。

5月13日，骚乱达到了顶峰，库克接受并通过了海军上尉的考验。这一事件是用官方文件中惯用的简短文字记录的："我们已经调查了詹姆斯·库克先生，他看起来已经三十九岁以上，并发现他已经出海十一年以上，驾驶的船舶和才能如下所述。"后面列出了名字和日期：皇家海军"鹰"号（一等水兵，后升任船长大副），皇家海军"索尔贝"号（航海长），皇家海军"彭布罗克"号（航海长），皇家海军"格伦维尔"号中型帆船（船长）。"他在'鹰'号和'诺森伯兰'号服役期间写的航海日志保存完好；他的勤奋使其通过了克雷格舰长、帕利泽舰长和贝特曼舰长的考核；他能捻接绳索，用绳索打结和

116

缩帆；他有资格担任海军一等水兵和海军军官候补。——1768
年5月13日。"[24]

　　这就是那天向海军部展现自己的詹姆斯·库克。他"面容
刚毅，身材高大笔挺，身体十分健康"，有着令人印象深刻的
职业生涯，海军部对他进行了熟练的行政复核。[25]在外面发生
骚乱的情况下，此时会见库克是一个合适的时机。在他的整个
服役生涯中，无论是在冒着战火的战舰后甲板上，还是驾驶帆
船穿过海岸浅滩，库克都保持着一种平和的气质。库克并不温
顺或木讷，但他似乎有一种天生的能力来化解生活中遇到的种
种困难，并用冷静的理性来对付它们。有些人可能很欣赏库克
的才华，但很少有人知道他有多优秀。

　　同托马斯·米尔纳和亨利·泰勒一样，库克也是在惠特
比开始他的职业航海生涯的，最早服务的船只就是菲什伯恩
建造的。库克出生在荒野旁边一个叫马顿村庄的雇农家庭，
1746年，他十七岁，冒险翻过小山来到惠特比镇。他的主人
约翰·沃克是镇上主要的贵格会教徒船主之一，他对这个新来
的小伙子特别感兴趣。库克学会了装载、拖船和捻接绳索等
重要手艺，最后还学习了船舶管理和初等数学。1747年的年
终岁尾，大概十八九岁的库克第一次出海，他登上的是一艘
三百一十八吨的运煤船"自由恋爱"号，这是科茨家族建造
的运煤船。[26]

　　库克一直待在惠特比，直到1755年，在这期间，他与一
个叫亨利·泰勒的年轻人多有交集。他们两个人有一些共同的
特点。库克有着泰勒的谨慎，拥有和泰勒一样在船员之间建立

友谊的诀窍，他们都十分勤奋且高度负责。但库克也有泰勒没有的优点，这其中最主要的就是库克有远大目标。库克在完成训练并能够自己驾船下达命令后，他突然离开了沃克、惠特比和煤炭贸易，奔向更伟大的事业。到底是什么原因促使他离开，一直存在很多争议。库克是一个很难让人捉摸透的人，他含蓄内敛，不善于向别人解释自己内心的想法。他曾说过自己的愿望是"把握未来的命运"，这或许是一种对远航的深深着迷，但同样也让人感觉库克肯定有比这种解释更深远的打算。可以肯定的是，1755 年 6 月，库克自愿加入了位于沃平的皇家海军。库克是一名年龄相对较大但技术相当娴熟的新兵，从他加入皇家海军那天起，实际上就已投身海军最底层的艰 117 苦生活，而他北方的老朋友则在七年战争中逐渐获得了大量工作合同。

如果说远航探险对他有着深深的诱惑，那么可以确定的是，库克找到了这样的机会。在加入皇家海军一个月的时间内，他就晋升为"鹰"号战舰的大副。从那时起，他就在航海事业中崭露头角，成长为一名能驾驭编制为五百人的七十门舰"诺森伯兰"号的航海大师。"虽然他在船上并不是军衔最高的，但却是级别最高的专业人员"。库克曾亲历比斯开湾海战，指挥缴获的战舰进入普利茅斯。他曾穿过大西洋到达北美弗吉尼亚州和纽约，并参与了加拿大战役，在亚伯拉罕平原战役的精彩前奏中帮助引导舰队沿着圣劳伦斯河逆流而上。

这么多年来，库克已经从容不迫。他展现出了自己的勤勉和能干，他拥有一些常见的性格内在力量。正如他的传记作者

J. C. 比格尔霍尔所观察到的那样：

> 以一般的观点来看，库克的才能并没有什么创造
> 性，他也没有表现出超前的智慧。库克根本就谈不上
> 具有审美趣味，早期也没有显露出任何才华。如果意
> 识到他所做的任何事有可能触碰到情感，他会为自己
> 感到深深震惊。库克的心智属于那种成熟的类型，从
> 智力的角度来看，表现为明辨是非，善于分析和探
> 查；从实用性也就是建设性的角度来看，他善于策划
> 和管理，富有远见。这几乎都是通过解决各种突发事
> 件才磨砺出来的。[27]

比格尔霍尔所说的"善于分析和探查"，可从库克的测量
工作中一览无余。令人好奇的是，17世纪50年代，当他看着
查尔顿一块一块地测量埃斯克河两岸的农场时，他是否已从中
领会到了精确测量的魅力。也许库克的确看到了这位带着彩旗
和经纬仪的校长，他向库克展示了作为一名年轻的准尉在业余
时间所要完善的技能。随后，库克出于对知识的渴求，学会了
怎样进行清晰而精确的测绘。他掌握了科学仪器的用法。七年
战争结束时，库克的技能被他的一位老舰长发现，这位老舰长
就是约克郡人休·帕利泽，他指定库克完成纽芬兰岛的勘测。
库克继续担任航海长一职，负责指挥一艘有十二门舰炮的中型
帆船——皇家海军"格伦维尔"号。

从殖民地复杂的事件背景来看，指挥"格伦维尔"号并没 118

有什么值得称道的地方。但对库克则不同，这艘帆船表现得很出色。为了征服严苛的环境，为了把罕有人迹的海岸线以一英寸比一里格的比例绘制在航海图上，在这种超乎寻常动力的驱使下，库克在纽芬兰雾茫茫的海岸线上航行了数百英里。沿着这片海岸，他探查了海湾以及伸向陆地的水湾和溪流，在探测地插上旗帜，设置三角测量点，计算出角度并试探深度。在尼古拉斯·托马斯看来，这就是"在崎岖而错综复杂的海岸线上施展魔法，把整个海岸线撕下来贴在纸上，变成航海图上的每个点和每条线"[28]。随着库克年近四十，他已经变得和目光敏锐、安守本分的惠特比水手有些不同了，而泰勒就是那种类型水手的缩影。库克现在是海军的一员，是少数受过水文地理训练的专家之一。多年来，海军部的高层一直在关注着他，承认他的"才干和能力"。现在，这些技能以及和海军部的联系给他带来了一个意想不到的机会。

库克在纽芬兰岛勘测期间形成了一种习惯。他在早春的时候出海，秋季回来，和妻子伊丽莎白及家人一起在他们位于麦尔安德的老家过冬。他们育有三个孩子，詹姆斯和纳撒尼尔是两个小男孩，伊丽莎白是他们的小女儿。库克会在冬季绘制和完善他的航海图，与英国海军部保持通信联系，搜集各种航海书籍，为来年的出海航行做好准备。就在1768年4月"格伦维尔"号准备起航的不久前，库克隐约感觉到好像还有什么事指望他去做。4月12日，也就是达尔林普尔出席英国皇家学会理事会会议九天后，英国海军部会议记录显示，"'格伦维尔'号中型帆船船长库克先生将另有任命"[29]。尽管说得含含糊糊，但这表明新的探索计划可能已经启动了。英国海军大臣和英国皇家学会金星凌日观测计划的组织者都知道，留给他们的时间不多了。这将是一次远至天边的航行，连具体地点都还没有确定，到达那边可能要花上一年的时间。从 1768 年 4 月算起，他们只剩下十四个月的时间。

对于像富兰克林和英国皇家学会内维尔·马斯基林这样的人来说，这看上去就像是历史的重演。在 1761 年组织的那次金星凌日观测任务中，航海家们出发得太晚，最后不得不临时替换其他观测地点，结果不了了之。这次要不顾一切避免重蹈覆辙。可达尔林普尔已经愤然离去，伦敦城也被遗弃在暴动和骚乱中，看起来只有海军能承担起寻找替代指挥官的重任了。库克能被提名取决于他与即将离任的纽芬兰总督休·帕利泽以及一位有影响力的人物的关系。帕利泽喜欢库克，把他看作一位航海大师和水文测量员，他相信自己一定不会看走眼。

库克是在四月上旬听说南半球航行这件事的。如果说他对这样一个不同寻常的委任大感惊讶的话，那么接踵而至的第二个任务更是让他措手不及。库克第一次出海搭乘的是惠特比的运煤船。二十一年后，当他再次准备横渡大西洋把握自己的机会和命运时，忽然发现这次驾驶的竟然是和他第一次学习航海时完全一样的运煤船。事情就是这么蹊跷，但也充满好兆头。和惠特比的其他学徒一样，库克对惠特比的运煤船能做什么，在特定情况下她们表现如何，最远能航行到哪里以及何时需要维护保养等，都有着本能的理解。

但在库克能够指挥这艘帆船之前，首先必须通过海军上尉的考试。能通过这样的考试对库克来说一定是一个非常值得骄傲的时刻，因为他现在终于可以跻身皇家海军军官这个崇高的队伍了。作为皇家海军三桅帆船"奋进"号的第一中尉（舰务官），他在舰上上层后甲板区拥有无可争议的优先权，这艘帆船就是他的仆人，他身着明显有别于其他人的、有白色里衬的蓝色羊毛外套，以及白色的马甲、袖口和马裤。当然，丰厚的酬劳也是必不可少的。5 月 5 日，库克同莫顿伯爵、富兰克林、马斯基林和皇家学会理事会其他成员一起出席了会议，他们都被告知，"库克先生……是观测金星凌日的合适人选之一"。在这样一个壁垒森严、外人很难企及的皇家学会里，当库克站在同行和智者们的面前，听到要给他发放"每年一百二十英镑的食物费"时，一定感到非常不自在。5 月 19 日，库克的酬劳达到了顶峰，在这一天举行的皇家学会后续会议上，他被告知，"作为一名观测员，将给予他总计一百几尼金币作为他付出辛劳的报酬"[30]。

木已成舟，海军部和皇家学会对此都十分满意。库克上尉将指挥"奋进"号远赴南海观测金星凌日天文现象。此次远航行动大白于天下，刚好与伦敦紧张局势得到缓和同时发生。五月中旬以后再也不会出现如此极端的暴乱威胁。5 月 18 日，海军委员会收到来自德特福德造船厂的消息："'奋进'号已经从单泊位码头出坞并停靠在内港，等待完成最后的涂漆。"一周后，海军部会议记录显示，"现已决定，'奋进'号三桅帆船在 120 德特福德造船厂整修后将执行出国航海任务，船上将配备七十名人员和十二个月的粮食储备"[31]。

　　试想一下当时库克第一次看到"奋进"号的情景，这艘惠特比建造的运煤船从干船坞的支撑架上升起，俨然就是一艘作战护卫舰，想想就令人如醉如痴。在科茨和菲什伯恩的造船厂里，库克曾目睹过好几十艘单桅帆船和三桅帆船就处在这样的状态。但在国王的造船厂，看到这样一艘帆船肯定是一件非常新奇的事，就好比去一座老宅参观，却发现房间重新经过粉刷，最心爱的家具也被替换掉了。毫无疑问，这是一艘菲什伯恩建造的三桅帆船，如今正经历一个令人惊讶的转变。"奋进"号现在有一个贯穿中部的完整内部甲板，这个位置以前总是堆着冒尖的煤炭。有为准尉提供的小隔间，配有微型食品贮藏柜，甚至还有一排排挂吊床的钩子、进餐的长椅、帆具舱、弹仓和更靠后的军官舱室。米尔纳驾驶时那种斯巴达式的空间消失不见了。现在的"奋进"号多出了更多东西。内甲板的下部是存储食物的地方，这里很快就会堆满一袋袋面粉、一桶桶啤酒和烈性酒。还会装上许多面包（二万一千二百二十六磅）、四千块咸牛肉、六千块咸猪肉和八百磅板油、一百二十蒲式耳小麦、十蒲式耳燕麦片、二千五百磅葡萄干、一百二十加仑[*]食用油、一千五百磅白糖、五百加仑醋和一百六十磅芥末籽。[32]

　　春夏交替之际，"奋进"号的转变加快了步伐。主体结构改造完毕后，船的内部已大不相同。一个标准钟被运到了船上，这是金星观测仪器的一部分，这个精确的仪器表明了"奋进"号的使命。她不再受传统圣歌、经验法则和优秀瞭望员的

---

[*]　英制容积单位，1 加仑 =4.546092 升。

支配，她将成为体现科学准确性的工具。和标准钟一起运来的还有更多的科学仪器：地球仪、六分仪、望远镜、方位仪、磁倾针、温度计，还有安森和亚伯·塔斯曼等探险家所写的有关航海、医学和南海航行史的技术书籍，这些书被放进大舱房的书柜里。

当库克在舰队街寻找他的科学仪器和书籍时，第一批船员开始应征入伍。分配到新整修舱室的是一位名叫扎卡里·希克斯的海军少尉，他今年二十九岁，来自伦敦。舰医威廉·蒙克豪斯也有自己的单独舱室。再往前走是另外两名准尉的舱室，一个位于艏楼下面左舷，这是为"表现优秀"的掌帆长约翰·加瑟里准备的；另外一个位于右舷，木匠就住在这里。库克没从"格伦维尔"号带来太多自己的老部下，只有四名可靠的水手，其中一位叫彼得·弗劳尔斯，和他一起在纽芬兰岛服役了五年。但他确实利用自己的地位选了几个自己的人，其中就有他妻子的一个年轻表弟艾萨克·史密斯，这个小伙子有一些绘图方面的天赋。

还有其他许多不知名的新成员也会加入这支探险队伍。尽管大多数情况下会有个别例外，但这支队伍中的绝大多数人都将名垂青史，所以胡乱猜想也变得不那么必要了。随着"彭布罗克伯爵"号的消失，取而代之的是"奋进"号这个名字，因此，各种细节也就从历史记录里忠实地浮现出来。比如说，6月10日星期五，我们知道船上运来了"适量的酸奶"，用于治疗坏血病。[33] 而就在同一天，"奋进"号配备了"一部净化污水的机器"。6月30日，库克要求为大舱房铺一块"绿色厚毛

呢地板布"。7月20日星期三，海军部确认购买了"二十件软
木救生衣"并送上船。这些都是从白厅送往德特福德造船厂的
大量书信中摘取的只言片语，内容涉及每块甲板、每根桅杆、
每个帆桁、每个舱室和每艘小船；这些小船有三艘，分别是
一艘大艇、一艘中型艇和一艘快艇。如果菲什伯恩能看到这一
切，他一定会很高兴的，估计他现在已经从米尔纳那里听到了
此次远航的消息。此外，他也很想翻看一下海斯七月签署的计
划。这些计划也从侧面曝光了"奋进"号这艘与众不同的船。
"奋进"号变成了一艘融运输船和单桅帆船于一体的多功能船。
即便对那些常年穿梭于水上的经验非常丰富的人来说，怎么对
这艘帆船进行分类也是很头疼的问题。不管这艘船属于什么类
型，库克都在尽最大努力去感受她。当库克驾着这艘船在泰晤
士河上试航时，他给海军委员会草草写下这样一句话，这艘船
"船首比船尾吃水要深得多"，需要更多的压舱物来进行修正。

　　几乎没有时间留给这样细枝末节的小事了。自从海军部秘
书不耐烦地发出一封信，批准"彭布罗克伯爵"号的购买计划
"以节省时间"，已经过去了几个星期。几个月后，库克无论如
何都得起航离开了。现在距离考察队进入南海的预订日期还有
不到一年的时间；并且，只要金星继续沿轨道运行，他们就有
可能晚一天犹如晚十年。但这种耽搁也带来了意想不到的好
处。5月19日，塞缪尔·沃利斯指挥的皇家海军"海豚"号在
结束横跨太平洋的环球航行后，停靠在了唐斯。像拜伦以前那
样，沃利斯被派去寻找南方大陆。如果这片大陆真的存在，那
也已经和他失之交臂，但他还是有了一个诱人的发现。沃利斯

122

发现了一个热带岛屿，这个岛屿"面积很大，岛上土地非常肥沃，人口众多"，他在那个岛上停留了六个星期。英国各大报纸同时刊载的一篇报道这样写道："从当地土著居民的表现来看，他们有理由相信'海豚'号是他们见过的第一艘也是唯一的一艘船。"[34]

沃利斯宣布这个岛屿的主权为英国所有，并称之为"乔治王岛"。关于这座岛屿的故事很快便流传开来，从这些故事中可发现那是一个不同寻常的地方。这座岛屿由一位女王统治，"当地人似乎非常尊敬她，他们不仅服从她的话，甚至还服从她的表情和手势"。"岛上的女王"赠送给"海豚"号各种各样的礼物，并和沃利斯一起在大舱房吃早餐，品尝了茶水、面包和黄油，然后和她的首席大臣一起参观了这艘护卫舰。"她对看到的一切都特别留心，看上去非常高兴。""海豚"号回赠了女王礼物，有镜子、纽扣和耳环等等。一位船员回忆说："但她最喜欢的还是亚麻布料。为此，我送给她一件非常漂亮的荷叶边衬衫，并示范她怎么穿。这件在我们看来微不足道的小礼物，却让她爱不释手。"[35]

自己的国家陷入一片混乱，相比之下，这个远在天边未曾开发的小岛自然备受青睐。小岛由仁慈的女王统治，这不禁也让英国人想起了自己的黄金时期。据说小岛上居住着二十万人，岛屿面积很大，发生过一些小冲突，岛上的土著居民"普遍比我们的人个子要高，而且更结实。他们大部分人的皮肤呈古铜色，长着一头黑发"。事实证明，岛上的居民很友好，渴望发展贸易。报道还说，"这里盛产世上罕见的上等货"，他们用那些上等货和我们交换钉子、纽扣、珠子和小饰品等不值钱的小东西。沃利斯因为生病无法离开"海豚"号，但他警告船员"只能在船只停靠海湾附近非常小的范围内活动"。可有一位军官沿着一条小河向上游走了五英里远，他发现那里长着"棉花、生姜、槐蓝属植物和许多我们以前根本就不认识的植物"。由于沃利斯无法下船，"海豚"号的船员们和当地居民迅速熟络起来，关系处理得非常融洽。据说岛上的女人非常性感迷人，她们不带任何虚荣或贞操观念，很乐意与水手们交往。岛上的姑娘们脖子上戴着花环，在暖风习习的夜晚，当太平洋上的阳光隐在海浪背后时，她们会跳起诱人的舞蹈。

　　所有这一切都与国内发生骚乱的艰难处境形成鲜明对比。来自北美洲的消息也不容乐观。1766年3月废除《印花税法案》后，英国和殖民地的关系曾一度走上正轨，但这种友好并没有持续多久。1767年夏天，英国财政大臣查尔斯·汤森推出了一系列新税种。"他是一位口若悬河的演说家，虽然幽默风趣，但并不靠谱"[36]《汤森法案》规定对进口茶叶、纸张、玻璃和画家的颜料进行征税。新法案和以前的《印花税法案》一样，是为了提高维持北美殖民地驻军所需税收收入的比例。

　　汤森在1767年9月突然去世，因此没能活着目睹他的立法引起的激烈反应。在北美殖民地，这项法案被视为《印花税法案》的再次出台。废除这项法案和不从英国进口货物的议题再次甚嚣尘上。《波士顿新闻周刊》上印着这样的口号："把钱存起来，就是拯救国家。"与此同时，英国报界也不甘示弱，痛斥"美洲人"为"国家灭亡的掘墓者""精神错乱者""不共戴天的死敌""虚伪至极""忘恩负义""杀人不眨眼"。富兰克林一直反对进行这样的诋毁，他认为"如果这样对待顾客，我怀疑我们不大可能会把他们重新拉回我们的商店"[37]。

相比之下，来自乔治王岛这个和风吹拂下甜美小岛的消息则大为不同。随着时间的推移，对这个小岛的报道越来越多，那里被说成是一个极乐世界，一片天真无邪、充满欢乐和富足的仙境。

对这个消息感到兴奋的不仅仅是英国人。七年战争结束后，法国国务大臣舒瓦瑟尔一直密切关注着英国的海外活动。到 1768 年时，他在英国海军委员会和造船厂都安插了间谍。法国人像英国人一样被这些消息深深吸引，没过多久，一个法国财团也准备到这个岛屿探险。西班牙人也变得警觉起来，他们驻伦敦的大使想办法购买了一份"海豚"号的秘密报道，窥探到了那座小岛的方位。英国政府早就猜测到这类事情，因此 124 透露给报界的纬度信息都是假的。与此同时，沃利斯尽其所能地将该地区英国化，不仅为乔治国王岛命名，还给附近的小岛和环礁冠上了各种各样的其他名称：夏洛特岛、格洛斯特岛、博斯考恩岛、凯佩尔岛和约克公爵岛。

英国政府还不知道乔治王岛将来作为一个贸易中转站会带来什么好处，但对于英国皇家学会来说，这个小岛为解决他们面临的一个棘手问题提供了完美方案。乔治王岛在南海所处的方位恰好位于马斯基林标记的适合进行金星凌日观测的范围内。6 月 9 日，就在沃利斯抵达英国水域后不久，英国皇家学会通知英国海军部，他们决定"将派出的观测人员运送到沃利斯先生指挥'海豚'号远航中刚发现的乔治王岛皇家港口"。还有更多的消息传出。英国皇家学会已指定查尔斯·格林陪同库克一同前往，并担任官方观察员之一。格林当时三十三岁，是一位训练有素的天文学家，曾在马斯基林领导下的格林尼治天文台工作过。他的任命给"奋进"号船员带来了大量的正规教育，而库克本人恰好缺乏这些知识。

"海豚"号的回归还给库克带来了另一个好处，那就是他能借这个机会招募自己的几个手下。其中最得力的一名干将是一位弗吉尼亚出生的军官，名叫约翰·戈尔。作为一名出色的水手，戈尔曾两次乘着"海豚"号环游世界，第一次是和拜伦，第二次是和沃利斯一起航行，两次他都担任船长的大副。戈尔在上一次航行中担负了更多的责任，因为一场大病让沃利斯在他的舱室待了很久。在沃利斯无法指挥的情况下，戈尔证明了自己在船上同行中的实力，他"沉着冷静，绝对可靠"。另一位助手是罗伯特·莫利纽克斯，他来自兰开斯特，被任命为领航员。而一位十八岁的约克郡人理查德·皮克斯吉尔将担任他的一个大副，这个小伙子是一个非常有天赋的制图员。查尔斯·克拉克也加入了他们的行列，他曾和拜伦一起驾驶"海豚"号完成了第一次环球航行。为了保护他们免受攻击，"奋进"号将配备十门舰炮和十二个旋转炮架。[38]

经历了春天的动荡后，伦敦在夏天恢复了常态。政府试图通过增添一个新的内阁职位，即美洲殖民地事务大臣来维护英国在美洲的权利。威尔克斯仍被羁押在圣乔治庄园。在那里，他会收到一封来自新英格兰的鼓励信，随信还附上另外一份礼物让威尔克斯慢慢咀嚼，信中这样说：

> 英国的政体仍然发挥作用，这是我们的光荣；尽管如此，我们在捍卫政体方面仍然表现得软弱无能，但我们不能也不会让政体蒙羞。作为您的一位追随者，为保护政体所付出的艰苦努力已经获得了很多应有的回报……您在捍卫优秀传统事业方面所表现出的不屈不挠，仍将会保护这一伟大制度免于分崩离析。[39]

威尔克斯可能从来都不曾认识那些在信件末尾签下自己姓名的人，但他们将被历史永远铭记：约翰·亚当斯、塞缪尔·亚当斯、小詹姆士·奥蒂斯、约翰·汉考克、理查德·达纳、约瑟夫·沃伦、本杰明·肯特、托马斯·杨格、乔赛亚·昆西二世和本杰明·丘奇。威尔克斯兴致高昂地写了回信，他在信中写道："我衷心祝愿自由能像我们半球一样永远在你们的半球遍地开花。"

尽管美洲决定不从英国进口任何商品，但威尔克斯的演讲和论文还是继续通过其他途径传到大西洋彼岸，就像凯瑟琳·麦考利的《英国史》一样。《肯特郡公报》披露，麦考利夫人的这部作品以"免费"的形式派发。据说"美洲各界妇女以极大的热情阅读她的作品，对她给予了高度赞扬"[40]。

载着麦考利夫人书籍和威尔克斯先生演讲作品的船只在泰晤士河上与其他各色船只会合在一起，有载着香料和茶叶的东印度公司的商船，有载着糖和可可的西印度公司的商船；还有惠特比造的运煤船，其为不断发展壮大、沸腾而喧嚣的首都带来了更多的燃料。7月30日，"奋进"号夹杂在这些形形色色的船只中离开了她在伦敦的最后一个锚地，开始慢慢向下游进发。乍一看，她和聚集在泰晤士河上的其他北方商船别无二致；但细细端详，会发现很多不一样的地方。这艘帆船的船舷下面有一条弧形的蓝色条纹，船尾悬挂着一面英国商船旗，表明她是一艘受命独立执行任务的海军舰艇；在给养的重压下，船没入水中很深，好像在船底拖着一个大约有十四英尺长的东西。更重要的是，船上还有为数众多的水手：到处都是人，艏楼和主甲板上的人盘腿坐在那里，有些水手悬在横桅索上，有些水手俯身在船头，还有一些水手在高高的顶部。

那天早些时候，库克接到上级命令。传令官带来了两个密封的纸袋，一个装着"指示"，命令他航行到"乔治王岛皇家港口"观测金星凌日；另一个装着"补充指示"，只有在完成最初下达的命令以后才能执行。库克立即和他的妻子伊丽莎白告别，登上停靠在唐斯的"奋进"号，正式接手指挥。航行到英吉利海峡时，他有机会感受一下这艘船，就像当年米尔纳感受"彭布罗克伯爵"号一样。毫无疑问，这艘帆船能察觉到各种调整给她带来的变化，她变得更重也更坚固，但同时也变得更明亮整洁。注意这艘船的舵轮：她是一艘结实的帆船。库克后来曾说道："我从来没指望会得到一艘这么好的船来执行此次任务。"[41]

上船之后，海军海关发现库克上尉的称谓被改成了"船

126

长"。乔治王岛或许是他最终的目的地，但他首先必须"尽力赶往普利茅斯湾"，在那里将预付船员们两个月的薪水，完成一些最后时刻的调整，将额外的补给物资运上船，比如牛肉、淡水、动力装置和绳索等。在那里，还有一名中士、一名下士、一名鼓手和九名海军陆战队二等兵等待登船。这些人凑成了"奋进"号上一个舱室的成员，他们可以说是最不寻常、最多姿多彩的"货物"。这些"随从"或者说编外人员是受"杰出的"植物学家和勇敢无畏的科学家约瑟夫·班克斯的差遣。

PART THREE

Exploration

第三部分

探　险

6

'Take a Trip in disguise'

第六章

乔装之旅

1768 年 10 月 7 日，皇家海军三桅帆船"奋进"号在温暖的海面上向南航行。在前天某个没有记录的时刻，北纬十度线悄然从"奋进"号身下滑过。他们知道，在东边地平线边缘约六百英里外的某个地方，横卧着几内亚和炽热的非洲海岸。在过去的两周里，库克改变了原来的东北方向航线，这很奏效。军官们聚集在后甲板上进行午间观察，总能发现他们在一天的时间里就能航行一百多英里。但当他们接近赤道时，中纬度地区的劲风已经减弱为"稳定的微风和宜人的天气"[1]。现在，"奋进"号正穿过一片镜面般的海洋，她的身后紧跟着约瑟夫·班克斯乘坐的采集船，这艘小船想必是用一根绳子系在"奋进"号的船尾。

如果说惠特比运煤船远离日常的航线航行在这片茫茫的大海上，这一幕已经让任何一艘经过她身边的船大感惊讶的话；那么再看到这艘船的后面还有一位个子高高的年轻英国绅士，他一头黑发，体态轻盈，在驳船夫驾驶的小划艇上专注地研究昆虫和野草，肯定会让人更摸不着头脑了。或许从这一幕可察

觉出班克斯脸上洋溢的光彩和行动的紧迫性，甚至还可以捕捉
到他谈话的火花。唯独无法理解的事实是，他为什么要在这里
被茫茫无尽空荡荡的大海包围，他本来完全可以在他家乡的鳟
鱼湖上继续做一位优雅的乡绅。

　　但是，班克斯已经预见到了在家乡过着舒适生活的他肯定
会受到探险的诱惑。大西洋是一个可进行探索的诱人之地，但
还有更奇妙的地方在前方等待着他。在海上航行六个星期后，
班克斯已经习惯了船上的生活方式。他每天早早起来，查看周
围的海域是否有生命迹象。他发现了螃蟹、海燕和海豚，捕捉
到了其中一些动物，也错过了其他动物。最让他兴奋的是飞
鱼，"从舷窗望着这些鱼儿，简直美得无法想象，它们的侧身
像银子一样闪闪发光"。让班克斯高兴的是，其中一条鱼"飞
进了天文学家格林先生的隔舱"。班克斯推测，"我想它是被别
的鱼追逐，或者仅仅是因为根本就没看见船，所以才飞了进
来"[2]。

　　随着赤道附近信风的减弱，班克斯有更多机会来探索周围
的环境。10 月 7 日，他正在自己的小船上采集物种，但他马
上将参加一场迄今为止最有意义的会议。到了中午，他带着一
批海洋无脊椎动物回到帆船上的大舱房。其中有一种管水母以
其复杂的形状和颜色迷住了班克斯，"水手们把它叫作僧帽水
母"，这是"我见过的最漂亮的东西之一"。班克斯和他的睿智
朋友瑞典植物学家丹尼尔·索兰德一起对它进行解剖研究，他
们将水母身体的"小囊状物"从"很多鲜亮的蓝红相间的触
手"上取下，这些触手像丝线一般悬垂在伞状母体上。有一些

130

触手有三至四英尺长，班克斯发现，如果触摸这些触手，它们"就会像海蜇一样蜇人，只不过力道更大"[3]。

危险性较小的是大量的海蜗牛，班克斯和索兰德对这些海蜗牛也进行了解剖研究。海蜗牛最引人注目的地方是能在水面上下快速移动，班克斯认为，海蜗牛的这种浮游能力是他在外壳内部发现的"小气泡团"产生的，它的作用就像现代救生衣。用手挤压海蜗牛，班克斯注意到其排出"一茶匙液体"，这种液体呈"一种最漂亮的红紫色"，"很容易把的亚麻布衣服染红"。班克斯在他的航海日志中提醒自己，这也许值得继续深入调查，这些海蜗牛是否是古罗马时期一种叫"普尔波拉"的独特红色染料的来源，"因为这种动物的外壳肯定是在地中海发现的"[4]。

分析完后，班克斯和索兰德就给这些标本指定学名。僧帽水母被称为"*Holothuria physalis*"，海蜗牛则被称为"*Helix janthina*"。然后他们把这两种动物转交给艺术家西德尼·帕金森和亚历山大·巴肯，由他俩负责用素描或水彩画的形式把标本记录下来。这个过程轻快流畅，而且也确实需要这样做。在专门为班克斯开辟出的后甲板处作为科学研究舱室的上层，库克正在大舱房里研究如何调帆，以适应天气的变化。在库克的努力下，帆船很好地适应了大气波动，他注意到早晨的平静即将被打破。很快，"罗盘仪的四周就会遍布雷鸣和闪电"[5]。库克在那天的航海日志"重大事件"一栏中并没有提到班克斯，但这并不意味着大家不关心班克斯，库克船长无疑对他的动向投去了好奇的目光。班克斯在库克这个海军世界里是个局外人。仅仅两个月前，班克斯才在考文特花园看歌剧时遇到日内瓦博物学家奥拉斯 - 贝内迪克特·德·索叙尔。漫步在伦敦街头，索叙尔和班克斯展开了深入的交谈。索叙尔在见面后写的一封信中说，他"很高兴在离开伦敦前看到了这样一个非凡的人"[6]。

根据他后来的叙述，班克斯对大自然的态度很早以前就在他母亲的影响下确立了。萨拉·班克斯是一位"不像想象中那样令人感到害怕"的女士，她告诉班克斯，自然界的存在不仅仅是为了被人欣赏，正如诗人欣赏自然一样；也不仅仅是为了被人逃避，就像胆小的人逃避自然一样。相反，大自然是因为与人的相互作用才存在的，它需要被触摸、品尝、嗅探。班克斯以蟾蜍为例说明了他对大自然的态度。在乔治王朝时代的英国，人们对待蟾蜍总是小心翼翼，因为据说蟾蜍能分泌有毒液体，加之报纸经常报道因蟾蜍导致的意外中毒事件，这种偏见根深蒂固。班克斯在他母亲的教导下，很早就学会了蔑视迷信。当他突然看见蟾蜍时，他说"我会把它们捧到我的鼻子前，就好像蟾蜍会自然地跳到这里一样"，这已成了他的一个"不变的习惯"。有一次，班克斯的一伙朋友和他一起到约克郡旅行，他发现了一只蟾蜍。班克斯从马车上跳下来，猛然扑向那个生物，然后把它抓在手里，让他们"相信"蟾蜍根本就没有什么毒。[7] 他本来是想让这只两栖动物一个凌空翻"完美"地结束这件事，结果它却跳到班克斯的嘴里，这让他的朋友们哈哈大笑，班克斯感觉很没面子。

这可能正是一种让乔治王朝时代的英国人显得病病恹恹的

事件。但由于母亲的观念已深植于班克斯的内心，社会环境并没有对他造成什么影响。班克斯童年的时候和妹妹莎拉·索菲亚在林肯郡的家里嬉笑打闹，他一直和妹妹保持着非常亲密的关系，那个时候一定有什么事情，或者说更糟的事情发生在他身上。班克斯生于1743年2月，他是这个家庭的第一个男孩，虽然他的家庭并没有什么显赫的地位，但非常富有。班克斯家族在德比郡、苏塞克斯郡、斯塔福德郡和林肯郡都拥有土地，因此他的家庭每年都能为约瑟夫及时提供六千英镑的供养金。尽管他母亲对他的性格有很大影响，但约瑟夫的父亲威廉完全左右着他的童年。威廉在当地上流社会拥有一席之地，是康沃尔郡的一位议员，有政治发言权。除此之外，他还把精力放在维持自己家庭在林肯郡里夫斯比修道院中的地位上面。威廉在二十六岁的时候因为一场诡异的疾病瘫痪在床，此时家族的希望就从威廉转到了他欢蹦乱跳的儿子身上。他先是把他的儿子送到哈罗公学学习，然后又将他送到伊顿公学学习。

约瑟夫没有在课堂上严格的死记硬背中成长。里夫斯比修道院收到约瑟夫班主任的反馈信息，说他是个非常活泼快乐的孩子，但对各门课程缺乏兴趣，影响了他的成长。班克斯在学习语法方面并不用心，这一点从今天阅读他信件或日志的所有人的反馈中都可以看出来。他的散文如小溪般肆意奔流，毫无标点符号的断句修饰。他的文章完全根据自己的喜好，有时候用大写字母，有时候则不用。有些词他从来没有好好学会该怎样发音，比如"朋友"这个词。这种随意性可能是一种神经失调症的表现，或者说也有可能是由他天生烦躁不安的性格导致

132

的。班克斯是个需要动起来的孩子，当他找不到的什么可动的东西时，他自己会鼓捣出来。1757年，林肯郡收到了来自伊顿公学的一份反馈报告，班克斯的老师反映说，班克斯"上课一点不专注，过度沉迷于玩耍"，这些恶习已经"严重阻碍了他的进步"[8]。

当班克斯离开伊顿公学时，他已经找到了一门可以唤起他学习兴趣的课程。最初到底是什么原因让班克斯开始对植物学产生兴趣，说法多种多样。据说班克斯晚年曾讲过一个故事，说是在一个夏天的下午，他独自一人走在伊顿附近的一条小路上，被簇拥在他周围的壮观的鲜花深深震撼。"我应该首先被教会怎样认识这些大自然的产物，而不是希腊语或拉丁语，这肯定再自然不过了。"[9]班克斯十四岁的时候，一个性质不是很严重的错误让他在假期中回到家里，他在母亲的更衣室里发现了伊丽莎白时代的经典著作——约翰·杰勒德的《本草要义》（1597年）。他对户外活动的热爱很快就变成带着一种目的的行为。在林肯郡，他跪在地上用手按压植物，诱捕昆虫；在伊顿附近的小路上，据说当地开药铺的女性每告诉他一种传统草药的精华，他就会奖励她六便士硬币。

到了十七岁时，班克斯开心快乐依旧，追求上进。1760年，他到牛津大学继续深造，以高级自费生的身份在基督教会学院登记注册。那些年里，大学并没有什么突破创新。随着印刷业的蓬勃发展，越来越多的书开始流通，但很多大学仍然墨守成规，继续以古老的口头教学为主要授课形式。许多像爱德华·吉本这样最优秀的学生来到牛津，发现这里远不是学习光

133

明、自由和知识的地方，他们知道的甚至比老师还要多。吉本
评价他的导师温切斯特博士说："我的导师对领薪水的日子记得
非常清楚，但唯独忘了他肩负的教书育人的责任。"[10]这种评价
对植物学教授汉弗莱·西布索普也很适用，据说他在三十六个
年头年里只做了一次演讲。西布索普教授总是缺席这件事让班
克斯很沮丧，但他发挥了自己积极主动的性格特点。班克斯找
人写了必要的推荐信后，动身来到剑桥大学，拜植物学家和天
文学家以色列·里昂为师，自己支付费用请里昂到牛津大学讲
授植物学课程。

　　班克斯感兴趣的都是平平常常的东西。苗木培育师詹姆
斯·李 1760 年写道："研究植物学近些年来已成为一种非常普遍
的消遣活动。"[11]这一科学研究分支之所以能变得如此令人兴奋
且充满冒险性和革命性，主要得益于一个人，他就是卡尔·林
奈。在某些人的眼里，卡尔·林奈是个自视甚高、爱吹毛求疵
的瑞典人，据牛津大学的一位导师说，他"把所有植物学搞得
一塌糊涂"[12]。然而，越来越多的人开始发现林奈绝对是个天
才，他受封北极星骑士，是瑞典国王的第一位医师，获聘乌普
萨拉大学植物学教授和欧洲学术界荣誉研究员。詹姆斯·李写
道："你以'阿里阿德涅的线'*引导你的读者穿过自然界动物王
国、植物王国和矿物王国这三个王国的岔路和迷宫，用科学而
透彻的方法以前所未有的方式解释她的法则。"[13]

---

* 阿里阿德涅的线，英文为"Ariadne's Clue"，表示"指路标记、摆脱困境的
　办法"，也就是"在困境中得到指点"的意思。

詹姆斯·李所指的就是林奈革命性的分类系统。植物的科属顺序长期以来一直存在各种问题。约翰·伊夫林写《森林志》一书时，甚至无法为橡树找到一个合适的学名。有时人们会选择一些古老的拉丁词语给植物命名。有时人们依靠颜色甚至香味来发现各种花之间的某些自然统一性。林奈觉得这些方法都不对。他认为，根本不能"依靠"植物的气味来对物种进行分类，以颜色命名植物更不靠谱。这样的思路"不值得真正的植物学家关注"，他提醒他的同行说，"不要被这种无聊的消遣活动所蛊惑"[14]。

本世纪初，英国人采用约翰·雷的物种分类方法，这种方法是上个世纪提出来的。雷的物种分类方法非常复杂，以各种植物特征的比较为核心，比如种子、形态和生活环境。但林奈又把这种复杂性考虑得太多了。通过多年的实践才掌握了雷的方法以及其他具有竞争性的方法，林奈开始着手简化植物学家的任务，把注意力集中在一种植物的生殖器官上，而现代科学已经开始掌握这种分类法的原理。雄蕊或"丈夫"构成植物的雄性部分，而雌蕊或"妻子"则构成植物的雌性部分*。尽管林奈承认这是一个人为分类系统，而不是一个自然分类系统，但他仍然认为，通过简单计算植物性器官的数量、比例和状况，

134

---

* 林奈根据花中雄性部分——雄蕊的解剖情况，对植物进行分类。每一大类又根据花中雌蕊的数目进一步分成小类。如果给它们起一些很无聊的名字，这种分类方法也就没什么吸引人的地方了。但林奈决定让一切变得值得纪念。植物名称的前半部分仅仅告诉自然学家雄蕊的数量，而后半部分则使用拉丁语中的"丈夫"一词。同样的，雌蕊的名字由数量和拉丁语的"妻子"一词组成。

所有的植物都可归为二十四类中的一种。

18世纪30年代，当林奈在《自然系统》一书中最初提出他的"性系统"概念时，许多植物学家对此都深感担心。对有些人来说，这种方法让他们以往在分类法中投入的数年心血毁于一旦，基本上要从头开始。其他人则对他提出方法的"色情"本质感到厌恶。在圣彼得堡植物园工作的约翰·乔治·西格斯贝克严厉地嘲笑这是"令人憎恨的卖淫行为"，林奈永远也不会忘记这种侮辱。但与雷杂乱无章的深奥相比，林奈提出的分类方法非常简单，只要能看得见而且会数数，任何人都可以尝试用这种方法为植物分类，这符合当时对秩序的狂热。这是一个商品贴价签、到处立着路标和出版约翰逊辞典的时代，而清晰、简洁、量化的植物分类系统恰好顺应了这种更广泛的文化潮流。林奈的一位助手宣称："上帝负责造物，而林奈负责整理。"林奈"花之语"的魅力就在于它的简单。

但简单仅仅是开了个头，后续要发现植物并统计植物的性器官，这个过程将逐步揭示植物所属的纲、目、属和种，甚至还会揭示出植物的多样性。因此，这种从计算植物性器官数量开始的简单性，逐渐发展成了复杂的植物分类体系。毫无疑问，作为学生的班克斯和老师里昂，在牛津大学无数次地翻阅林奈的物种分类系统，搞清楚了"百里香"到底是如何划入"二强雄蕊群"的。举例来说，因为百里香"四个雄蕊成对排列，长度不等"，种子裸露，而属于裸子植物中的"百里香属"。这个过程可以不断重复，整个18世纪50年代就是将经验观察与林奈的出版读物结合在一起的时期，这种行为越来越成为理解大自然的关键。

在这些出版读物中，尤以林奈1753年出版的《植物种志》最为著名。这本书出版时，年轻的班克斯正处于求学阶段。《植物种志》不仅包括了林奈在瑞典东南部城市乌普萨拉二十年植物分类工作的结果，他还为每个植物种属分配了一个由两个词构成的名称（即植物命名的双名法），从而带来了更大程度的秩序。林奈提出的双名法与古老烦琐复杂的拉丁文命名法正好相反，后者通过描述植物的外观进行命名。比如，番茄的传统命名为"有草状光滑茎干的番茄科属"。正如安德里亚·伍尔夫所解释的那样，林奈的双名法就像是在给每个物种分配一个基督教名字和一个姓氏。"'姓氏'指的是植物的属，比如木兰属或二蕊紫苏属，其含义通常是林奈用于纪念他的朋友或该属植物的发现者。在此基础上，他增加了第二个词（比如一个基督教名字），例如大花（*grandiflora*）或飞蓬（*canadensis*），用于表示单个物种。"[15] 根据这种所谓的双名法，番茄的学名就变成了"*Solanum lycopersicum*"。没过几年，这种新颖的命名法就从植物王国扩展到了矿物王国和动物王国，比如人类有了"智人"（*Homo sapiens*）这样的新名字。林奈的成就令人兴奋，詹姆斯·李称赞他的"学说"，不仅"通过教授人类万物的知识使人变得更聪明"，而且使他们"在欣赏造物主奇妙的创造中变得更优秀、更快乐"[16]。

当班克斯进入牛津大学学习时，英国的一些知识分子和园艺学专家继续抵制林奈提出的植物命名法，但年轻而求知若渴的班克斯毫无保留地接受了新知识。新的知识体系一扫上世纪

陈旧古板的知识框架，作为林奈开创的新生代植物学家的一分
子，这也为班克斯提供了各种机会。或许是这套知识体系丑闻
一般的污名，对此时身材高挑、精力充沛、富有魅力的班克斯
来说也很有吸引力。新的植物分类学不仅使那些支持这一学说
的勇敢而高尚的人名垂史册，例如林奈为了回报他的老师奥洛
夫·鲁德贝克，以他的姓名为基础给非常美丽的"黄雏菊属"
命名，这是对他崇高荣誉的褒奖。同时，这种分类学也可以在
即将到来的"发现与分类"的世界性竞争大环境下，为源源不
断从美国、印度和非洲涌入的不知名的植物提供科学的命名方
法。这一切努力使植物学成为当时最流行的时尚。乔治国王和
比特伯爵都热衷于此。威尔士亲王的遗孀奥格斯汀公主想让世
人知道，她打算在靠近泰晤士河的克佑区开辟一个花园*，在那
里种上"地球上已知的所有植物"[17]。

　　班克斯离开牛津大学时，詹姆斯·李写的关于林奈的书向
讲英语的读者清楚阐明了这种新分类法，从而可以帮助植物学
家"更好地努力"[18]。当时需要某种精神上的鼓舞，因为班克
斯的一位植物朋友"棕榈树"已经成为植物学领域的翘楚，已
经"从我们英国转移到了瑞典"[19]。班克斯的梦想之一就是要
让它重返英国。1761 年，威廉·班克斯去世。1764 年，当约
瑟夫·班克斯过二十一岁生日时，他已经变得非常富有。这可
能是班克斯从科学界转身的时候，他的爱好从植物学转向了伦

136

----

* 这个筹建的花园发展就是今天闻名世界的皇家植物园林"邱园"，是世界著
　名植物园之一，也是植物分类学研究中心。

敦城里年轻人的日常消遣活动。但这并没有发生。如果班克斯的热情已然猛烈燃烧，它不会就这么轻易熄灭。成年后，当有外来植物运抵英国时，班克斯仍然有可能现身那里，比如切尔西药用植物园或哈默史密斯的葡萄园苗圃。

　　班克斯迁往伦敦后的四年时间里，他在伦敦科学界越来越引人注目。1764 年 8 月 3 日，当"彭布罗克伯爵"号首航进入泰晤士河时，班克斯正在申请大英博物馆的一张读者票。十八个月后，也就是 1766 年 2 月，班克斯当选为文物协会会员。三个月后，他获得了英国皇家学会会员殊荣。班克斯的同伴或信件越来越受到追捧。1766 年，牧师约翰·莱特福特收到班克斯的来信，他欣喜若狂。他兴致勃勃地回信说："当毕达哥拉斯发现他的黄金分割命题时，据说像疯子一样在街上跑来跑去，大喊大叫……当我打开你的信，看到信的结尾有班克斯的签名时，我也想冲上街大喊。"[20]

　　莱特福特是班克斯努力结交的众多朋友中的一员，其他还有博物学家托马斯·彭南特和约翰·埃利斯，以及苗木培育师詹姆斯·李，等等。但在他新结交的朋友圈子中，有两个人最显眼，其中一个是瑞典植物学家丹尼尔·索兰德。索兰德在伦敦是非常受欢迎的人物，以林奈门生的身份而闻名并受人钦佩。从乌普萨拉大学毕业后，索兰德作为一名年轻的植物学家表现出了非凡的能力，林奈对他非常看重，由衷地喜欢这位年轻人。林奈后来写道："我把他当成自己的儿子，就像我的家庭成员一样待他。"作为林奈的接班人，索兰德拒绝了各种学术职位，而是定居在伦敦，在大英博物馆找了一份工作，整理那些杂乱无序的收藏品。应该就是在这里，索兰德闯进了班克斯的视野。索兰德尽管比班克斯年长，但两个人很快就成为无话不谈的好朋友。这种友谊伴随他们终生，他们因为共同的科学爱好和兴趣而走到一起。

　　班克斯另外一个非常显眼的朋友是一位颇受争议的人，第四世桑德维奇伯爵约翰·蒙塔古，班克斯到伦敦时他已经快五十岁了。桑德维奇伯爵是位瘦高而又笨拙的贵族，长着一副撵着狐狸跑的地主乡绅红红的脸庞。他浑身是劲，脑瓜也聪明，小说家范妮·伯尼第一次见到他时，称他"和海军中每个水手都有一拼，不怕风吹雨淋"[21]。桑德维奇名声不佳，经常受到媒体的嘲讽，这都是因为他私生活不检点，寡廉鲜耻。这种恶语相向似乎并没有给他带来太大的麻烦。霍勒斯·沃波尔评论说："从来没有人树立这么多公敌，但几乎没有私仇。"[22]多年来，桑德维奇伯爵一直是政界的佼佼者，曾两次担任英国海军大臣和国务大臣。桑德维奇伯爵和班克斯一样都曾经是林肯郡伊顿公学的学生，只不过他年龄更大，资历更深，两人也有着共同的兴趣爱好。这位老谋深算的政治家和热情洋溢的年轻人步调一致，一起在泰晤士河上"度过一整天，有时甚至是整晚"，享受着他们"作为植物学家和钓鱼爱好者最喜欢的娱乐活动"[23]。这种在"宽敞舒适的方头平底船"上消磨时光的游历，至今仍让人深深怀念。[24]

　　班克斯结交了桑德维奇伯爵这样一位非常有影响力的朋友。班克斯为桑德维奇伯爵提供了一份源源不断的热情。班克斯是个年轻人，善于交际，勇敢而果断。正如桑德维奇有一天会发现的那样，班克斯易受狂妄自大的影响，这种狂妄情绪可能会以不易被人觉察的方式表现出来。但这不过是例外而已，并不是常态。他给大多数人的印象是机智活泼，在讲故事方面很有天赋，享受大自然和收集爱好带给他的乐趣。正如最早给他立传的传记作家所说的那样，班克斯在早期很有感染力，"他热切地想把自己标榜为自己最喜爱事业的积极推动者，这种抱负很快就开始显露无遗……他高贵地做出决定，摒弃奢华的宫廷游戏、时尚的炫耀和城市生活的乐趣，投身大自然最荒芜偏僻之地和气候最恶劣的地区，尽情展开调查"[25]。

就是这样一个人，他现在正占据着"奋进"号最好的位置，一个八英尺见方的地方，和大舱房正好岔开。班克斯的到来迫使船上的空间进行了重新调整，这多少令人感到不安，因为库克搬到了左舷更靠前位置的休息舱，而这个舱位通常是留给下级军官的。这就是达尔林普尔一直试图竭力避免的那种权力交叉。事实上，库克的一些朋友并不完全理解班克斯在船上到底是什么角色。有人曾私下传言，说这次远航探险"根据海军大臣的命令在班克斯先生的指挥下进行"。如果库克听到这句话，无疑会感到很尴尬。但库克是一名新任船长，如果他对班克斯上船有任何不恭敬之处，现在也没有任何证据能证实了。

虽然这两个大人物在航行的开始几周内都没有在对方的航海日志中出现过，但库克和班克斯肯定都默认这样一个事实，即他们俩是船上的领导人物。他俩之间的差别非常明显，班克斯热情活跃，库克冷淡沉默。班克斯身上带着教育的光环，他先后在哈罗公学、伊顿公学和牛津大学基督教会学院学习过，

138

这种威望和声誉是别人难以望其项背的。而库克接受的教育则是在惠特比当学徒，学习实际工作经验。班克斯身处的世界是伦敦西区，那里有蓓尔美尔街和格罗夫纳广场，有沃克斯霍尔及拉内勒夫的快乐花园，有考文特花园及德鲁里巷的剧院。库克落脚的世界则是伦敦东区，那里有沃平区拥挤不堪的街道和码头，有位于伦敦塔的海图供应站。他俩的思维方式完全不同，也不在一个节拍上。库克想的是快马加鞭赶往乔治王岛，观测金星凌日天文现象；而班克斯则不然，他决心不错过路上任何新奇的事物，他在日志中明确指出，他可以"慢慢赶路，根本不用着急"[26]。如何改善和解决他们性格和处境上的差异，将是这次航行的一个难以言喻的巨大挑战。

　　这不是班克斯第一次出海。1766 年，他加入皇家海军"尼日尔"号的船员队伍，横渡大西洋前往纽芬兰。这次航行想必也是桑德维奇伯爵促成的，在此期间，班克斯可能已经和测量员库克简单打了个照面。不管他们有没有见过面，班克斯现在都会有更好的机会，观看库克在上层后甲板区出色地指挥船只航行。从史料记载来看，班克斯好像从来没和谁有过亲密的合作关系，比如这次他将随船和库克一起出海也是一样。在人们的眼里，水手都是个顶个的硬汉，他们的身材像弯曲的木材一样奇怪，强壮的肌肉节节分明。绅士的地位通常远高于航海官，当他们在陆地上时，几乎不会有任何交流。但当班克斯在"奋进"号上时，库克是他的顶头上司。尽管班克斯没有直截了当地说出来，但在大西洋航道上前六个星期的航行中，库克在班克斯心目中的形象似乎在以一种令人难以察觉的方式逐渐提高，这比记在航海日志上更能让人敏锐地感觉到，尽管日志上记载的总是他的声望在一直上升。也许班克斯在库克操纵船只转向以顺风行驶的过程中注意到了他的勤奋；也有可能是库克在比斯开湾的狂风大浪中控制住了"奋进"号，这令班克斯刮目相看。

库克指挥的大部分人并没有住在和班克斯"套房"一样的 船尾舱里，而是住在主甲板内。这里的空间更为阴暗，阳光并不是透过玻璃窗柔和地照射下来，而是透过格栅的四方形网格投下蜂窝状的微弱光线。这至少给弥漫着厨房浓烈油烟的环境带来了一丝光明。如果说一艘船是一个木制的世界，那么离开舒适的大舱房，穿过军械室来到下层甲板，就好比从海滨的时尚商店进入圣贾尔斯的贫民窟一样。这里的水手拥挤在一起，麻布吊床随着波浪的节奏来回摆动，每个吊床都因为水手躺在上面而显得鼓鼓囊囊。

这就是库克发号施令的地方。可以肯定地说，刚开始的这段日子，他努力地记着这些人的名字：格雷、玛格拉、萨瑟兰、乌尔夫，尽管对船上全部九十四个人，他只能记住一半以上人的名字。他的任务不是和这些水手交朋友，比这更重要的是赢得他们的尊重，同时让他们的工作变得更高效。作为"格伦维尔"号的船长，库克曾指挥过二十名船员。现如今倒好，"奋进"号是能塞进来多少人就塞进来多少人，就和英国一个小教区挤满了人一样。这就是这艘帆船的现实状况，要管理的人太多了。但是，如果说"奋进"号的空间大小和教区差不多，在特点上那就绝对相差十万八千里了。船上都是男性，他们中的大多数还不到三十岁，年纪最大的修帆工约翰·拉文希尔也不过四十九岁。和这些年轻的小伙子相比，年近四十的库克在他们面前绝对算得上头发斑白的老水手了。

不管他们有什么意见，根本就不可能私下进行交流。惠特比运煤船上的工人或许能偷偷溜到前甲板艏楼的下面，那上面的船长（比如亨利·泰勒在回忆录中提到的喝得醉醺醺的船长）也能潜入大舱房偷偷喝上几口酒，但"奋进"号上的水手们无处偷懒。船上的每个角落都有用处。船上不论左舷还是右舷的大约六十名水手，完全生活在毫无隐私的空间里。这更加剧了生活的紧张。那些彼此喜欢的人聚集成小团伙，而那些别无选择的人只能生着闷气或强压怒火。在这样的航行中，不满情绪可能会不断恶化。有一天，库克听到一个水手对另一个水手大加指责，说他"像蛇怪一样在潮湿而嘈杂的小船舱里孵化"[27]。

"奋进"号上的船员虽然缺乏隐私，但工作量要比原来的"彭布罗克伯爵"号少多了。船上有十三名水手曾和米尔纳一起完成了"彭布罗克伯爵"号的首航，那时的水手与吨位比值为每人二十八吨。到了"奋进"号，这个比值减少到大约每人四吨。尽管生活环境很嘈杂，但水手们过得轻松多了。他们的生活方式将完全是命令式的，充满隔阂与界限、惩罚和奖赏。这些水手都按指定的级别工作。库克采取的第一步措施就是把他们分配到值班舰位、左舷或右舷。这让水手的生活变得井然有序，上甲板、撤缆绳、缩帆、捻接缆绳或在吊床上睡觉，一切活动都受到严格的时间支配。首先规定的是四小时值班制，

140

晚上从四点到六点值一班岗，六点到八点值一班岗，这种值班时间安排得较短。由于"奋进"号是一艘非常小的帆船，人员配备得又是那么多，管理又如此方便，这就让库克恩能简化值班制度，用三班倒的方法保证水手八个小时的睡眠。值班的岗位也会根据不同的桅杆继续分配下去，有爬上横桅索高处的值班人员，也有留在甲板上船中部的值班人员。他们吃的每样东西都经过计量。船上规定，水手只能在前甲板的艏楼吸烟。船上制定了严格的饮食制度，在回到吊床休息前，水手只能在特定的日子在特定的时间吃特定的食物。吊床按十四英寸的间隔距离整齐排列。

　　这是一个大有希望的开端。到了 10 月 22 日，班克斯在他的航海日志中公开记下要服从"船长"的领导。他们已经造访马德拉群岛补充给养。这次停留给了班克斯和索兰德一个绝好机会，他们可以在丰沙尔附近的陆地上搜寻标本。两人迫不及待地想尽可能多地研究当地的植物群，没想到却被随和友善的地方官留住不让走，这让他俩大为恼火，那位地方官为了"这种不经意而来的荣誉几乎让我们损失了一整天"。登上马德拉群岛后，当博物学家参观岛上的一所修道院时，古老的宗教世界和崭新的启蒙世界之间发生了一次碰撞与交流。这里的修女大概听过一些富兰克林电学实验的传言，索兰德描述说："当修女们听说我们来自英国皇家学会，她们立刻断定我们肯定是巫师，想让我们说出打雷和暴风雨的征兆，并在她们的花园里找到一个可以挖井打水的地方。"[28]

　　回到海上后，班克斯花了一段时间才慢慢适应"奋进"号

上的生活。以前横跨大西洋去纽芬兰的航行中他就晕过船，这
次在"奋进"号上又要重新受折磨了。当他们离开英吉利海峡
时，满载的运煤船没在深水里左摇右晃，这让他的胃遭了大
罪。他"发现这艘船对他来说只不过是一艘重量级的帆船而
已"，在航海日志中也就能下这样的结论了。"的确，我们不能
指望将这艘船和其他船进行比较，她本来就是这么建造的，所
以我们只能忍受这种不方便，这是她本身决定的；这艘船在设
计上考虑更多的是怎样运煤，而不是如何航海。"[29]但班克斯
没有理由抱怨"奋进"号这么臃肿，要不是因为这一点，他怎
么能将那么多的设备带上船。正如英国皇家学会会员约翰·埃
利斯在给林奈的一封信中所说的闲话那样：

　　要说因为博物学研究的需要而出海考察，还没有
人能像这次配备那么多的设备，比这次更优雅讲究地
出航。他们携带了很多博物学书籍；他们有各种捕捉
和保存昆虫的仪器，各种各样的捕网、拖网、捞网和
钩子；他们甚至有一台奇妙的望远镜装置，放入海里
后可以看到很深的海底，而且看得非常清楚。他们有
许多带玻璃磨塞的瓶子，瓶子有好几种大小，可独立
地保存各种昆虫。他们有几种盐用来选种；还有蜂蜡
和杨梅蜡；此外，还有许多人，他们的唯一工作就是
为这次特殊的任务专门照顾他们。他们有两个画家和
绘图员，还有几个对博物学算是刚入门的志愿者；一
句话，索兰德非常有把握地和我说，这次探险将花费

班克斯先生一万英镑。[30]

埃利斯说得已经够详细了，但有几样他还是没提到，包括储存干花的二十个木制箱子，为在乔治王岛居住准备的钟形帐篷，三英尺宽的消色差望远镜和显微镜，用于制作标本的剃刀、刮刀、化学品和提纯物质。他没有列出班克斯为狩猎而带上船的所有手枪和猎枪，有些枪还是带刺刀的。所有这些，再加上有关以往航海的书籍和一本达尔林普尔撰写的《南太平洋航海》出版前副本，都是从普利茅斯起航的前几天被塞进"奋进"号的。

班克斯早在春天就开始为这次远航做准备。和其他与英国皇家学会有联系的人一样，班克斯预感到皇家学会将组织前往南海的远航来观测金星凌日。但在年初的时候，他还没想过自己会参与其中，当时他正计划去乌普萨拉拜访林奈。他在两个问题上下定了决心，一是绝不参与政治，他曾向朋友保证，永远不会像父亲那样进入下议院；二是他曾发誓，"不会考虑拿自己的幸福做实验步入婚姻的殿堂，直到被逼得实在没办法"[31]。对许多人来说，这样的消息太令人沮丧了，对一个人尤为如此。班克斯与哈丽特·布洛塞特小姐（请记住她的名字）在哈默史密斯的葡萄园苗圃相遇后不久，两人迅速堕入情网，班克斯认定她是"花丛中最美丽的一朵花"。[32]

英国皇家学会俱乐部的记录显示，早在今年二月，班克斯就与他们共进晚餐，那时皇家学会正准备向乔治国王呈上关于组织金星凌日远航观测的备忘录。现在并不确定当时是否讨论过让班克斯参与到远航的过程中。但到了4月14日，当班克斯再次出席皇家学会俱乐部的宴会时，计划已经启动。彭南特在信中建议他带两把雨伞，"既要一把漂亮的丝质面料伞，也要一把完全用防水油布制成的伞"。班克斯要周游世界的消息迅速传开，不久就传到了乌普萨拉的林奈和圣彼得堡的博物学家那里。

班克斯写道："一想到这个计划，我立即意识到这对我来说将是一个最理想的计划。我可以肯定地说，整个南半球海域以及整个南美洲对博物学家来说都是完全空白的。"[33] 这个前景让人不可抗拒。林奈提出的物种分类体系现在已被接受，剩下的工作就是需要对其进行扩展。林奈本人开创了收集探险的概念，和他的收藏家们一起游历乌普萨拉附近地区。自从开展那些早期的探险活动以来，扩大收集旅游的范围的想法变得越来越强烈，因为这样才能寻找到更多的动物、植物和矿物标本，不断充实到林奈的分类体系当中。现在，班克斯已经有了各种各样的机会，其诱惑力远远超出了欧洲大陆那种轻松而悠闲的旅行。班克斯宣布："再傻的人都能想到，我的这次游学之旅应该是一次环球航行。"[34]

班克斯不仅随身带了一批设备，而且还有一个知识非常丰富的"智囊团"。到1768年时，班克斯和索兰德相识已达四年之久，有一个生动的故事还原了索兰德宣布他打算参加这次远航的情景。当时正好是在一次晚宴上，宴会进行到一半时他突然站起来宣布了这个决定。大英博物馆在六月底就已正式和他解约。索兰德的加入让班克斯感到非常兴奋，因为这无疑给他提供了巨大的智力支持。还有四位专业的收藏家也一同加入，进一步扩大了他们的力量。二十六岁的彼得·布里斯科是班克斯的忠实随从，曾跟随他一起到过纽芬兰。和布里斯科一起来的还有十六岁的詹姆斯·罗伯茨和两个黑人仆人，分别是托马斯·里士满和乔治·多尔顿。英国海军大臣爱德华·霍克曾反对如此大规模地加派人手，但班克斯用他一贯的哄骗手段避开了霍克，解决了让他们上船的障碍。班克斯给一位朋友写信说："我并没有去见爱德华·霍克爵士本人，而是向海军部秘书递交了每一份申请，他非常痛快地就满足了我们想要的一切。"

这个过程就像潮汐一样平稳。从早上八点到午后的上午时间用于和布里斯科、罗伯茨、里士满以及多尔顿一起收集标本；如果天气条件不允许，就一起搞研究。一旦"发现任何值得关注的自然界生物"，班克斯和索兰德将在芬兰博物学家赫尔曼·斯波林的协助下对其进行分析。任何被认为值得注意的重大发现都将被送到班克斯智囊团的最后成员那里，也就是他的制图员那里。其中一位叫西德尼·帕金森，他是一位二十二岁左右的苏格兰贵格会教徒。帕金森的主要精力放在植物标本上。另一位艺术家是亚历山大·巴肯，他专攻风景画和"场景"，也就是捕捉他们可能遇到的转瞬即逝的社会生活。

班克斯一行人的到来改变了"奋进"号的性质，这艘船的变化已经远远超出了其制造者的设计初衷。沿着大西洋一路向南航行，这艘帆船俨然成了科学考察船。捞起下到海里的拖网，收集海洋里的生物，把它们拖到船上，在这里用林奈分类法对它们进行严格筛选，然后在笔记本和航海日志上进行仔细消化，为科学研究积累资料。以前从来没有人如此系统地开展这样的研究工作。很久以来，博物学家一直被限制在大学校园的象牙塔里，用拉丁语发表他们的发现。在过去的几十年里，科学工作已经开始在越来越多样化的空间进行，从农场到咖啡馆再到宫殿。现在，班克斯正把大众科学带入皇家海军帆船的大舱房里。六个月前，班克斯和索兰德坐在一起探讨人类知识的严格界限，这个地方曾经是航海大师米尔纳的大本营，而他目不识丁。"彭布罗克伯爵"号曾经就是一台赚钱的机器，而"奋进"号已经化身为生产知识的利器。

144

　　从离开普利茅斯那天起，班克斯就在他的航海日志里详细记录着每天发生的事情。在这本四开大小平页皮面日志里，班克斯用流畅而富有表现力的文字记满了这次航海过程中的主要事项。尽管他自己没有意识到，但凭借这本他在航海过程中充满敏锐洞察力且非常有趣的日志，班克斯已经开始成为启蒙运动最重要的目击证人之一。从一开始，班克斯便展现出了日志作者的天赋。尽管他有充足的闲暇时间，而且可以利用自己得天独厚的优势，在与索兰德的交谈过程中获得启发，从而加深观察结果。总的说来，索兰德是一位非常讨人喜欢的旅伴，但班克斯并没有在航海日志中浪费过多笔墨，没有重点地什么都写进去。相反，他把日志的内容限定在那些重大事件上，力争做到精挑细选，苦心成就一部优秀的日志。他也乐于承认这点，就像他在9月19日的日志中所记载的那样，"全天微风徐徐，没有任何值得谈论的事件"。

　　作为一个观察者，班克斯记下的东西不仅不失趣味，而且还很富有诗意。太阳落山之际，当他们途经特内里费岛的陡峭山峰时，班克斯这样写道，"太阳的光芒"流连于山峰的顶端，迟迟不愿离去，除此以外天海之间变得"一片漆黑"，"这温暖的色彩无法用水彩来展现"。他描述了亲眼看见月虹的经历，"非常朦胧，几乎没有任何色彩，如同云端的阴影一般难觅踪迹"。班克斯在观察自然现象时总能敏锐地捕捉到一切。他非常清楚，哪怕是一瞬间都有可能收获奖赏或留下不解之谜。九月的一天，他看到海洋表面覆盖着一种比较罕见的螃蟹，它们"漂浮在海面上，灵活自如地移动自己，就好像是海面而不是海底，才是属于它们的栖身之所"。有一次，一种以前没见过的鹡鸰被吹到了"奋进"号的索具上，或许这种鸟是被西班牙海岸的风暴裹挟而来的，班克斯开玩笑地宣布，这些鸟"肯定是水手，他们将冒险登上一艘环游世界的船"[35]。

现在读起班克斯的航海日志，一个每天早晨带着满心欢喜和复活节星期天牧师般活力开始一天收集工作的形象便跃然纸上。当然，班克斯的日志也有一种佩皮斯日记般的诚实*。班克斯日志记录的事项在现在看来是如此的固定，因此人们不会形成这样的印象，即班克斯会担心后人会怎样看待他。事件已经发生，随之而来的是采取相应举措。它们将被理解和破译，而不是被揪住不放。班克斯的目光总是放眼未来，这使他的日志

145

---

* 塞缪尔·佩皮斯是17世纪英国作家和政治家，毕业于剑桥大学，著名的《佩皮斯日记》的主人。他的日记跨度近十年，完整记录了自己生活和工作中的见闻琐事，用寥寥数语便能生动概括一个人物或者一幅图景，成为17世纪最丰富的生活文献。

与 21 世纪的反省回忆录形成鲜明对比。思索和回忆确实也存在于班克斯的日志中，比如特定岛屿的"礼仪与习俗"或特定海岸的"植物与野生动物"，但班克斯不进行自我分析。班克斯没有仔细审查他对外界刺激产生的情绪反应，他的思考是有目的指向的。关于他自己的情感健康，他与朋友和英国社会的隔阂，以及他的内心生活或精神焦虑，他几乎总是保持沉默。

10 月 25 日上午八点，"奋进"号跨过赤道从北半球进入南半球。库克像以往一样用正午纬度观测法仔细复查推算结果，完成这项工作之后，"就不会再怀疑我们的确已经进入赤道以南了"。他们离开普利茅斯正好两个月，在这两个月的时间里，全部都是围绕命令和规定展开。现在可以暂停执行命令，因为"所有国家在通过赤道时都要遵照执行的庆祝仪式"马上就要启动了。

遵守传统和纪律伴随着水手的一生，是他们生活的本质所在。对水手而言，赤道不仅仅只具有地理上的重要性。澳大利亚历史学家格雷格·德宁曾说过，"那条线（赤道）标志着进入了一个颠倒的世界"；水手们正驶进"一个相反的地方，这里是镜像之地，四季颠倒，即便是永恒的天空也变得不同了"。从一个熟悉的世界过渡到一个颠倒的世界，这需要认可和接受的过程。通过赤道是以"对制度和权力作用的荒诞讽刺"这种形式进行标记的。[36] 正如恒星和季节发生自然改变一样，船上的人类社会等级制度也必须发生改变。船长及其军官掌握的权力将暂时转交给已经跨过赤道的老水手。

与拜伦或沃利斯一起航行的前"海豚"号船员，包括戈尔、克拉克、皮克斯吉尔和莫利纽克斯，他们就属于这样的老水手。那天下午都处在准备过程中。到了晚餐时间，包括船上所有成员（"猫猫狗狗都算上"）的名单被送到了上层后甲板区，名单上"签着'全体船员'"。然后所有人都接受了戈尔的点名和询问，"他根据船员以前是否穿越过赤道，在每个人名字上面标上'溺水'或'赦免'"。令人不安的是，班克斯发现自己在"黑名单"里，进入黑名单的还有库克、索兰德和班克斯的所有随从人员，当然也包括他的两条狗，一条名叫"蕾蒂"的灰狗和一条西班牙猎狗。班克斯用行贿白兰地的方法抵消了对他的指控，"他们很乐意借此将我们排除出庆祝仪式"。库克想必也用这种方法开脱了。

146

　　然而，其中很多船员选择溺水，而不是放弃四天的酒水津贴，津贴是固定的。至于男孩，他们当然总是被溺水。这样算下来，大约有二十一人参加了庆祝仪式，仪式是这样的：

　　将一个滑轮紧紧固定在主帆帆架的末端，上面穿过一根长长的绳子，绳子上固定三个十字木架。其中一个木架放在那个要被溺水的人的双腿之间，这样他就能很快被绑住；第二个木架拿在他手上；第三个木架放在他头顶，绳子的高度至少应该与滑轮接近持平，这就意味着这个人可能会受皮肉之苦。当他被紧绑在这个机器上时，水手长用哨子发出命令，把那个人举到他头上的十字架所能允许的高度，接下来再一声令下，绳子立刻松开，他在自身重量的作用下跌落到海中，然后立刻又被吊起来。重复这个过程三次，每个人都要这样被折磨。这就结束了白天的消遣。由于这种溺水会一直持续到晚上，且总是可劲折腾，在这种场合当然会看到不同的面部表情，有些人在受折磨时咧嘴大笑，而另外一些人则难受得要死。经过第一次或第二次溺水之后，如果允许的话，再准备好第三次溺水。[37]

上面整个场景是对"奋进"号1768年8月19日发生在普利茅斯一幕的滑稽还原，当时库克召集船上的全体成员，宣读了《战争条款》和《议会法案》。虽然场面看上去非常有趣，但通过这种活动也一定能让舰上的各级军官始终牢记，战舰上的权力平衡总是处在不断变化中。"奋进"号上普通水手和海军委任军官的比例是相当大的。对库克来说，让准尉戈尔领导庆祝仪式的审判法庭，而不是将这个权力交给一个可能产生某种权力幻想的下层人员，这是很有用的，即便戈尔此时获得提拔，也有可能是一种不祥的预兆。就在几年后，弗莱彻·克里斯蒂安闯进威廉·布莱的舱室，发动了一场针对英国皇家海军"邦蒂"号的兵变，将布莱推翻。库克和布莱有许多相似之处，不论是出身背景也好，还是干劲和能力也罢。但他俩有一个最大的不同：库克明白一个非常重要的道理，即在适当的时机和适当的环境下，通过强化风纪而不是破坏纪律，反倒会化解某些有令不行、有禁不止的混乱状态。

147

　　获得了船员的首肯后，库克又开始考虑他的这艘船。穿过
大西洋的航程目前已经过半，十一月初，为了检查船体和补充
新鲜给养，库克下令向巴西海岸进发。里约热内卢有一个南美
洲最好的深水港。英国人对里约热内卢并不陌生，印象中港口
的身后是"气势磅礴的圆锥形山峰"，高高耸立在上空。海湾
周围群山耸立，仿佛是一个巨大的圆形剧场；下面深蓝色的港
湾里停靠着大量商船，好像是可爱的玩偶一样。库克在意的并
不是那里的优美环境，真正吸引他的是港口的设施。里约热内
卢有一个便利的大型船坞，大到足以容纳任何船只。拜伦曾
于 1764 年到访巴西，得到了葡萄牙总督的悉心关照，这位总
督"明确告诉拜伦，像他这样有着特殊身份的陌生人可以要求
获得所有尊重"。里约热内卢也是班克斯和索兰德的向往之地。
据说里约热内卢周边被森林环绕，"那里的树木可用作各种用
途，其中很多种树木是欧洲所没有的"。那里生长着甘蔗、槐
蓝属植物和棉花。据说，那里的河底到处是闪闪发光的金沙，
除了很多从未被研究过的植物，还有浣熊、犰狳、飞鼠，弄得
到处都是鸟粪的各种海鸟，以及负鼠、树懒、蛇和鸟等各种动
物，"全身的羽毛非常漂亮"[38]。

　　当库克对船体进行检修时，班克斯和索兰德至少有一个星
期的时间去那些博物学家几乎没有涉足过的地方开展植物学研
究。11 月 13 日，"奋进"号离港口只有两里格距离，班克斯已
经在检查一片"充满了不可思议的、毫不费劲就能采集到的小
蠕虫（无脊椎动物）"的水域。顺河而上，映入眼帘的是遍布
海岸的棕榈树，这种情景他以前从未见过，"看到这些树木以

及其他一切新鲜的事物，我们可以保证肯定会大有收获"。索兰德也充满信心，他在写给家人的信里说："我们很高兴看到这片土地，对船上的其他人来说，这里可能没什么特别好奇的东西；而对我们而言，这里绝对是一片乐土。但这种快乐他们是感受不到的，我们只能聊以自慰。每一处景象都注定会让我们满心欢喜。我们沿途经过山丘和海岸，上面长满了以前从未见过的棕榈树和漂亮的树木；我们迫不及待地想进港靠岸。"[39]

由于没有发现任何公务船与他们接洽，库克派希克斯少尉去寻找当地的领航员。结果没有任何收获。库克只好"扬起风帆顺河而上"，最后在岸边抛锚。到了中午时分，班克斯和索兰德已经在甲板上，迫不及待地想上岸，这时有一艘载着十二或十四名士兵的十桨小划艇正从岸边驶过来。这艘小划艇靠近"奋进"号，"在我们周围划来划去，没有向我们发出信号，也没有说一句话"。另一艘船也靠拢过来。小船上的官员登上了"奋进"号，询问库克此行有什么意图。这是麻烦来临的最初迹象。库克被告知，希克斯已被里约热内卢当局扣留在岸上。库克在他的航海日志上详细记下了里约热内卢官员的明显不同之处，"他未经任何证实便扣留我方人员"，好像"这是当地的一贯制度，任何人从船上靠岸都要被拘押"。

港口是秩序井然的地方，岸炮监视着海面的一举一动，船旗的颜色指示出舰船的状态。英国港口向以规则严明而引以为豪。在海军中，旗官用十五声炮响向海军上将致敬。舰长则要鸣炮十七响向海军上将致敬。如果旗舰司令想要访问海港中一艘国王的船，他会得到一名武装警卫的接待，并击鼓致敬。如果是在国外海域，英国人不能指望当地的人按照本国的风俗习惯严格执行礼仪，但通常都会签署一定的协议。例如，停泊在外国港口的海军舰艇，可以"按惯例鸣放若干响礼炮向该地致敬，确保对方鸣放相同的炮响回礼，但不能采取其他方式"[40]。

英国人存在的疑问是"在海洋上"感受到的"奇怪的主权至上原则"。但是，当"奋进"号抵达里约热内卢时，对方没有任何反应，既没有表达尊敬，也没有表示热情。扣留船上的军官肯定不是标准程序。班克斯和索兰德马上被告知不允许上岸，而库克则要求与新总督康德·德·阿赞布雅见面。双方会见的结果很糟糕。库克要求使用里约热内卢的港口设施，释放他的船员，并允许他们补充食物和淡水。库克在护卫的押解下回到自己的船上，那名护卫不顾库克的反对坚持要求陪他上船，"我敢肯定，任何一位战舰的指挥官以前绝对没有受到过这样的侮辱"。库克向总督解释说，他们正在"向南航行，以观察非常罕见的金星凌日天文现象"。很明显，总督一句话也不相信，"他认定这种解释就是一种编造出来的借口，目的是掩盖我们的真实意图"。库克绝望地说："我向总督详细解释了什么是金星凌日，但他对这种天文现象似乎一无所知。用他自己的话说就是，这种现象无非就和北极星划过南极一样，有什么稀奇的？"[41]

那位总督对"奋进"号的到来感到非常担心，他决定派士兵看守这艘帆船，好像面对的是一座大型监狱。他还下令，不允许班克斯和索兰德上岸，库克的所有交易都要通过中间人进行。班克斯对这种公然的侮辱感到非常愤怒，他打算单

149

独和总督面谈。第二天，班克斯命令船员划船把自己送上岸。当然，"小船的守卫制止了他，并告诉我们说，他接到特别命令，除了船长本人，任何军官和乘客都不允许私自上岸，否则军法处置"。

库克怒气冲冲地考虑立刻起程离开里约热内卢。但他想到时间已经浪费在这里，一切已经无济于事，况且继续向南航行亟须补充给养，他决定最好还是利用这次机会。然而，即便是对船舶的日常维护，那位总督也表现得异常顽固不化。他禁止库克搭建给船底涂抹油脂用的平台，并通知他，只有他派出的木匠先对"奋进"号进行检查并报告有必要进行维护，才允许库克采取行动。库克抗议说："我坚决反对这样做。"在这期间，班克斯和索兰德一直被囚禁在船上。索兰德对身体感受到的不适抱怨不已，"在这个四周被陆地包围的港口，我们有一段时间没呼吸新鲜空气了"，船员在船上左摇右晃，"为了清洁船体，时不时要把船左右来回倾斜，在这个过程中，我们几乎没法走动"[42]。

库克和班克斯认为他们忍受的时间已经够长了，于是商量着以他俩自己的名义发起外交反攻。他们分别给康德·德·阿赞布雅总督写了封信。库克在他的信中写道："这种情况已经持续三天了，我们每天都受着同样的蔑视和侮辱，尽管我每天都在等着阁下的到来，我以个人的名义向阁下提出抗议。"[43]库克的信表现出了他自己的某些性格特点，经常把大不列颠国王陛下的尊严受到侮辱这样的官方语言挂在嘴边。班克斯则采取了不同的策略：

对任何一个人来说，公开自己的地位和重要性都是令人不快的，但我现在的处境迫使我不得已而为之：我是一位绅士，我有足够的财富（由我自己承担费用）让此次探险的部分任务在我的指挥下完成；我此行的目的是研究我们认为应该接触的各国的动植物。为了执行这项任务，我和我挑选的合适人选一同前往；他们和我一样，把这门博物科学作为专门研究对象。[44]

　　150

班克斯坚定维护自己作为一名绅士应有的权利后，接着要求允许他上岸开展科学研究。与其像野生动物一样被圈养，他有权"带上足够的人手上岸，这些人可以帮助我收集和研究这里的树木、灌木、农作物、鸟类、野兽、鱼类和昆虫。这是我在这次航行中的唯一任务，我要求满足我这个唯一嗜好"。

但这个世界上没有昆虫能感动康德·德·阿赞布雅总督。正如戈尔在他的日记中透露的那样："据我们了解，和许多其他船只相比，我们这艘船存在贸易间谍的嫌疑，而班克斯先生和索兰德博士则是这艘间谍船的押运员和工程师，他们根本就不是博物学家，因为这样的苦差事非常深奥且无利可图，他们无法相信这些绅士不远万里来到巴西，为的就是研究动植物。而且，他们无论如何都不能相信我们进入南海是为了观测金星凌日现象。他们这样说道：'那艘船不像一艘英国战舰，船上军官的着装也和以前不一样。'"[45]

库克最后了解到这其中的原委，他提供了自己的军官委任

状，作为"我的船属于大不列颠国王陛下"的证据。但是僵局
已经无法挽回了。11 月 22 日，总督回复说："来到这个港口的
大不列颠国王陛下的战舰亮出了她的身份。但你们自己并没有
认识到这艘战舰是属于大不列颠国王陛下的。"对库克来说，
这简直就是胡说八道。他认识到，即便采取进一步的外交手段
也不会有什么收获，于是在 11 月 24 日这样回信："我们承认，
这艘船看起来并不像战舰……但是，我头一次听说一艘船应该
用她的建造或形状来证明自身是否属于国王或国王的臣民，这
对我来说不可思议。"对于总督还在怀疑他的委任军官身份，
库克这样补充道：

> 如果我的海军军官委任状是伪造的，如此一来，
> 其他每位军官的委任状和认证书自然也都是伪造的，
> 船上所有其他文件也是如此，海军军官和海军陆战队
> 士兵的制服是假的，最后，我带来的马德拉白葡萄酒
> 的信用证也是伪造的。如果真是这样，阁下一定同意
> 我这样说，所有这一切是全世界有史以来最奇怪、最
> 大胆、最公开的造假。[46]

151

发生在里约热内卢港口的这一幕成了伏尔泰讽刺作品的绝
佳素材。僵局还将持续一周，在此期间，班克斯领导的采集小
组非常愤怒，他们将采纳约翰·戈尔准尉的建议："喜欢采集动
植物的人可乔装上岸。"11 月 22 日，班克斯派他的一名仆人秘
密上岸，他"带回许多植物和昆虫"。11 月 24 日，这位仆人

又被派了出去。第二天，索兰德扮成船上的舰医潜入里约热内卢。11 月 26 日，班克斯在他的航海日志中得意扬扬地记下这样的话，"我今天早上在天亮前上岸，一直到天黑才回来"。

他们采集到了一些标本，其中就包括一个蜂鸟巢。但是当局听到了他们乔装上岸的风声，班克斯和索兰德都停止了行动。在里约热内卢剩下的日子对博物学家是一种考验。班克斯给莫顿伯爵写信说："尊敬的阁下，我们现在的处境您可以很容易想象到，我们如此热切地希望能研究那些触目可及的各种东西，可实际情况却是可望而不可即。"库克和索兰德把他们的处境比作坦塔罗斯的境遇，坦塔罗斯是古希腊神话中的人物，他被迫笔直地站在一棵大树的树枝下，那儿是一个大水池。当他踮起脚来想要摘取树上各种诱人的果实时，那些果实就会逐渐远离他；当他想喝水时，池水就会立即从身旁流走。

12 月 2 日，库克没有举行任何仪式就起航了。总督终于开始担心他可能会引发一场外交争端，于是给库克写了一张便条，提醒他说，"我从来没有说过你的船不属于英国国王，只是我没有看到足以使我信服的证据；相反，我观察到了一些让我觉得可疑的情况"。库克没有时间理会总督的搪塞之词，他们剩下的就是悄悄离开这里。但即便这样，里约热内卢当局仍不允许，圣克鲁斯要塞里的士兵朝"奋进"号的桅杆开了两枪，班克斯怒火中烧地说："简直太不可思议了！"[47]

这次事件是库克担任"奋进"号船长以来遭遇的第一次考验。过去的几个星期里，当全体船员观察他时，他表现得非常专业，甚至令人印象深刻。库克从来没有压制皇家海军军官的 152

诉求，利用一切可能的手段改善他们的处境，避免采用任何暴力，同时设法修理这艘船并寻找补给。这是他的初衷，从未改变。如果一时头脑发热，就有可能引发一系列连锁反应，与宝贵的时机和潮汐失之交臂，白白损失几个小时或几天的时间。达尔林普尔就属于那种头脑容易发热的人，他认为合适的行动，人们听到就禁不住打战。

里约热内卢事件还带来了第二个后果。这件事迫使班克斯和库克步调一致地采取行动。直到这件事发生时，这艘船到底归谁指挥一直模棱两可。甚至到了 11 月 17 日，班克斯在他的航海日志上给总督记上一笔时，还这样写道："让此次探险的部分任务在我的指挥下完成。"在康德·德·阿赞布雅总督那里，班克斯和库克发现了最有用的东西：共同敌人。

"奋进"号修葺一新后离开里约热内卢。从社会意义上讲，这艘船变得更有凝聚力了，这似乎是在向外人解释，在这次远航中，军官们自己已经开始更好地理解这个道理了。日子又重新回到了正轨。库克的航海日志开始再一次关注海风和大海，而班克斯则将目光又转向了自然界。12 月 5 日，在等待从里约热内卢陆地吹向海上的风时，班克斯享受着空中的一道奇观，"蝴蝶以一种不寻常的方式聚集在一起"。两天后，他们终于摆脱了巡逻艇的跟踪，"我们又可以自主航行了"。他们不顾禁令，"立即决定登上位于出港口的其中一座岛屿"。班克斯写道：

我们收集到了很多植物物种和一些昆虫……我们

一直待到下午四点钟左右，然后精疲力竭地登上了船。因为我们渴望在短时间内尽可能收集更多动植物，这让我们都暴露在正午时分最热的太阳光下，大家真的是非常卖命。[48]

他们现在向南驶向拉普拉塔湾。过了拉普拉塔湾之后便是巴塔哥尼亚的荒凉之地和火地岛的冰冻地带，然后就到了合恩角。随着 1769 年的到来，之前的温暖开始逐渐消退。朝船舷上缘的远方望去，卷曲的波浪泛出一种冰冷的蓝色。海豹从水中优雅地跃出，许多船员误以为它们是鱼。班克斯在 1 月 6 日记载道："所有的船员都穿上了厚羊毛值班大衣，我自己也把法兰绒夹克、背心和厚裤子穿上了。"[49]

153

库克曾想着在福克兰群岛短暂停留，这片群岛仍在给欧洲不断带来麻烦。布干维尔和拜伦分别于 1764 年和 1765 年首次抵达福克兰群岛，在这之后，西班牙人一直"耿耿于怀"，认为法国人宣布他们对岛屿东部的主权，是对西班牙的极大冒犯。与此同时，英国人开始在岛屿西部建立殖民地。这在欧洲掀起了轩然大波。事实上，这个殖民地只包括一个小堡垒和一个荒凉的菜圃。岛上驻扎着人数少得可怜的守备部队，他们和企鹅、沙锥鸟和野雁混迹于此，依靠每年从伦敦运来的补给品生活。想象一下，这个完全与世隔绝的地方，这里"长期冰冷，几乎没有风平浪静的好日子"，塞缪尔·约翰逊在大后方的舰队街对此感慨万千，他觉得能容忍这种物质和精神极端匮乏的生活是人类意志的伟大胜利。他说道："人类的勇气与胆量所向披靡，没有什么是不能容忍和战胜的。驻扎在福克兰群岛的守备军没有在疾风劲雨中表现出胆小退缩；面对惊涛骇浪，他们从来没有一丝战栗。"[50]

"奋进"号与福克兰群岛擦肩而过，尽管他们发现了突如其来的强劲气流和汹涌巨浪。1月6日，一场大风席卷而来。"奋进"号在海浪和大风的裹挟下左摇右晃，班克斯的书桌都翻倒了，"小舱的地板上到处都是散落的书"。在橡材的嘎吱声、帆布的绷紧声和行军床的摇晃声中，"我们度过了一个非常不愉快的夜晚"。但"奋进"号在这场风暴中毫发无损。"这艘船的抗风浪能力特别强，尽管有时风力特别强劲，但舷侧基本没有进水。水手们对此赞不绝口，他们说从来没见过这么抗风浪的船；这艘船非常灵活，同时操纵起来非常轻松。"[51]

接下来的几天里，当信天翁出现在天空中时，船员们愈发注意到"奋进"号的上乘航海品质。这艘船看起来很平稳，破水前进时显得很轻松，船体晃动也不是很明显。班克斯写道："用水手的话讲，如果船体的接合处较松，那么船的表现就会更优异。通常的做法是拆掉对水流有阻滞的地方，使船体结构尽可能宽松。"就在几个月前，班克斯还一直说这艘船"太笨重"；现在他的观点逐渐改变了，觉得这艘船更像一个人，把她比作一个为马拉松长跑热身的运动员。

"奋进"号目前正穿过第二条分界线。和赤道不同，这条分界线在航海图上并没有标注出来。他们熟知的西方文明，包括由银行和商业、剧院和法院以及教堂和君主组成的世界，正被远远抛向船后。从今以后，文明世界的所有痕迹都会消失殆尽，这使"奋进"号本身成为一个矛盾的复合体。"奋进"号离开英国越远，她变得越有英国味道。1月12日，亚历山大·巴肯创作了一幅画，描绘这艘船驶离火地岛的场景。这幅画作简约而富有魅力。从画面中可看到"奋进"号的孤帆侧影，冰冷的海水一直向后延伸，直到与海岸上褪去的绿色和褐色融为一体。背景光线比较昏暗，表明当时可能是早晨或傍晚。巴肯的作品散发出一种孤独感，但更多的是一种空旷感。在这幅画中，菲什伯恩建造的小小三桅帆船在无边无际的世界中，显得那么渺小和脆弱，她正准备接受合恩角的严酷考验。"奋进"号带着自己的目标悄悄驶离这片景色，她不知道前方等待她的将是什么。她满怀着忧虑和恐惧上路，但在光明之地这个梦想的支撑下努力奋进。

7

Airy Dreams

第七章

恍如梦幻

　　当"奋进"号向前方远行时，有些船员沉浸在过去无法自拔。他们找寻着历史的记忆，期许着能获得更多的答案，从容面对前方的路。当他们接近合恩角时，能找到的资料也就只剩下《乔治·安森环球航行记》（1748 年）一本书了，这本书是根据安森勋爵的文件和回忆录汇编而成的。当安森的船接近南美洲的钩形岬角时，他的船员看到了史丹顿岛*。这座岛屿一直向海洋延伸二十英里，在船员们看来，岛上"到处布满无法靠近的岩石"。这些岩石组成"参差不齐的尖峰，直耸云霄，上面终日覆盖着积雪"：

　　　　这些尖峰位于被恐怖悬崖包围的岛屿每一侧，且常常以令人难以置信的方式伸出悬崖；周围的山峦被狭窄的裂缝彼此隔开，看起来就像被地震撕裂一样。由于这些裂缝几乎是垂直的，并贯穿整个岩石，几乎

---

* 该岛与美国纽约的史丹顿岛同名，位于阿根廷火地群岛东二十九公里处。

延伸到岩石的最下面：这样看来，没有什么比这个海
岸的整体面貌显得更野蛮和阴郁了。[1]

"奋进"号上有一本《乔治·安森环球航行记》的副本。
或许正是这本书，对亚历山大·巴肯的绘画风格产生了影响，
因为他的海景画总能让人回忆起一幅木刻画，那上面刻着安
森一行人正穿过巴塔哥尼亚海岸的情景。班克斯也带上了这本
书。他得出结论，"尽管安森在那次远航中给出的描写有些夸
张，但史丹顿岛的陆地的确比火地岛要崎岖得多"[2]。作为班
克斯的制图员之一，西德尼·帕金森似乎是第三个翻阅这部作
品的人，这从他日志中记载的一段文字可看出来：

> 两边的陆地，特别是史丹顿岛的陆地，显得极为
> 荒凉，那里主要由贫瘠的岩石和巨大的悬崖峭壁组成，
> 上面覆盖着积雪，荒无人烟。其形成的自然景观让人
> 一看就不免心惊胆战……只想继续前行，避开这里。[3]

156

如果帕金森感到害怕，那么他是有充分理由的。对安森的
读者来说，他描述的岬角是一个非常恐怖的地方。安森的手
下，包括亚当·海斯，在周围海域所经历的一切已经无法用语
言来描述。1741年，他们在冬季末到达那里时，正值狂风大
作的春分时节。风吹得异常猛烈，水手们在甲板上匍匐前进，
蜷缩在船舷上缘的背风处，呼吸的空气中夹杂着大量海水。这
简直就是地狱般的巨大能量：漆黑的夜晚下着大雪，船帆从手

上或帆桁挣脱开来，在呼啸的风中消失得无影无踪。船已经解
体，桅杆已经断裂，脆弱的船帆像纸一样被撕成碎片。一段难
忘的插曲把他们经历的种种痛苦浓缩成一场悲剧：

> 我们最能干的一个水手身体倾斜着被抛到海里；
> 尽管海浪非常汹涌，但我们还是能感觉到他在奋力挣
> 扎着，最让人揪心的是我们根本无法给他提供任何帮
> 助；后来他消失在茫茫大海中。一想到他要在有知觉
> 的状态下孤零零地游很长一段时间，绝望与恐惧充满
> 他的内心，我们就不禁为他的悲惨命运感到痛心疾
> 首。[4]

其他人也像海斯这样的木匠一样，他们目睹了安森的中队
是如何度过那悲惨的几个星期，立起新的帆桁，并对损坏的进
行修复。有时，他们像应急修理工一样穿梭于不同的船只。1
月21日，帕金森和"奋进"号正好处于同样的海域。眼前的
景象给帕金森带来一种不祥的预感：

> 上帝在我们居住的地球这个狭小的范围内创造出
> 了令人啧啧称奇的各种各样的作品，即便如此，与组
> 成宇宙的庞大体系相比，这些作品看起来只不过就像
> 造物中出现的一块暗斑而已！出于一种好奇，或许和
> 所罗门一样，尽管与这种好奇相伴的是鲜有的智慧，
> 甚至还不如皇家哲学家，但这种好奇却诱使我们中的

一些人离开祖国，在遥远的地区仔细地研究天体，并通过几种动物物种和植物系统中不同的植物属，"从黎巴嫩的香柏树，到从墙缝中长出来的牛膝草"，去追寻至高无上的力量以及智慧的昭示和特征。我们研究得越多，我们就越应该钦佩宇宙伟大统领的力量、智慧和善良。他的这些特征通过其创造的所有作品充分地展现了出来。小到通过显微镜才能观察到的微观物体，大到那些裸眼就能看到的宏观物体，这些都宣告了万物起源神圣无比。[5]

帕金森现在活在库克、班克斯和索兰德的阴影下，但在很多方面，帕金森的客观判断力比他们三个人加在一起都要强。帕金森比库克和班克斯都要年轻，性格也相应地不那么成熟。在这里，他设法解决了一个核心问题：为什么他甘愿放弃家里的舒适而将自己置身危险的大海上。他的答案是启蒙的冲动（他的原话是"去追寻植物系统中不同的植物属"）与某些更深邃的神学理念错综交织在一起。

和惠特比的许多航海世家一样，帕金森是个贵格会教徒。与那些因循守旧者相比，他的信仰没有更多地放在传教、经文和教义中，这反而促使他与上帝建立更有意义和纯洁的关系。上帝不会在教堂中被发现，相反，要站在"圣光中"才能发现上帝。自从贵格会教派的创始人乔治·福克斯在露水满地的田野中经历了"圣光"，他们的崇拜更多地集中在自然世界而不是超自然世界。岩石的尖顶、旋转的信天翁、攀缘的藤蔓或脆

弱的昆虫，所有这些都包含着"至高无上力量的昭示和特征"，
为帕金森的"内心圣光"提供滋养。不管他对这个世界有多恐
惧，他在日记中写下的这段话都表明他下定决心要去体验这个
世界。

　　帕金森对这个世界的恐惧也可以得到谅解。据粗略统计，
搭乘"奋进"号远航的危险性不亚于进入战场。与安森一起航
行的人有三分之二已经死亡。如果"奋进"号能在不损失一兵
一卒的情况下返航，那简直就是个奇迹。在顺其自然的情况
下，唯一不确定的就是死亡人数会有多少。不幸的是，这个死
亡人数统计已经开始。第一个殒命的是一位名叫韦尔的大副，
他在马德拉群岛丧命。帕金森认为他是"一个非常诚实、非常
值得尊敬的人"。可怜的威尔被一只锚缠住，拖到了海底。第
二个是库克的老伙计彼得·弗劳尔斯，他在里约热内卢从横椼
索上掉下来淹死了。班克斯认为这些意外事件虽然重要，但还
不至于要在他的航海日志中特意注明。但是，帕金森在日记中
非常自责地把他们的名字记了下来。弗劳尔斯"在我们能找到
他之前就淹死了"[6]。

　　悄无声息的死神越来越靠近了。也许是因为错过了里约热
内卢后急于想弥补，一月中旬，班克斯带领他的采集小组漫无
目的地上岸搜寻。由于深入山里太远，除帕金森以外的所有人
都迷路了。整整一个寒冷的夜晚都没见到他们的踪影。直到第
二天早上，"令我们欢喜至极的是"，班克斯、索兰德、巴肯和
几个仆人出现在海滩上，他们都冻得瑟瑟发抖。美中不足的
是，里士满和多尔顿由于"太贪酒"，两个人和大队伍走散了，

158

最后在寒冷中死去。由于帕金森是当晚班克斯采集小组中唯一返回营地的人，他被留下来哀悼两个死亡的同伴，对其他人的获救表示感恩。

现在，更糟的情况可能就在前面等着。史丹顿岛和火地岛之间的豁口标志着要进入勒梅尔海峡，这里是合恩角的入口，安森当年走的就是这条路线。根据《乔治·安森环球航行记》一书的记载，勒梅尔海峡是随后发生的可怕事件的不祥前奏。在潮水中穿行，"我们以为眼前只有一片开阔的大海"。安森的手下沉溺于"那些罗曼蒂克式的计划中，幻想着一朝拥有智利的黄金和秘鲁的白银"[7]。

《乔治·安森环球航行记》让人不忍细看的第八章记录了随后发生的悲惨事件：狂风大作，暴雨咆哮，水手们纷纷被卷入大海；其他人颈部脱臼，锁骨断裂，大腿粉碎性骨折。自从安森时代以来，皇家海军就竭力避开合恩角，转而青睐麦哲伦海峡。不过，那里的条件也同样恶劣。在"海豚"号的最后一次航行中，沃利斯花了整整一个夏天穿过这条海峡。由于时间比较紧迫，海军部决定再次尝试通过合恩角。"奋进"号在与安森当年相似的月份接近勒梅尔海峡。不同的是，"奋进"号以一种诡异的平静通过了这条海峡，这让大家紧张的神经很快 159 得到舒缓。当时并没有遭遇暴风雨，只有一股平稳的水下逆流挡住了他们的去路。1月25日那天，帕金森心情放松，他正望着五里格外的合恩角，"这与我们的预期相反，当天的危险性与肯特海岸的北福尔兰角一样小；天空晴朗，暖风徐徐，天气宜人"[8]。

　　从这里开始，库克尽可能地利用逆风向西南方向行驶。逆风把他们带到了一个潮湿的充满薄雾、狂风、暴雨和冰雹的地区。越接近合恩角以南地区，"奋进"号和头顶上的皇家信天翁成了生命的唯一迹象。每个人看起来都很怪异反常。到了1769年1月30日，它们已经航行到了南纬六十度四分。还从来没有人敢冒险进入南部高纬度地区。第二天，风向发生了改变，从西往东吹。对库克来说，这是一个绝好的机会。他下令张开所有的船帆，这还不够，他把较低位置的帆桁延长，伸向甲板的外面，然后让副帆迎风飞扬。在这个地球上最危险的海域，库克张开了"奋进"号的翅膀，像天鹅一样尽情翱翔。

　　这是大家翘首以盼的冲进南海的开端。在接下来的一个月时间里，他们将奔向预定的乔治王岛所处海域，库克会好好利用这些副帆。约翰·罗斯金*写道："在自然界中，没有什么能像正确操纵一艘冒着暴风雨前进的帆船如此引人注目，让人全身心投入到对她采取的航海手段和方法的关注上。"[9]1769年2月，库克一定很享受地看着"奋进"号乘风破浪前进的景象。2月24日，库克再次升起了副帆，这在很大程度上得到了班克斯的赞同，因为他在日志上欢快地写道："昨天晚上十二点，风固定在东北方向；今天早晨，我发现升起了副帆，船以七节的速度航行，这对'奋进'号女士来说很不寻常。"[10]

---

* 英国维多利亚时代的著名艺术评论家，也是英国艺术与工艺美术运动的发起者之一。

　　班克斯在晚年时享有"人才发现者"的美誉，启发聪明的生手，并允许他们向更高的目标冲刺。迟早有一天，他将有一份长长的列满追随者的名单，这些人来自科学研究的各个领域。但他发现的第一位人才将永远位列他心目中的第一位，他就是西德尼·帕金森，他的植物制图员。

　　1767 年，通过詹姆斯·李的介绍，班克斯认识了帕金森，他俩都是詹姆斯·李的故交。李是苏格兰人和贵格会教徒，是伦敦园艺界的一位杰出人物。他经营着哈默史密斯葡萄园苗圃，这个苗圃以其植物繁盛和充满异域风情的多样性而闻名。李也是林奈的崇拜者和普及者，他把林奈的《植物哲学》译成了英文教材《植物学概论》。所有这些都让李和班克斯紧紧联系在一起。正是通过李，班克斯结识了聪明而有抱负的年轻朋友帕金森。

　　帕金森在伦敦还是个新人。父亲乔尔·帕金森去世后，他和母亲以及两个兄弟姐妹一起从家乡爱丁堡南下来到伦敦。对帕金森家族来说，这次南下成了新的开始。或许西德尼是承载这个家族复兴大任的最好人选。西德尼兴趣广泛，很有才干，而且他好像已经接受过一些制图方面的教育。在伦敦，这种专业技能很有市场。他的哥哥斯坦斯菲尔德说，西德尼"特别喜欢画一些花花草草、水果和其他动植物"[11]。随着林奈植物学的风行，西德尼很快就在自由社会里脱颖而出，并成为李的家庭教师。

　　西德尼·帕金森有一幅帆布油画流传后世，这幅画可能是他的全身自画像。画面中的他身材纤细，面色发红，身着一件

剪裁合体的夹克。捕捉到的表情介于渴望取悦和胆怯忧虑之
间，就像第一天上学表现出来的那种害怕一样。班克斯1767
年碰到他时他就是这个样子。看到这个男孩身上好像有一技之
长，班克斯交给帕金森一个任务，让他把纽芬兰岛探险带回来
的一些动物画出来。随后又交给他更多的任务。西德尼为他的
家族熬过几年艰难日子后，终于迎来了一个好得不能再好的转
折点。到了1768年，班克斯和李都成了帕金森既有钱又有雄
心壮志的客户，他俩都和林奈有关系。接下来就促成了帕金森
的"奋进"号之旅。

　　班克斯之所以能接近帕金森，其实再自然不过了。班克斯
从来没有表现出任何绘画方面的天赋，但他们此次远航必须有
人作画。林奈的出版物中几乎没有插图，通篇都是拉丁学名和
表格。如果能有艺术家参与进来，他就能给视觉上枯燥无味的
植物学书籍带来很多生机与活力。对于一个航海艺术家来说，
班克斯需要一个有着特殊品质的人：他要有敏锐的目光，快速
创作的天赋，能让一个标本栩栩如生呈现在画面上的高超技
巧，但不要有太多的想象力，这样会破坏它的真实性。他要求
这个人选要有足够的学问，能理解博物学的原则，但具备这么
全面扎实知识背景的人又很少能忍受船上生活的艰苦。显然，　161
帕金森是不二人选。他很年轻，"性格没有任何缺陷，为人非
常诚实"[12]。班克斯付给他每年八十英镑的薪水以及放眼世界
的难得机会。这项提议意味着帕金森必须离开他的家人，一个
可能的情人（他的表妹简·戈梅尔顿），以及他在伦敦的发展
前景。但他立下了遗嘱，几个月后就昂首出发了。

从一开始，帕金森就是一个雇员的典范。据说他提前三个星期就在德特福德港登船，"奋进"号一出航，他的勤奋就开始显现出来了。他和莫利纽克斯建立了友谊，协助这位"奋进"号的领航员做些力所能及的事情。另一位同船的船员也注意到了他的勤奋，给予他很高的评价："他经常一夜不睡觉，在那画画或写航海日志。"[13] 班克斯很欣赏帕金森这种"不知疲倦的勤奋"。他很快就创作出了柔嫩的水彩画，有枣李及其金色的圆形果实，也有诱人的常绿树木，比如马德拉群岛的紫金牛科植物。画得漂亮是一回事，但帕金森知道，标本植物的解剖特征更为重要，比如蓓蕾、端部、尖端、边缘、亚侧脉和侧脉，只有靠这些特征才能被正确地识别和分类。在里约热内卢的一次秘密登陆中，他描绘了采集回来的一种攀缘植物——旋花科蛇形菌属植物，从这幅水彩画中可以明显看出他在绘制形状方面的本领。这幅画充满了活力，诱人的绿叶在色彩方面表现得非常明亮，而花朵中点缀着玫瑰紫色，两者相映成趣。

班克斯和帕金森两人之间的关系比较庄重，"帕金森先生"的称呼一点也不少于"班克斯先生"。但也不乏轻松调侃，比如一阵淘气的大西洋海浪把"帕金森先生和他的盆栽都推向了下风口，这把我们都弄得晕头转向，所幸他并没有受伤"[14]。帕金森对运动物体的视觉捕捉是非常灵巧的。他的绘画速度需要相当快，这样才能在标本植物枯萎之前将阴影或纹理固定下来。班克斯要的是树叶明亮活泼，鸟的眼睛泛出光亮，鱼鳞大放光彩。这位年轻的贵格会教徒尽自己最大的努力满足各种要求。他们到达里约热内卢时，根据帕金森给他哥哥写的一封信，他已经完成了"一百幅不同主题的绘画，素描画则更多"。

虽然他对自己的职责引以为傲，但这次远航也给了帕金森偶尔犯错的机会。他配合班克斯的秘密登陆计划，悄悄来到了里约热内卢的乡村。他描述了他们是怎样从"奋进"号的一个船舱潜出，用绳子把自己放下去，登上一艘小艇。然后，他们一声不响地把船划向"岸边无人居住的地方。上岸后，徒步进入乡村，尽管并没有想象中走得那么远"[15]。

帕金森在讲他的这个故事时显得很高兴。他非常喜欢这种小伎俩，说他第二天早上回来时"收获了很多非常稀有的植物"。人们禁不住认为这些标本才更有价值，因为它们是在明令禁止的情况下被带回来的。这是班克斯性情的一个很好的佐证，他觉得像帕金森这样害羞的人就应该让自己置身于大西洋彼岸的秘密收集任务中。结束冒险行动返回后，他开始整理日志，那种"只是为满足好奇心"而带来的兴奋之情久久回荡在他心中。

当"奋进"号绕过合恩角时，帕金森和他的同行艺术家巴肯已经习惯了航海生活。班克斯写道，制图员"现在已经非常适应大海，在他们下船之前必须先刮一阵大风"。帕金森把业余时间都花在写日志和读书上。从他写生簿里列出的"书籍备忘录等"可看出他的品位。他看过的书有诗歌，包括维吉尔、乔叟、蒲柏、德莱顿和斯宾塞的作品集。他还阅读莎士比亚戏剧和《堂吉诃德》，以及荷马的《伊利亚特》和《奥德赛》。然后是更多有教育性的作品，如荷加斯《美的分析》，以及肖像和建筑方面的专著。[16]与他的日记一起，这些书刻画出了一位年轻人，他渴望知识，希望不断提高自我，内心充满远航志向。

到目前为止，"奋进"号已经从大西洋进入南海。麦哲伦将这片海域称为"太平洋"（*Mar Pacifico*），太平洋覆盖了地球表面的三分之一，但却鲜为人知。查看18世纪60年代以前的航海图，这里是一片空白。西班牙人宣布这片海域归其所有，但实际上他们对这个地方的了解几乎和其他人一样少。在一个地图越来越清晰的世界里，南海矗立在一个令人生畏的地方，就像庄园里一个永远锁着的房间。进入这片空白的世界，一切都发生了颠倒，与乔治国王或约翰·威尔克斯的世界完全不同，人们可以有完全不同的期许。这里有未被发现的岛屿，或者说，这是一片极为富庶、异常美丽的大陆；这里没有受到奴隶贸易或王朝战争的玷污，这里的自由取决于他们的政治。

沃利斯及其"海豚"号发现乔治王岛后，最终给太平洋赋予了一定的形态。"海豚"号上的水手提到了雷鸣般的瀑布和迷人的海滩。最重要的是，那里还有多情的女人。一个叫弗朗西斯·威尔金森的水手描述了他们受到的赤裸裸的诱惑：

> 这里的女人绝不会表现得羞羞答答。因为当一个男人有了意中人时——事实上这对他太容易了，因为那里的女孩太多了——男女双方都不会有太多的繁文缛节。并且我相信，以后不论谁再来到这里，肯定会找到证据证明，他们绝不会是第一个发现这里的。这

里的男人一点都不介意自己的女人和别的男人求欢，他们会把自己的女人带来，以极大的热情把她们推荐给我们，这让我不得不胡思乱想，是不是他们想向我们英国男人借种。[17]

类似的记录到处都是，或许是人们对这些记录更感兴趣，以至于将这些岛屿的导航信息和地形描述全部忽略，现在变得无影无踪了。"海豚"号的航海长乔治·罗伯逊已经详细解释了这一点，他说："所有的水手都发誓，他们从来没见过英俊潇洒的男子将女人限制在自己的生活中，并宣布他们拥有女人的一切，让她们靠自己给的零用钱生活。他们宁可失去一夫一妻这样的好机会。"

罗伯逊擅长写幽默风趣而略显夸张的散文，他注意到了这些女孩的到来大大减少了"海豚"号上病号的数量。他特别提到，水手们纷纷从病床上站了起来，并且"和医生说，如果允许他们上岸，他们会很开心。同时还做了补充，年轻的女孩就是最好的护士"[18]。船上的船钉日渐稀少，都被拿去和当地人交换共度春宵了，最后连挂吊床都没有钉子可用了。故事就这样结束了。船员们已经习惯了在甲板上睡觉，甚至在岛上打地铺也行，遭这个罪他们很乐意。

从里约热内卢出发三个半月后，在这艘挤满人的船上，这些故事充满了力量。但是，他们想亲眼看看这些岛屿还有别的原因。对库克和查尔斯·格林来说，这意味着他们到达了观测金星的地点。对班克斯和索兰德来说，那里可能蕴藏着植物宝藏。当然，对船上所有人来说，吃上新鲜食物有盼头了。几个月来，他们没完没了地吃着咸牛肉、咸猪肉、板油、豌豆和燕麦粉，这些食物都是一个叫约翰·汤普森的独臂厨师给他们准备的。二十五年前，正是这种饮食结构在安森指挥的远航中引起了严重的坏血病，其有可能是人类航海史上最严重的一例。一旦得上坏血病，恐怖的症状就会接踵而至，包括"低血压、心律不齐、碱性尿，面色呈浅褐色或发青、虚弱肿胀或有时腿部浮肿、行走困难、急性短暂疼痛、鼻子经常出血、口臭、牙龈腐烂、牙齿松动、病态溃疡和骨坏死"[19]。当年安森的船上到处都是这种病症。 164

在一些人的眼里，坏血病是一种毒素，这种毒素从海上冒出来或从空气中沉降下来，渗入到船材中，然后感染船员的身体，使他们呼吸困难，最终窒息而死。而在其他人看来，坏血病是饮食失调导致的，但具体怎么回事他们也不知道。为了抑制这种疾病的发作，水手们被大量灌服药物。安森的船员被迫吞下了由硫酸、香料和酒精勾兑而成的芳香族硫酸类药物。芥末也试过了，包括醋和定期吃醋渍甘蓝菜。"海豚"号上坏血病暴发时，试过的最后一种方法是服用酿造过程中产生的发酵液。18 世纪 50 年代，詹姆斯·林德通过实验证明了柑橘类果汁有着良好的效果，但他的想法在各种理论的争吵倾轧中被淹没了。

在"奋进"号上，库克有病乱投医，试了很多治疗方法，这给他赢得了"创新者"的美誉。但在海军中，这既可以说是一种侮辱，也可以说是一种恭维。后来，库克因为用"实验牛肉""实验啤酒"和从海水中蒸馏出的"实验水"治疗坏血病而受到冷嘲热讽。但是，库克总是会寻找更好的解决问题的办法，这是他的性格使然。从一开始，他就格外关注船员的饮食，确保每个人都要吃泡菜。库克后来写道，"只要一发现有人出现坏血病的轻微症状"，就马上给他服用麦芽。[20]

直到 20 世纪 20 年代，人们才发现维生素 C 并开始了解其在人体生物学中发挥的作用。缺乏维生素 C 会抑制人体生成胶原蛋白（"胶原蛋白是细胞内的胶质物和人体的支架"），从而引发常见的症状。维生素 C 缺乏还会引发另外一个后果，只不过这个后果还不太为人所知。维生素 C 除了能促进胶原蛋白的生成，还调节神经系统的稳定运行，特别是多巴胺和血清素的分泌。现代科学认为，维生素 C 缺乏导致的认知障碍可使患者出现以下症状：亢奋、孤独、沮丧，并且经常处于间歇性的高兴、兴奋和绝望中。

当"奋进"号进入太平洋时，这种情绪很可能已经开始蔓延。我们知道，班克斯正经历着这种疾病的早期症状，他的牙龈出现了肿胀，嘴里还长起小脓疱，但他通过饮用柠檬汁成功消除了这些症状。班克斯毕竟不同于其他普通船员，他和军官在饮食上要享受许多额外照顾，即便这样他还是吃了这种疾病的苦头。可想而知，其他不那么幸运的人，可能已经感染了坏血病。正是考虑到这一点，3 月 25 日发生的意外事件似乎就有了解释，当时一位名叫威廉·格林斯莱德的海军陆战队士兵自己从船上跳了下去。

这事太蹊跷了。格林斯莱德一直在一个船舱门口站岗，这时他的一位船友递给他一块海豹皮让他照看，这块海豹皮将被切成小块，这样就可以用来做烟袋。正如库克和班克斯后来发现的那样，格林斯莱德在脑子里已形成一种思维定式，如果把海豹皮与他人分享，他就会被开除。所以，他瞅准机会偷了一块海豹皮，"当然马上就被发现了"。

这种行为虽然不怎么严重，但发生在光天化日之下的正午时分。下午的时候，格林斯莱德被他的海军陆战队战友们奚落嘲讽，"他的这种罪行最见不得光，背信弃义，后果不堪设想"。格林斯莱德的长官决定把他交给库克处理。但在路上，格林斯莱德溜掉了，正如库克写的那样："他被发现登上了艏楼，然后就再也没人看见他了。"一个海军陆战队士兵宁愿死也不愿意被训斥，这不符合常理。"他是个非常腼腆的年轻人，可能还不到二十一岁，非常恬静和勤快，"班克斯写道，"他的死让人感到悲哀的是，本来微不足道的小事却急于下定论，对那些并不太了解羞耻心会给年轻人带来多么大影响的人来说，这种结果看起来一定显得不可思议。"[21]

从这个故事隐隐约约可以看到坏血病发病的影子。如果坏血病会对情绪造成影响，这种病也会破坏知觉。学者乔纳森·兰姆曾描述过坏血病患者在感知上出现的不正常现象：

当感官调节功能受损时，人会出现幻听，味觉和嗅觉也会出现不正常的愉悦感，视觉变得对光和颜色异常敏感。这些不受抑制的感觉通常被称为"感知幻觉"，是脑神经无法调节应激反应的表现。但实际上

是对感知信号进行了放大，将更多的信息从感官传递
到大脑，超出了大脑的负荷，因此病人闻到香味会感
觉恶心，感到光线非常刺眼，音乐震耳欲聋。[22]

探索时代的文学作品充满了对血红色海洋、高耸的悬崖、
隆隆的瀑布和水手们在花香中尖叫等这样的好奇而歪曲的叙
述。哪怕是镇定自若的库克，总有一天也会被索具上闪闪发光
的冰光弄得精神恍惚。阅读大航海时代坏血病对知觉产生的影
响，就像是第一次从小说中看到那些不靠谱的描述。但这不是
故意的欺骗。这些看似虚幻的世界实际上是水手们在内心创造
出来的，这和水手们面临的真实残酷的外部世界是一样的。当
他们的身体日渐虚弱时，这些幻象也会越来越强烈。1767 年，
"海豚"号上的水手们正是在坏血病的折磨下产生了看到乔治
王岛的幻觉。航海长罗伯逊写道：

> 这座小岛美得让人窒息，距海岸边二三英里是一
> 个漂亮的小村庄，看起来似乎就坐落在种植园里……
> 小岛的内陆多山……山上长满了高大的树木，具体什
> 么树我不清楚，反正是满眼的苍绿。[23]

1769 年 4 月初，"奋进"号接近的就是这座岛屿。从 4 月
4 日班克斯的小助手彼得·布里斯科看到陆地时开始，他们经
过了环礁和小岛。帕金森也挤到甲板上，尽情享受小岛的美
景。他看到半圆形的海湾、珊瑚礁和环礁湖，海面"像池塘一

样光滑平坦"，到处都是飞鱼。这些岛屿从深不可测的海里突然拔起，之所以这么说，是因为就在距离海岸不到一英里的地方，"让我们深感惊讶的是，竟然无法用一百三十英寻的线探测到海底"。

除了空旷，还有光线，这里给人的感觉与英国那种碧蓝如洗的天空和闪着银光的海洋是如此不同。环顾四周，海洋一块一块颜色各不相同，就像艺术家的调色板一样：蓝色或靛蓝色代表深海，蓝绿色代表环礁湖，玻璃色代表浅湾，到处都是的断断续续的白线代表暗礁周围的海浪。在船首斜桁的围网上，水手们可以听到海水撞击船体的声音，看到海水在船头底下流过时溅起的水花，感觉到身后数百吨橡材起起落落的节奏。菲什伯恩建造的"奋进"号本来是用于英国北部波澜不惊的海域的，现在则在波光粼粼的热带海洋中奋力前行。

1769 年 4 月 13 日，清晨的阳光温暖着他们的脸庞，库克把"奋进"号驶进乔治王岛的皇家港口。在棕榈树环绕的黑色海滩外，帕金森凝视着他们满心渴望看到的地方。帕金森写道，那里"凹凸不平，就像一张皱巴巴的纸，不规则地分布着丘陵和山谷；但无不覆盖着一片美丽的青翠草木，甚至高耸的山峰上也是一片绿色"[24]。在经历了几个月的孤独漂泊之后，这艘船立刻成了小岛的焦点，几十只独木舟从岸边朝他们驶来。船下锚后，船员们为库克把登岛用的小船放下来，班克斯和"其他绅士以及一行手下人"准备登上小岛和当地人建立关系。

也许是因为帕金森贵格会教徒的身份，他没有表现出一点

参加登岛派对的意思。他的信仰需要的是平和，这些公开场合
的擦擦碰碰可能会带来严重的冲突。但这并不妨碍他看着"乔
治王朝时代的人们"围拢在船边，满心憧憬着上岸交易。帕金
森花了"一上午"的时间，忙着"装船"。椰子、面包果、香
蕉、苹果和小鱼都是用船钉和珠子项链换来的。在这些开始的
交易中，帕金森设法搞到了一些树皮布料。他也会得到其他一
些东西，同船的水手几个星期后才会发现这些。这座岛屿在英
国很出名，被称为"乔治王岛"，当然，它在这里有自己的名
字，这是一座叫"奥大赫地"（*Otaheite*）的岛屿[*]。

　　库克喜欢数字的精确性，因此，当他发现"奋进"号抵达
塔希提岛的日子据他收到海军部通知此次远航任务信件的那一
天刚好过去整整一年，他一定很满意，因为他严格按照命令规
定的时间到达了目的地。同时，他还按命令指示的航线航行：
"途中绕合恩角严格保持向南航行"；务必提前"进入岛屿所
处纬线"；"第二年 6 月 3 日前至少一个月或六个星期抵达目的
地"。或许海军部为库克这次远航任务提供的只是一艘运煤船，
但这已经变得无所谓了。他们提前七个星期就已经到了这里。

　　"奋进"号现在停泊的地点与德特福德造船厂相距约一万
英里。这里完全与世隔绝。从某种意义来说，这种隔绝甚至 168

<small>* 英国人还需要再组织一次航行才能明白这样一个事实，即奥大赫地这个地
名里的第一个字母"O"并不是一个单词的真正组成，而是一个冠词。因
此，"*Otaheite*"实际上就是"塔希提"（*Tahiti*）。而且，出于保证历史真实
性和文化准确性的目的，我从这里开始就使用"塔希提"这种称谓，即便
水手们并不这样称呼。——原书注解</small>

超越了整整两个世纪后宇航员站在月壤上感觉到的那种孤独，
1969 年 7 月，"阿波罗 11"号在距离地球三十八万千米的月
球成功着陆。"奋进"号的船员离开欧洲已有九个月，离开里
约热内卢也有五个月了。他们现在的这种隔绝和孤独不仅仅是
地理上的，还包括与欧洲切断了一切联系。约翰逊曾以"有闲
人"署名发表文章感慨说："很难想象一个人在没有报纸的日
子里怎么能坚持那么长时间，在地球另一端的广袤地区，那里
既没有纪事报也没有杂志，既没有公报也没有广告，既没有期
刊也没有晚报，这些人靠什么才能组织在一起消遣？"[25]

　　"奋进"号已经顺利地驶进了这些地区，大家不可避免地
会关心起一起事情来。威尔克斯现在怎么样了？戈尔想知道的
是，美国发生的骚乱怎么样了？对库克来说，他远在麦尔安德
的妻子伊丽莎白在想什么。去年夏天他离开家时，他们的孩子
还没有出生，现在情况如何？但是，每一位海军军官都知道，
在这里猜测什么都无济于事。为了平复大家的胡思乱想，库克
把大家召集在一起集中一下注意力。6 月 3 日那天发生的事比
其他任何事都重要，因为那一天将决定这次远航的成败。如果
他们成功观测到金星凌日，那么肯定会胜利返航。如果观测失
败，库克此前做出的承诺将变得一文不值。

　　现在，库克有一名同伴变得比其他任何人都重要。查尔
斯·格林是英国皇家学会任命的天文学家。格林曾在格林尼治
接受过马斯基林的训练，马斯基林对精确性达到了痴迷的程
度，大家对此非常钦佩。如果马斯基林不能亲自和库克一起执
行这次观测任务，那么格林是下一个最好的人选。格林已经

是科学考察远航的老手了，他曾横跨大西洋远赴西印度洋巴巴
多斯岛参加约翰·哈里森航海计时器的试验工作；当他每天都
参加"奋进"号组织的观测时，船员感觉到了他的存在。正如
索兰德的学问远在班克斯之上；同样，格林在天文学方面的知
识远远丰富于库克。库克以前曾涉足天文学，他在纽芬兰岛对
日食做过记录，尽管他从未接受过任何正式的天文学训练。但
是，当班克斯和索兰德把"奋进"号的大舱房变成植物学家工
作室时，格林则把后甲板改造成了一所天文学学校。格林在天
文学方面是行家里手，而且颇有长者风范，他曾教授库克和
"年轻的绅士们"怎样利用月球进行计算，这是一种通过跟踪
月球位置来确定海上经度的方法。这种方法给库克留下了深刻
的印象，他花了很长时间才记下来，但格林这位"不知疲倦的
观察者"却运用自如。

　　不管库克和格林在海上取得了多么好的精确性，现在他俩　169
被人们寄予厚望，希望能在接下来的观测任务中大获成功。他
们的第一个任务是首先在岛上建立观测点。库克把地点选在海
湾的东北方向：

　　　　我和班克斯先生、索兰德博士和格林先生等一行
　　人一起上岸，还把班克斯先生的一顶帐篷也带上了；
　　找到一处适合观测的地方后，在那里把帐篷支了起
　　来，并给这块地方划出了边界。这时，许多当地人围
　　在我们身边，似乎只是想看看什么情况，因为他们中
　　没有一个人带着进攻性或防御性武器。除了一个看上

去像酋长和老奥哈拉*的人外，我不会容忍任何人进
入我划出的界线内。我们尽力向这两个人解释，希望
能借那块地方过几夜，然后就走。[26]

这是英国在太平洋进行殖民开拓的最早记录。库克解释
说，他选择这个地点并没有太多地考虑地形因素，而是因为这
个地方远离"当地人任何一个住处"。4月18日，库克"让船
上的人倾船而出，在四周筑起一座堡垒"。水手们负责挖堑壕，
把木头削尖做栅栏。"当地人离这很远，一点都没有妨碍到我
们，他们中有一些人还帮着把尖木桩和柴捆拽出树林。"这超
出了库克的想象。1761年进行金星凌日远航观测时，因为外交
上的误解而以失败告终。当时一个叫让－巴蒂斯特·沙佩的法
国人带着望远镜、计时器和象限仪来到西伯利亚，当地人说他
是巫师，为了保证他的安全，他被配备了一名护卫。

但在塔希提岛还有一出好戏在上演。两年前，"海豚"号
受到了热烈的欢迎。然而，随着岛上居民好奇心的消失，情况
很快发生了变化。6月24日清晨这天，也就是旧时英格兰的施
洗者约翰节，"海豚"号像往常一样被交换商品的独木舟包围
着。据航海长罗伯逊估计，独木舟加起来有三百艘左右，"粗
略地算一下大概有四千人"。他补充说，整个海湾"被男女老 170
少围得水泄不通，他们驻足观望，马上就会有大事发生"。

---

* 塔希提岛地区首领，库克第一次造访塔希提的时候，奥哈拉是一个重要的
  跨文化谈判代表。

只见从海滩上划出一条连体船，"且有人发现从这艘船上发出了一些信号"。"不到几秒钟的工夫，大大小小的石头被扔到我们船上，甲板上到处都是"。水手们抱着打破的头四处散去。更多的石头铺天盖地飞来，水手被迫开枪还击。沃利斯舰长下令调动所有舰炮：火炮甲板两侧各十二门，后甲板两侧还各有四门。"海豚"号炮声轰鸣。"炮击让那些可怜的人群伤亡惨重，只有弥尔顿的笔才能把这种惨状描写出来"，罗伯逊承认，"连我都感觉震惊不已"[27]。

英国国内关于这场"战斗"的报道铺天盖地，在英国人眼里，岛上居民的这种英勇抵抗就是以卵击石，他们对此惊得目瞪口呆。人们很少思考这样一个问题，即"乔治王朝时代的英国人"是否有权保卫自己的土地。在英国国内，这场战斗的故事被制成了木刻画，"海豚"号上一名水手写的爱国诗歌被报纸广为转载，比如《绅士杂志》，但英国人讲述的这个故事也掩盖了其他事实："海豚"号开炮后，塔希提岛的居民继续抵抗了很长时间，这一天以双方陷入僵局收场，而不是英国人说的大获全胜。

库克可能已经猜到了背后更多的故事。但他也明白了一个道理，"奋进"号可作为防御武器使用。4月16日，他下令用缆绳牵引着船前进，"并且调整船舶的停泊方式，这样就可以控制海湾东北部所有海岸的局势，尤其是我们打算筑堡垒的地方"[28]。

这个地点很快就被命名为"金星堡垒"。到了5月10日，防御工事已经全部搭建完毕。在部分海滩的外围挖了堑壕并用

木栅栏围起来，这道防御屏障还配以舰炮的火力支援。里面竖
起一堆帐篷，还有一个铁炉和几个羊圈。科学仪器放在两个帐
篷里。其中一个帐篷传出英国皇家学会天文钟的嘀嗒声。库克
将其"牢牢固定，离地面上尽可能低"，并额外增加了一个保
护框架，"防止受到任何意外事件的干扰"。这里为天文观测站
提供了能正常而安静运行的计时中心。十二英尺外便是天文观
测站，那里有一个体积更小的圆锥形帐篷，帐篷顶上开有缝
隙，望远镜可以通过这个缝隙对准天空。库克在这里竖起了第
二个钟，把一个用来测量天体高度的天文象限仪放在一个大木
桶上，木桶被"湿重的沙袋"压着。

　　五月份剩下的日子里，库克和格林一直在焦虑地等待着金　171
星凌日。天文象限仪曾一度被偷，整个观测任务面临失败的风
险，这充分暴露出了他们对观测仪器的依赖程度有多高。还有
一个让他们一直不放心的因素是天气情况。一旦观测当天有
云，或者受到其他气象条件的干扰，他们的眼睛再好使，望
远镜功能再强大，也无济于事。5 月 22 日，金星堡垒被暴雨
围困。"伴随着雷鸣和闪电，"帕金森写道，"这比我以前听过
或见过的任何一次都要可怕。"雨水灌满了班克斯的帐篷，"里
面的东西都被浸泡了"。倾盆大雨如此强烈，帕金森担心的是
"奋进"号这艘船。"幸好这艘船躲过了一劫。"[29]

　　如果 6 月 3 日发生这样的事情，那一切计划都泡汤了。为
了避免这样的事发生，库克决定向岛上其他地区再派几个补
充观测小组。"如果这里不行，其他小组可以继续完成任务"。
6 月 1 日，约翰·戈尔、舰医兼班克斯私人秘书蒙克豪斯以

及赫尔曼·斯波林被派往邻近的约克岛待命。第二天，扎卡里·希克斯、查尔斯·克拉克和几名水手沿相反的方向前往东海岸。索兰德也被派出去加入观测小组，看起来就剩下班克斯无事可做了。这或许是因为在库克心目中，班克斯是个特立独行的人，把要求非常精确的测量任务交给他，库克不放心。

1769 年 6 月 2 日太阳下山时，金星堡垒里的人紧张地期盼着。和戈尔及蒙克豪斯在一起的班克斯这样写道："入夜前，我们的天文台便已准备就绪，望远镜都已安装好并调试完毕。我们在旁边稍事休息，焦虑地等待着即将发生的事情；晚上的天气非常好，给了我们巨大的成功希望。"[30]

18 世纪的世界是一个非常受局限的世界。直到几十年后才出现第一台信号电报机，勉强实现了信息的远距离传播。从纽约到费城寄一封信要花上一天时间。同一封信从伦敦经由收费公路送到爱丁堡可能需要三天，从伦敦跨越大西洋到巴黎需要一个星期，至少需要一个月才能从美洲波士顿寄到朴次茅斯。

在一个由教区与城镇、行省与殖民地拼凑起来的地球上，金星凌日是地球上的人们同时经历的一个罕见事件，人们无非就是简单地在不同地点暂时停顿下来驻足观望，计算经历的时间。当库克和格林坐在金星堡垒的椅子观测上空时，英国皇家学会的另一名观测员杰米迈亚·狄克逊正从北极圈的哈默菲斯特岛向天空凝视，威廉·威尔士则在哈德逊湾通过望远镜观看。在罗得岛的纽波特，埃兹拉·斯泰尔斯牧师正独自做好了观测金星的准备工作。在新英格兰剑桥附近，哈佛大学数学教授约翰·温思罗普和伦敦格林尼治的马斯基林一样，透过烟熏玻璃镜片目不转睛地盯着太阳。

但并非所有人看起来都像是受过训练的专业人士。很多业余爱好者在新闻报道的指导下也在观看着这一难得景象。在约克郡的惠特比，几个热心的爱好者挤进一个黑暗的房间，想看看在夏日傍晚的暗淡光线下他们能看到些什么。报纸刊登了一篇来自惠特比的未署名报道（这些话也许出自利昂内尔·查尔顿？）：

在云层的干扰下，我们没能观测到金星凌日开始的确切时间；由于人太多，我们无法挤到最近的中心观测位置。从我们这来看，金星的大小并没有超过太阳圆盘整个直径的三十二分之一。[31]

当他们看着小黑点逐渐融入夜空时，或许在那个值得骄傲的时刻，惠特比人的谈话全都是围绕米尔纳的旧船和沃克的老学徒展开的，他的这位学徒工已经跨过半个地球去观测同样的现象。

"昨晚看到的都是天气的变化情况，"班克斯在6月3日的日志中这样写道，"我们每半个小时轮流起床，不断报告天气情况，要么是晴朗的，要么是朦胧的。天亮时，我们全部起床，很快就发现太阳按照我们的希望高高升起，既清晰又明亮，这让我们感到心满意足。"其中一位伙计皮克斯吉尔毫不留情地补充说："如果这再观测不好，那全怪观测者了。"[32]

库克同样信心十足，他写道："一整天都看不见一丝云彩，天气也非常晴朗。这样看来，我们大可放心地观测金星在太阳圆盘上通过的整个过程。"观测分为四个阶段。第一个阶段是 173 入凌外切，此时金星的外环接触到太阳的边缘。随后是入凌内切，整个金星进入太阳的表面。当金星的圆盘首先开始滑出太阳表面时，重复前面的内切过程（出凌内切）。直至金星完全和太阳表面分离，完成出凌外切后结束整个过程。在这四个观测阶段，每位观测者都用天文时钟把时间记录下来。

09：21：45，格林首先发现迹象：天空中出现一块不是很明显的黑斑，就像太阳边缘出现了一个阴影。他保持安静，什么也没说，避免干扰到库克的观测。格林比库克早了五秒钟，库克记下的时间是 09：21：50。然后又是这样，在格林很"确定"之前，他又记下 09：22：00。十一秒后，不远处的索兰德记下他首次观测到的时间，尽管他承认几秒之前"看到的景象不是很清晰，时有时无"。

09：39：20，也就是刚刚过去十五分钟多一点，库克和格林两个人都记下了入凌内切的时刻，此时黑点完全进入太阳圆盘。接着是等待。在酷热的天气里，他们在那里坐了五个小时，看着黑点飘过太阳表面。也许这是库克在整个航行过程中身体保持不动最长的一段时间。下午三点后，库克和格林再次忙活起来。

15：10：15，库克看见金星开始通过太阳圆盘的另一端。这次还是格林提前十秒钟，但对于金星最后退出的关键时刻，库克比格林早十四秒记下了这一时刻，时间定格在 15：28：04。

他们跨越半个地球来收集这些数字。收集这些数字得到的宽慰因挫折而不得不暂时放到一边。有人提醒过他们，1761 年观测金星凌日时就受到边缘模糊不清的干扰。当然，这次也是这样。库克推断，"这个模糊不清的区域仅仅是黑影边缘的半阴影"，亦即不透明物体的外部阴影区，并不是金星本身造成的。后来这种现象被称为"黑滴现象"，看起来就像金星接近太阳时，太阳伸展开来拥抱金星。1769 年的时候，人们还不知道为什么会出现这种现象，但这种带欺骗性的模糊使原本应该直截了当的事情变得很困难。黑滴现象的存在让人很难确定入凌和出凌的确切时间，库克觉得有必要用一系列草图来描述这个问题。在同一地点使用相同设备的两名观测员，得到的观测结果会存在一定程度的不同，这很令人困惑。当库克在他的最 174 终观测结果旁边匆忙记下最后一个数字时，或许他的脑海里可以听到马斯基林说的这个词："不可靠"。[33]

西德尼·帕金森也观看了金星穿过太阳的壮观景象。他似乎借这个机会为他不断增加的"塔希提语词汇表"引出了一些新词：

塔希提语	英语
Manaha	太阳
Taowruah	金星
Eparai	地平线
Tota 及 *Eeno*	镜子 [34]

自从帕金森登上塔希提岛，时间已经过去了快两个月。4月14日那天下午，他加入"一小伙人"，他们"尝试进入当地的乡村"。帕金森发现，从海滩步行来到树林茂密的林荫下，这令人十分兴奋。一个世纪后，另一位苏格兰人罗伯特·路易斯·史蒂文森这样描述他的感觉："第一次相恋、第一次看日出和第一次看到南海的岛屿，这些都成了记忆的碎片，最初形成的感觉深深感染着我。"[35]1769年4月，帕金森也感受到了这种刻骨铭心的体验。他们越走越累，最后"挑几棵高大的树，在树荫下坐了下来"：

> 树叶随风飘荡，有如波浪一般，让人感觉非常凉爽和愉快。高大的可可树和低矮的果树枝相得益彰，景色一点也不显得突兀；从树叶的缝隙中望出去，可见远方的群山，一片片云彩在上面飘浮……我们在树下享用着可可果乳，真是一顿美餐。[36]

虽然帕金森放弃了他在伦敦的舒适生活，但却在这里看到了一种原汁原味的大自然。此后三个月的时间里，他与这个岛屿建立了心心相通的关系。和往常一样，帕金森伏在金星堡垒外的一张桌子上工作，用画笔描绘着尖尖的绿色草本和肉质叶灌木，动人心魄的兰花和火红的芙蓉花，这些花花草草都是班克斯和索兰德从外面带回来的。在塔希提岛的那段日子，他总共对一百个标本植物进行了临摹，平均每天完成一幅画。但绘画并没有占据他的全部生活。离开哈默史密斯时，詹姆斯·李提醒他"把看到的一切都记录下来，不要相信自己的记忆力"[37]。

他的一位船友回忆说，帕金森不知疲倦地"做着当地人语言、风俗和行为的相关记录"，用这些做素材，撰写了"一本内容相当丰富的日志，船上的人们认为，这是保存下来的最完整的日志"，特别有关塔希提岛的内容。[38]帕金森日志"誊清稿"的丢失是"奋进"号此次远航的重大损失。帕金森的日志永远也不会出版，个中缘由后来逐渐浮出水面（尽管永远也不会妥善解决）。实际出版的是帕金森日志的"底稿"，里面的内容包括草图、匆匆记下的观察结果以及早期不成熟的思考和见解。这些都是因为受到伦敦一位编辑的干涉，但足以激起人们探根究底的兴趣。今天读来，帕金森的写作手法有些生疏。正如人们对草稿所预期的那样，肯定没有文字上的润色，但却有一种明晰和探求真相的感觉。帕金森日志的整个篇幅长达两百页，其中涉及塔希提岛的内容有五十页，约占总篇幅的四分之一，这部分内容让人感觉写得特别有生机活力。

库克和班克斯也对塔希提岛进行了勘测，他们都有观察者的才干。库克的目光特别敏锐，能进入他法眼的都是非常有价值的东西。班克斯有丰富的热情，他能用精彩的文笔和新闻技巧对故事进行深入挖掘。帕金森给人的感觉则全然不同。他既不像班克斯那样光彩夺目、引人注意，也不像库克那样有着"领导者"的地位，帕金森是个默默无闻的人。他在观察时经常站在外围静静地观看和记录，当有事情发生时，他会消化理解事件背后的意义。因此，他得出的观察结论给人的感觉是

175

更真实地反映出人种论，而库克和班克斯就要略逊一筹。历史学家伯纳德·史密斯曾写道，在"奋进"号上的所有人中，只有帕金森萌发出"与生活在太平洋的人民建立最富同情心的关系，同时也对生活在太平洋的人民抱有最大的同情心"[39]。

帕金森一步一步扎实地开展着他的研究。在他的笔下，塔希提人看起来"脸色苍白，皮肤呈黄褐色"，长着"一头长长的黑发"，他们用鲨鱼齿修剪自己的头发。据他观察，那里的男人令人印象深刻，他们身高超过六英尺，而当地的女人则要矮得多。虽然他们已经掌握了织物染色的工艺，但穿着很少，只是在腰间缠几块布料遮羞。帕金森指出，这样的穿着让他们便于在河中洗澡，基本上"一天洗三次"，显然这些人特别爱清洁，这也就不奇怪为什么他们"每顿饭后都会洗手和刷牙"。他注意到，他们中的大多数人都带有浓浓的可可油气味。[40]

"奋进"号上的船员大多数不会游泳，相反，塔希提岛的居民则在水中繁衍生息。他观察到当地的孩子以冲浪和钓鱼为嬉戏方式，用一张旋花叶做成的网捕鱼，或者巧妙地用牡蛎壳钩住鱼。他还观察到更细微的差别。当塔希提人在远处招手时，他们的手指朝下，这与我们的方式正好相反。还有就是他们问候朋友的方式，特别是对那些分开一段时间的朋友。帕金森解释说，"他们会因为高兴而假装哭泣"，又不无讽刺地说，"这种行为看起来完全就是一种仪式"。

帕金森完成他在金星堡垒的工作后，在夜晚勇敢地独自一人冒险外出。不可否认的是，许多同船的人也都这样做了，但值得回忆的是，他的同伴外出时几乎都携带枪支或武器护身，但贵格会教徒帕金森不会这么做。他手无寸铁地沿着海滩漫步，穿过林间空地，"几乎被蝗虫的叫声惊呆了"。帕金森行走在一排简陋的小屋前，似乎一直没有尽头，这是因为"这些小屋彼此相距非常远，所以整个岛看起来像是一个连成一片的村庄"。有一次，他很高兴被一家主人邀请进屋里做客。为了迎接客人，父亲派儿子"爬上一棵高大的可可树去采坚果"。帕金森看着那个男孩"非常灵巧地爬上去……双脚缠在一起"，然后"迅速跳起来"[41]。

有一次傍晚散步时，帕金森偶然撞见了一个面包果市场，岛上的居民聚集在一个长长的开放式房子里，把面包果分装在篮子里。这是一种比金星堡垒那里更真实的文化，库克在班克斯和索兰德的指挥下在金星堡垒建立了"奋进"号的贸易中心。班克斯扮演着一名"商人"的角色，而且大有斩获，有一天早上六点半前，他"贩回"了三百五十个椰子。但在那处岛上的开放市场，帕金森看到了一些非常不同的东西。那是塔希提岛实际存在的社会机制。他听孩子们吹鼻笛，看着一群群小女孩在晚上"玩耍"，"她们分成两组，互相面对面，一组扔苹果，另一组努力去接"[42]。

与帕金森年轻时所在的潮湿的爱丁堡或浮华污浊的伦敦相比，这里的生活截然不同。为了找到背后的答案，帕金森查阅 177 了信奉加尔文宗的社会哲学家让-雅克·卢梭的著作。卢梭在1750年以其获奖论文《科学与艺术的进步是否有助敦化风俗》而声名鹊起。从那以后，他在焦躁不安的欧洲世界里一直唇枪舌剑地与众多文人争论着。1766年，《苏格兰人》杂志以很大篇幅刊登了"一个不同寻常之人"的介绍文章，说这个人"在思想上违反常理，独树一帜"[43]。每个人都意识到，卢梭是一位与现在这个社会形成对立的人物。他活着就是为了笔耕不辍地反对那些所谓开明而奋进的阶级努力追求的方方面面。

于卢梭而言，文明不是一种成就，而是一种诅咒。就他来讲，把人性融入所谓文明中，就像把人的躯壳包裹在衣服里，直至被紧紧束缚住，既不能动也不能呼吸。卢梭曾把他的想象投向未开化的远古，设想人类处于原始的"自然状态"。卢梭将"自然人"和"人造人"进行了对比，他写道，他已经"发现人类取得的所谓进步是一切不幸的根源"[44]。文明是在白白消耗人类自己。看看那些病态的、紧张的欧洲人，然后想象一个自然人，再看看他的身体，"未开化之人唯一熟悉的工具"：

> 如果他有一把斧头，他还能用双手如此轻易地折断橡树上非常粗壮结实的树枝吗？如果他有投石器，他还能用手把石头掷出很远吗？如果他有梯子，他还能靠自己如此敏捷地爬上树吗？如果他有一匹马，他还能靠自己沿着平原身手矫捷地狩猎吗？[45]

卢梭的思想并不是前无古人后无来者。关于原始主义的争论（即在欠发达地区可以找到更真实的人性）已经存在很多年了。但他凭借他的散文以及他作为法国启蒙运动代表人物之一的身份所具备的力量，让他的对手声名狼藉。"奋进"号上的所有知识分子想必都知道卢梭这个人，但他们现在被帕金森深深吸引着，因为帕金森属于卢梭所说那种处于原始状态的人，帕金森的身上折射出只有未开化时代才有的快乐，以及对所谓文明摧枯拉朽的力量。这才是帕金森对他们的最大吸引力。库克绘制了金星堡垒的边界，奇怪的是，这让人想起了卢梭《论人类不平等的起源和基础》（1755 年）中"最伟大和最精彩的一段文字"：

> 谁第一个把一块土地圈起来并想到说，这是我的，而且找到一些头脑简单的人居然信了他的话，谁就是文明社会的奠基者。这个人该会使人类免去多少罪行、战争和灾害，免去多少苦难和恐怖啊！假如有人拔掉木桩或者填平沟壑，并向他的同类大声疾呼：不要相信这个骗子的话！如果你们忘记土地的果实是大家所有的，土地不是属于任何人的，那你们就要遭殃了！ 46

　　这段话让人不由得将其和 1769 年 4 月发生在马泰瓦伊湾的一幕联系在一起，但如此一来也会歪曲众所周知的事实。早在"奋进"号还没有到达乔治王岛之前，人们就已经认识到那是一个复杂的地方。有一段记载乔治王岛女酋长谈话的文字暗示了那里的社会等级制度。要不是因为这种等级制度的限制，当地人与"海豚"号船员进行交易会非常频繁，尽管这期间存在着盗窃行为。据报纸上最早有关沃利斯新发现的相关报道，乔治王岛是一个"相当文明"的地方。没有人想到会找到这种自然状态，但是卢梭思想的崇拜者或许可以遇到他所说的"初生社会"。这是卢梭的"中道"（*juste milieu*）或者说中庸之道：人类发展的一个阶段，介于"野蛮人的愚昧和文明人的灾难性启蒙"之间。[47]

　　这些都是帕金森来到塔希提岛时想到的。从他的日记中，隐约能感觉到他在对目之所及进行着评价。他想知道遍地的"可可、面包果和苹果树"是否会让他们成为"懒惰的人"，因为"这些果实好像一张嘴就可以掉到嘴里"。但他反驳了这一点。他写道："那里的人对自然产生的东西很知足，就好像他们已经成为超凡的完美范例，因此，他们比常态下的欧洲人更快乐，而欧洲人的欲望永无止境。"[48]

　　在短短几个星期的时间内，帕金森对塔希提岛的了解就比"海豚"号船员所了解的还要多。他们看到的只是一个可以尽情享受美食和肉欲的天堂。帕金森认识到，他们随后捏造出的乔治王岛根本就是无稽之谈。欧洲的冬天寒冷刺骨，那里存在着根深蒂固的不平等，政治的动荡和无情的战争让欧洲人更容易联想到一个他们希望存在的岛屿。帕金森从来没有用过乔治王岛这个标签，这很能说明问题。但卢梭的理论确实吸引了他。帕金森思索着，尽管塔希提岛上的土著人一如既往地大肆偷盗他们这些外来人，但"他们彼此之间肯定非常诚实，因为这里的家家户户都没有房门紧闭。门锁、门闩和栏杆是文明国家所特有的，他们站在道德理论的至高点，但却干着最不道德的勾当"。

这可能会促使一位知名的作家得出看似荒谬的结论。总体来说，人类通过文明化进程以及艺术和科学的熏陶与培养，必然会变得更糟，更不快乐。事实上，自然的索求是很少的，而如果未开化的人类能获得那很少的一部分，通常来说他们似乎也就满足了。在未开化的国家，那里的人民根本不知道什么是野心，也不会向往豪华的宴会和其他超出所需的多余的东西：总的来说，相比文明社会的人，他们较少考虑明天，因此在当下享受上天的恩赐时，他们感到更快乐。[49]

无论是否受到卢梭学说的影响，到访塔希提岛都让帕金森和他的同船伙伴暂时摆脱了束缚。帕金森承认，"我们船上的大多数人都在这个岛上找到了临时伴侣"。帕金森写道，他们竭力为这种罪过辩解，"在这个未开化之地，即便是许多号称品德高尚的欧洲人都允许自己做出出格的举动，且不受任何惩罚；就好像换了个世界就洗刷了淫行这种道德败坏的行为；也好比欧洲人眼里的罪恶到了美洲根本就不算一回事，大可心满意足地随意为之"[50]。

毫无疑问，如果是在英国国内，帕金森口中的"许多号称品德高尚的欧洲人"，很容易让人解读为班克斯和索兰德，而恰恰是这两位，在塔希提岛上尽情淫乐。但也许这还不是全部。据索兰德记载，有一天，班克斯和一位女伴回来时，他揭发说，"他第一眼看到的就是帕金森正和女孩的妹妹在床上，满脸羞怯的样子"。

"奋进"号四月份抵达乔治王岛（也即塔希提岛）的三天后，帕金森的同事、绘图员巴肯就开始癫痫发作。他"毫无知觉"地躺了几个小时后就一命呜呼了。帕金森、索兰德、斯波林和几名军官划船将他的尸体运到岸上能看见的远处，然后把他葬身于浩瀚汪洋之中。班克斯写道，"他是一位心灵手巧的优秀年轻人，我为他的死感到深深的遗憾"：

> 巴肯的离世给我带来的损失是无法挽回的，本来　　　180
> 我打算让巴肯把我将在这里看到的优美景色画出来，
> 然后带回英国和朋友们一起欣赏。现在看来，这场梦
> 境彻底破灭了。除非用绘画作品表现出来，否则，无
> 论怎样描述这里土著居民的身材和穿着，都无法令人
> 满意。如果上帝再给他一个月的时间，这对我的事业
> 将会带来多大的好处。但事已至此，我必须服从上帝
> 的旨意。[51]

巴肯的死让帕金森的工作量增加了一倍。最开始，他只是被聘为博物学方面的画家，但从这一刻起，他必须应对各种各样题材的画作。一天，帕金森爬上一座长满树的山丘，这座山丘在当地很显眼，站在山顶可以俯瞰整个海湾。这里的景色完全被"一棵树"所占据，这棵树结实而干枯。树的旁边有几个人在劳作，这就是当地人的生计。画面的前景中有一位艺术家坐在草地上画画，如果不细看，很容易就被忽略了。他在树荫

下凝视着马泰瓦伊湾，"奋进"号就抛锚在这个海湾里。他的出现使这幅画变成了一幅自画像。画面中的这位艺术家就是帕金森，他远离家乡爱丁堡，在这里注视着广袤的南海。

帕金森始终没有停止整理"词汇"的工作。当班克斯采集花草时，他则在收集着词汇：

塔希提语	英语
Eahoo	鼻子
Ohaa te manoo	鸟巢
Earoc	海浪
Anooa nooa	彩虹

今天读到这些词的解释时，你会有一种远距离对话的感觉：帕金森用手指着这些词，点头微笑着模仿怎样发音，然后将这些词记录下来。他的词汇表将从简单的单词发展到复杂的短语，其中一些短语让1769年的岛上生活回响在各个时代。比如："*Tai poe etee noow*"（请给我一颗小珠子）；"*eeyaha*"（你去吧）；"*ara mai*"（跟我来或来这里）。只需要一个词便可以实现塔希提语到英语的跨越："tatau"，这个词表示在庆祝仪式过程中在一个人的皮肤上印上艺术标记。帕金森对此很感兴趣，他自己也会"接受这样的皮肤手术"，用文身来纪念他生命中的重要时刻，以此来预测一个时代的到来。

※

到七月份"奋进"号准备离开塔希提岛时，帕金森已经收录了四百零三个单词，一个常用词列表，从一到二十的数字，以及一首塔希提歌曲的誊写。这个成绩令人钦佩不已，但到目前为止，他也只能做这么多了。他也许能够指出鼻子或脚怎么说，但要确认或理解他所遇到的这个不同信仰体系的复杂性，则要困难得多。

塔希提岛的复杂性超过任何一个人的认知。库克发现，岛上的每一棵果树都是某些人或其他人的私有财产，这与人们想象中的处处平等均分相去甚远。岛上美丽的风景似乎也掩盖了背后黑暗的真相。有人看到了骷髅，班克斯还发现了许多颌骨，挂在那里作为战利品。还有其他令人费解的事情。有一天，帕金森目睹一个女人当众用鲨鱼齿把自己残害得面目全非。

一天早上，金星堡垒上演了奇怪一幕。当一艘连体船绕过海湾的尽头划到浅水处时，班克斯像往常一样主宰着市场交易。一个男人和两个女人下船后向他招手示意。在场的人迅速移动，在来访者和班克斯之间让出一条小道。那个男人带着"一小束鹦鹉的羽毛"走向前来。[52] 他来来回回地送了六次礼物，然后把一块布铺在沙子上。准备完毕后，其中一个女人向班克斯走过来。帕金森写道，"她身上穿了很多衣服"。她边脱衣服边转动身体，一共转了两圈，"几乎一丝不挂地站在那里"。然后，有人递给女人更多的衣服，她把这些衣服摆放在地面，接着"继续保持着赤裸"。

尽管班克斯不理解这种表演的意义，但他很高兴把这解读为对他发出的做爱邀请。他领着两位女士进入他的帐篷，尽管他"无法说服她们待上一个小时以上"。但班克斯在他的日记中提到了仪式的第二层微妙含义。班克斯写道，有一个名叫图帕亚的人，一直站在他旁边，"好像是我的副手一样"，帮我接收礼物并把礼物放在小船上。这个细节很能说明问题。不同文化相遇时的困惑与不解通常会沿着相似的方向发展。秉承不同文化的双方会被割裂开来。双方有时会接触或对话，但通常是彼此产生误解，从而引发强烈的反应：困惑、愤怒、欢闹、尴尬。那天早上，仪式的上演因图帕亚的出现而把人弄糊涂了。他横跨两个世界，他参与到其中，他知道自己在干什么，但他站在班克斯一边。

今天反过头来阅读"奋进"号的航海日志，人们很难对塔希提岛上居民形成一个真实的印象。对于一个他们认为远离尘世的异域之地，水手们给许多塔希提人冠以古典世界的名字，比如大力神赫拉克勒斯、吕库古或伊壁鸠鲁，这些名字只是为了掩饰他们的真实身份。其他人的名字则很搞笑。当他们终于见到传说中的"奥波利亚女王"（*Queen Oboreah*）时*，才认识到根本不是他们想的那样。"*Oboreah*"并不是一位"女王"，她的真实名字叫"普丽亚"（*Purea*），长得令人望而生畏，大概是部落的头领，但绝不是能够号令整个塔希提岛的女王。她卷入了围绕马泰瓦伊湾的权力斗争中。正是通过与普丽亚开展交易，"奋进"号上的船员才认识了图帕亚。图帕亚和他们一起庆祝乔治国王的生日。他为军官和绅士们准备了一顿烤狗

---

* "海豚"号当年到访塔希提岛时留下记录，把这个女人称为"女王"。正是这样的名字让人以讹传讹，以至于"奋进"号的船员以为要拜见当地的女王。

晚餐，并承担起调停人、外交官和翻译的总体角色。在所有人中，图帕亚似乎特别想站在班克斯这边。

在留存于世的关于塔希提岛的水彩画和素描画中，有的描绘各种花草和鸟，有的描绘海岸和其他场景，但唯独没有一幅图帕亚的肖像画，这实在令人感到不解。也没有任何人描述过他的外貌长相。起初，他们只是大致了解他在塔希提社会中的地位，他是"奥波利亚最得意的人"或"塔希提岛某种大祭司"。班克斯称他为"首领或岛上的神职人员，因此，他精通这里的宗教"[53]。直到这时，班克斯给出的笨拙而笼统的关于"有学问之人"的定义，才具体有所指。后来他们才会明白，他们遇到了所有这些岛屿中一位最好学、最有学识、最敏锐的人。十年后，德国博物学家格奥尔格·福尔斯特随库克出航，他称图帕亚是"一个非凡的天才"。

在"奋进"号远航之后的几十年甚至几百年里，人们都是从欧洲探险的传统视野来重新讲述这个故事。这种叙事框架不仅将"文明"到访者和"未开化"或"野蛮的"原住民明确分割开来，还表明了这样一点，即探险者总是在戏剧性的遭遇中扮演主动的控制者角色，而他们遇到的人则扮演被动角色。最近开展的学术研究表明，这是一种错误百出的前提假设。1769年，"奋进"号并没有驶进一个充满善意的、完全脱离历史的世界。水手们遭遇到的人有着强烈而独特的动机来按照他们自己的方式行事。没有人比图帕亚更清楚地说明了这个事实。

图帕亚与"奋进"号船员，特别是班克斯的交往远不是温顺而慷慨的，实际上他是出于某种目的经过了精心的算计。由于他并没有留下什么直接的证据，因此他的动机永远也不为世人所知。但有一点似乎很明显，"奋进"号抵达马泰瓦伊湾后不久，他就构思了一个计划，当"奋进"号离开时要随她一起出航。水手们在塔希提岛三个月的逗留接近尾声时，他提出了自己的请求，并且反复恳求。1769 年 7 月 12 日，也就是"奋进"号起程返航的前一天，图帕亚上船了，正如班克斯所说，他"重申了和我们一起去英国的决心"。

第二天早上十点左右，风向东，微风。"奋进"号集合完毕，整装待发，马泰瓦伊湾的水面上到处都是送行的独木舟。帕金森听到人们悲伤地哭喊着"Awai！Awai！"，意思是"走吧！走吧！"。有些人并拢着靠上前，赠送椰子和香蕉等离别礼物。抬头一看，他们一定是被站在后甲板上熟悉的人吓了一跳。

皮克斯吉尔写道："在图帕亚的指引下，我们站在船舷上搜寻一些岛屿，他说这些岛屿就在不远处。"班克斯看着图帕亚流下了"几滴发自心底的眼泪，所以我判断他是在用眼泪竭力掩盖着什么"[54]。航行又开始了，班克斯把他的这位最新的"水手"带到船头，他们"久久站在那里，挥着手向独木舟告别"。塔希提岛渐渐消失在他们身后的地平线，班克斯、帕金森或图帕亚今生再也不会回到这里了。

8

Perfect Strangers

第八章

文明之外

帕金森的词汇表中并没有收录 "*Tōtaiete mā*" 这个短语。实际上这个塔希提短语指的是散落在太平洋中部地区一处群岛的总称，库克将这片岛屿命名为"社会群岛"*。1769年"奋进"号造访这里之前，这些岛屿（沿经度线横跨二百五十英里以上海域，东起塔希提岛，西到波拉波拉岛）还没有融入西方国家能理解的地理意义上的海图。但是，正如图帕亚了解到的，这里也非常有条理。群岛中的每座岛屿或环礁都靠纵横交错的海道交织在一起，这些海道就像蜘蛛网的网线，从一端到达另一端。"奋进"号的船员是无论如何也找不到这些海道的，但这对图帕亚并不是什么问题。"奋进"号驶离马泰瓦伊湾时，正是图帕亚把这艘船引入其中一条海道。班克斯已经目睹了图帕亚眼中几滴"发自心底的眼泪"，他或许有充分的理由断定，图帕亚是在为塔希提流泪。但或许另有原因，因为图帕亚根本

---

* 是太平洋东南部法属波利尼西亚的主要岛群。社会群岛其实应当是"学会群岛"，是为纪念英国皇家学会而命名的，跟"社会"没有关系，但由于各种原因已形成约定俗成的叫法。

就没有离开，而是在回家的路上。

"奋进"号上的船员一路上看着胡阿希内岛、赖阿特阿岛和波拉波拉岛，这些矗立在天青石色海面上的岛屿高低不平，满眼的翠绿，为塔希提的独特魅力增色不少。这些岛屿无不被泛着绿松石色的浅滩环绕着，海滩周围棕榈树林立。岛上不见结实的建筑，也没有锻造厂或工厂的滚滚浓烟，人们很容易将这种自然的美视为卢梭理想中的平静而纯真。但现实截然相反。"奋进"号通过的并不是一片平静的水域。相反，1769 年的时候，这艘船正航行在一个充满争议的地理空间，被世代相传的冲突弄得四分五裂。冲突的源头就是赖阿特阿岛。虽然赖阿特阿岛的面积和人口都比不上塔希提岛，但其重要性却更为突出。赖阿特阿岛的南岸位于奥普阿，那里有一座社会群岛最神圣的庙宇——塔普塔普亚提雅神殿。如果想给班克斯这样的启蒙人士解释清楚塔普塔普亚提雅神殿在当地的重要性，可请他们考虑这样一件事：试想把牛津、罗马和乌普萨拉合为一体——集中在海边一个由扁平的岩石和柱子构成的场所。塔普塔普亚提雅神殿的意义和这相似，这座庙宇就像一块磁石，是岛上跳动的磁性心脏，祭司在这里祈祷，学者在这里念经，人们在这里献祭。这是创世之地和神的诞生地，伟大的战神奥罗就生于此。

18 世纪留给后人的记忆就是一个殖民扩张的时代，好战的欧洲国家不断渗入到北美、加勒比和印度。社会群岛的内部冲突似乎与同时代世界其他地方的冲突截然不同，但是，当身着红色军装的英国士兵向更广阔的疆域进发时，对奥罗的崇拜

185

也从塔普塔普亚提雅神殿向外辐射：约 1710 年扩散到波拉波拉岛，大概十年后就到达塔希提岛。红色也是战神奥罗钟爱的颜色。一位受封为埃瑞奥伊（*Arioi*）的高级祭司将对他的崇拜从赖阿特阿岛带到边远的岛屿上。埃瑞奥伊绝非等闲之辈，他们是联系塔希提社会各阶层的中坚力量。埃瑞奥伊地位尊贵，但大多数情况下不能世袭，也不允许有子嗣，只能像天主教神父那样终身不娶，一般只有那些极富天赋、外貌超凡脱俗、才智特别突出的教徒才有可能成为埃瑞奥伊。埃瑞奥伊集智慧与体魄于一身。埃瑞奥伊喜欢四处周游，无论他到哪里，都会受到隆重接待，人们举办盛大的宴会、舞会、献祭活动和黑色喜剧，还会奉上美女侍寝。"奋进"号离开塔希提岛不久，一位欧洲来访者抵达社会群岛，亲眼看见了一支埃瑞奥伊船队靠近海岸。他们的独木舟：

> 向陆地进发，船队的旗帜随风飘扬，鼓乐齐鸣，陪伴在埃瑞奥伊祭司左右的是主持仪式的酋长。他走上专门搭建的高台，台上的人们狂热地扭动着身体，做出古怪的动作，他们浑身涂满彩绘，高声歌唱，歌声与鼓乐声、海水波涛汹涌的声音以及浪花拍岸的轰鸣声混合在一起。[1]

埃瑞奥伊的政策令人震惊和敬畏，18 世纪上半叶，这些政策的主要目标是让社会群岛的居民皈依战神奥罗。1769 年 7 月 13 日，班克斯在"奋进"号的桅顶处与图帕亚并排而坐，

186

那时的他对此一无所知。班克斯并不关心宗教方面的问题，相反，他把注意力放在目所能及且能评头论足的世俗事务上。猜测那些既不能证真也无法证伪的事情有什么用呢？他在调查南海诸岛的日志中这样写道："宗教由来已久，且对所有国家而言，仍然披着人类无法理解的神秘外衣。"他解释说，宗教还有一个劣势，"那就是传播宗教的语言"[2]。

"奋进"号的桅楼是一个狭小的空间，只有几英尺见方。班克斯和图帕亚挤坐在一起，如果从下面望上去，他俩看着一定差不多融为一体了。也许这就是图帕亚所设想的。看来，当"奋进"号中途到访塔希提岛时，他就决定与班克斯建立一种"塔约"（taio）关系，这是一种正式的友谊关系，建立在互惠互利基础上。"taio"这个词的含义是"合二为一"，也就是目标、观点、身份和名字的统一。"塔约"式的友谊很少会掺和陌生的组成部分。友谊的一方是英国林肯郡的绅士，他一年的俸禄达六千英镑，且在伦敦的上流住宅区拥有房产；友谊的另一方是图帕亚，他是一名神职人员、天文领航员，也是一位来自社会群岛哈马尼莫湾的政治难民。后来，当船上的军官们试图用英国和勇敢的乔治国王及其许多孩子的故事打动图帕亚时，他回答，他"认为自己更了不起，因为他是埃瑞奥伊"[3]。

图帕亚的生活，优渥和动荡各占一半。图帕亚大概于1725年生于社会群岛，他不仅出生在一个神圣的岛屿，而且还在塔普塔普亚提雅神殿接受了口传心授的教育。只有少数几个被挑中的人才会享有此殊荣。选中的人会系统地接受岛屿各种知识的学习。在这个过程中，他们既要掌握实际的技能，也要接受宗教的洗礼。据说图帕亚来自一个在航海技术方面特别有天赋的家庭。从童年起，他就学会了分析特莫职阿纳海，图帕亚并不认为这片海域难以清楚辨认，他把各个方面结合起来进行分析，包括海水的颜色及其色调、波浪的形状、海浪的高度、洋流的拖拽、陆地的赫然耸现以及候鸟和昆虫的行为等等。图帕亚在埃瑞奥伊祭司中位列第三，这从他身上纵横交错的精致文身略见一斑，这些文身从他的背部一直延伸到肘部内侧。作为一个重要的人物，图帕亚年轻时曾接受埃瑞奥伊的委任完成横跨社会群岛的航行，毫无疑问，他在航行中肯定有必要的仪式和战神奥罗火红符号的加持。

187

这些早期的任务在图帕亚成年之前就已经按部就班地完成了。许多岛屿上都竖起了战神奥罗的雕像，但很快就遭到了强烈抵制。正如图帕亚向班克斯解释的那样，麻烦的起因是一个注定没有好结果的决定，他们下令把社会群岛的盗贼驱逐到"渺无人烟的贫瘠之地"，也就是波拉波拉岛。这样做本来是想解决偷盗这个问题，但该举措使情况变得更加复杂。帕金森简要记录了事情的原委："随着时间的推移，小偷的数量大大增加，以至于岛上没有足够的食物供他们生存。他们最终走投无路，自己造了独木舟，摇身一变成了海盗，把附近岛屿上的人抓来囚禁起来，就像当年他们遭遇的悲惨命运一样，并且缴获了独木舟，没收个人财产。"[4]

正是在波拉波拉岛被海盗袭扰期间，图帕亚被迫告别以前舒适的生活方式和赖阿特阿岛的祖居。大约到了1763年，波拉波拉岛居民和赖阿特阿岛居民之间多年的纷争终于爆发，在赖阿特阿岛沿海的海面上进行了血腥拼杀，最终以"大屠杀"
告终。赖阿特阿岛居民因为在战争白热化阶段被叛徒出卖，被
彻底击败，图帕亚差点丢了性命。在战斗中，他被刺鳐鱼锋利
的尾部刺中，鱼尾"从背部刺入，紧贴着胸口下面钻了出来，
几乎完全穿透了他的身体"[5]。五年多以后的今天，伤疤仍然可
见。班克斯看到这个伤疤，他觉得"伤口愈合得非常好，疤痕
非常光滑，面积也非常小，和我看到的欧洲最优秀的外科医生
治疗的效果一样"。图帕亚幸存了下来，但他以前的生活也就
此终结了。据说，直到那时，他才开始用"图帕亚"这个词来
称呼自己，这个词的意思是"殴打"。"奋进"号的航海长莫利
纽克斯把图帕亚的故事简单进行了总结，他说，图帕亚"被迫
离开他的故土，火速赶往奥波利亚'女王'那里寻求庇护"[6]。

　　赖阿特阿岛有很多人和图帕亚一样跑到塔希提岛避难。尽
管图帕亚身负重伤且失去了土地、财富和以前的身份，但他的
埃瑞奥伊高级祭司身份没变，他还是战神奥罗的祭司和大屠杀
后的勇敢幸存者。在塔希提岛，他很快就找到了一个新的靠
山，图帕亚和当地部落首领普丽亚（普丽亚吹嘘自己是"奥
波利亚女王"）结盟，成了她的情人。图帕亚的身体和社会地
位逐渐恢复，他和普丽亚一起谋划着怎样在塔希提岛南部的帕
帕拉地区巩固和提高他们的地位。这就是18世纪60年代中期
塔希提的情况。到目前为止，图帕亚已经经历了人生的大起大
落。他曾经大权在握，呼风唤雨，现在却沦为一个感到绝望的
无家可归者。但接下来发生的事情一定比以前任何事情都更
让他无法招架。

赖阿特阿岛海战爆发两年后，有人看到开始有"巨大的漂浮物"在各个岛屿之间交换各种各样的东西，然后运往北方，这激起了强烈的愤慨。最近更是有这样的预言，说这里即将有"没装舷外浮材"的奇怪小艇到来，上面载着更奇怪的人，还说神鸟会返回家园。社会群岛许多流传很久的故事都和航海有关。众神乘着神奇的有翼独木舟在天空中穿行，比如和平与美丽之神泰恩（Tane），或者毛伊岛神（Maui）和汝岛神（Ru），他们翱翔世界，撒下星罗棋布的岛屿。这些传说中提到的鸟也具有庄严肃穆性。班克斯注意到鸟类在当地人心目中的特殊地位。每座岛屿都有自己的神鸟，其中一座岛屿的神鸟是苍鹭，还有一座岛屿的神鸟是"某种翠鸟"。这些鸟既没有被骚扰，也没有被杀害，相反，它们被认为是好运或厄运的使者。就像航海众神一样，这些鸟对地理上隔绝的人们象征着自由。学者安妮·萨尔蒙德描述了南海岛民的"巨大孤独感"[7]。他们的家园就在一座座小岛上，这些小岛只不过像针一样刺破巨大的海洋表面，兀自突立在那里。小岛迷失在广袤的海洋中，地平线的那端到底有什么，岛上的人只是一知半解。很快，从东方的地平线上冒出四艘大船，首先是"海豚"号，然后是布干维尔指挥的两艘船（当然，那时库克还不知道这些），最后是"奋进"号。

我们不可能了解，当地人对这些船的到来到底是怎么想的。口口相传下来的是他们看到了奇怪的幽灵、漂浮的岛屿或神一样的人。一位目睹"海豚"号抵达的当地人的子孙这样写道，"他们对眼前出现的如此不同寻常之物深感惊诧"，他们"无法解释这种令人惊异的现象，心中充满了惊奇和恐惧"。
这种惊奇的感觉似乎转瞬即逝，伴随而来的是长久的恐惧。班
克斯承认，"'海豚'号的舰炮让他们极为恐惧"，当他问到交
战中死了多少人时，"他们掰着手指头数着，也许十个人左
右，也许二十个人左右，也许三十个人左右，然后口中发出
'*worrow worow*'的声音，当地人指的是一群鸟或一群鱼那么
多" [8]。

　　1769 年，图帕亚被"奋进"号深深吸引，这再自然不过
了。从童年成为埃瑞奥伊祭司以来，一直到和普丽亚结成联
盟，他一直和权力走得很近。"奋进"号是他参观过的第二艘
船，或许当年他登上"海豚"号时就已经萌生了乘船离开这里
的念头。此外，海水是图帕亚的命根子。他在陆地上可能会受
到敬仰，但作为埃瑞奥伊祭司，只有航行在大海上才是最伟大
的。图帕亚想乘船离开的第二条线索或许隐藏在令人信服的档
案文件中。

　　我们知道，1769 年夏天的某个时候，图帕亚开始和帕金森
一起画素描。图帕亚的水彩画绝大部分描绘的是男孩吹鼻笛或
者哀悼仪式这样的场景，这些画作直到现在才被承认是出自
他之手。这些画作初看上去难看且僵硬，线条很粗糙，多用
直线勾勒，平铺在纸面上。但是，当你了解到这是一个从未
见过水彩画，在形式、颜色、构图或透视方面没有任何经验
或绘画培训的赖阿特阿岛居民进行的最早尝试时，传统的参
照系也就消失了。

　　在图帕亚的素描画中，有一幅特别引人入胜，在绘画技巧

上比其他作品更为复杂，也显得更为自信。这幅画就是《塔希提岛一景：两艘作战独木舟和一艘带帆独木舟，詹姆斯·库克船长的第一次航行》。画中用铅笔勾勒出一个长长的会议室，左右两侧悬垂着棕榈树、香蕉树和面包果树。这些树显然经过了精心渲染，树干用橡木般的褐色填充，树叶则是刺柏绿，有人怀疑这幅画可能是图帕亚和帕金森共同创作的。但这幅画的前景才是最令人兴奋的。图帕亚在这里描绘的是一场有作战独木舟参与的海战场面，画面中有三艘战船，其中一艘船快速向画幅右侧撤出，其他两艘船则正在鏖战，船上的武士紧握棍棒和长矛。铅笔未勾勒完成的武士聚集在独木舟的腹部，随时准备加入战斗。

　　这幅画描绘的场景可以有两种解读方法，这既有可能是一个完整而连贯的场景，也有可能是多幅叙事画中的一幕，就像《贝叶挂毯》*那样。如果是第二种解读方式，《塔希提岛一景》这幅画就变得颇耐人寻味了，从这幅塔希提岛原住民生活的一个片段可以联想到恢宏的历史场景。这幅水彩画仅仅是其中一幅，或许还可以搜寻到描绘图帕亚其人其事的其他画作。从 1769 年 5 月中旬开始，他似乎已经立下志向要加入"奋进"号，与班克斯建立一种互相帮衬的"塔约"关系，把他们都引

---

* 《贝叶挂毯》创作于公元 11 世纪，可能是世界上最长的连环画，记录了黑斯廷战役，具有很高的历史价值。原本长七十米，宽半米，现存六十二米。这幅作品的特殊之处在于，它不是用颜料和画笔绘成的，而是以亚麻布为底的绒呢刺绣品。约七十米长的挂毯，由若干块布料拼接而成，绣成七十多个场面。挂毯现藏于法国诺曼底大区巴约市博物馆。

向神圣的塔普塔普亚提雅神殿，甚至还有可能利用"奋进"号上致命武器的威力，一雪波拉波拉岛前耻。

　　还有几个塔希提岛居民也表达了想跟随英国人一起走的意愿，但图帕亚是最决绝的一个人。航海长莫利纽克斯注意到，图帕亚"看起来在各方面都要比我们遇到的其他土著居民强很多，他处心积虑地与班克斯先生建立非常巩固的友谊，下定决心要搭乘'奋进'号访问我们的英国"[9]。听到这个消息，班克斯非常激动。他向图帕亚承诺，到达英国后会负责他的食宿，同时承认他是科学考察组的一员。1769 年 7 月 12 日，图帕亚在塔希提岛度过了他的最后一天，向朋友们祈祷并告别。夜幕降临时，在一位名叫泰阿托仆人的陪伴下，图帕亚划着小船登上"奋进"号，开启他的"第一次长途旅行"。"他绝对是最适合的人选，出身高贵"，班克斯这样写道：

　　　　感谢上帝，我有图帕亚就足够了，我不知道为什么我不能把他当作一个奇人带在身边，我的一些邻居不惜任何代价豢养狮子和老虎，我想图帕亚绝不会把我置于这样的险境；以后和他同行，他讲的故事肯定非常有趣，他对这艘船也肯定会十分有帮助，他在这片汪洋中发挥的作用肯定不会比其他人差，我想他会全力以赴地报答我。[10]

　　这是班克斯发泄不满的文字当中的一段，好像在别人的眼里，他就是那种四处游荡、贪婪成性的帝国侵略者，看到什么稀罕玩意儿就拽回家里把玩。这个帽子扣到他头上并不完全公平。学者尼古拉斯·托马斯从情境主义的角度分析了班克斯对图帕亚"恰如其分的有名"描述，并为他进行了开脱，"班克斯的态度完全不同于 19 世纪的帝国企业家，他们的确抓获了土著人并将其投入动物园一样的环境中，并且像展览动物那样展览那些土著人"：

> 班克斯把图帕亚看作是一个收藏品，同时也是一个旅伴，他不是那种轻易使用"最适合的人选"这个词的人。他接着明确表示，图帕亚是一个有着尊贵身份、社会地位显赫的人。班克斯从来都不会用这些话语来形容普通水手，毫无疑问，他认为图帕亚是最适合与他交谈的人，任何人都赶不上他。不管怎样，图帕亚不属于"奋进"号上任何一个人的"收藏品"，是他自己做出的出海远航的决定（他还带了一个男孩陪他一起出海，名义上是他的仆人）。[11]

图帕亚在船上也不是装饰性的存在，在离开塔希提岛的几个星期时间里，他的影响力渗透到这艘船的每个角落。只用了几天的工夫，他就让大家见到了胡阿希内岛。在把船泊在一个暗礁后面之后，图帕亚召集岛上的居民潜至船底，试试龙骨有多深。胡阿希内岛的"首领"划船过来迎接他们，浑身"颤抖着"，但当他一眼看见图帕亚时，所有的顾虑瞬间消失，然后图帕亚带领军官和绅士们上岸。在那里，他向岛民讲话，或者

191

说为他们念了祷文，将腰部以上的衣服脱光，把珠子和手帕当作礼物送给岛民。无论欧洲人多么不理解这次表演，军官们立刻就得到了回报，他们把一根权杖用锤子敲入地里，升起了一面联合王国国旗，并声称这座岛屿归乔治国王所有。

到了 7 月 20 日，图帕亚带领他们走捷径到达了他最珍爱的地方，奥普阿和塔普塔普亚提雅。在这里，前面的仪式又上演了一遍，图帕亚向当地人表达了感谢，英国人则又用国旗占领了这里，然后他们就可以不受任何限制地探索塔普塔普亚提雅神殿了。班克斯感觉这里的氛围和塔希提岛并不相同，但这里的庄严肃穆并没有影响他指指点点。他最愚蠢的举动就是把手塞进一个神龛里，捅破了外面的覆盖物，完全没有任何敬畏之心，"我用手指摸索着，直到碰到一块由椰子纤维制成的堵盖，根本无法穿透，所以我不得不放弃。更重要的原因是，我这样做让我们的新朋友感到很生气"[12]。班克斯对什么都好奇，哪都想碰碰。但这不禁让人感到疑惑，如果一个南海的岛民游览坎特伯雷大教堂，撬开托马斯·贝克特的墓盖，然后在尸骨周围翻动，班克斯会做何感想。

"奋进"号很快返回海面。图帕亚在这些棘手的沿海水域小心翼翼，珊瑚突起的尖顶和暗礁时刻威胁着"奋进"号的舷侧。尽管他们使尽浑身解数，眼看马上就能到达奥普阿岛附近的一处浅滩，但在最紧要的关头还是掉转船头离开了。"奋进"号继续绕赖阿特阿岛航行，到 8 月初时，由于弹药舱出现渗水现象，需要进行维修，图帕亚引导"奋进"号进入赖阿特阿岛西海岸一处宽敞的海湾。班克斯在他的日志中证实说："我们现在对图帕亚的领航本领深信不疑。"[13]

他们在哈马尼莫湾抛锚停泊了几天，在那里他们"非常惬意"。这里是图帕亚的家乡，他的归来自然少不了盛宴和舞会。对图帕亚来说，最后几个星期的停留一定是他一生中最开心、最迷惘的时刻。他是一位巡游在社会群岛的埃瑞奥伊高级祭司，穿过古老的海道，举行盛大的仪式，在熟悉的岛屿环境下尽情聚会、跳舞和享用美食。只是这一次，他没有指挥宗教仪式上的独木舟或双壳体帆船，而是指挥一艘大得多的船。1769年，"奋进"号已有五年的船龄了，在这令人兴奋的几个星期时间里，"奋进"号迎来了其一生最壮丽的时刻。这艘船走过的历程堪称五味杂陈，令人惊掉眼球。最开始她是一艘惠特比运煤船，然后被改造成皇家海军的探险船，现在则在一名埃瑞奥伊高级祭司的引领下，利用所有军官都不知晓的知识和方法航行在南海。

库克从一开始就担心图帕亚加入船员队伍中。离开塔希提岛前，库克和班克斯讨论过这个问题。库克认为，英国政府"永远都不可能"负担图帕亚的费用。班克斯反对库克的观点，将图帕亚纳入自己的科学考察组中，而且巴肯去世也空出了一个舱位，他决定返回英国后独自为图帕亚提供支持。班克斯的这番话让库克稍感安慰，默许了班克斯的决定，他需要在航海日志上记下这些，为这个决定找一些合理的借口，图帕亚是一个"非常聪明的人"，他"非常熟悉这片海域内各个岛屿的地理位置、物产以及土著居民的宗教法规和习俗，在这一点上，我们遇到的任何人都不如他，这个人或许是满足我们要求的最

192

佳人选"[14]。

在"奋进"号起航前，他们已经考虑过应该怎样对待在航海过程中遇到的形形色色的人。达尔林普尔一直坚持他的观点，绝对不允许通过采取"欺诈或暴力"手段使其"加入大英帝国"，但这种观点从约翰·卡伯特指挥第一艘英国船只到印度群岛后就早已发生转变，当时他接到的命令是"吸引所有外域土著人登船，用啤酒和葡萄酒将他们灌得烂醉，以了解他们内心深处的秘密"[15]。英国皇家学会主席莫顿伯爵为"库克船长、班克斯先生、索兰德博士和其他绅士"编写了一系列"提示"，这些提示是这样开头的：

> 对船舶航行过程中可能接触的若干陆地上的土著居民保持最大的忍耐和克制。
>
> 控制水手小题大做，制止乱用武器。
>
> 严格告诫水手，伤害土著居民被列入严重犯罪：他们和我们一样都是人类，也是造物主的杰作，他们和最优雅尊贵的欧洲人受到上帝同等的眷顾，或许他们的进攻性没有欧洲人强，更应该得到上帝的青睐。
>
> 从最严格的意义上说，他们是所居住若干地区的自然合法拥有者。
>
> 任何欧洲国家都无权占领土著居民岛屿的任何部分，或未经其自愿同意的情况下在他们的岛屿定居。[16]

重要的是要思考与土著居民开展相互交流与沟通，因为如果此次远航按计划进行，这是不可避免的。但是，怎样理解遇到的土著居民呢？正如卢梭指出的那样，"我认为，在人类的一切知识中，最有用但也最不完善的知识就是关于人的知识"。当然，他认为，应从人们所处的社会背景出发才能更好地理解人类自身，社会背景让人们处于文明和野蛮之间的某个尺度上。随后，随着时代发展对分类的迫切要求，有些人试图将人类划分为不同的种族。林奈在植物学领域取得了巨大成功，他进而提出了四种"类型"的智人：白肤色的欧罗巴亚种、智人、黄肤色的亚洲亚种、黑肤色的非洲亚种和红肤色的美洲亚种。林奈开创性地提出了这种令人生厌的未来人类社会的种族观念，但在"奋进"号上，根本就没有人注意到林奈的这种愚蠢而毫无同情心的方法，甚至包括班克斯和索兰德在内。即使在那时，他们两个人仍然感到，与植物相比，想把人类划分开来是非常棘手的。

　　还有其他想法也非常前卫。一种观点认为文明和野蛮这两种人类社会的极端是各地区气候明显不同造成的，怀疑论者塞缪尔·约翰逊这样讽刺说："我们可以把自由和奴役归咎于环境温度的不同，可以根据温度的不同决定划分邪恶和美德的纬线，而且可以根据纬度的不同确定那里的人们是勇敢还是胆怯，是渊博还是无知。"随后，面对所有这些决定论，法国政治家安·罗伯特·雅克·杜尔哥认为，"大自然决定的人与人之间的差异可能就体现在这样几个方面：大脑神经纤维排列的优劣以及血液流动的快慢"[17]。

　　正如治疗坏血病一样，臆测出的治疗方法多种多样，但对那些船上的人来说，只能孤立无援地摸索哪种方法有效。到了塔希提岛以后，他们都了解了第一次与"土著人"或"印第安人"遭遇时固有的复杂性。没有人会静静地站着不动，好让别人了解或学习。他们的态度必然会随着与其相遇之人友好与否 194而发生改变。但是，"奋进"号一行人与图帕亚的关系却改变了这种规律。图帕亚和他们一起被迫局限在船上这种狭小的生活圈子里。如果仅仅是短暂的拜访，很多东西或许暴露不出来，但是一天二十四个小时待在一起，不可能总是戴着面具共处。

　　图帕亚是班克斯有趣的伙伴，库克肯定认识到了他上船后带来的好处。班克斯和库克对"南海诸岛的风俗习惯"形成了清晰而敏锐的认知，其中大部分信息都是他们出海后从图帕亚那收集来的。但库克允许图帕亚自由进出军官们所在的大舱房，这多少还是让人有些担心。大舱房是一个严守标准、行动精确的地方，里面存放着海图，库克在这里指挥船只；班克斯和索兰德也在这里，他们要在这里处理采集的标本；还有天文学家格林，他在这里做着数学公式的推导。总之，这里是航海过程中的理性主义密室，测量、分类和探索的命令都是从这里传出去的。有一天，库克看见图帕亚在船尾窗那里做祷告，这一定让他大吃一惊。库克听到他"充满激情地大声诵读：*O Tane, ara mai, matai, ora mai matai*"，帕金森把它翻译成英语就是："万能的神塔尼，请赐我顺风航行。"帕金森写道："他的祷告并没有起什么效果"，图帕亚大喊着"*Wooreede waow*，我很生气。"[18]

　　库克在航海日志中默不作声地把这件事略过去了。要知

道，在英国国王一艘军舰的军官舱室里发生这样荒唐的事，谁
都不会轻易承认。无论图帕亚干什么，比如他采取晦涩难懂的
领航方法、过度依赖经验而不是数学、爱故弄玄虚、推崇神秘
的精神世界等等，所有这些都是库克竭力回避的，库克看重的
是航海时钟、望远镜和计算船舶准确位置的六分仪。"奋进"
号欢迎祷告，但仅限于星期天早晨的指定时间内。不过库克确
实从图帕亚带来的专业知识受益匪浅。图帕亚对暗礁的关注并
不亚于他们在约克郡海岸的小心谨慎。在观察图帕亚的那段时
间里，库克得出了一个试探性的结论，后来人们因其远见卓识
而钦佩不已。

自从 16 世纪欧洲的水手闯入南海以来，他们一直对散布
在各个岛屿的人口感到困惑不已。那里的人们没有任何技术方
面的知识，但他们作为航海者或领航员一点也不比欧洲人逊
色。布干维尔的一名军官提出了一大堆令人挠头的谜题："到
底是哪些可恶的人将他们置于这样的小沙洲上，而且离大陆如
此遥远？"[19]散布在比非洲面积更大的海域的所有岛屿、小岛
和环礁，那里为什么居住着彼此存在着文化、生物和语言联系
的人呢？要想回答这个问题，恐怕还需要再开展两个世纪的研
究工作。但库克在 1769 年给出了这样一个答案：

> 这些居住在岛上的人航行数百里格距离从一座岛
> 屿到达另一座岛屿，他们白天靠太阳导航，夜晚则靠
> 月亮和星星带路。如果这些能够得到证实，我们就不
> 应该对南海诸岛有人居住感到任何困惑了，因为如果

赖阿特阿岛上的居民和向西相距二百至三百里格岛屿
上的居民隔海相望，那么毫无疑问，那些岛屿也有可
能向西与其他岛屿相距这么远，因此，我们可以按照
这个路线一个岛屿一个岛屿地追踪下去，正好可以到
达东印度群岛。[20]

库克给出的这个答案可算是欧洲对作家林肯·潘恩提出的
一个观点最早表达赞赏之情的，潘恩认为，"这是世界历史上
年代最久远、持续时间最长、也许是最为神秘的海上探险和迁
徙活动"。波利尼西亚人并没有在黑暗中挣扎，五千年前，他
们离开东南亚，开始了一场从一座岛屿到另一座岛屿的大迁
徙。他们驾着装有帆的大独木舟，载着猪、狗和鸡等牲畜，从
夏威夷出发，几乎横跨整个太平洋来到新西兰。到了18世纪，
虽然长途迁徙的时代已经过去，各国人民都被限制在各自的领
土上，但是史诗般的远航故事仍在人们的集体记忆中继续流传
下去。图帕亚就是这些流传下来的知识的继承人，也正是因为
这些流传下来的知识，才促成了各个岛屿之间的航海联结。这
些航海知识的核心就是一个简单而优雅的体系。他们当然会从
字面和形象两个方面研究所有的自然迹象，但首先还是夜空中
闪闪发亮的星星。一旦他们发现一座岛屿并在此定居下来，这
座岛屿就会根据星辰的坐标定位被纳入到波利尼西亚世界之
中。从孩提时起，这些领航员就学习星位航海图的相关知识，
其诀窍在于知道哪颗星星在一年中的哪一天照耀在哪座岛屿
上空。班克斯把他们这种惊人的记忆技巧记录下来，这对"欧

洲的天文学家来说简直难以想象"[21]。

后来，达尔林普尔从库克那里听说这样一个故事：图帕亚 196
"能在整个航行过程中随时给我们指出塔希提岛的方向，误差
不超过罗盘的半个罗经点*"[22]。

如此一来，这套体系立刻变得极其简单，但如果没有掌握
诀窍，也非常复杂。要想掌握这种方法，需要有惊人的记忆
力。但这套体系并不是为所有人准备的，只有极少数非常优秀
的人才能被选为天文领航员。这就是库克在1769年8月开始
接受的历史事实。从某种意义上说，这种想法与他脑海中闪现
的技术层面的导航精确性完全相悖。但从另一方面来说，也许
根本没有什么不同。离开伦敦时，格林随身携带了一本马斯基
林的《航海年鉴》，这本书给出了一种新颖的导航方法，能帮
助航海人员通过计算月球或其他天体的观测数据来获得经度。
试想这样一个情景，库克和格林在太平洋一个满天繁星的夜晚
看着月亮导航，站在他们旁边的图帕亚也抬头仰望星空，这是
多么动人的一幕。

库克默许了到访社会群岛的计划。他们已经完成了观测
金星凌日的任务，没有必要匆忙赶路。况且，实现第一个目
标后，"奋进"号和她的船员状况尚好，库克也想去看看塞缪
尔·沃利斯没有来得及登上的岛屿。自从"海豚"号上次来到
这片海域，已经过去差不多两年了。"海豚"号和"奋进"号

---

* 航海用罗经刻度盘上标注的点，用来指示方向，罗经刻度盘被分为三十二
  等份，一个等份对应一个罗经点，也就是一个罗经点为十一度十五分。

一样一直处于良好的状态。但对沃利斯和一些下级军官来说，"我们所有船员都比离开普利茅斯那天更健康"，"海豚"号的航海长乔治·罗伯逊这样写道。"这艘船现在很轻盈"，他接着写道，"船帆和索具维护得很好"，因此，他对沃利斯下令向西行驶感到不解。沃利斯解释说："船上的高级军官想尽快赶回英国，一是为了恢复身体健康，二是想回国领赏，他们幸运地又为大英帝国拓展了一片疆土。"[23]

沃利斯的决定让罗伯逊大为恼火，他觉得南方大陆现在就位于他们的南部。库克也是被这样嘱咐了很多，离开塔希提岛时，他查看了海军部命令的第二部分：

> 兹命令你继续向南航行，以发现前面提到的南方大陆，一直抵达南纬四十度为止，除非在此之前发现那片大陆。但是，如果没有发现南方大陆，或者在航行中没有任何明显的迹象表明存在这片大陆，命你掉转航线向西继续搜寻，航行至南纬三十五度，直到发现为止。如果有可能，寻找塔斯曼发现的大陆东侧，那片大陆现在被称为新西兰。[24]

库克即将进入一个几乎没有人到过的世界。这里正好位于社会群岛的南面，南海的中间位置，是达尔林普尔描绘的南方大陆的中心区域。库克很可能已经开始怀疑是否存在南方大陆了。图帕亚曾被问及是否知道"一块大陆或一大片陆地"，但他表示对此一无所知。由于没有从图帕亚那里得到一丝帮助，库克不得不重新审视他接到的命令。命令中提到了一处欧洲人已经掌握的岛屿，即位于南海更深处的新西兰岛。

在一张充满谜团的海图中，新西兰岛依然不是很明朗。目前知道的全部就是，这座岛屿呈曲线状漂浮在南海的高纬度地区。新西兰岛的海岸线似乎从北向南延伸很远，中间有一个回弯，库克对此很好奇，这可能是一条海峡或内陆河。亚伯·塔斯曼在人们熟知的 17 世纪远航中留下了这些宝贵的线索，尽管这些线索不是很清晰。17 世纪 40 年代，塔斯曼受雇于荷兰东印度公司，他被派往印度洋和南海寻找存在大陆的迹象。从毛里求斯向东航行时，他绕过了一片他命名为"范迪门之地"的陆地，1642 年 12 月 13 日，在"波涛汹涌"的大海上航行几个月后，他的船队靠近了一个海岸线。沿着这个海岸线，他们到达一处海湾并抛锚停靠。后面发生的事情已经众所周知。当地人划着独木舟迎上来，这些岛上的居民"长相粗野、还未开化、充满热情"。在试图和他们沟通时，塔斯曼的一些手下遭到了伏击。有四名水手被棍棒打死，不到一天的工夫，塔斯曼就匆匆离去，只留下一个名字："杀人犯湾"。塔斯曼沿着海岸一路向北，直到它消失在一个海角后，才重新回到了开阔的海洋。

自从塔斯曼发现这里以后，荷兰东印度公司为了隐瞒发现新岛屿的消息，查禁了塔斯曼的航海日志，此后再也没有欧洲人重新回到新西兰岛。但相关报道还是把这座岛屿泄露了出来，在本来就令人糊涂的南海地图上又增加了一条模糊的标线。达尔林普尔认为新西兰是南方大陆的西部海岸线，这座岛屿一直是库克唯一得到确认的航海参照点，与社会群岛的西南部相距甚远。但库克首先要做的是指挥"奋进"号向南航行。198很快，大海便失去了光泽，波浪变得更高，一股寒意又笼罩在空气中。

9月1日，他们已经到达预定的南纬四十度，这里真是一片"汪洋大海"，浪涛高高腾起，然后长长缓缓地回落，身影是那么优美。没有丝毫迹象表明这里存在大陆。如果说搜寻到南方大陆的希望对军官们已变得很渺茫，那么图帕亚现在肯定变得更糟糕了，因为他已经被"瘟热"和胃痛折磨得不成人形。问题不仅仅是图帕亚遭受着病痛的折磨，还出在他坚持站在船上。库克后来的一位水手证实了这一点：

> 图帕亚的确是个天才、一流的祭司和优秀的艺术家，但即便如此，他也绝不会受到"奋进"号上船员的爱戴。在大家的眼中，图帕亚自尊心强且不苟言笑，强迫别人顺从他。水手们觉得给一个土著人鞠躬很掉价，因此极不情愿向他表示尊敬，并常常因为最微不足道的小事就找图帕亚的麻烦。25

库克指挥"奋进"号一直向南已经航行得很远了，现在他下令折向西航行，沿着南纬三十八度纬线搜寻，据说新西兰就位于这条纬线上。为了让大家擦亮眼睛更卖力地寻找，他"向大家承诺，凡白天先发现者，赏一加仑朗姆酒；凡晚上先发现者，赏两加仑朗姆酒"。时间很快就从九月到了十月，海水的颜色发生了显著的变化。水手们发现一对睡着的海豹，然后是一些体形较小的海鸟，这就是"戈尔先生口中的'埃格蒙特港母鸡'[*]"。经过这么多星期的艰苦航行后，这些迹象的出现让班克斯深感振奋。10月3日，他描绘了一幅欢乐的景象：

> 现在我的愿望就是，我们在英国的朋友能借助一些神奇的窥镜来一探我们的处境：索兰德博士坐在舱内的桌旁描述着什么东西，我自己则伏在书桌上写日志，我们的中间挂着一大束海草，桌子上放着木盒和眼镜；他们会看到，尽管我们各自干着自己的事，但我们的嘴唇一刻也没停，即便没有魔法师在场，他们或许也会猜到我们在谈论着即将发现的大陆，现在已经没有一点悬念了，我们很快就会看见那片大陆。[26]

10月8日下午，库克带领"奋进"号进入一个三英里宽 [199] 的海湾，这个海湾以一个完美的半圆弧线切入大家的视野。通过海湾南端的峭壁和白垩色海岬后，库克的思绪瞬间转向数千里格外的弗兰伯勒角和绕地球半圈距离以外的约克郡北部海岸，那里生活着塘鹅、角嘴海雀、刀嘴海雀和扁嘴海雀。他不知道这里可能会存在什么野生动物。班克斯写道："对于岛屿、河流和水湾等，大家的看法并不相同，也存在许多猜测，但全

---

[*]　戈尔口中的"埃格蒙特港母鸡"就是南半球常见的一种贼鸥，是一种褐色掠食性海鸟。

体船员在这一点上似乎没有任何疑义，即这里肯定就是我们正在寻找的大陆。"[27] 此时的库克小心胜于兴奋，他知道这很可能就是新西兰岛的东部边缘。由于需要补充淡水和食物，他把船停在了这里。当"奋进"号接近岸边时，几只独木舟交叉着划过来。帕金森看到了更多的人，"他们似乎在观察我们"。下午四点钟左右，"奋进"号在一条小河的入口处抛锚。

库克和他的同伴乘划艇在小河的北边上岸。直到这时，库克才看到河岸对面的"一些土著居民"。库克本来想努力和他们搭上话，但发现河水太深，无法涉水过去，于是他叫人用有两对桨的小划艇把他们摆渡过去，而较大的中型艇则留在入口处警戒。随同库克一起上岸的船员中就有舰医威廉·蒙克豪斯，他来自坎伯兰。蒙克豪斯详细记录了后面发生的事情。看到小艇划过来，对岸的人"逃之夭夭"。这样一来，蒙克豪斯和班克斯、索兰德以及库克便开始不受任何限制地检查海岸线，他们钻进几间"棚屋结构"的芦苇小屋，仔细查看了里面的东西。里面有残破的渔网、草裙和一堆烧焦的枝条。小屋外面到处都是帽贝壳和龙虾壳。当"我们突然鸣枪警告时"，蒙克豪斯和其他人感觉"特别好笑"[28]。

他们迅速退回到阴暗的角落。留下来守卫小划艇的年轻人遭到"四名当地人"的伏击，他们手持长矛向那几位年轻人靠近，几位年轻人大吃一惊。意识到危险后，艇长向空中放了一枪，"我们的朋友们除了挥舞着武器外，并没有停下来"。艇长接下来开第二枪，还是无济于事。无奈之下，艇长"瞄准最前面的那个人开枪射击"，和他一伙的人"拔腿就跑"。过了一会

儿，他们又折回来，抬着他的尸体走了五十码，但却"发现他已经死了"，于是扔下他"不慌不忙"地走了。蒙克豪斯检查 200
了尸体。他写道，"这个人身材矮小，但非常结实，量了一下大概有五英尺三英寸高"。左眼上文着三个弧形花纹，右脸颊和鼻子上文着螺旋形花纹。"弹丸从身体左边第六根肋骨穿过了右肩胛骨。我们在尸体上放了一些钉子和珠子做补偿，然后离开了海岸。"[29]

回到船上后，蒙克豪斯听到"一阵喧嚣"，库克下令"彻夜严守"。帕金森向海滩望去，海滩上很多土著居民正聚在一起"大喊大叫"地商量着什么，这一景象让帕金森感到不安。

被开枪打死的那个土著居民叫特·马罗，属于纳提拉凯分部落，特·马罗一直生活在毛利人称作"*Tūranganui-a-Kiwa*"* 的海湾，吉斯伯恩河就在这里入海。这处地方非同寻常，当地人自古以来就认为，几百年前毛利人的祖先乘坐第一艘移民独木舟"霍洛乌塔"进行远洋航行时就是从这里登陆的。当年"霍洛乌塔"独木舟上载着甘红薯，从先祖居住的夏威夷† 不远万里来到新西兰，随后又把第一批居民带到东海岸。

有一个传说讲述了"霍洛乌塔"独木舟航行到吉斯伯恩的故事。在争夺一些树木发生冲突之后，独木舟从大默丘里岛出

---

* 现为新西兰北岛的吉斯伯恩大区。
† 《新西兰百科全书》记载："夏威夷是毛利人祖先移居的发源地。第一批毛利人据说是远渡重洋从夏威夷来到新西兰的。在毛利人的神话中，夏威夷是至高无上的神创造世界和首批人类的地方。这里是世界上所有人的发源地，人死后都会魂归这里。"——原书注解

发。沿北部海岸线航行时，"霍洛乌塔"撞上了沙洲或没在水
中的礁石后倾覆。船的顶部裂开，人们从海底打捞上来一些可
以携带的货物。由于无法再运载所有人，一个叫基瓦（Kiwa）
的人被任命为骨干船员的指挥官，他们接受命令继续前往东
海岸，其他人从陆路前进。随后，基瓦指挥船只来到吉斯伯
恩河，在这里等待和从陆路过来的人会合。"为了纪念这个
决定，基瓦将附近的陆地、海洋和溪流命名为'Tūranganui-a-
Kiwa'。"[30]

1769 年 10 月，"奋进"号抵近同一个登陆地点。两代人
之后，一位名叫乔尔·波莱克的英国旅行者来到这里，记录了
与"奋进"号到达这里有关的各种故事。有一个故事讲述的是
这艘船最初被当作一只鸟，"看到她美丽的外形和巨大的翅膀，
当地人交口称赞"。看着这艘长长的帆船，小划艇和中型艇相
形见绌，就像"羽翼未丰"的小鸟一般。还有人把这艘船描述
成漂浮的岛屿，或许"载满了神灵"。波莱克记下了当地人的
惊讶之情：

> 看到库克的船是如此之大，他们吓得目瞪口呆，
> 但不久之后，他们又回过神来，下决心一定要看看这
> 些神灵（新来的人被当地人视为神灵）是否和自己一
> 样好斗……许多当地人觉得自己之所以生病，仅仅是
> 因为这些神灵特别关注他们。因此，他们一致认为，
> 由于这些新来的人用一个简单的眼神就能施魔法，他
> 们的社会越早被解散，对大家就越好。[31]

在塔希提岛，"奋进"号之所以能安然无恙，这都归功于"海豚"号到访时的一番厮杀。但这里并不存在这种威慑力。这里既没有以前的参照，也没有传统的友谊关系。他们到达这个海湾才两个小时，但已经违反了莫顿伯爵"提示"的前两条规则："对船舶航行过程中可能接触的若干陆地上的土著居民保持最大的忍耐和克制"和"控制水手小题大做，制止乱用武器"。

第二天黎明时分，班克斯通过望远镜看到海滩上"只有很少几个人"。他能看清楚的那些人正朝着他们前一天登陆的河流走去，似乎并没有携带武器，只是"三四个人手里拿着长矛"。库克不这么认为，他在日志中记下的是"有很多人"。他下令海员和海军陆战队士兵登上所有小船，包括大艇、小划艇和中型艇。他们将向陆地出发，并"努力与当地人建立沟通"。执行这样的任务并不轻松，船与海岸之间是距离不长但异常凶险的大海，汹涌的海浪拍击着岸边。他们最终经受住了考验，再次在河口登陆。像往常一样，班克斯和索兰德一同前往。库克也带了图帕亚。蒙克豪斯写道，"先头部队一上岸"，毛利人"在河岸上便集结成密集队形"，并"跳起了战舞"。英国的船员第一次看到毛利人的这种"哈卡舞"。戈尔记录了当时的场景：

> 大约一百名土著人，全副武装，下到咸水河的对
> 岸边，排列整齐的队列，然后就开始有节奏地左跳右

跳、往后倒，他们一边挥舞着武器，嘴巴扭曲，伸舌头，翻白眼，一边还喊着一种嘶哑的声音。我估摸着他们这是为了互相鼓劲，同时也是向敌人宣战，或许也可以称作是战舞歌吧。这个仪式持续了三四分钟。[32]

库克试着用"乔治王岛语言"向他们大喊，回应库克的是"在头上挥舞着武器，大跳战舞"。接下来，库克命令海军陆战队士兵在两百码距离外集合，这样他们便可以控制整个局面。然后发生的事完全出乎意料。图帕亚此前一直保持沉默，这时他用"自己的语言"高呼。库克记载说，"我们很惊讶地发现，他们完全听懂了图帕亚的意思"。随后，双方展开了非同寻常的对话。河的一侧是毛利人，另一侧是英国人。他们中间站着图帕亚，他不属于任何一个国家，对他正努力调解的双方文化也知之不多。

班克斯肯定是后来才查明他们对话的具体内容的，他写到图帕亚怎样"立刻开始告诉他们，我们要的是粮食和水，我们可以用铁器来交换这些粮食和水"。毛利人答应了这样的请求，但"拒绝"放下武器，在图帕亚看来，"这是背信弃义的表现，这不断提醒我们不能放松戒备，因为他们并不是我们的朋友"。库克也把他的警告记了下来："这些毛利人不是我们的朋友。"但对话的确缓和了紧张局势。蒙克豪斯注意到图帕亚怎样"最终说服了他们中的一个人脱掉外衣游过来。"[33]那个人站在一块"被潮水包围"的岩石上，招手让军官们过来。库克给出了回应，他放下滑膛枪并"找个地方站稳"，设法在河边与那个

18世纪的惠特比小镇充满古老与年轻、传统与现代相结合的特征。画面中道路可从繁忙的造船厂延伸到坡上的镇里。(by Frances Elizabeth Wynne (1835–1907), © National Library of Wales)

德特福德船厂风景。(by Joseph Farington, © Collections of the National Maritime Museum)

1768—1771 年，库克在新荷兰海岸的"奋进"号发现之旅中。（by Samuel Atkin (c.1760-1810), © National Library of Australia）

"彭布罗克伯爵"号最后一次离开惠特比镇，这艘帆船很快就会被英国皇家海军采购并重新命名为"奋进"号。这艘船即将开始全新的使命。（by Thomas Luny (1759–1837), © National Library of Australia）

"著名的凯瑟琳·麦考利夫人"是畅销书历史学家、小册子作者和自由捍卫者。（by Robert Edge Pine, © National Portrait Gallery, London）

约翰·威尔克斯：无与伦比的政治鼓动家和讽刺家。伏尔泰评价他说，威尔克斯用他的勇气把自己"点燃"，用他的智慧让自己充满魅力。（by James Watson, © National Portrait Gallery, London）

本杰明·富兰克林于1764年第三次重返伦敦，很快就将深陷英国政府和美洲殖民地的争吵之中。（by Joseph Duplessis (1725–1802), © National Portrait Gallery, London）

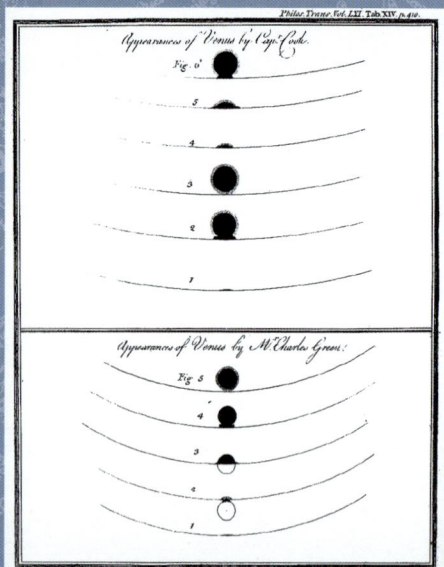

在塔希提岛观测金星凌日现象时受到"黑滴效应"的干扰。在这些素描图中,詹姆斯·库克描绘了太阳看起来像是伸展开来拥抱金星,这是他在金星凌日过程中反复遇到的难题。(by Charles Green and James Cook, © The Royal Society)

图帕亚 1769 年 5 月起开始创作的系列水彩画中的一幅,名为《塔希提岛一景》。前景描绘的可能是他在塔希提岛亲历的毛利人之间发生冲突的情景。(by Tupaia (c.1725–70), © British Library Board. All Rights Reserved / Bridgeman Images)

随着远航的继续进行，帕金森的绘画技巧和速度得到了很大提高。在新荷兰海岸，约瑟夫·班克斯注意到帕金森在短短十四天内就完成了"九十四幅素描"，"他的手法简直太快了"。（by Sydney Parkinson）

1769—1970 年，帕金森在随"奋进号"到访太平洋南部新西兰岛期间，创作了这幅令人惊叹的当地毛利人肖像。这幅画在他逝世后刊登在 1773 年出版的杂志上，欧洲读者由此第一次看到了新西兰土著人的形象。（by Sydney Parkinson, © British Library Board. All Rights Reserved / Bridgeman Images）

与大堡礁发生碰撞后的情景，大堡礁"险境环生，可以说是个非常恐怖的地方"。库克将"奋进"号停靠在岸边，即现在位于澳大利亚昆士兰州的奋进河。(by Sydney Parkinson，© Item is held by John Oxley Library, State Library of Queensland)

图帕亚成为"奋进"号上的船员后，为与当地土著居民的交流提供了极大帮助。这幅画描绘了班克斯与当地毛利人交换大龙虾的关键瞬间。(by Tupaia，© British Library Board. All Rights Reserved / Bridgeman Images)

詹姆斯·库克，一个神秘莫测、复杂难懂而又奋发努力的人。(by Nathaniel Dance-Holland (1735–1811), © National Maritime Museum, Greenwich, London)

发现澳洲大袋鼠的报道让欧洲人异常兴奋。詹姆斯·博斯韦尔写道，塞缪尔·约翰逊曾试图模仿大袋鼠："他站得笔直，像触角那样伸出手，把他那件棕色大衣的下围收拢起来，这样就和大袋鼠的育儿袋比较相像，然后在屋子里有力地跳了两三下。"(by George Stubbs, © National Maritime Museum, Greenwich, London)

西德尼·帕金森是一位非常能干的贵格会教徒，他对太平洋上的居民抱有最大程度的同情。（by Sydney Parkinson, © The Trustees of the Natural History Museum, London）

桑德维奇伯爵，海军大臣，是一位极端的两面人物。霍勒斯·沃波尔评论他说，"从来没有人树了这么多公敌，但却几乎没有私仇"。（by Thomas Gainsborough (1727–1788), © National Maritime Museum, Greenwich, London）

约瑟夫·班克斯，勇敢无畏的冒险家，1771 年当他第一次被奉为名人时，航海过程中带回来的各种手工艺品将他团团围住。（by Joshua Reynolds (1723–1792), © National Portrait Gallery）

班克斯和他的自然哲学家同事们被大众媒体挪揄嘲讽。这幅讽刺画嘲讽当时的收集热潮。（artist unknown, © Trustees of the British Museum）

人会面。

接下来发生的就是库克与那位不知名的毛利人进行的简短 203
会面，这是真正具有历史意义的事件之一。这不仅是欧洲人和
毛利人的第一次正式会面，而且会面的地点充满文化意义和历
史意义。那块岩石被命名为"特·托卡阿泰奥"。据口述的历
史后来透露，这个名字和一位名叫玛雅的人有关，他是来自夏
威夷的最早移民之一。在那遥远的日子里，玛雅经常在吉斯伯
恩河渡河。有一天，他在过河的时候遇到了一个叫泰奥的小女
孩。他向小女孩招手让她过来，泰奥服从了玛雅的命令。但当
她靠近时，玛雅淹死了她，把她的身体变成了一块珍贵的石
头，上面刻着她的名字。在此后的几个世纪里，特·托卡阿泰
奥岩石就成了部落边界的标志。它曾是重要的宗教场所，是停
泊独木舟和打鱼的首选地点。1769 年 10 月 9 日，詹姆斯·库
克和这个不为人知的毛利人在特·托卡阿泰奥岩石处会面。蒙
克豪斯看到，他们"碰鼻问候"。

现在该轮到欧洲人失去他们的参照系了，包括朋友之间的
握手问候、向上级脱帽致敬和向伟人或要人鞠躬；他们自己的
文化装点着本民族才懂的繁文缛节。但这种问候方式着实让人
耳目一新。碰鼻礼是毛利人传统的礼仪，问候双方的鼻息合二
为一，代表友谊的纽带，当年库克和那位毛利人在这样一群人
面前施以碰鼻礼时，这就成了一次非常有意义的会面。在短暂
的一瞬间，这种礼仪以平等和友善的方式将两种文化联结在一
起，打破了紧张对立的局面。蒙克豪斯写道，"我们送的一些
小饰品让他们手舞足蹈"，很快，他后面跟来了更多的人，"有

二十或三十人左右"。第一个来的人放下了他的武器，跟上来的人却没有。双方交换了礼物，有铁器和珠子，班克斯写道，"尽管这两样东西看起来没什么价值"。相反，最吸引他们的礼物是我们握在手里的刀剑、短柄斧和火药枪。"我们提防得很紧，他们没有得逞。他们明白，如果从我们这里抢走任何东西，我们肯定会杀了他们。"

并不是所有船上的人都保持警觉。蒙克豪斯把格林盯得紧紧的，格林一直被那些毛利人"撩拨着"，他们"想要"格林挂剑的腰带，或者说就想要他的佩剑。当格林从混乱的人群中离开时，一个毛利人抓住了这个机会，一把抓住剑柄，从腰带上拔了下来，然后就一溜烟儿地跑了。事情发生得实在太快，格林大怒，"拔出了枪"。与此同时，班克斯厉声说道："胆子 204 也太大了，看我这就收拾你。"随着一声大喊，班克斯向那个人的背部开了一枪，但并没有打中他。那个人"不再喊叫，但并没有把剑放下，而是继续在他头上挥动，还像刚才那样小心后撤"。蒙克豪斯比班克斯更靠近事发现场，他朝那个毛利人开枪，"他应声倒下"[34]。

正如蒙克豪斯后来所写的，"现在变得一发而不可收"。毛利人飞跑着过河，其中有两个人留在后面想取下尸体上的一个宝贵物件。"我们中有一些人还不了解真相，"舰医写道，"开始向他们开火，有两三个人被打伤。"班克斯看见，最后几枪是图帕亚瞄准后开的，一阵枪响过后，他"清楚地看见两个人倒下"。蒙克豪斯写道，毛利人"现在发出最悲怆的声音，沿着海滩慢慢离开"。

被打中的那个人的耳朵上挂着一颗人牙，一条四
英寸宽的腰带缠在腰上两圈并系紧。他手里拿着一根
桨，虽然已经奄奄一息，但如果没有经过殊死抵抗，
他是不会把桨交出来的。[35]

这次令人忧心忡忡的会见最终以悲惨收场。除了个人的不
幸，还有一点小小的失望，那就是河里的水太咸，根本无法供
船上的人使用。库克很恼怒，他和班克斯、索兰德和图帕亚重
新登上了中型艇，他们打算贴着海湾向南前进，绕过岬角寻找
水源。库克还想出了一个计划，"通过突袭的方法抓几个毛利
人上船，好好对待他们，努力赢得他们的友谊"，这个计划在
莫利纽克斯眼里就是"一种纯粹基督徒式的想法"。接近岬角
时，库克看到了机会。他们前面有一艘捕鱼的独木舟，这只小
船正往回赶，后面还跟着另一只独木舟。

库克认为这是执行计划的最佳时机，他下令迅速跟上前面
的独木舟并和它并排前进。库克没想到会有麻烦。作为渔民，
他们"可能没携带武器"，班克斯推测道，而且"他们的船以
这种方式排列，很难从我们这逃出去"。库克指挥中型艇向独
木舟靠近，第一只独木舟发现他们后"迅速划向最近的陆地"。　205
但后面的独木舟还像之前那样划着，就在两船几乎并排时，图
帕亚隔着水面向他们喊话，告诉渔民他们不会受到伤害。那只
独木舟没有顺从，反而"拼命想逃走"，班克斯写道，"小船跑
得比我们还快"。库克命令朝小船的上方开枪，小船并没有停
下，船上的七个渔民放下桨，开始脱衣服。班克斯以为他们想

跳进水里游向岸边。当我们的船靠上前时，他们发动了攻击。

渔民拼死而战。他们向我们投掷"十到十八英尺长的长矛或标枪"，"随便抓起什么东西就扔过来"，甚至"把小船上的一小袋鱼也丢了过来"[36]。我们的人开枪还击。库克在日志中回忆说，有"两三个人"被射死，而班克斯记录是四个人。另外三个年轻人跳下船，其中一个"非常敏捷地"游向岸边，"他被抓住时拼命挣扎着，不想上我们的船，而抓获另外两个年轻人就轻松得多"[37]。

这三个人被带到了"奋进"号上，他们蜷缩在甲板上，只求一死。库克下令给他们穿上衣服，"想尽一切办法好好对待他们"。库克和班克斯发现，他们的心情立刻发生了转变，变得"兴高采烈，就好像和朋友待在一起一样"。他们都是年轻人，年龄最大的也不过二十岁左右，最小的只有十一二岁。经历了这一天的痛苦，库克回到自己的舱室自责地在航海日志上写下：

> 我知道，大多数没有经历过这种事情的善良人都会谴责我，因为是我下令向船上的人开枪，我本来是想俘获这艘小船才这么干的，但这样的理由我自己都觉得站不住脚，设想如果我能预料到他们会做出哪怕一点点的抵抗举动，我都不会接近他们。但是，当他们发动攻击时，我是不会站着不动的，我不能让自己还有那些跟我一起过来的人被打得头破血流。[38]

班克斯也是心神不宁。直到日落时分，他还和那些年轻人在一起，因为他们吃东西就没停下来，他们特别喜欢吃我们提供的咸肉。似乎是班克斯帮着整理的"行李舱"的床铺，这对他来说太罕见了，因为他以前是从不会插手这些生活上的小事的。然后，他听见岸上传来愤怒的喊声，便回到自己的船舱里。这条海湾的轮廓图侥幸流传了下来，是当年专门为班克斯画的。班克斯在这幅轮廓图上加入了数字线索，每个数字对应当天发生的一个意外事件。他像 21 世纪的侦探描绘犯罪现场那样绘制了整个事件的关键进程。班克斯完成了那天的日志，"这一天就这么结束了，这是我一生中经历的最不愉快的一天，也可以说是黑暗的一天，上帝保佑未来永远也不会让我痛苦地回忆这一天"[39]。

库克和班克斯都被他们的日志出卖了。库克将那天的死亡人数错误地估计为"两三个人"，而不是班克斯斩钉截铁地所说的"四个人"。库克这么做可能出于这样的考虑，他要么觉得详细记录死亡人数是很痛苦的事情，要么就是想通过减小这个数字来减轻自己的罪恶感。但是，对于一个狂热追求精确的人来说，这样的疏忽显然解释不通。库克不会容忍计算的经度存在一点偏差，然而此时此刻却不能让自己数到四。与此同时，班克斯的记录更加精确，尽管人们怀疑这个数字是否完全准确。班克斯并不是一个老想着过去的人。他驱散了不愉快的想法，仿佛这样做就能阻止自己流露出悲伤之情。这些天来，班克斯一直设法记录一小段博物学方面的内容。但和库克一样，有一个不争的事实是，班克斯逃避信守承诺。正如帕金森在日记中详细说的那样，班克斯也属于开枪的那伙人。因此，或许他所说的"黑暗的一天"不仅仅是针对个人，同时也有普遍意义。就在那一天，班克斯第一次杀死了一个和他属于同类的人，他从心里抵触这一天。

夜幕降临时，班克斯听到那几个年轻人在床上"常常大声叹息"。班克斯又写道，"图帕亚总是值班来安慰他们"，很快他"就让他们平复下来"。当他们一起唱一首歌时，班克斯就在那听着。"歌声听起来并不是索然无味，就像一首圣歌的曲调，而且包含了许多音符和半音。他们有一段没一段地唱着，这让我们没有心思琢磨他们的品位，也不关心他们的音乐技巧。"[40]

10月11日，库克从海湾起航，离开前他第一时间就把那些年轻人送回岸边。"奋进"号已经在这里抛锚停泊两天十四个小时。在这段时间里，他们什么事都没做成，就像当年的塔斯曼一样，他为了食物补给和与土著居民建立有意义的关系也是费尽周章，最后却落荒而逃。从植物学上讲，这片海湾并没有什么让班克斯和索兰德感到兴奋的东西，但这种失落似乎不值一提了，因为他们整日沉浸在夺取他人性命的悲痛中。库克 207 对这里没有一点好感，他从头到尾一想，这里既没有给他们提供淡水，而且使他们完全暴露在东风中。最初，库克打算把这里命名为"奋进湾"，这是他在日志中记录的名字；但几乎瞬间他就改变了想法，给这里起了新的名字——"贫穷湾"，"因为我们需要的东西这里一样也没有"[41]。

离开这片海湾后，库克动用各种手段想获得更有价值的信息，这令人很担忧。这是他航海生涯中第一次寻找未知的海岸线。现在，他可以尽情发挥他在纽芬兰岛的特长：航行、观察、测量和绘制海图，直到把一条模糊的海岸线逐渐变得明朗而清晰。现在看库克的航海图，其给人的感觉非常简朴，上面没有任何修饰，也没有任何色彩或说明性的波浪线，相反，库克的全部注意力都放在精确绘制海岸线的走向上。绕过"贫穷湾"底部正在勘测的基线，库克沿着向南延伸的陆地前进。很快他就来到另一片海湾，这里更宽阔，也更漂亮，比刚离开的那片海湾大十倍。他用测深水砣掠过海岸线，睁大眼睛盯着河流、海湾、避风港、河口和岬角，每过去一天，绘制的海岸线就会变长一点。

1769 年 10 月，库克开始着手一项勘测，这项勘测任务在接下来的六个月里占据了他的全部。当铅笔线取代了开阔的大海，他开始为海图上标注的每个地点起名，给后人留下难忘的纪念。有时，这样的名字来自每天转瞬即逝的事件。"贫穷湾"再往南一点是"拐子角"（Cape Kidnappers），这个名字是为了纪念图帕亚的仆人泰阿托在这个岬角被一艘经过的独木舟短暂劫持。再往南是"特纳盖恩角"（Cape Turnagain），库克在这里让"奋进"号暂停向南航行，朝"贫穷湾"方向掉头。"逃亡角"（Cape Runaway）这个名字是和毛利人的一只独木舟发生遭遇战后起的，而"水星湾"（Mercury Bay）则是因为他们在这里停下来观测水星凌日。其他名字则更简单直白，比如"桌角"（Table Cape）"怀特岛"（White Island）"群岛湾"（the Bay of Islands）"达斯基湾"（Dusky Bay）"甘尼特岛"（Gannett

Isle）或"大雪山"（*Snowy Mountains*）。还有一些名字是借用英国的地名，比如"波特兰岛""泰晤士河"和"金钟湾"，把这些名字直接搬到南海这片郁郁葱葱的海岸线，感觉再恰当不过了，从地理上让人感觉有一股"英国味道"。发现从海上冒出的"一片岛礁群"，班克斯开玩笑地写道：

> 我们称这片岛礁群为"长老岛"，因为它们的确名副其实；有时我们起名也是为了自娱自乐，联想岛屿和礁石与一些有头有脸人物的相似性，比如他们或矮胖或瘦高的身材。[42]

208

也许这个笑话是为了嘲弄长老[*]索然无味的顺从或僵化。还有一些名字的含义不是很隐晦，用大人物和船员的名字来命名海岬、海湾和岛屿，这样的名字比比皆是，就像林奈掌管植物世界一样，库克在这片地理世界也扮演着上帝的角色。10月6日，船上有个叫尼古拉斯·杨格的年轻瞭望员首先发现了一片陆地，为了奖励他，将这片陆地命名为"杨格尼克角"[†]。基

---

[*] 这里的"长老"指的是市政参事，旧时伦敦城由伦敦城法团管理，法团的首长是伦敦城长大人（不同于近年设立的"伦敦市市长"职位）。法团负有各种职责，且在伦敦城地界之外拥有土地。和其他英格兰地方政府不同，伦敦城法团有两个市议会机构：现在基本仅具仪式性质的参事会和庶民会议。参事会代表各坊，每坊无论大小选举一名参事。

[†] 因此，杨格尼克角通常被视为"奋进"号发现的第一块新西兰陆地。最近开展的研究表明，尼古拉斯·杨格10月6日看见的更有可能是阿罗瓦纳山的山峰。——原书注解

伯龙湾海战十年后，为了纪念霍克上将，将贫穷湾以南的美丽海湾命名为"霍克湾"。还有两个海湾是以希克斯少尉和戈尔准尉的名字命名的。库克念念不忘的还有他的老师休·帕利泽和海军部秘书菲利普·斯蒂芬斯，有两个海岬用的就是他们的名字。重新命名陆地的整个过程让身在家乡的达尔林普尔深感愤怒。他嘲笑这种行为是一种"愚蠢的矫情"，"给已知的地方起新名字的行为不可原谅，这会带来困惑和混乱，这样的新名字并不能说明这些地方的地理位置；用本地名字的习俗才是值得称赞的"[43]。

从十月份一直到新的一年1770年，库克都紧贴着海岸线一直沿逆时针方向航行，在这期间，他发现了一座像班克斯的水母一样张牙舞爪、参差不齐、色彩鲜艳的小岛。暴风雨在后面追逐着他们，但当天气转晴时，呈现在"奋进"号船员们眼前的是异常迷人的景色。当他们绕过北角往南转向时，正好与塔斯曼当年的航道相交叉，他们看到了一个巨大的山峰。班克斯写道："这个山峰有多高，靠我自己无法判断，但它确实是我见过的最壮观的山峰。"这座山峰以埃格蒙特勋爵的名义命名为"埃格蒙特山"，和接下来将要现身的景观相比，埃格蒙特山就像一个孤独的巨人。完成了新西兰北岛的环行之后，他们进入了更高纬度的地区，沿途经过壮观的海岸线，"那里层峦叠嶂，到处都是巨大陡峭的山崖"，其中许多山脉终年覆盖着积雪。[44]

这次，库克正在实现他梦寐以求的地理大发现。当他们十月份第一次看到一片陆地时，其实这片陆地就有希望是苦苦寻 ²⁰⁹

找的南方大陆的一部分。也许新西兰岛正是南方大陆伸出的一
只手臂，或者是与此相类似的某种延伸。班克斯热情洋溢地采
纳了这一观点，宣称自己是"承认有南方大陆派系"的一员，
反对库克严肃而阴郁地宣称"没有大陆"这种观点。库克的观
点被证明是正确的，因为当"奋进"号绕过南部岛屿底部的海
岬时，大家都明白了，原来新西兰岛是由两个彼此隔绝的岛屿
组成的。在日志中，班克斯被迫承认，"我们空中楼阁般的大
陆彻底烟消云散了"[45]。一个世纪以后，维多利亚女王时代的
水文学家威廉·沃顿这样写道：

> 库克绘制的新西兰岛的轮廓线惊人地准确，所有
> 研究这条海岸线的人都清楚，要完成这样的工作存在
> 巨大困难，他们一定对库克钦佩不已；而且，如果
> 再考虑到这条海岸线总长达两千四百英里，任何人
> 都知道，这要付出巨大的努力才能完成勘测。历史
> 上从来没有哪个海岸对第一个探险家提出如此严峻
> 的挑战，他必须时刻保持小心谨慎并不断进行观测，
> 不论天气好坏都要持之以恒，只有这样才能得出如
> 此令人满意的结论；且对"奋进"号这样笨重的帆
> 船来说，完成勘测所需的六个半月时间肯定算是一
> 个较短的时间了。[46]

沃顿对库克的赞赏有加是非常客观公正的，尽管他对"奋
进"号的嘲讽不值得称颂。很少有护卫舰或单桅纵帆船能像菲

什伯恩造的运煤船那样经受这么长时间的考验。"奋进"号是坚固的平底船，她从设计上就是为了应对这样的航行环境的。

如果说库克对周围环境的掌握是"奋进"号能完成此次环球航行的一个特别重要的因素，那么图帕亚的出现则是另外一个重要因素。经历"贫穷湾"的意外事件后，图帕亚成为"奋进"号的翻译和首席外交官。正是图帕亚在缓和与土著居民关系方面所做的努力，才促成了"奋进"号船员与沿岸渔民交易蚌类和龙虾。图帕亚也时刻面临危险。有一天，当岛上土著乘着作战独木舟逼近"奋进"号时，图帕亚"立即"跑上甲板，"和他们大费口舌，向他们阐明了利害关系，如果威胁到我们，我们能在一瞬间就消灭他们"。他的警告对方并不买账，反倒是他说的某些话让班克斯感到很震惊：

> 图帕亚说："好吧，虽然在茫茫大海上你我之间没有任何交易上的往来，但大海是我们的共同财产，谁也不多，谁也不少。"对一个土著人来说，我们中的任何一个人从未给过他这方面的些许暗示，他能这样思考问题简直太让我吃惊了，更重要的是，以前我从来没有听他表达出这样的看法，这件事让我们想到很多。[47]

无论他们走到哪里，都会听到有人大声呼叫图帕亚的名字。班克斯对此感到很惊奇，"我们从没期望他能有如此大的影响力"。随着航行的继续，库克和班克斯学会了尊重他们遇到的毛利人的性格特点。他们看到了一个微妙复杂的社会：这些人强壮且活跃，他们一般诚实可靠，热衷捍卫自己的所得。唯一让人感到不放心的就是他们有可能吃人肉，后来确实有证据证明了这一点。但是，如果没让图帕亚上船，他们和毛利人的沟通与交流肯定不会像现在这样充满生机活力。除了在后甲板开展对外交往工作以外，有时他还会划船上岸与当地的毛利人交流，一起讨论有关船只的问题、他们共同的家乡和到访这里的目的。在所有这些沟通交流中，最引人注目的就是发生在图拉戈湾的事情，这个海湾位于新西兰北岛贫穷湾以北不远处。

图拉戈湾是毛利人几大文化和知识中心之一，这个地区不仅以雕刻闻名遐迩，同时还是重要的宗教中心。图帕亚和这里的一位祭司"相谈甚欢"。班克斯曾写到这两个人是怎样"看起来彼此非常赞同对方的宗教观念，唯一的不同之处就是图帕亚比那个人更博学，他说的所有话都特别引人入胜"。他俩以前一定有过交集，这一点不能不让人重视。图帕亚和那位祭司对共同祖先的记忆只停留在歌曲和故事里，但这里又有波利尼西亚文化遗产的加入，这使得两个人在班克斯所说的"这个宇宙及其神奇组成部分"的现实中得到调和。班克斯注意到，图帕亚"看起来似乎比任何人都更精通这些传说，因为每当他开始我们所谓的布道时，肯定会有许多信徒到场，他们对图帕亚深信不疑"[48]。

在游历各个地区的过程中，班克斯遇到"一个非常不一般的自然奇迹"，那是一个巨大的石拱或山洞，通过这个山洞可直接通向大海。班克斯写道："无疑这是我遇到过的最伟大的奇观。"挨着这道石拱的是一个山洞，据说图帕亚在这里过了一夜。经过两代人以后，乔尔·波莱克拜访了这个山洞，他看到一幅"明显随时间慢慢消逝"的绘画，画面"描绘了一艘船和几艘小艇，所有在场的人都一致认为，这就是库克忠实追随者图帕亚的复制品"。

图帕亚在当地备受欢迎。当库克后来再次拜访此地时，他被围得水泄不通，人们纷纷询问图帕亚的消息。当他们得知图帕亚已不在世时，他们"唱了一首悲伤的挽歌"悼念他。[49]

在新西兰的水文考察中，库克发现了一个他最喜欢的地方。这个地方位于新西兰南岛的最北端，彼此分隔开来的为数众多的海湾、小湾和河流入口构成了这里的独特景观，是遮风避浪的好去处。这是一个满眼翠绿、充满生机活力的地方。清晨，如薄纱般的光线从三面环山的顶部倾斜照下，给那些盛产贝类的浅滩带来勃勃生机。附近是更深的海峡，可以看到海豚、鼠海豚和虎鲸在游弋。1770 年 1 月，库克第一次来到这个他称之为"船湾"的锚地。优美的景色和悦耳的声音交相辉映。铃鸟、蜜雀、卡卡鹦鹉和垂耳鸦在遍布群山的山毛榉树上叽叽喳喳地鸣叫，好像唱着欢快的歌曲。班克斯断言："这是我听过的最美妙的大自然音乐，几乎就像小铃铛发出的声音一般，但却流露出可以想象到的最悦耳的银铃声。"[50]

库克三月底结束环球航行后又回到这个地区。水湾的入口离"船湾"只有很短一段距离，库克将其命名为"金钟湾"。这个名字意味深长。库克又想家了，他们有很多事情要汇报：

211

金星凌日观测情况、社会群岛和新西兰海图的绘制以及班克斯发现的所有奇珍异品。库克"最希望"的返航航线是在高纬度地区穿过南海，再搜寻一遍是否存在南方大陆。然而，桅杆和船帆是否能胜任横渡任务，还是个未知数。如果他们不能在高纬度地区穿越太平洋，那么也就无法朝相反方向绕印度洋航行。

还有第三个方案。库克携带了一份包含塔斯曼发现的南半球航海图。除了新西兰，这份航海图还标记了"范迪门之地"的陆地，这片陆地似乎和据推测存在的一大片叫作"新荷兰"[*]的陆地连接在一起。1770 年的时候，人们对"新荷兰"到底是什么仍不得而知。对那片大陆的了解主要来自荷兰商人，他们在穿越印度洋前往东印度群岛的贸易中心时曾目睹这片大陆的西部边缘和北部边缘，有时甚至还在这里与陆地相撞。多年以来，目击这片大陆的报道不断增多。到了 18 世纪中叶，由这些见闻可大致确定那里存在一块巨大陆地。这片大陆位于新西兰的西面而不是东面，这与达尔林普尔所说的南方大陆完全不在同一个地方。但是，如果库克找到"范迪门之地"，他就可以沿着未知的新荷兰东部边缘航行，然后继续向北，一直到达巴达维亚[†]和荷兰东印度群岛。

这是库克在"金钟湾"怡人的环境中制订的计划。在他的

212

---

[*] 早期的荷兰探险家将大洋洲的两块大陆分别命名为"新荷兰"和"新西兰"。新荷兰最终被澳大利亚所取代，新西兰这个名字保留了下来。詹姆斯·库克船长最终称那些群岛为新西兰。

[†] 巴达维亚是印度尼西亚首都雅加达的旧称。

身后，三个方向耸立着翠绿的群山，清晨的空气中弥漫着"鸟儿邻居"优美的鸣叫声，看起来他们最艰难的日子一定已被远远甩在身后。在那段日子里，过海角，闯南海，猛烈的暴风雨和新西兰的滔天大浪让他们尝尽了苦头。他们根本就不需要重返高纬度地区。然而，这次远航以及"奋进"号生涯的重头戏就在前方欧洲人称之为澳大利亚的地方。

9

'That rainbow serpent place'

第九章

彩虹蛇之地

　　库克一直在寻找出路。小时候，他在克利夫兰潮湿的山坡
上就对地图上没标明的地形深感好奇。对库克那个时代的诗人
托马斯·皮尔森来说，高沼地是一片"贫瘠"而"令人恐惧"
的陆地，"数不尽的溪流不知从哪里一泻而下"。从长满青草的
低地爬上高沼地，就会进入"不透气的山峡幽谷"，那里的土
地覆盖着厚厚的"杂草、野生蕨类植物、粗糙的欧洲蕨、黑色
的石楠树丛和苔藓"，从人迹罕至的罗斯伯里山圆锥形山丘一
直到惠特比，沿途都是这样的土地。[1]

　　如果天气晴朗，仔细看的话就会辨认出矮马的蹄印或车
辙，但如果高沼地上空乌云密布，眼前的一切就会变得模糊不
清、危险重重。库克一生多次驾船远航，但他最早是在这些凹
凸不平的山丘上长途跋涉，而不是在波涛汹涌的大海上劈波斩
浪。库克做学徒期间，穿越高沼地是他必须克服的障碍。现在
可以试想一下，那时的库克长着一双大长腿，自由自在，在一
月份大雪纷飞的日子里，他裹着一件借来的大衣只身一人从艾
顿出发到惠特比，一路上陪伴他的只有头顶上翱翔的猎鹰。或

者也可以再想象一下他在秋天航海季节结束时徒步回家的情景，他要穿过长满青铜色欧洲蕨、紫色欧石楠和亮闪闪荆豆灌木丛的土地，小心翼翼地用脚探路，循着山丘的轮廓一路摸索回家。

如果库克没有离开家乡，他肯定会成为这片高沼地还算过得去的向导。但库克离开了这片土地，他在外面的广阔世界发现新大陆、开辟新航线。正如他的一个海军军官候补生后来发现的那样，"对他来说，行动就是生命，原地不动就是某种死亡"[2]。十五个年头以来，库克一直在苦苦寻找自己的出路。他曾带领英国舰队沿着加拿大布满礁石的圣劳伦斯河前进。他曾经通过纽芬兰岛和拉布拉多危险的海岸线。现在，在"奋进"号上，他已经找到了他一生中最激动人心的航线：穿过勒梅尔海峡，经过合恩角，到达塔希提岛和社会群岛，直抵当年塔斯曼发现的新西兰岛，一路绕过北岛和南岛这两片广袤的陆地。 214

到达新西兰岛是英国海军大臣很久以来的夙愿，继新西兰岛以后，他们还没提到新的岛屿或海岸线，能找到新西兰岛就足以让他们骄傲不已了。如果像库克这样一位没有经过海军部考验的指挥官能设法通过合恩角，并且让他的船员们继续航行足够长的时间，直至找到乔治王岛并完成金星凌日的观测任务，这对海军部而言就算是非常幸运的事了。事实上，他们根本不必为库克担心。库克再一次找到了出路，但他的好奇心还没有得到满足。正如海军部的人逐渐认识到的，库克最优秀的品质之一就是他足智多谋。库克决不会放弃任何一次机会，现在他正把注意力放在新荷兰，这是一个连海军部的人都觉得不适合提及的地方。1770年4月，"奋进"号前方的海面冒出了一条新海岸线。这条海岸线以前从来没有出现在欧洲的航海图上。

深入了解库克的性格一直是他的传记作家面临的挑战。对某些传记作家来说，库克的性格依然像太平洋一样深不可测。但就像现在这个转瞬即逝的时刻，当他一眼瞥见前方冒出的海岸线，深奥与难懂暂时在他身上消失，他坦承自己获得了"小小的满足感"。今天回过头来阅读他在这个时刻留下的记录，几乎可以察觉到他眼中瞬间闪过一道光线或脸上掠过一片笑容，尽管不是很清晰。或许，这种情感上的涟漪在他十几年前涉足一片高沼之地时也浮现过，也有可能在他找到更好的穿越山谷的归家之路时一闪而现。现在，摆在他面前的航线是他以前从来没有想象过的。库克对制图学充满狂热，在贫穷湾的时候他一定已经注意到，"奋进"号几乎位于地球另一侧与西班牙瓦伦西亚港相对的位置。绕过新西兰南岛的南岬，他们距离地球对面的伦敦、麦尔安德和库克的家只有很短的距离。前方的路已经不多了。正如库克几年后罕见地直言："我是这样一个有着雄心壮志的人，我不仅要比以前任何人都走得更远，而且要尽可能让人类走得更远。"[3]

1770年4月的时候，库克无暇顾及这样的思考。前面有一条新的海岸线等着他去探索。当"奋进"号以四节的巡航速度向北前进时，阳光灿烂地照耀着。通过望远镜，他看到了一块"让人感到非常愉快和充满希望"的陆地。海岸线后面的陆

地"遍布各种各样的山丘、山脊、平原和长着些许草坪的山   215
谷，但大部分地方都覆盖着森林"[4]。库克让"奋进"号贴近
海岸。他们靠得如此之近，以至于"能分辨出在岸边活动的几
个人"。当他和船上的约九十人望向岸上的人时，他们也看了
过来。

"奋进"号上船员的目光极具力量：水手们查看着天空和
海洋，天文学家格林和图帕亚注视着月亮星辰，植物学家搜寻
着附近水域是否有生命迹象。眼镜和望远镜这类的器具帮他们
看得更清楚。因此，他们的目光看起来很敏锐，这让人很容易
想到，他们的注意力就是朝一个方向移动的。这却忽略了一个
最重要的事实，"奋进"号在航行时，很多时候人们更多的是
盯着这艘船看，而不是从船上凝望远方。

岸上的人到底看到了什么，这个问题是人们最感兴趣的。
几个世纪以来，这个答案一直支离破碎、星星点点地流传下
来。塔希提岛留下的记录是漂浮的岛屿或神一样的生物；新西
兰岛留下的是"满屋子神灵"或羽翼未丰的小鸟这类的描述。
"奋进"号所到之处留下的一个值得纪念的描述源于新西兰怀
卡托地区的怀蒂昂格：

> 很久很久以前……我们生活在怀蒂昂格，有一艘
> 大船来到这里，当我们的老人看到那艘船时，他们说
> 那是一个神物，船上的人是神，一些奇异生物或"妖
> 精"。那艘船抛锚停靠下来，传说的小艇划向岸边。
> 当我们的老人们看着他们上岸的方式时，发现划船的

> 人背对着船头，老人们说："是的，是这样的，这些
> 人就是妖精，他们的眼睛长在脑后，他们背对着陆地
> 来到他们要去的地方。"[5]

然而，还有更多的故事试图还原"奋进"号沿着今天人们熟知的澳大利亚东海岸线向北巡航时目睹的一切。其中有一个特别生动的故事来自居住在卡梅或现在的植物湾地区的人。据他们讲，他们看见一个像"巨大的鸟"那样的庞然大物，上面到处是看起来像负鼠一样蹦蹦跳跳的东西，"上下摆动着四肢和鸟一样的翅膀"[6]。其他口口相传的故事则说，人们认为那艘船正载着"瓦屋—恩盖"——先人或逝去祖先的灵魂。[7]

起初，这些生灵活现的记录似乎有利于把真正有历史意义的时刻保留下来。从地理上讲，将"奋进"号和海岸线隔开的也就是这一英里左右的距离，但这个距离（以澳大利亚为例）却承载着某些重要意义，比如五万年的人类历史。看见"奋进"号主桅的一瞬间，意味着这里与世界重新连接时刻的开始。因此，这种重新加入世界大家庭的大事件应该配以辉煌的记录，用历史性的盛大行动为这一重大时刻加冕，这完全符合常理。

18世纪50年代，爱尔兰作家埃德蒙·柏克描写了人类遭遇新事物时经历的心理过程。柏克在《对崇高和美的观念的起源的哲学探究》（1757年）一书中认为，人在思维时总是恪守熟悉的原则。"通过寻找相似性，我们生成新的印象，将其与熟悉的事物结合在一起，然后有所创造，扩大我们的知识储

备"，如果"硬生生制造差别，我们根本无法为想象力的发挥提供食粮"[8]。对柏克而言，感知由三个阶段组成。首先，感觉器官将信息传输到大脑；然后想象力会在头脑中搜寻熟悉的相似物；随后，生成的印象决定人的判断结果。关于鸟类、妖精或灵魂的记录，这不仅描绘出一幅令人愉快的画面，更是通往更广泛文化或信仰体系的大门。

但是，如果过度地推究哲理，那就会陷入危险境地。更仔细地研究岸上目击者留下的记录，你就会发现，人们很快就把"奋进"号按照自己的理解进行合理化了。不久，"奋进"号就变成了"一只大独木舟"。如果把"奋进"号上的人说成是长尾负鼠的话，那么只需一瞬间他们就完全不是本来的自己了，相反，船上的水手很快就会被当作"和当地人多少有些一样"的人。[9]帕金森在他的"塔希提语词汇表"中对此进行了解释，其中，对英语单词"船"，帕金森很可能指的是"奋进"号，但用塔希提语表示就是"*paee*"。和这非常相似的一个词是"独木舟"，翻译成塔希提语也是"*paee*"。[10]

这些记录的复杂性不止如此。流传至今的记录多是以讲故事的形式口口相传下来的，而不像现在我们用刊物或文件来记载历史。其中大多数记录最初是在19世纪末期开始收集的，这是人类历史上一段非常不同的时期，当时欧洲强国的国家企业正处于如日中天的阶段，他们采取剥夺和冲突的叙事手段对很多记录造成影响。正如历史学家玛丽亚·纽金特解释的那样，如果仔细分析，许多关于库克船长或"奋进"号"看似奇怪"的故事根本就不足为奇。这些故事通常是"来自不同时

217

间和不同空间事件的混合，用电影手法来解释就是蒙太奇式的镜头组接，不同的时间和不同的空间经过重叠、浓缩和融合处理，最后变成一个只包含一个人的单一时刻"，对本书讨论的这种情形，这些记录最后变成的就是一艘船。[11]

再明显不过的就是本书关于"奋进"号的故事引用了她到访过的三个地理区域内居民的三种截然不同的反应。继"海豚"号后，"奋进"号再次到访塔希提岛，当地人把她视为威胁，因为那里的土著居民知道"奋进"号携带的武器威力有多大。在新西兰岛，那里的土著居民还不知道火药为何物，因此他们的反应是寻衅好斗。库克对这种反应有所准备。但船上没有一个人可以料到，当他们登陆澳大利亚时会发生什么事。他们在一处后来叫作"植物学湾"的海湾抛锚，当地土著居民的总体反应是冷漠。那里的人们似乎对"奋进"号以及军官们用于竭力讨好他们的小饰品和其他物品漠不关心。特别是班克斯，他发现这种态度实在是令人费解。在他们到访澳大利亚的第一天，班克斯注意到：

> 一位老妇人从森林中走出，她后面跟着三个小孩。老妇人抱着几根柴火棍，而孩子们同样也没闲着。当她走向屋子时，里面迎出来三个年轻人，其中一个上前问候老妇人。她时不时看看我们的船，但既没有表现出惊讶，也没有表现出关注。[12]

像以前一样，班克斯一直在为他将要经历的事情做准备。

特别值得一提的是，班克斯已经阅读了威廉·丹彼尔关于"世界上最不幸的人"这样的种族歧视描述，他承认，看了这些之后，他对这个世界不抱太大希望了。[13] 班克斯通过他的望远镜看见了赤身裸体的女人，"那个女人没有我们夏娃母亲丝毫的影子，至少夏娃还用无花果树叶遮体"。这里也没有他们在社会群岛和新西兰岛看见的"大火堆"，那些生起的火堆"是为了清理耕地"。所有这些似乎更加印证了班克斯心存的偏见，"因此我们得出结论，不看好这里未来的朋友。"[14]

　　此后，班克斯在植物学湾看到的人们似乎和他以及他好奇而奋进的同伴形成了鲜明的对立。帕金森这样解释其中的原委：

　　　　当地土著居民常常过来侦察我们，但我们无法说服他们靠前，或者是和他们沟通，因为只要我们一靠近，他们就像鹿一样敏捷地跑掉了。但有一次例外，他们似乎想和我们正面接触，当时他们带着梭镖，胸前涂成白色。但是，一看见我们从船上放下小艇，他们就撤回了。由于饥饿，他们经常到海湾捕鱼；但他们不会越过浅滩，离岸边尽可能近。在离海湾最远处的一所房子那，我们放了一些钉子、布料和各种小饰品。尽管当我们不在的时候，当地人会上前查看，但他们什么东西也没拿。[15]

　　这个地方激起了欧洲哲学家的兴趣，比如卢梭和孟德斯鸠，他们认为，"没有什么比处于原始状态的人更可怕的了，这些原始人终日生活在恐惧中，一有风吹草动就会立刻跑掉"[16]。无论什么原因导致他们如此行事，班克斯都不喜欢这样。他在自己的日志中嘲笑这里的土著人是"讨厌的懦夫"。冷漠对班克斯来说就是一种罪行，这种罪行要比毛利人的暴力或塔希提人的偷窃更严重。更糟糕的是，这些人喜欢靠近海湾繁茂的植物。自从他们抵达这里以后，他和索兰德就像年轻的猎犬一样四处奔跑，在阳光下收集植物。

　　到目前为止，他们收集的植物标本已经多如牛毛，班克斯决定对这些标本进行"一些特别的照料"，防止夹在书中的标本受损。在这样的航行中，收集植物是一项非常困难的任务。每粒种子必须进行干燥，用纸包裹起来，并与其他种子分开，以防弄混。夹花用的书籍要仔细贴上标签，且必须存放在船上干燥的地方。班克斯花了一整天的时间把夹花的书运到岸边，"其中有近两百本几乎夹满了花"，把这些书"摊在阳光照射下的船帆上"，每隔几个小时翻动一次，直到标本处于完好无损的状态。[17]完成这项工作后，将这些夹花的书运回"奋进"号，和所有其他藏品一起被放回原来的地方，这些藏品包括用塔希提岛树皮布制成的拍打乐器、鼓和鼻笛、带羽毛的头盔、劈刀和铁头木棒、亚麻斗篷和独木舟桨等等，全部井井有条地放在每个角落。

　　正如这次远航已经超额完成了库克接受的任务，一路上的收获也一定超出了班克斯的预期。收集的植物将不仅仅用于种植，它们有着奇特的外形、芳香的花朵、异域的情调和迷人的颜色，这些植物还代表着一种力量。自从公元前15世纪埃及法老哈特谢普苏特从蓬特向埃及引入香树（比如没药树和乳香树等品种）以来，人们就明白了植物的经济价值和象征意义。对丁香、肉豆蔻和肉豆蔻衣等香料的渴望激发了探险时代的许多远航。班克斯也许是按照林奈提出的传统方法来对植物进行分类的，但他同样也知道，随着他采集的新物种不断增多，他的力量也在不断增强。他在这些陌生的海岸上会有什么新发现，现在还不得而知。这里有一种像郁金香一样美丽和具有经济价值的植物吗？这可能是他的终极目标。

　　班克斯是"奋进"号上最有魅力的人物。以他那个时代的标准来看，按照他的社会地位，班克斯对他遇到的人表现得非常友善和慷慨。但在他身上，我们可以看到下个世纪英国的帝国大业已略具雏形。班克斯在信念的驱策下不断寻找、挑选和保存植物，在这个过程中，他一直都在思考这样一个问题，即植物湾的植物多样性是否是生活在那里的人们生活方式的产物。"奋进"号起航前，班克斯在伦敦收集随行的各种物品和材料，他挑选了一些旧报纸和书刊，这样一来，他和索兰德就可以将发现的植物标本用这些报纸和书刊夹住并保存起来。其中就有一份《旁观者》，里面有一篇文章是关于约翰·弥尔顿《失乐园》的"评论与注释"，这真是既有历史的讽刺意味，又带有深深的伤感。班克斯收集的一些标本至今仍保存在伦敦自然历史博物馆，里面印有这样的文字：

　　禁树的果实与伊甸园的消失同在，只需尝上一口，就会把死亡带到这个世界和我们所有的痛苦之中。

※

5月6日，"奋进"号起航。穿过开阔的海洋后，库克调整船头向北驶去。植物湾的发现让库克感到很满意，他觉得没有必要再去北部的下一个海湾探险，但他也因此错过了悉尼港。"库克一如既往地错过了他最为看重的所有岛屿中最好的港口，这确实让人感到很奇怪，尽管现在看来已经不重要了"，库克的传记作者比格尔霍尔这样写道。

"奋进"号沿着海岸缓慢前进，人们不断从岸边向这里看过来。天堂岛即现在的弗雷泽岛上的原住民布查拉人也看到了这一幕，他们留下了一段精彩的口述历史记录，可以说是对"奋进"号最酸楚的描述。这段记录最近被翻译了出来：

> 那些陌生人乘云旅行，简直太神奇了！
> 里面生着火，这一定是邪恶的水怪。
> 或许它很愚蠢？竟直接赶往彩虹蛇之地，
> 这就是我告诉你们的真相。
> 它从后面有节奏地吞云吐雾，一定是歌唱的人和
> 巫师在那里。
> 乘着后面的风来来回回行进，仿佛一只沙蟹。
> 大海把这艘船带到这里，但这是为什么呢？[18]

"奋进"号的上方有一道彩虹在闪耀。有一天，帕金森看

见"两道彩虹，这是我见过的最美的彩虹，色彩浓烈而清晰明快。里面的那道彩虹非常明亮，足以把它的影子映在水面上。彩虹形成一个完整的半圆，两道彩虹之间的空间比天空其他部分要暗得多"[19]。在他看来，这道彩虹一定在提醒人们，在大自然中比在教堂中更能体验到上帝的威严。这道彩虹也一定让图帕亚感到欢欣鼓舞，因为在数千英里外的社会群岛上，彩虹就代表着战神奥罗。

对帕金森来说，这是一次难得的从船舱中走出来透透气的机会。他一直在里面加班加点地作画；对他非常钦佩的航海长这样写道："仅仅十四天，这位绘图员就画了九十四幅素描，这手法简直太快了。"[20]当帕金森匆匆忙忙地处理积压的工作时，船上其他地方的工作节奏也在根据不断变化的环境进行着调整。大海又一次变得很浅且多姿多彩。班克斯能"清晰地"注视海底，看到数不清的大鱼，如鲨鱼和海豚等，还有一只大海龟。但这却让库克举步维艰。这片海域充满了不确定性。海水的深度有时是三十英寻，有时是十英寻，有时又变成了六英寻。他意识到在这里航行危险重重，就像这艘运煤船向南航行并经过赫尔港的乌斯河一样，此后一切都需要谨慎从事。库克选择小心翼翼地航行，时不时测下水深，派小艇向前探路，好让大船跟着前进。

至少到目前为止，库克对"奋进"号的状况还是很有信心的。在里约热内卢和塔希提岛，包括最近在夏洛特皇后湾，这艘船都被彻底检修过，前后也进行了清理，并且反复对船缝进行了封堵。在新西兰岛，库克总算有时间使这艘船达到最佳配

221

平状态，把石头拖上船尾，让船尾吃水更深一些。现在，虽然这艘船距任何一个干船坞都有数千里格的航程，且偏离英国海军部海图标注的地点很远，但她一点也不比驶向沃平时的状态差。唯一的不足是，这艘船的索具和船帆不太好。至于船体，她在新西兰附近遭受重创，但还像以前那样坚固。即便是班克斯这样的航海外行，都对"奋进"号离开新西兰岛时的灵巧敏捷大为赞叹："我们一整天都在不断地调整航向，但没出一点差错，这多亏了这艘老运煤船的优秀品质，她永远也不会愧对我们的溢美之词。"[21]

库克和班克斯的关系变得非常融洽。如果考虑到船上的封闭环境和两个人错乱的地位，这次航行中极有可能发生灾难性的错误。但自从过了里约热内卢以后，库克和班克斯各司其职，做得非常出色。库克尽力迎合班克斯为了收集植物冒出的一时冲动，而班克斯也尊重库克的最终指挥权。他俩之间只出现过一次明显的冲突。当时库克拒绝在新西兰南岛西岸的一处海湾停靠，那里的入口到处是陡峭的悬崖，如果进去的话，可能要等一个月才能重新驶出那片海湾。这是对当时形势的正确判断，但班克斯却因为错过收集植物的良机而深感痛心。班克斯对这件事耿耿于怀，但丝毫没有减损他对一位领航员和一位出色指挥员的钦佩，他很清楚，库克是一个非常与众不同的人。

6 月 10 日晚上九点，"奋进"号在东北偏东的航线上行驶，驶出海岸几里格后进入远海。像往常一样，有一个人在铁链旁拉着测深用的水砣。"我的目的就是整晚绷紧神经，避免在前方遭遇任何危险"，库克后来解释说。这个夜晚月色皎洁，他们现在正乘着微风顺利前进。水砣晃来晃去，水手还是发现了令他吃惊的事：水深从十四英寻到二十一英寻，一直在加深，但几乎一瞬间就反了过来，前面只有八英寻深。库克立即命令所有船员就位，准备绕过这个地方，"大家都感到有些恐惧"，帕金森写道。班克斯和他的采集小组成员当时正在吃晚饭，不管浅滩还是其他什么东西，都从船下面过去了，然后他们躺在床上"非常安全地"过了一夜。

接下来的几个小时，"奋进"号以大约两节的速度在黑色的海面上缓慢前行。在这段日子里，她把大陆远远甩在左舷后面。海水的深度已达二十英寻。这是"奋进"号此次航行的第六百五十五天，夜幕再一次降临，甲板上又恢复了宁静。晚上十一点刚过，就在水砣升起之前，船体与什么东西发生了碰撞，瞬间停了下来。"船撞上了什么东西，很快被卡住，无法移动。"[22]

发生碰撞时，班克斯刚上床，被窝还没焐热乎。过了一会儿，他离开了自己的舱室，穿过大舱房，爬上了通往后甲板的舷梯。在那里，隔着船体的肋材，他明显感觉到"奋进"号"猛烈地敲打着"什么东西，他推测应该是没入海水的暗礁。后来确认撞上的是珊瑚礁，"与其他礁石相比，珊瑚礁最可怕的地方就在于其锋利的尖顶，一旦撞上，几乎可以瞬间刺穿船底"。意识到这点后，他们开始着手处理这种令人担忧的境遇。"奋进"号离开海岸已经三个小时，正进入远海。帕金森此时也在甲板上，他同样感到一阵害怕。帕金森的思绪瞬间回到英

222

国，那是"我们的故土"，远在"数千里格"开外。[23]

　　军官们的反应则完全不同，他们表现得"沉着冷静，没有一丝匆忙和慌乱"。皮克斯吉尔作为得力干将之一，早已划着小艇在船的周围探测深度。他发现"奋进"号已进入"一大片珊瑚礁的边缘"。为了证实他的怀疑，库克紧锣密鼓地忙活起来。首先立即把船帆收起，落下帆桁和中桅；将较小的铸锚从固定处放下并装进一艘小船内，看看是否能利用它的重力把"奋进"号撬起来。所有这些工作都已在午夜前完成，这时，"借着月光"，班克斯发现船的旁边漂浮着几块肋材和木板，然后又出现了一个更显眼的碎片。"触礁以来，船一直剧烈摆动，我们几乎无法在后甲板站稳。"[24]

　　更让人不解的是，从查看的情况来看，"奋进"号几乎是在涨潮的高峰期与珊瑚礁的暗礁相撞。在接下来的六个小时里，潮水会一点点回落，这会给船底带来更大的压力。班克斯断定，噪声是从右舷船头下面某个地方传来的，那里"不断与船底摩擦，发出刺耳的噪声，在前面的储物舱里都能听到。"毫无疑问，这最终会钻破"奋进"号的底部。现在只有三个因素对他们有利：海面比较平静，天空比较晴朗，月光很明亮，可为救援工作提供足够的照明。如果风力变强，搅动海水翻滚，他们根本没有生还的可能，很快就会葬身海底。

　　水手们的工作一直没停下来。铸锚一放出，库克用"巨大的绷紧力"试图晃动船体，但船还是卡在那纹丝不动。随着潮水逐渐退去，船底部的摩擦还在继续，离低潮只剩下几个小时，现在只剩下一种方法了。库克下令，把令塔希提人心惊胆

223

战的舰炮从后膛部卸下，从船上扔到海里。接下来，凡是船员能抬得动的重物全被扔下船。部分在德特福德港装载的八吨铁制压舱物也被扔了下去，随后是整齐排放的从夏洛特皇后湾收集的一些石头，这些石头用于配平船体。桶箍、桶材、油缸和木柴等也未能幸免，船员们把一桶一桶的淡水抛到船外。大家不畏艰难，苦干了好几个小时。班克斯写道，水手们"干得热火朝天，欣然接受这一切，整个船上听不到一声抱怨或怒吼，连一句咒骂的话都没有"[25]。

就这样干了整整一个晚上，这至少让船上的人有所期盼。6月11日七点半左右，清晨的一线阳光打破了这混乱的局面。温暖的太阳升起，海上风平浪静，"奋进"号牢牢地被卡在中部位置，向右舷倾斜。他们度过了危险的夜晚和海水低潮期。尽管清晨的到来让大家舒了口气，但很快船员们就因为皮克斯吉尔带来的消息再次陷入焦虑，皮克斯吉尔发现船底有一个漏洞。船上有四台手动榆木抽水泵，其中两台以十五分钟为间隔交替投入工作，参与抽水工作的不仅有水手和准尉军官，还有正式委任的军官戈尔和希克斯，更包括船长和班克斯。

上午十一点时，海水涨到了高潮。到目前为止，库克已经下令把所有的锚都放了下去，锚爪紧紧抓住海底，防止"奋进"号继续漂向珊瑚礁。航海长估计船上的重物已被抛出去四五十吨，是时候让船浮起来了。但还是不行，船在海水中就像难以搬动的重物一般。随着潮水继续上涨，希望也越来越大。到了中午时分，"奋进"号的倾斜更加明显，根据库克的估计，船"向右舷侧倾三到四块列板"，列板是沿船的舭部折

224

角线设置的板条。尽管其他方面都很让人沮丧，但至少天气一直不错。当潮水退去时，库克又用锚撑住"奋进"号。到了下午一点，潮水已经降得很低，班克斯看到小艇几乎触到了海底。"奋进"号已经被珊瑚礁卡住了十四个小时。

潮水现在又开始大涨。下午五点，库克让第三台抽水泵投入工作，如果不能堵住船底的漏洞，至少也要放缓进水的速度。本来第四台抽水泵也要用上，但因为堵塞而无法派上用场。一次次抽水，又一次次反复查看。黄昏时分，随着潮水再次上涨，卡住的船终于有了一丝松动。但现在的情况是，"奋进"号已经灌进了很多海水，如果不把水排净，船几乎不可能重新浮上水面。非常奇怪的是，珊瑚礁现在既成了罪魁祸首，也是救命的稻草。由于和船体相撞，珊瑚礁很可能把漏洞堵住了。如果从珊瑚礁上脱开，就意味着要面对船底进水状况的加剧。

晚上九点的时候，可感觉到"奋进"号恢复了直立位置。如果据此认为形势得到了改善，实际上是一种误解。接下来的状况更让人感到绝望。库克承认，"进水的速度远远超过抽水的速度"。"这让人很恐慌，现在形势糟透了，一旦船浮起来，我们马上就死定了。"这会儿，班克斯对"奋进"号已经彻底放弃了。他在舱室里"将自己认为应该挽救的东西打包收拾起来"，并做好了最坏的打算。

船上的所有人肯定都想到了最坏情况，只是没有一个人说出来而已。他们都清楚，以这艘船现在的状况，不可能将所有人都送上岸。库克也无法给每个人都配发软木救生衣。"奋进"

号上有二十件救生衣，但这些救生衣"仅仅是为了保护乘坐小船的人而准备的"。不论是否将这些救生衣发下去，肯定毫无用处。离这里最近的陆地有八英里，谁要是能游过去简直是奇迹。即便是登上小船的人，也要花几个小时的时间。即便他们能上岸，接下来又能如何？对于那些能乘坐小船逃生的人，班克斯认为等待他们的将是更悲惨的命运，"赤手空拳上岸后，他们无法保护自己不被土著人杀害，也无法找到食物，在这样的荒岛上想活下去，我看没什么希望"。现在，他们搁浅在天边，船也毁了，船上一半的人都会命丧大海，他收集的珍品将全部沉入海底，他最后也被淹死了。

　　库克此时此刻的想法应该也差不多。库克天生小心谨慎，他之所以能成为一名杰出的指挥官，其中有一个重要的品质就是他知道有时需要把握住机会。小说家詹姆斯·莱恩·艾伦曾这样写道："逆境不能塑造人的性格，但能揭示人的性格。"库克在这片暗礁就将把他的性格展露无遗。晚上九点船恢复直立状态以后，库克清楚，距离下一次涨潮还有两个小时的时间。他写道："我决定不惜一切代价让船浮起来。"他规划时间让计划付诸实施。

　　有四种可能的结局。第一种结局就是他们根本无法让"奋进"号动起来，就像前面那样，接下来，不要指望这艘船还能平安度过第二个夜晚和又一次涨潮。第二种结局是，他们有可能让船动起来，但刺破船底的珊瑚礁也会松动，几分钟后船就会灌满海水，沉入海底。第三种结局是，他们让船动了起来，赶在船沉没之前到达附近陆地，然后"把船修好"，继续驶向东印度群岛。最后一种可能性是他们所有人希望的："'奋进'号在海水中浮起。"

班克斯写道："可怕的时刻即将到来，大家的脸上满是焦虑，我看得清清楚楚。"现在要计算的算式和查尔顿的数学谜题没什么两样。这艘船是一个固体，在两个力的作用下浮在那里。一个是潮水向上的升力，另外一个力是库克及其船员用船锚产生的拉力，船锚的锚爪紧紧抓住四五十码以外的海床。这些力作用在一起能把这艘运煤船从珊瑚礁那里解放出来吗？班克斯用文字把这个场景记录了下来，这些文字看起来比任何时候都煽情：对死亡的恐惧挂在每个人的脸上。晚上十点钟刚过，船舱里的积水有三英尺九英寸深，库克命令除负责抽水泵以外的所有人手操纵绞盘和起锚机。小船上的水手使劲划动，其他人则竭尽全力晃动船体，晚上十点二十分的时候，陷入暗礁二十三个小时后，"奋进"号终于浮了起来。

一瞬间，好像一切都变得很顺利。"奋进"号恢复了直立状态，被小船拖进深海之中，与珊瑚礁保持安全距离。帕金森把这个时刻记录了下来："这让我们情绪高涨，可事实证明，这只是狂风暴雨中的片刻安宁；他们很快又陷入绝望，因为此时海水灌进来的速度要比排水快得多；我们时刻担心船会沉下去，或者又撞到礁石上。"[26]

库克也感到了担心。他听到抽水泵的速度在加快，"这是第一次让船上的所有人都深感恐惧，大家全被调动起来"。但这时有个惊喜摆在了库克面前。有个人想出了估算进水深度的新方法，和其他方法一比较，水深一下子降低了十八英寸。这个消息在船上传开时，"每个人都高兴得手舞足蹈"[27]。

　　大家守着抽水泵又过了一个晚上。库克注意到，境遇的改善让水手们干活儿更有效率了。到 6 月 12 日天亮时，水深已大大降低。现在根本不用想着休息，班克斯写道："抽水泵一刻不停地工作着，直到把灌进来的水全部排出，所用时间比预期要短得多。"到了上午十点，重新升起了帆桁，船帆也已经展开，一切准备就绪，就等着缓缓驶向大陆，这样就可以解决最迫在眉睫的问题——找到漏洞的位置。

　　为了帮助他们航行，乔纳森·蒙克豪斯提出了一种新方法，他是一位舰医，也是最能干的海军军官之一。他建议应该想办法把漏洞堵上。有一次从弗吉尼亚横跨大西洋时，他搭乘的商船发生渗漏，船上的水手是这么处理的：将特制的帆布包在船底，在水压的作用下就会堵住漏洞。库克批准了蒙克豪斯的提议，并派给他四五个人进行协助。他们把"大量剁碎的麻絮（填絮）和羊毛"掺和在一起，然后塞进帆布里，将两边用绳子扎紧。准备工作完成后，水手们把这块帆布垫向外穿过"奋进"号的船壳，经过一连串复杂的拉扯、调整和紧固，几乎把漏洞堵得严严实实。

　　尽管库克详细说明了堵漏帆布垫的准备工作，但他并没有解释堵漏帆布垫是如何使用的，也没有说明是否有水手潜入吃水线下面帮助拉紧绳索。如果他们真的潜入了水里，那么他们将会看到，拍打船底的海浪下方是一片多姿多彩的海洋世界。光线从那里斜射而下，彩虹色的鱼儿在水底暗流和潮水的带动下，像微风中的树叶一样来回摆动；乌龟和鳗鱼也在海底游动，珊瑚礁反射出纯净的光芒。"奋进"号上的船员们并不知道这些，但他们悬浮在一座"海底城市"上方，这座"海底城市"和伦敦一样，混杂着各色人群。在这里，他们看到的仅仅是地球上一个最庞大生物结构的小小碎片，那是不可替代的自然奇观，我们称之为大堡礁。

十天过去了，直到 6 月 22 日上午，他们开始检查"奋进"号船体的受损情况。珊瑚礁在右舷前桅支索靠前一点的底肋板上刺穿了一个洞。这个破洞很深。无论是最初的接触还是随后的猛烈撞击，四块外板都以意想不到的方式被穿破。这不是一般的切口，也没留下任何碎片；库克下结论说，这就是一个整块的开口，"好像有人用一把钝刀子切割的一样"。幸运的是，与珊瑚礁相撞的部位是船体最结实的一部分，也就是圆形船头处的内龙骨，这里用的都是加强的橡材。如果不是这样的话，库克说，"这艘船就彻底没救了，即便这样，我还是觉得很奇怪，船身进水本来不应该就那么一点的"。堵住漏洞的是一块脱落的珊瑚礁，"有一个人的拳头那么大"，除此以外就是我们塞进去的堵漏帆布垫。船体的受损不止如此，保护用的覆材已经掉了，耐擦龙骨消失得无影无踪，支撑整个船体的主龙骨也受到损坏，尽管不是"很严重"[28]。

班克斯也检查了"奋进"号受到的损伤，这更印证了他的观点，真是不幸中的万幸。像往常一样，他很快恢复了平静，在船还没有安全靠岸之前就开始了他的植物学研究。经历这次意外事件后，班克斯对船员又有了新的钦佩。他这样写道："我相信每个人都尽自己的最大努力来保护这艘船，毫无疑问，

这完全归功于军官们处事时的冷静和沉着。在整个过程中，不
管环境多么恶劣，形势多么严峻，没有一个军官在下令时显得
犹豫不决、惊慌失措。"[29]库克也在他的日志中极尽溢美之词，
他承认："说真的，船上的所有人，没有谁曾经表现得像这次
这么好，绅士们更是发挥了良好的表率作用。每个人看来都
充分意识到了我们所处情况的危急程度，使出了平生最大的
力气。"

"奋进"号在扔掉了所有重物后一定会让人感到宽敞舒适，
现在她正倾斜地靠在内陆的一个陡峭河岸上。斜坡上已经搭建
了一个营地，铁匠支起了一个熔铁炉，同时还为木匠搭建了一
个支撑台，河岸俨然成了一个干船坞，条件好得不能再好了。
库克提前派莫利纽克斯和两艘小船寻找合适的地点。其中一位
伙计乘小艇带回来消息说，"他们已经找到理想锚地，那里潮
水涨得足够高，自然条件非常便利，既可以让船靠岸，也可以
把船拖下去"。这里比他们想象的要好得多，班克斯承认，"简
直不敢想象会有这么理想的地方"，他们的处境依然严峻，"我
们和死亡之间就差一绺羊毛"[30]。

这远非他们唯一的好运。天气发生突变前，他们恰好驶离
了远海。前几天还是微风徐徐，突然之间变得风起云涌，以至
于他们根本没时间仔细斟酌和航行。如果两天前发生这样的
事，那么他们肯定在劫难逃了。现在，"奋进"号缓慢驶入了
一个港湾，完全脱离了沉入海底的悲惨境遇，这处港湾既窄又
浅，潮汐的落差在六英尺左右，正好是他们控制船只进出港湾
所需的自然杠杆。这里虽不及惠特比的贝尔岛，但却是一处停

泊的安全之所，他们还可以勘测周围地形，寻找补给。对班克斯来说，他们九死一生后的好运接踵而至，这甚至让他开始相信宗教信仰真的有用，这一切"几乎就是天意"。[31]

　　"奋进"号停靠在岸边的场景被画了下来，这是此次远航最著名的画作之一。在这幅画中，运煤船倾斜停靠在水边，所有的桅杆都光秃秃的，但上面仍然飘扬着一面长三角旗，象征着希望。画作的背景是一片阴郁的风景。红树林环绕在河岸边，小山直达顶点。空地上有几顶帐篷和一些船锚，一群水手顽强而庄重地将船划向对岸。这幅版画描绘了英国人身处绝境时的足智多谋，突出了新荷兰岛的异域风景。触礁事故发生前，帕金森对这里的评价很冷漠，他说："这里的陆地看起来非常贫瘠和沉闷，上面的山丘看起来像一堆垃圾，除了一些低矮的灌木，什么也看不见。"[32]

　　就算再不喜欢这里，也必须坚持一段日子，直到他们修好船再次起航。但是，帕金森发现这里的物产超乎他的想象。接下来的几天里，水手们尝遍槟榔子、豆子、植物种子（"这些植物的种子经过烘烤，味道有点像干豌豆"）、甜甜的"黑紫色水果"，"还有一种像柠檬和橘皮一样散发着香味的小叶植物，代替茶叶一点也不差"，包括一些能让帕金森联想起无花果树的东西，吃起来"平淡无味"。帕金森的实验食品清单提醒我们，探索不仅仅是用眼睛看。船上的人们随着环球远航一路品尝下来。除了约翰·汤普森准备的正餐，船员们的菜谱多了塘鹅、大鹅、信天翁、牡蛎、蚌蛤、塔希提岛的烤狗肉和一打一打的老鼠，以及植物学湾的刺鳐鱼（他们在植物学湾见到的刺

229

鳐鱼非常大，因此那片海湾最初被称作"刺鳐鱼湾"）。

库克将这条河取名为"奋进河"，在这条河里，一到白天会出现更多的野生动物。班克斯很高兴发现了负鼠，"两只幼崽在兽育儿袋中吮吸着乳汁"。帕金森看到两只葵花鹦鹉，这种鸟长得非常像猫头鹰，"眼睛的虹膜呈金色"，实际上是一种长着"猩红色眼睛"的"非常罕见"的鹰。还有蚂蚁、蛇、毒蝇和许多钝吻鳄，"我们经常看到这些鳄鱼……绕着船游动"。这些动物并没有被吃掉，但将近一百个人睁大眼睛四处搜寻，什么都躲不过去。没过多久，他们就找到了在英国被视为非常高雅的某种动物，那就是附近珊瑚礁上聚集的大量海龟。一旦这些海龟被偶然发现，它们就成了水手们的美食，而这也很快成为他们与澳大利亚土著依密舍人发生冲突的原因。

帕金森的日记透露，早在"奋进"号触礁之前，他们就一直被当地土著居民监视。6月8日，帕金森写道，"一伙土著居民"从一座内陆岛屿上朝我们这边观望，他们"静静地站在那里，惊讶地看着船"。接着他们生起一堆火，"发出一种非常宜人的气味，和燃烧安息香树木产生的气味没什么不同"[33]。

这个故事还有不同的版本：

1770年6月10日上午，在库库—雅拉尼（*Koko Yalanji*）正东的库尔基（现在被称为"苦难角"）发现了一只奇怪的大独木舟，几天以来，岸上的居民一直密切观察这艘船。这艘船看起来好像有些不对劲，紧接着，它又沿海岸前进。

在这种情况下，我们巴马部落（依密舍人）生起烽火，把这只奇怪独木舟的动向通知其他部落。两天后，我们巴马部落发现这艘船在瓦卢姆巴·比利河（*Waalumbaal Birri*）的入海口处抛锚，库克船长后来把这条河命名为"奋进河"。我们的依密舍祖先认为，这艘船上的人和以前来这里的人一样，只是路过，不会带来什么麻烦。

这些奇怪的人把大独木舟停靠在岸边后，我们巴马部落决定不和他们接触，继续保持观察。我们还是像以前那样劳作。巴马部落的族人正常划着独木舟用矛刺鱼，女人和孩子则在岸边捡木柴和其他东西；有两个巴马部落的族人甚至划船靠近那些来访者的小艇。

那些陌生人送给我们巴马部落鱼和珠子。第二天，作为回报，我们派四个族人也给他们送鱼，这是我们的习俗。虽然我们巴马部落认识到了这些来访者所处的困境，但我们依然很谨慎，因为我们需要确保来访者不是我们祖先"瓦屋—恩盖"的化身。对这些陌生人我们机敏行事，不允许女人靠近他们。

按照这些土著人的讲述，依密舍族人和这些欧洲人发生了冲突，起因仅仅是这些欧洲人抓获了很多海龟，这种行为被土著人视为"大不敬"。

平衡被打破了，那些到访者冒犯了我们。作为这里的主人或看护人，他们应该得到我们的允许才行。
然后势态就失控了。我们巴马部落感到非常迷惑和愤
怒，于是放火烧了他们的营地。紧接着我们听到砰的
一声，看到一股烟冒出来。我们的一个族人无法相信
被什么看不见的东西射穿了腿，血流了出来，这真是
匪夷所思。我们拔腿就跑。重新回到他们的营地之
前，我们生起更多的烽火，警告其他部落这里有危险
发生。[34]

　　孤立无援加上食物短缺，什么事都有可能发生。但后来发
生的事情比库克想象的要好得多。双方坐下来和平谈判，一方
是库克和班克斯，另一方是当地部落的长者，会面是在离河边
一英里外的几块大石头上进行的。依密舍族人"把他们的长矛
放在树边，友好地向我们走来"，英国人也走了过去，库克和
班克斯也把武器放下了。
　　土著人是这样记录的：

　　　　起身登上独木舟之前，我们巴马部落达成一致意
见，扔掉那些陌生人给我们的所有东西，不再和他们
有进一步的接触，允许那些到访者自由活动。最后，
有一天我们发现那艘船驶出了瓦卢姆巴·比利河，离
开了我们依密舍族人居住的土地。[35]

　　虽然库克永远也不会对这里心存感激，但他的确在这里撞

上了大运。"奋进"号一直游走在神圣之地。菲什伯恩的造船厂就在惠特比修道院下面。她到过赖阿特阿岛奥普阿区的塔普塔普亚提雅神殿以及新西兰文化和知识中心图拉戈湾。现在，库克又在无意中把她带到了瓦卢姆巴·比利河一处叫"贡加迪"（*Gunggardie*）的地方，依密舍人和当地其他部落族人就在这里调解部落争端和打坐冥思。作为一名知识的传承人和守护者，埃里克·迪亚尔[*]解释说，"统治这个地区的法律永远也不允许有流血事件发生"。他继续阐释："我的观点是，我的祖先意识到了来访者所处的困境……他们的精神信仰决定了要对这些陌生人乐善好施，因为他们不希望这些来访者在自己的土地上死去，也不希望这些来访者在未来对他们的信仰产生怀疑。"

　　与澳大利亚土著居民和托雷斯海峡岛民的会面对库克产生了很大影响。几个星期后，他写了一篇令人惊讶的、被大量转载的日志。这里值得全文引用：

　　　　从我对新荷兰土著人的这些描述来看，有些人会觉得他们是世界上最悲惨的人了，但实际上他们远比我们欧洲人快乐。这里的土著人不仅根本不懂我们欧洲人极力追捧的物质丰裕和奢侈生活，就连我们用着非常方便的日常生活必需品他们也是一概不知，就是

232

---

[*]　澳大利亚政治家，他是第二位进入澳大利亚联邦议会，同时也是第一位进入州议会的澳大利亚土著。

因为他们不知道这些，所以他们才感到幸福快乐。他
们的生活非常宁静，根本不会受到相差悬殊的境况搅
扰。这里的土地和海洋自觉自愿地为他们提供生活所
需的一切，他们看不上富丽堂皇的房子和那些豪华的
家具，他们生活在一种温暖而舒适的气候里，呼吸着
非常清新健康的空气，因此他们几乎不需要穿衣服，
他们似乎也明白这一点。我们送给他们的衣服，他们
多数随便丢在海滩上或林子里，好像这些东西对他们
没什么用。总而言之，他们似乎看不上我们送给他们
的任何一样东西，同时也不愿意把他们任何一件东西
交换给我们，不管我们拿什么东西交换都没有用。我
认为，他们以为自己有了足够的生活必需品，他们没
有过剩的物品。[36]

在接下来的一百五十年里，很少有英国人会这样开明地做
出评价。库克能说出这样的话，确实让人感到吃惊，作为一名
身着笔挺制服的英国海军军官，他似乎应该与土著人的一切格
格不入。那些土著人的世界是一个充满精神和传统的梦幻世
界，而库克生活在一个到处是科学仪器和充满启蒙的现实世
界。有些人认为，库克之所以能心存同情，这和他在惠特比贵
格会教徒聚集的环境中接受的熏陶有关，那里的人崇尚简朴的
生活。亨利·泰勒与库克的经历相同，他们都在这样的文化氛
围里生活和学习，泰勒在他的回忆录中说道，"自私自利主宰
着这个世界，几乎所有人都拜倒在它的脚下"，在位于惠特比

葡萄巷约翰·沃克的家里，学徒工被绝对禁止"玩骰子、纸牌或滚木球"，或者"到小酒馆和戏院鬼混"[37]。这样看来，库克是无法摆脱这些节制和持重的。库克从来没有公开表达过对卢梭哲学思想的赞同，尽管有人认为他确实和班克斯一起讨论过这种哲学的优点。

或许，还应该牢记于心的是，库克刚在大堡礁经历了九死一生。库克目睹了大自然的毁灭性力量，如果欧洲社会正在加速向前冲，势必会卷起一片尘土和碎石瓦砾。18 世纪 60 年代，每当库克从纽芬兰岛返回伦敦，社会形势都会变得更加混乱。1763 年，《北不列颠人》讽刺刊物出版引发逮捕风波；接下来是 1764 年的"苹果酒骚乱"；一年后《印花税法案》颁布，遭到北美民众强烈反对；然后，他亲眼看见了 1768 年春天发生的剧烈社会动荡。

尽管这样，"奋进"号上的所有人员依然归心似箭。这看起来可能让人感觉糊涂和不解，但那个世界就算再乱也是他们的家，是他们熟悉和了解的地方。正如班克斯在日志中所写的那样，他们中的许多人"离家太久，思念成灾，直到现在医生才把这种心理状态界定为一种疾病，叫'思乡病'"。只有库克、索兰德和班克斯不会受到这种心理疾病的困扰，班克斯把这归因于他的独家秘方，"让大脑一刻也不停歇，我认为这种方法即便不是唯一的救命稻草，也堪称是最好的治疗手段"[38]。

他们很快就会从奋进河再次起航，但在此之前还要完成最后一个发现。六月份，他们一把船斜靠在岸边，就不断地看到非比寻常的新物种。有一天，当一部分水手被派出去射杀鸽子

233

时，他们看到河对岸有一种动物，具体也不知道是什么，反正在眼前一闪而过，"有灰狗那么大，皮毛的颜色和老鼠一样，动作非常敏捷"[39]。随后还有更多的目击证人。库克的描述更准确，他是从"离船有点远的地方"看到这种动物的。在库克眼里，这种动物的"颜色比老鼠要浅一些，大小如灰狗一般，长着一条长长的尾巴，怎么看都像灰狗。总之，我差点就把它当成一只野狗，但跑跳方式又和野狗不一样，它像野兔或鹿那样蹦跳着前进"。[40]

这么长时间以来，"奋进"号的船员一直喜欢恶作剧。看着桌子转动，他们会觉得很新鲜，然后找词儿去形容。6 月 25 日，班克斯"幸运地看见了大家天天都在谈论的那种动物，但没完全看清楚"。他说："它不仅在体形和奔跑上与灰狗相似，而且尾巴很长，不亚于任何一条灰狗；我说不出来到底该把这种动物比作什么，但可以肯定的是，我见过的所有动物都不是这样的。"帕金森也有过类似的描述：

> 这种动物的尾巴和灰狗相像，几乎和身体一般长，从头到尾逐渐变细。它的大部分体重集中在后部；腹部最突出，后背向臀部弓起；全身覆盖着灰色的短毛；肉质尝起来像野兔，但比野兔更美味。[41]

234

最后，班克斯从依密舍族人那里听到它的名字：大袋鼠（当地土著叫"*kanguru*"）。

水手们可能很想起航回家，但离开奋进河就意味着要重新回到那片似乎到处都是珊瑚礁的海域，那里有"数不清的浅滩，有的露出水面，有的暗藏水下，不要指望能找到一条径直的出口"。这就是1770年7月初班克斯写下的话语，他把这种进退两难的境遇完美地呈现了出来。"我们开始琢磨怎么离开这个地方，到底该怎么走是我们目前最关心的事情……原路返回是不可能了，强劲的信风顶着船帆，寸步难行；最危险的是，我们在航行过程中肯定要面对未知的风险。可能用不了多久我们又会陷入刚刚逃出的险境！"[42]

库克着手收集所有能找到的有价值的情报，而水手们则忙着恢复船帆和索具。库克爬上锚地的一座山头，他在日志中坦承，"放眼望去，不安袭上心头"，沙洲和浅滩连成片，正好形成一条沿海岸延伸的绵延地段。如果在陆地和这条绵长的危险地段之间穿行，这倒是个不错的选择，但如此一来又得考虑海岸的各种风险因素，"除了这些风险，还应避免陷入大片的礁石区，否则就无法脱身了"。如果被礁石困住，他们就会错过六月至十月的信风，他打算借着这股信风把他们带到东印度群岛。库克盘算着，如果真的被困住，"那就前功尽弃了，因为我们现在的给养仅够维持三个月多一点，而且很多食物已经出现短缺"。

从七月份到八月初，这些想法一直萦绕在库克的脑海中，这段时间受海风的影响，船一直被困住河里。直到八月初，他们才战战兢兢地下海。随后的几天很难挨，他们差点撞上水下的岩石和暗礁。8月6日，库克爬上桅顶查看他们周围的环境，隐隐有一种异常的感觉，怀疑自己的决定是否正确。

我发现我们被周围的浅滩紧紧包围了，要想进入
大海别无他路，只有从那些浅滩之间迂回穿过去，但
这实在太危险了。如果天气允许我们扬帆，我真不知
道该往哪个方向走；如果沿来路向东南方向回航的
话，航海长本来就建议我这样做，又需要太多的工作
要做，因为现在风不断从那个方向吹来，越来越大，
几乎没有间断。另一方面，如果我们找不到向北的航
道，最后还是要掉转船头折回去。[43]

举棋不定之际，库克决定乘小艇到五里格外一个较高的小
岛上看看情况。那些岛屿"似乎很高，从其中一座岛屿的上面
望下去，我希望能发现一条航道"。8月11日，在班克斯的陪
伴下，库克出发了。小艇一靠岸，库克"立即爬上岛上最高的
一个山丘"。眼前的景象让他感到很"失望"。在这个岛屿外侧
两到三里格处，"沿西北-东南走向伸展到我望不到边的地方"，
有一处"珊瑚礁堤……海浪冲得非常高"。

前景一片黯淡，这让许多人心灰意冷。几个星期以来，航
海长莫利纽克斯一路上一直乘小艇和中型艇测量水深，他始终
觉得应该掉头向南返航，无论如何都应该退回到五月份所处的
那片远海。库克知道这种想法很愚蠢，但现在他高高地站在海
图上从未标注的偏远小山丘上，周围到处都是珊瑚礁和没入水
下的浅滩，他必须深思熟虑。库克一直在山顶上待着，直到太
阳落山，思考着对策。毋庸置疑，"奋进"号时刻受到暗礁的
威胁，但他也下定了决心，如果他能穿过这片暗礁，远海就在

前方等着他们。在所站地方的东北方向，他好像突然发现一条航道。

返回"奋进"号后，库克把从山顶上观察到的与莫利纽克斯汇报的情况结合在一起分析，莫利纽克斯奉命乘中型艇搜寻航道。莫利纽克斯带回来的消息大同小异，这片海域危险重重，只剩下恶劣的航道。库克宣布，"通过综合分析我们掌握的情况，我决定早晨起锚航行，尽量远离海岸行驶，直到我们觉得危险较小之后再靠近海岸行驶"。他已经完全准备妥当了，这意味着接下来他要驾驶"奋进"号缓慢驶入深海，不放过每一个机会。

8月13日，他们扬帆起航，朝着东北方向库克认为是一条航道的地方驶去。大约中午时分，他们抵达了这个地方，珊瑚礁堤在这里开了个口子，大约有半英里宽。库克指挥"奋进"号抢风航行，同时派莫利纽克斯划小艇到前方检查航道。库克写道，"他很快发信号让船跟进，我们照做了"，下午两点左右，他们穿过了珊瑚礁。"我们一进入没有碎浪的海域，马上就发现一百五十英寻的测深绳探不到海底了，并且发现一股逐渐上涌的洋流从东南方向翻滚而来。"他们终于突破重围了，"不用再担心浅滩和暗礁"，库克简短记下这句话。他很快还会向惠特比的约翰·沃克重复同样的话："自从5月26日以来，我们一直或多或少地被这些浅滩纠缠着，这段时间里，我们航行了三百六十里格，在航行过程中，拖拉测深水砣的铁链就没离开过测深员的手，这样的情况，我敢说，以前没有一艘船遇到过。"[44]

　　在深海航行的时候，他们发现"奋进"号的修复情况不是很好，比他们担心的还要严重。海水正逐渐渗入，抽水泵又开始工作起来，但是，"这种状况和我们刚刚逃离的险境相比可谓微不足道"。东南风逐渐增强，"奋进"号乘风全速航行，一个小时穿越的英里数比过去几个星期走的路程还要多。库克的计划是带领"奋进"号进入远离珊瑚礁的低纬度海域，然后重新折回海岸线行驶，找到达尔林普尔在航海图上标注的航道。如果达尔林普尔提到的海峡真的存在，他们就会重新回到航海图标注的海域，那里距巴达维亚和荷兰东印度群岛只有几百里格，到达那里后就能对"奋进"号进行全面的检查和维修。向西北方向平稳地行驶了一天，横穿整整一个纬度的距离后，8月15日清晨，库克到达了南纬十三度线，然后将"奋进"号掉转方向向西行驶。库克说，他"担心错过"那条他们迫切需要找到的航道。[45]

　　向西行驶几个小时后，8月15日下午一点，从桅顶可望见远方又出现了一片高耸的陆地，这说明他们调向的时机可能有点早了。但这点失望和后面的感觉根本没法比，一个小时后，同一片礁堤正横在了他们面前，此时他们已无路可走。考虑到一直向北能找到这片礁堤的尽头，库克停下来观望。但远处看起来像深海的地方实际上只不过是一个开口而已。库克赶紧掉头迎风行驶，风向现在是东南东，但这次他的好运彻底没了，风向改成了东偏北，"正好是往礁堤那边吹，我们要避开那片礁堤，难度当然变得更大了"。

　　8月15日夜幕降临时，前几天的欢乐消失不见了，"奋

进"号上的所有人又陷入了紧张状态。"如果这是命中注定，237
与我们面前的这片礁堤相比，前面经历过的所有危险都变得不
值一提"，班克斯在他的日志中这样写道：

> 我现在说的这片礁堤绝对是欧洲人闻所未闻、见
> 所未见的，实际上，也只有这片海域存在这样的礁
> 堤：这是由珊瑚礁组成的一道屏障，从深不可测的大
> 洋中几乎垂直冒出海面，高潮位时总是被淹在水下
> 七八英尺深，低潮位时部分露出水面；深海中的大浪
> 骤然之间遇上这样一个障碍，会掀起极为惊人的山一
> 样高的巨浪，特别是赶上像我们这次碰到的这种正面
> 吹向礁堤的信风，就更是如此。[46]

现在的风向对他们极为不利，向北转与珊瑚礁保持平行是
最后的希望。为此，库克"将所有能张开的帆全部展开"。接
下来，因为"害怕"出现可怕的后果*，库克又把"奋进"号的
船头转向南。就在他们完成这个操纵之际，海面突然陷入死一
样的平静，这是仅次于刮东风的最糟结果。他们因为没有风而
停了下来。放下水砣测量海水的深度，但是一百二十英寻的测
深绳根本没探到底。现在是凌晨三点钟，"我们估计离那片礁
堤可能不到四里格或五里格，"班克斯写道，"也许更近，船在
浪涌的作用下加速向礁堤靠近。我们试着多次放下水砣，希望

---

* 指的是担心这次抢风调向后往这个方向走得太远。

能找到可以抛锚的海底，但徒劳无功。"[47]

　　尽管英国的海域内没有这样的礁堤，但面对这样的情景，不论惠特比的哪位航海高手，都会立刻意识到其危险性并胆战心惊。如果没有风，船就没法驱动自己行驶。就算船长技术再好，再善于驾船，风一旦停下来，他就束手无策了。这时，由于船失去了控制，通常就会随着浪涌漂向远方，唯一能祈求的就是前方有一片沙滩，靠近沙滩的海底光滑平坦，当然，最好还是漂向浩瀚无垠的远海。在海面上保有活动余地是每位运煤船船长奉行的准则，但在这片海域根本无法实现。现在，对船上的每个人，不管他是否精通船舶水动力理论，都要接受这样一个简单的事实，如果没有风，这艘船将漂向任何一个地方，而且就目前而言，他们正在漂向那片礁堤。从奋进河望过去，他们已经研究过这片礁堤布满沙子的顶部，礁石的尖顶说不定从哪冒出来，不论是大小、形状或轮廓，都没有任何规律而言。他们也注意到，在月光照耀的夜晚，船以几节的速度缓慢漂浮在这片平静的海面上，没有人愿意想珊瑚礁会对船底带来怎样的影响。这几乎让他们彻底失去了希望，剩下的只有在南海海浪的裹挟下（据他们所知，这些海浪从他们在塔希提岛起航就已经形成了），打着转被推向那道珊瑚墙，这或许是所有可能中最符合逻辑的结局。238

　　到了早上四点钟，库克记录，"非常清楚地听见海浪的咆哮声，天亮时，一大片白浪滔天的险滩清晰地呈现在我们眼前"。船正被海浪推向那里，速度"飞快"。"此时连一丝风也没有，海水深不可测。"库克下令把船上的小艇放下去，寄希望于在小艇微弱的牵引作用下能改变航向。两只长桨从弹药舱的舷窗一起被放了下来，小艇上的船员划动两只长桨，使尽浑身解数把"奋进"号的船头"拽向北方，这看起来是把船拖离暗礁的唯一办法了，或者至少可以拖延一段时间"。

破晓时分，班克斯第一次看见这种"滔天大浪"，"距离我们不到一英里"。六点，他们已非常接近暗礁，就像一根芦苇漂到了瀑布的顶端。库克估计，他们离那些碎浪"不到八十到一百码"：

> 海浪拍打着两侧船舷，掀起的浪头高得吓人。紧接着，一个更高的浪打过来，我们就像是跌进死亡的幽谷中，离毁灭就差那么一个浪头的距离了。可就在这个时候，一百二十英寻的测深绳还没探到海底。舰载中型艇这时候修好了，被放下水到前面去拖船，但还是没什么用。保住这艘船的希望看来是几乎一点都没有了，我们这些人也命悬一线，因为我们离最近的陆地足有十里格，而我们的小艇装不下所有人。可是，就在这种十分可怕的时刻，没有一个人停止努力，大家都使出最大的力气，并且镇定自若，仿佛根本没有大祸临头的感觉。[48]

此时，"在这个关键时刻，我们付出的所有努力似乎都显得微乎其微"，一阵微风"刮了过来"。据库克的记载，"风非常微弱，这要是在平日的无风状态中，根本察觉不到"，而且大家被恐惧笼罩着，有些人还没回过神儿。借着这股微风，加上他们小艇的拖拉，他们感到"奋进"号"沿着一个倾斜的角度慢慢离开礁堤"。但是，这股风只持续了不到十分钟，却将船吹离碎浪区约两百码。"稍微过了一会儿，我们可爱的微风又回来了，"库克写道，"持续时间和上次差不多。"239

　　这阵风（包括风力的大小、方向和持续时间）对船上所有人的意义是任何其他东西所不能比拟的。班克斯这样写道："对死亡的恐惧让人感到更痛苦：现在，摆在我们面前的活命机会让我对争权夺利看得相当轻，尽管为了争取这样的活命机会我们不惜一切代价，我觉得大家此时此刻的感受都是一样的。"[49]过了几分钟，他们找到了礁堤的一处开口，离船大约有四分之一英里。库克立刻派一名副手去查看那个开口。"开口的宽度和船身的长度差不多，但在它的里侧，海面是平静的。我们现在根本还没有离开鬼门关，但一时又想不出其他办法，于是决定只要有可能就将船推到里面去，暂时躲避一下。"[50]

　　他们想尽办法缩短这段距离，但发现退潮的潮水正从那个口子"涌出"，"根本不可能进到这个口子里"。尽管如此，这个大胆的举措却给了库克另外一个机会。借助这股潮水的力量，他们被带离碎浪区大约四分之一英里，到正午时分，在经历了六个小时的绝望后，他们离开礁堤已有一英里半或两英里的距离。在那里他们又发现了另外一个口子，希克斯少尉立即被派出去观察那个口子。

　　希克斯下午两点返回，带回了"一个好消息"。库克当即

"决定想办法让船到那里暂避，尽管那里又窄又危险"。东北东
方向很快刮起了一阵轻风，在这股风和他们那些小艇以及潮水
的帮助下，他们到达了礁堤的那处裂隙。裂隙有四分之一英里
宽，里面参差不齐，海水的颜色斑驳多变，洋流变幻莫测，但
对舵手而言至少可以把握方向。当午后的太阳开始从顶端沿弧
线降落时，库克掉转"奋进"号的船头朝向裂隙，感觉到这艘
船开始向前加速。库克写道，"我们迅速进入那个口子"，且
"在一股像转动磨坊水轮的急流一样快速流动潮水的推动下，
短时间内就穿过了那个通道"[51]。深不可测的海底消失在船尾，
礁石沿着船舷上缘向后滑去，碎浪也随之不见了，呈现在他们
面前的是环礁湖光滑平静的水面。詹姆斯·库克又一次找到了
出路。

PART FOUR

War

第四部分

作　战

10

360°

第十章

回到原点

整整一年半的时间，"奋进"号音信全无。在此之前，伦 敦陆续收到"奋进"号船员从里约热内卢寄出的信件，但到了 1769 年年初却戛然而止。

1770 年 9 月 22 日，英国皇家海军舰艇"宠儿"号停靠在斯皮特黑德海峡，这是一艘单桅战舰，乔治·法默上尉和威廉·莫尔特比上尉就在这艘船上，他们正从福克兰群岛驻地返回英国本土，两人带回的消息透露着一种不祥。法默和莫尔特比上尉在英属福克兰群岛遭到不怀好意的西班牙军队攻击，并被驱逐出殖民地，这简直是奇耻大辱。事件的真相都写在一封致海军部秘书菲利普·斯蒂芬斯的信里，这封信被秘密地从朴次茅斯加急送到白厅。

英国报界群情激愤，很快开辟专栏还原整个事件真相。事情经过是这样的，当年六月份，一艘西班牙护卫舰出现在埃格蒙特港，这里本来是英国人的殖民地。法默上尉忐忑不安地上前打招呼，对方谎称需要靠港补水。就这样，这艘护卫舰在港口停泊了三天，之后不但没有驶离，反而又来了四艘护卫舰。

幻想破灭了，对方升起一面宽宽的西班牙三色旗。果然不出所料，西班牙人来者不善，大部分英国守军被迫退回到堡垒中，而有些水兵则试图让"宠儿"号战舰在港口摆出防御姿态。西班牙护卫舰朝"宠儿"号开了两炮，炮弹"落在了远处"。

接下来的几天紧张难挨，但最终结局毫无悬念。堡垒里的英军大概只有五十人，而与他们对峙的则是"总兵力约为一千六百人的西班牙军队，配有炮兵部队，足以摧毁常规的防御工事"。加之五艘护卫舰上的"二十到三十二门舰炮"，这使得英国守军根本没有招架之力。在这期间，英军迫于驻防职能放了几枪，但正如塞缪尔·约翰逊所说，显然，任何进一步的抵抗"只会白白搭上性命，根本没有任何作用或希望"[1]。英国驻军举起白旗，签署了投降协议。

西班牙军队占领了当地，"宠儿"号战舰最初被扣留了二十天，船舵也在这段时间内被拆掉。此后，英国驻军获准携家带口向北方迁徙。在英国人看来，这种行径是"和平形势大好时期"的无端入侵，消息一公布，人们的反应从起初的震惊转为暴怒。这场危机使1770年初上台的诺斯勋爵政府第一次面临来自海外的严峻考验。入侵事件带来的直接后果不仅仅限于政府内部，证券交易也因此下挫百分之三。据报纸报道，短短几天之内，各路记者就聚集在港口围堵水兵，表达英国人民的强烈愤慨。

当其他人都对这一事件义愤填膺时，霍勒斯·沃波尔却在他的家乡特威克南草莓山表达了深深的困惑。"一个是欧洲北部的英国，一个是欧洲南部的西班牙，这两个国家却为了远在美洲最南端某处的一小块岩石彼此交恶。按理说，睦邻友好的现代国家不会因为家门口的任何事情而大动干戈，对远在天边的事更是如此。"对沃波尔而言，这种不远万里争夺岛屿的习性实在是太过分了："西班牙对南半球末端的一处岛屿怒气冲冲，我们英国也是摩拳擦掌。不管是谁，到那里都要花十二个月的时间，而要想了解当地事态的进展，则又需要几乎一年。"到底什么时候是个头，沃波尔伯爵毫无头绪。"我在想，到了下个世纪，我们就应该为了天狼星座和大熊星座而兵戎相见了吧。"[2]

许多人把这一事件看作是英国国力开始衰弱的证据。而就在不到十年前，自签署《巴黎和约》后，英国可谓独步天下。然而自那以后，因为几届政府优柔寡断，英国的地位不断遭到削弱，殖民地的不满情绪持续恶化，在解决威尔克斯问题上彻底失败，最近又让法国人占领了科西嘉岛，使法国在地中海取得巨大战略优势。1770 年 9 月 25 日，《综合晚邮报》刊发的一篇报道更是雪上加霜，这篇文章推测：

　　据海军部获得的秘密情报，目前准备开战的一个充分理由是"奋进"号已经被击沉，船上所有人员全部殒命。这艘船除了运输军队，随行的还有天文学家，他们开赴南半球海域开展考察，随后改变航线继续进行探索。下令击沉"奋进"号的是一名西班牙王室成员，出于嫉妒之心，这已经不是他第一次在南半球向我们发难。[3]

245

　　这篇文章虽然没有可靠的情报做支撑，但它让人们相信，作为船上的重要人物，"班克斯先生和享有盛名的索兰德博士与其他船员的命运相同，一起葬身海底"。1770年，还有一篇报道透露，"奋进"号在菲律宾附近的一次行动中被西班牙人击毁，这篇报道很快被否认。虽然这些消息都是捕风捉影，但报纸只是负责把私下的传闻公之于众。班克斯先生的妹妹莎拉·索菲亚不得不站出来反驳谣言，她致信托马斯·彭南特说："考虑到他们已经错过了信风，恐怕要到明年春天才能看到他们，但这和报纸描述的情形完全不一样。"[4]

　　在即将爆发战争的大环境下，"奋进"号的命运已经变得无关紧要。西班牙并不热衷于与英国发生冲突，他们声称，只想通过签订条约主张自己的权利。西班牙的这种策略在英国政府这边讨不到什么好处，因为英国政府已经下达了全面动员海军的命令。约翰逊针对此次危机发表了一篇文章，他在文中写道："此时此刻，全国人民都会见证，我们没有浪费一丁点时间。海军已经接受全面调查，所有舰船整修一新，指挥官全部任命到位；我们组建了一支强大的舰队，人员配备齐全，物资储备充足。"约翰逊认为，如果英国因为七千英里外"海洋荒漠"中的一个海上"便携仓库"而大动干戈，那简直愚蠢至极。他承认，向英国人开炮，把他们驱离海岸，包括拆掉船舵，其中任何一种行为均属于煽动挑衅，但这都属于英国应该承受的伤害。

　　如果说舵对船的意义就像寓言中尾巴之于狐狸那

样是荣誉所系，容不得一点冒犯，那恕我直言，虽然
"宠儿"号蒙羞受辱，但还不至于成为两国厮杀的导
火索。[5]

危机事件很快便烟消云散。1771 年 1 月，西班牙发表了一
份和解声明，并承诺归还埃格蒙特港。这倒也皆大欢喜。约翰
逊曾信誓旦旦地宣称英国"箭在弦上"，但实际情况远非如此，
这次危机虽让英国海军大为吃惊，但其反应却异常迟缓。也正
因为如此，年迈而颤颤巍巍的海军大臣霍克备受指责。在风
波过后，国家安全一经得以稳固，他便悄然卸任。接替他的
是约瑟夫·班克斯的老友桑德维奇伯爵，这也是他第三度出任
海军大臣。

桑德维奇伯爵老谋深算，精于权术，他身材高大，看起来
文质彬彬，热衷板球和音乐，喜欢在剑桥郡欣琴布鲁克自己的
家里伴着巴赫独奏曲击鼓附和。他之所以能名垂青史，却缘
于酷爱两片面包夹着咸牛肉这一奇怪的吃法 *，但在当时那个年
代，桑德维奇伯爵可谓声名狼藉。从 18 世纪 60 年代开始，桑
德维奇伯爵一直因为豢养情妇而臭名远扬，他和情妇马撒·雷
伊公开同居（有人认为这就是厚颜无耻），在这十年间，马
撒·雷伊给他生了很多私生子。威尔克斯曾这样写道："造物
主没给他聪明才智，但却赋予他一种最下贱低等的偷奸耍滑能
力。"[6]如果桑德维奇伯爵继续忍受报界的辱骂，那么几乎不会

---

* 即现在熟知的三明治，因此也将桑德维奇伯爵称为三明治伯爵。

有人对此真正产生疑问，但事实上，桑德维奇伯爵既是一只聪明的老狐狸，同时又是一位出任大臣的可靠人选。众所周知，桑德维奇伯爵处事干练，沉着冷静，言辞犀利，这使他在英国上议院如鱼得水，被视为政府部门最得力的干将。1771年1月，他欢快地走马上任，此后不久便传来"奋进"号的消息，这更是让他兴奋不已。

1771年1月5日，航运专栏发布了几条消息，说"奋进"号已经抵达荷属东印度群岛，索兰德博士和班克斯先生安全无恙，这和各种各样的传言截然相反。[7] 尽管如此，这种记述仍未得到证实，还是让大家焦虑不安，渐渐失去耐心。就这样又过去了五个月，直到当年5月11日，桑德维奇伯爵在海军部官邸收到更多来自印度方面的确切情报，证实了"奋进"号已于1771年10月10日抵达巴达维亚，"且正在为返回英国做相应的修缮工作"[8]。这些消息很快统一了私下传闻和官方消息。西德尼·帕金森作为"班克斯先生的委托人"写了一封信并被公之于众，信中讲述了他们遭遇的"艰难险阻"，并大致勾勒出了航行路线。信中还写道，"我们一路采集了大量的植物标本和其他奇珍异品，预计下个月某个时间就会到达英国"[9]。

简·戈梅尔顿是帕金森的收信人之一。信件开头写道："亲爱的表妹，我真不是找任何借口不给你写信，然而这里实在太忙了；但是，一想到当你得知我们已安全抵达目的地时是多么开心，我就觉得不写这封信也太不讲信用了。"帕金森的信篇幅肯定很短，他这样解释说："如果我不分轻重缓急地扑在一般事情上，那怎么也完不成那些不知何年何月才能做完的事情

247

了。"但是，就在这封寥寥数百字的信里，帕金森把他那看似不太可能的故事告诉了一位挚友。他写道，他们在新荷兰沿海"经历了很多九死一生的险情"。"整个远航过程中，我不遗余力地收集让你感到稀奇古怪的所有东西；我相信，我做的这些事情肯定会为你的博物馆增色不少。"[10]

帕金森写下这些话的日子是 1770 年 10 月 6 日，当时他们已在巴达维亚停靠了一个星期，巴达维亚是荷属东印度群岛的主要锚地。在欧洲人的观念里，这片土地多姿多彩，肥沃富饶，物种丰富，令人心驰神往。然而，"奋进"号船员看见的却是另一番景象。班克斯先生从一开始就感到尴尬与不安。迎接他们的是划着船过来的当地官员，他登上了"奋进"号，班克斯先生写道："他的侍从看上去人不人鬼不鬼，没有一丝好的迹象和征兆表明，我们将会踏上一片兴旺发达的土地。"[11]相反，"奋进"号上的船员倒算是"面色红润，白白胖胖，没有一个病人"，要说美中不足，恐怕只有这艘船本身了。自打离开新荷兰后，船体渗漏已经翻倍，目前每小时渗水量达六至十二英寸。船的龙骨异常瘆人，龙骨板有一半已经不见了，右舷链条下方的旧伤一直也没有得到修复。

所有这些因素都要求"奋进"号必须停靠巴达维亚。库克船长对 11 月 8 日的亲眼所见感到毛骨悚然。除了预料之中的损坏，他们还发现有几块甲板差不多已经被船蛆蛀穿，"不论是谁，看到船底都这样了还能浮在水面上，肯定会深感不可思议；然而，即便处于这种状况，我们依然在险象环生的海上航行了几百里格，这一路和在世界上任何一个地方航行没什么不同，聊以自慰的是，我们对时刻伴随的危险竟浑然不知"[12]。

　　船舶修补工作开始后，船员和绅士们就都上岸了。班克斯先生租了一栋房子和两辆马车。有了临时落脚之地，他便派人去找图帕亚。他们的埃瑞奥伊朋友最开始由于生病，加之"肝火旺盛"引起的抱怨而留在了船上。可是一上岸，面对此情此景，他的情绪瞬间高涨起来：

　　　　即将映入眼帘的是一栋栋房屋、一辆辆马车、一排排街道……总之，眼前的任何事物，他以前经常听别人叙述和描写，但从来没有细细体味，所以，对这些数不胜数的新奇事物，他何止充满好奇，简直是欣喜若狂，这个还没看够，又被下一个吸引过去了。他在大街上四处转悠，竭尽所能地将这一切尽收眼底，细细端详。[13]

248

　　然而，这只是一段短暂的快乐小插曲。图帕亚十五个月前就已经离开了赖阿特阿岛。在这段时间里，他的状况和目标都发生了改变。和图帕亚在一起的是他的仆人泰阿托，也可以说是旅游伙伴，泰阿托一直坚持向天文学家格林讨教怎么发音，帕金森估摸着，"这会让他的英语发音取得突飞猛进的进步"。但图帕亚的身体变得越来越虚弱。赶往新荷兰海岸的一路上，图帕亚忍受着早期坏血病的折磨。到了奋进河后，他已然完全恢复了健康，接下来的六个星期就待在了这里，在浅水湾里钓钓鱼；但是一出海，疾病很快就复发了。在巴达维亚，图帕亚"糟糕的身体状况"几乎没有任何机会得以缓解，遇到的每个当地人似乎都在提醒着他们，小心空气中弥漫着的"致命污秽"。

但图帕亚并不是第一个告饶的。大多数船员被安置在一个叫库珀岛的地方，在那里，他们被一种腐败性痢疾缠身。舰医蒙克豪斯最先身亡，紧随其后的是一名见习水手，然后就是一名弹药舱管理员。1770 年 10 月底，随着新月份的到来，开始不断有人倒下死亡。班克斯先生的两名侍从侥幸活了下来，一个叫彼得，一个叫詹姆斯，但病情却发展成间歇性发热，"索兰德博士也因为长时间过度紧张而患上了神经衰弱"。班克斯先生将这一切归咎于"数不胜数的纵横交错的肮脏管道"。图帕亚的观点和班克斯先生大同小异，他要求回到船上，这样就能"呼吸更新鲜的空气"，但到了十月底，图帕亚也变得颓丧不堪。

经过这么长时间的相处，泰阿托已经成为"船上所有人的宠儿"，他的病情不断恶化，到了 11 月 9 日，就剩一口气了。帕金森在信中写道："泰阿托把我们视为亲密无间的挚友，他常常念叨："伙伴们，我快不行了。"[14] 帕金森曾在塔希提岛给泰阿托画了一幅像，画中的他正吹着鼻笛，披着一头黑色鬈发，面颊丰满，个子小小的。此后几个月，帕金森被留下来照看泰阿托，监督他服下给他开的每一种药物，但最后还是无济于事。泰阿托的死对图帕亚"影响非常大"，班克斯先生写道，"图帕亚悲伤欲绝，这样的状态持续了很久，活下去的希望很渺茫"。泰阿托一直是个乐观的病人，可图帕亚正好相反，他被彻底击垮了。图帕亚开始拒绝一切，他"陷入无尽悲痛之中"，帕金森这样写道，"令人最遗憾的是，图帕亚将自己的国家完全抛在脑后"，为失去的朋友痛哭流涕，大喊着"泰阿托！泰阿托！"图帕亚卒于 11 月 11 日。

经过修缮，船坞里的"奋进"号变得越来越坚固，与之形成对比的是，所有船员的身体则变得更加虚弱，卧床不起。班克斯先生和索兰德博士两人都患上了感冒，病情日渐加重，情绪低落，为了尽快恢复，只好到乡村小屋休养。即便到了 1771 年 1 月，"奋进"号再次扬帆起航奔赴英国，疾病依然如影随形。当库克船长突然切入西南方向直奔印度洋时，班克斯先生写道，"总体来看，船员们的状况变得更糟，又有许多人染上了痢疾"[15]。在接下来的日子里，赫尔曼·斯波林和天文学家查尔斯·格林相继去世。到了 1771 年 1 月 26 日，西德尼·帕金森也病逝了，直到临终之前他仍在一丝不苟地记着旅行日记，完成的插图约有一千三百幅，写给简·戈梅尔顿表妹充满挚爱的信都没有来得及寄出。

1771 年 7 月 12 日，"奋进"号终于停靠在唐斯，库克船长立即给海军部发了一份急件，汇报他们已返回本土，表达他想"立即动身将航海日志和海图呈给白厅"的意图。库克船长的航海任务终于迎来尽头，在他能够离开军舰恢复自由人身份之际，政府急不可待地要求他现在就起程开赴麦尔安德，完成此次环球航行的最后一段里程。在那里有很多事等着他们：需要收集航海日志并呈给海军部；要致信皇家海军粮食委员会，说明德国泡菜在抵抗坏血病方面发挥的效力；还要为海军委员会整理花名册，在冷色而清晰分明的栏目上详细列出生还者和死亡人员名单。死亡并没有因为到达印度洋而结束。过了南非好望角之后，又有一位船员不幸倒下去，他就是莫利纽克斯。本来这是一位颇有前途的军舰领航员，他曾在应对新荷兰的暗礁险情中频频出力，忙得不可开交，库克船长评价他说："这个年轻人是我得力助手中的一员，可惜的是，他放任自流，沉湎于挥霍浪费和一味放纵。"[16]随后，在回到英国的六周前，库克船长的副手希克斯最终还是没能逃脱"肺结核的折磨，当我们从英国起航时，他就开始被这种疾病缠住不放"[17]。

最后一个将要失去生命的不是船员，而是班克斯先生的灰狗，他给这条狗起名叫"蕾蒂"，就在上岸到家的两周前，"蕾蒂被发现死在了我的船舱里，它躺在经常睡觉的凳子上一动不动了"。班克斯先生的日志中记载着这样一段令人极为动容的文字：

> 有一段时间蕾蒂非常健康活泼，到了晚上，它很大声地叫着，这样睡在大舱里的我们就能听到它。但它立马就会安静下来，没有人注意到这一点。[18]

班克斯先生对生命的转瞬即逝感到诧异不解，但这次是关于另一个动物，它侥幸活了下来，这令追着报道的记者们非常兴奋。他们回来后不到一个星期，《综合晚邮报》就刊发文章对"奋进"号上的山羊大唱赞歌。这只山羊被带到船上给船员们挤奶喝，实际上这只羊已经身经百战，它在西印度群岛待了三年，并在英国皇家海军"海豚"号上和沃利斯一起环游过世界。这是它第二次进行环球航行，各路记者当然很乐意报道，报纸上是这样说的："这只山羊在整个航行过程中从来就没有断过奶。"出于感激，当局决定"把它安置在一处肥沃的英国牧场度过余生，以此嘉奖它为国家做出的杰出贡献"。更高的荣誉还在后面。很快，约翰逊就将为这只山羊谱写赞美诗：

> 你的名望堪比朱庇特的奶娘，
>
> 你两次环绕世界，
>
> 你值得主人的关心和爱护，
>
> 你现在找到了可以永久栖身的舒适牧场。[19]

当"奋进"号上的其他人员从泰晤士河河畔涌到伦敦的大街小巷时，他们也能沾上这只山羊的光。库克船长现在的首要任务是给海军部转交一份名单，上报那些表现极为优异的船员，他们应该得到提拔。库克船长的航海日志上已经记载了一些丰功伟绩，比如用帆布垫给船底堵漏的海军军校生乔纳森·蒙克豪斯，尽管他也死于返航途中。现在库克船长终于有机会详细写下皮克斯吉尔做的好事，皮克斯吉尔接替莫利纽克斯成为"奋进"号的航海长。库克船长认为，"皮克斯吉尔值得委以海军上尉军衔"，这对他是一种荣誉性擢升。

不过，老百姓是不会知道其中任何一个人的名字的。从五月份起，"奋进"号已进入向西的航线，而从好望角寄出的信要快于这艘船。首先接到消息的是英国海军部，然后是船员们的家属，最后才是广大民众，直到这时他们才先后意识到，"奋进"号此次远航是继安森环球远征之后最伟大的南太平洋航海活动。当"奋进"号在德特福德靠岸时，报社的记者们早已等得不耐烦了，他们想方设法查证并整理事实真相。库克船长忙着结束手头的任务，班克斯先生和索兰德博士负责卸下堆积成山的奇珍异品，也是忙得不可开交。记者则围着船员们，打探尽可能多的细节情况。索兰德是家喻户晓的旅行家，有传闻说他病得非常严重，但很快就康复了。还有关于图帕亚和他随行伙伴的传闻，这个跟他一起旅行的男孩是乔治王岛土著，后来在巴达维亚死去，这个男孩"从未见过马、牛或羊这样的家畜，当他第一次看到马车和马匹时愣在了那里……当这些土著人看到自己和同伴站在镜子里时，感到异常惊讶"。查尔斯·格林的死也变得戏剧化了。有一家报纸声称，"格林半夜起身，一片惊恐狂乱，他把腿从舷窗里伸出来，这是导致他死亡的原因"。如果这剧情还不够狗血，《公共广告人》8 月 7 日刊登的一篇报道则将夸大推向了顶峰，文中写道，"班克斯先生和索兰德博士在天文学和博物学方面做出了更为特殊的发现，这比过去五十年间任何时候对知识界做出的贡献都要伟大"[20]。

班克斯先生不打算采取任何措施平息这些谣言，尽管他一直就根本不关心所谓的金星凌日天文现象。1771 年 7 月以前，班克斯先生从来没有进入公众视线，即便在他们返航的早期报道中，他的名字也是排在索兰德博士后面。但从八月份开始，"班克斯先生和索兰德博士"的名字几乎占据了"奋进"号故事的全部。他们的名字和"天才绅士"联系在一起，他们现在已经成为环球航海家，有资格加入包括弗朗西斯·德雷克、威廉·丹彼尔和乔治·安森在内的精英航海家俱乐部。还有就是，班克斯先生头发没有花白，年龄也没过四十岁。彼时，班克斯先生才二十八岁，英俊潇洒，能言善辩，家境非常殷实。

在这次远航的所有故事中，最激动人心的就是他们到底收集了多少动植物，都有哪些品种。根据《威斯敏斯特时报》的报道，这个数量"不少于一万七千株，其中有一种植物在英国从来没人见过"。《公共广告人》杂志透露，有些植物已经种在"里士满的皇家花园里，长势非常好"。约翰·埃利斯这个人爱传闲话，7月16日，他写信告诉林奈，班克斯和索兰德已经返回英国，"他们历经千难险阻，满载着自然史上最伟大的宝藏归来，谁可曾见过单靠两个人一次就把这么多的宝藏带到世界上任何一个国家"[21]。8月8日，林奈在乌普萨拉用拉丁语致信"不朽的班克斯"，表达他的无限钦佩与赞赏："在这片土地上，没有人敢冒着风险成就如此伟大的事业；在历史的长河中，从来没有人如此慷慨无私；无论何时，从来没有人像你那样只身一人面对所有危险。"他在信件的末尾这样落款："此致，一个无法与你比拟的人谨上。"[22]

库克得到了海军部较为适度的"认可"。8月1日，海军部在备忘录中做出决定，"通告库克，委员会完全赞同此次整个航海行动，对库克报告的全体官兵表现优异，以及凭借乐观和警觉态度克服远航过程中的劳顿和危险，委员会表示非常满意。"对库克而言，这段话的每个字必然如金子般弥足珍贵。这种赞誉比以往任何一个授予惠特比小镇航海官的荣誉都要高。8 月 10 日，鉴于班克斯和索兰德取得的崇高荣誉，国王乔治三世在圣詹姆斯宫接见二人，他很想知道此次远航取得了哪些进展，因为早在 1768 年，乔治三世就在英国皇家学会"纪念仪式"之后宣布为他们的航海行动提供资助。到了 8 月 14 日，库克得到了桑德维奇伯爵的引荐。与此同时，库克还被授予一个他更加希望获得的奖项——委任为船长。现在，他成了正大光明的"库克船长"。

库克的名字从此将退去博物学家的光芒。按玛丽·科克女士的观点，"现在大家谈论最多的人是班克斯先生和索兰德博士"，他们的远航"非常有意思"。玛丽·科克女士经常参加各种沙龙，是社交界的名流、时尚的引领者。当然，她对班克斯先生也不全是赞美之词。班克斯先生临行前曾向一位名叫哈丽特·布洛塞特的年轻女士允诺，要娶她为妻，但他在整个远航过程中对此只字不提；凯旋回国后，他变得声名鼎盛，可似乎忘记了作为一个绅士该有的举止风度。如今这一切都已浮出水面，越来越清晰。"今天早上我看见莫里斯先生了"，玛丽·科克女士在 8 月 14 日这样写道：

> 从世俗的眼光来看，莫里斯先生是个十足的怪人。他说，他希望班克斯先生将所有的布料费付给布洛塞特小姐，布洛塞特小姐在他环球航行期间给他做了很多马甲，但他一回来就撕毁婚约，还希望能得到她的原谅。大家都知道，过去三年里她没有出去工作，但这是否意味着她是为了给班克斯先生做马甲，

我无从知晓。但有一点，如果布洛塞特小姐一直深爱着班克斯，我很同情她现在的伤心失望。[23]

乔治王朝时期的伦敦，社会状况的方方面面都近乎停滞，就像没有风力的帆船陷在暗礁边缘水面一动不动，其实班克斯早就发现了这一点。这种社会状况本来就很微妙，再用班克斯先生的处事方法来应对，结果就变得糟糕透顶。谁都觉得他这种行为太不地道了。回到伦敦后，班克斯在城里到处转悠，拜访以前的老朋友，唯独把布洛塞特小姐晾在一边。于是乎，很快就有消息放出，说布洛塞特小姐一直在给一个流氓无赖做针线活儿。这对布洛塞特小姐是莫大的羞辱，一个星期后，她下定决心，再也不能容忍他的卑鄙行径。布洛塞特小姐给住在新伯灵顿街的班克斯写了一封信，要求"当面解释清楚"，信寄出后她就启程赶往伦敦。戴恩斯·巴林顿是班克斯的朋友，他听说了后来发生的事，于是在一封半开玩笑半揭丑的信中写道：

253

　　　面对这种情况，班克斯先生写了一封两三页的信来解释，承认他爱着布洛塞特小姐，但发现自己脾气太暴躁，不适合结婚。

　　　像你想的那样，这样的借口让人大跌眼镜。此后，布洛塞特小姐费尽周折和班克斯见了面，当时布洛塞特小姐一度晕厥，班克斯先生深受感动，最后他再次答应和布洛塞特小姐结婚。尽管如此，班克斯没

过多长时间又写了第二封信，这封信的出发点和第一
封信一样，这让可怜的布洛塞特小姐悲痛欲绝，可以
想象，这让她处于多么荒唐的境地。

简·奥斯汀完整记述了布洛塞特和班克斯见面的情况，巴
林顿从中发现，两人的见面时间"从晚上十点一直持续到第
二天上午十点"。第二天，当格罗夫纳教堂的钟声响起时，班
克斯表态，他准备"马上"结婚。但布洛塞特小姐很明智，
她觉得班克斯这个人反复无常，情绪善变，婚事先放一放再
说。"如果两个星期后他没有改变主意，她很乐意和他去教堂
完婚。"三四天后，布洛塞特小姐还是收到了来自新伯灵顿街
"希望取消婚约"的信，其实这种结局注定是不可避免的。[24]

换作其他时候，布洛塞特小姐这件事可能会让班克斯名誉
扫地，成为其人品上的污点。但是，班克斯现在的时运如日中
天，不可阻挡。班克斯年轻有为，彬彬有礼，英俊的容貌中略
带不安全感和异域风情，那年夏天，班克斯体验到了什么是
"社会名流"。当然，所谓的"社会名流"在他那个年代才初步
成形，放到现代早已不复当初。时髦人士纷纷谈论着他的探险
经历。很快，班克斯就被本杰明·韦斯特和乔舒亚·雷诺兹搬
上了画作，将他描绘成一个付诸行动的智者或梦想中的浪漫才
俊，画中的他身着用塔希提岛树皮做成的衣服，或者将手臂置
于铺满科学论文的书桌上。他的日志也不可避免地被润色成航
海文学。桑德维奇伯爵点名由伦敦最优秀的作家之一约翰·霍
克斯沃斯博士完成这份工作。随后，班克斯和索兰德被授予牛

254

津大学荣誉博士学位，他们与国王的交往也更密切了。班克斯俨然成了宫廷的宠儿，《公共广告人》杂志对此实在是看不下去，于是在九月份提出抗议说："这对备受崇敬的王室成员实属大不敬。设想一下，他（班克斯）整天整天地带着他们盯着一些毫无用处的杂草标本，或目瞪口呆地看着那些贫贱寒酸的野蛮人穿着草鞋和长袍，这样的举止行为只适合在唐·萨尔塔罗的咖啡馆里，徒增一些好奇而已。"[25]

　　船上的各种东西都已被卸下，接下来就要将"奋进"号收集的大量奇珍异品运往各地，其中一部分被送到私人住宅、博物馆、图书馆和大学机构。随着盛夏逐渐步入尾声，秋天慢慢到来，终于在1771年9月28日迎来了最后的收尾时刻。海军大臣桑德维奇伯爵在白厅海军部官邸为所有"向往'奋进'号"的显赫人士举办了一场"盛大宴会"[26]。

　　"奋进"号的归来让人振奋不已，可是，人们或许很难准确地说出这次远航到底取得了哪些成就，因为实际情况是根本就没什么新的发现。虽然对金星凌日现象进行了汇总，但也并非无可挑剔。毫无疑问，这次远航用瓶瓶罐罐带回了很多罕见而有趣之物，但是，在一个渴望化石燃料和新技术胜过一切的国家里，这些嫩枝嫩叶和长矛刀枪又有何用呢？为了收集这些植物，许多人把命搭在了那里，但却没有发现一片新的南方大陆，而这次环球远航的一个主要目标就在于此。正如约翰逊对鲍斯韦尔[*]所说，"我觉得，他们收获甚少，无非就是带回一种

---

[*]　英国文学大师、传记作家、现代传记文学的开创者。

新动物"，也就是大袋鼠。鲍斯韦尔答道："是的先生，还有很多昆虫。"[27]

　　想给出公允的评价太难了。虽然他们观察到了金星凌日现象，但很难看出库克和格林怎样通过现成的天文观测设备得到了更好的结果。他们经历了金星凌日时的所谓"黑滴现象"，但这并不只限于他们，实际上任何一位观测者都会受到这种现象的困扰。至于各式各样的收集物，人们花了几十年的时间才弄清楚他们到底带回来多少。最近出版的一篇文章清点出了班克斯先生的成果："五种哺乳动物；一百零七种以上的鸟类；二百四十八种以上的鱼类；三百七十多种节肢动物；二百零六多种软体动物；六种棘皮动物；九种樽海鞘；三十种水母和其他一些动物。"除此之外，还有三万零四百份植物标本，其中一千四百份是西方科学界以前所不知的。[28]谁都知道林奈在乌普萨拉建立的植物标本馆。1771年"奋进"号归来时，其植物标本的数量、多样性和大小都超过了林奈的植物标本馆。总体来看，就这一次环球远航就让1762年至1763年《植物种志》记载的植物物种增加了大约五分之一[29]。

　　其他个人收集则进一步扩大了班克斯先生庞大的藏品规模。对库克船长而言，最重要的是他的航海图、海岸图和在航行中堆积起来的锚地地图。其中，最令人激动的是塔希提岛、新西兰和新荷兰东海岸的航海图。植物学湾不会被人遗忘。紧接着便是新西兰，新西兰被公认为此次远航的一大发现，"这才是真正的最有意义的结果之一"。荷兰人可能在一个半世纪前就探索过这些岛屿，但事实并非如此，这就给了英国千载难逢的好机会，许多英国人迫不及待地想抓住这个机会。

"奋进"号差点触礁沉没的故事同样勾起了人们的兴趣。有些人认为，"奋进"号能逃过一劫实属上帝的旨意——天气平静，附近有港口，大量海龟聚集 *，微风拂面。有趣的是，从西方哲学的发展来看，这种解释并不被普遍接受。官方报告的编纂者约翰·霍克斯沃斯认为，"这只不过是自然现象"罢了。

> 如果这并不仅仅是一种自然现象，而是由非同寻常的外部干预产生的，以此纠正自然界存在的某种缺陷，并存在恶作剧的倾向，那么这就是高高在上的干预者向我们明示的。然而为什么这种非同寻常的干预不是为了防止船只触礁，而是为了防止触礁后被撞得七零八落？只需对船的航向略微冲击一下，就能使其避开礁石。同时，如果干预者对万事万物不能毫无差别地轻易发挥强大威力，我们应该这样认为，让船转向可能要比在大风大浪的天气状况下打破自然法则来制造风平浪静轻松得多。[30]

这段话让人想起了班克斯先生的那句话："几乎是天意。"这句话很有启发意义。面对死亡的威胁，班克斯幸免于难，可即便这样，班克斯还是无法让自己完全相信，上帝出手拉了他

---

* 在人类航海史上，海龟一直是人类的好朋友，在许多故事中，都有海龟救人的壮举。因此，大量海龟的出现对航海者是一种吉兆。

一把。这是一个求证和探索真知的时代，迷信正渐渐走下神坛。但是，一个世纪以前，甚至可以往近了说，一代人以前，有哪个航海者会否认自己受到上帝眷顾这种结论呢？在班克斯和霍克斯沃斯的身上，我们看到了西方思想的进步。"奋进"号能逃出生死，不是因为上帝垂青，凭的就是运气。

　　这次远航提供了更多可作谈资的话题。8月18日这天是星期日，他们已经回来六个星期了，班克斯和索兰德与英国皇家学会新任主席约翰·普林格尔和本杰明·富兰克林共同进餐。富兰克林把他们的谈话写成了一篇有趣的报道。他最感兴趣的是博物学家遇到的各色人等。富兰克林听他们说，"乔治王岛的原住民已在很大程度上实现了文明"。二人对毛利人也是大加赞赏，说他们"机智勇敢，通情达理"，尽管这两个人对新荷兰的土著并没有什么深入了解。他们给富兰克林讲了一个感人的故事。有一天，他们在新荷兰海岸的一间小棚屋里发现了四个小孩。他们想，看起来这似乎是和当地人搞好关系的好机会。注意到远处还有一些当地人，因为害羞而不敢上前，于是"我们用丝带和小珠子给孩子们打扮起来，还给他们留下一些小饰品和其他有用的东西"。班克斯和索兰德随后退到了远处，看接下来会发生什么。那些远处观望的当地人终于回到小屋，寻找放在地上的所有礼物。他俩讲的故事让富兰克林若有所思。

　　我们说这是在做蠢事。但如果我们愿意赞美他们，或许就可以这样说，看哪，这是一个充满哲人的国度！就拿他来说，当他穿过展销会时，我们大声欢

256

呼。"这世界上有多少我不想要的东西！"[31]

富兰克林不属于那些被返航归来的班克斯迷惑的人。那年夏天，他在文章中提及"奋进"号的内容少得出奇。这或许是因为他的注意力被美国持续的混乱给分散了，也有可能是因为他在帮助好友达尔林普尔分担一些不公平感，他的朋友觉得自己被剥夺了所有荣誉。达尔林普尔曾是最渴望听到这次远航消息的人之一。有一个核心问题一直困扰着他，库克是怎样从遍布珊瑚礁的新荷兰海域抽身而出的，这个问题对许多人也是不解之谜。

达尔林普尔很快便得出了自己的答案。"奋进"号刚返航回到英国，达尔林普尔就和班克斯会面，他从班克斯那了解到，他们搜寻并找到了达尔林普尔在其古代远航书籍中提到的一条海峡。达尔林普尔立即意识到，库克"要是能从我这得到这个信息就好了"。正是这条托雷斯海峡让"奋进"号在新荷兰与新几内亚岛之间穿行。这个内情让达尔林普尔很难接受。257他不仅绘制了这条航线的参数，随后还用这条航线营救那些不幸的船员，这本来是他提出来的，一想到这些，他就感到内心被百般噬咬。现如今，他不得不忍受"奋进"号胜利归来后的种种炫耀，他们带回各种各样的奇珍异品，但唯独没带回他想让他们找到的东西。达尔林普尔宣称："当时我就相信，直到现在也是这样认为，南方大陆确实存在。"[32]

"奋进"号返回后，达尔林普尔将心中的愤怒压抑了十八个月。在阅读了霍克斯沃斯关于这次航行的叙述之后，他的愤怒彻底爆发了。于是就有了达尔林普尔致霍克斯沃斯的几封信，这些信充满史诗般的敌意，纸间跳动着斜体和大写字母，这种书写格式就是为了更好地传递他的愤怒之情。达尔林普尔将枪口对准他的仇人，那些不知名的海军部官员们，他们早在1768年就通过阴谋诡计让达尔林普尔受挫。当然，达尔林普尔也给库克备足了弹药，最开始他判断失误，把库克当成了探险家。库克航海日志上的一个条目让他非常恼火。当"奋进"号从合恩角向西北方向飞奔塔希提岛时，陆地的迹象越来越多，但库克写了这么一句："大家普遍认为迎风方向有陆地，但我不认为自己有权去搜寻我不确定能找到的东西。"[33]

　　就是这句话让达尔林普尔忍无可忍，他写道："要不是你的阻挠，他这话一说，我几乎就不会进一步注意库克的行为或观点了。"达尔林普尔可能忘记了，库克正急匆匆赶往塔希提岛研究金星凌日现象——这是他此行的主要目标，还有一个目标是观察一些海鸟，要是错过了，他很难被原谅。但对达尔林普来说，这是一种不可宽恕的冒犯。对有疏漏之处，他增加了对肆无忌惮使用暴力的指控，以此对他的公开信进行了收尾：

　　　　同时，我希望你能更坦诚一些，好让我自己听天由命，而上天对我不薄，赋予我聪慧的头脑，尽管我受到思想狭隘之人的影响，让我无法完成发现南方大陆的使命，并与之建立友好往来。但根据我自己的经验，我仍然坚持认为，有可能在不杀人的前提下完成这样的环球航行，尽管你对此有自己精明的判断推理。[34]

　　对贫穷湾发生的事深感不安的并不限于达尔林普尔一人。霍克斯沃斯当着库克的面提起暴力问题。他对已经发生的冲突致人死亡事件表达了"遗憾"之情，但认为这种冲突对抗有其可悲的历史必然性。历史不断向前发展，人们被裹挟在两股力量之间。欧洲人寻求知识、追逐商业，这推动着欧洲人不断向外扩张，而与他们遭遇的那些人则使尽浑身解数"打击入侵自己国家的侵略者"，这完全合乎逻辑。如果那些抵抗者没有被"打败，那就必须放弃尝试"。霍克斯沃斯得到的经验教训是，对那些被委以环球远航这项棘手任务的人，他们不应该是下面三种人："一种是遇到突然伤害易被激怒之人，一种是面临突然危险易滥用暴力之人，还有一种是因判断力不足或感情用事易犯错误之人。"[35]

　　"奋进"号返回后不久，海军部就意识到他们有这样的船员真是幸运至极。戈尔和希克斯都是出色的水手，皮克斯吉尔、莫利纽克斯和乔纳森·蒙克豪斯也都为这艘船的安全管理做出了贡献。班克斯和索兰德取得的成功则更为明显。能让哲人和水手戮力同心完成任务更多的是出于运气，而非精心的计划。而且，除了霍克，其他人对他们增加社会发展动力也没有什么先见之明。要不是因为在船上工作有那么一点不方便，凭借他们的博学、他们的研究方法以及他们对见证历史发展和收集天下珍品的渴望，这次远航一定会取得更辉煌的成果。

　　特别是班克斯，他将自己那活泼爱玩、寻根究底、幽默风趣的个性融入这次远航中。尽管他的成就在1771年被报纸专栏大肆宣扬，但他所做的一些事情即便在当时也超出了人们的理解。班克斯树立了一种典范。从此以后，无论什么时候，只要再有船只进行远航探险，他们都会理所当然地捎上一位博物学家，这位博物学家通常会有几分班克斯先生的影子。他们活泼开朗、聪明而又富有冒险精神，通常来自牛津大学或剑桥大学，满心想要体验整个世界。假以时日，继班克斯先生之后，那份耀眼的博物学家名单就会赫然出现这些人的名字：格奥尔格·福尔斯特、阿尔弗雷德·华莱士、查尔斯·达尔文和约瑟夫·胡克；或许，这个名单的名字还会继续增加，直到我们现在这个时代的大卫·爱登堡爵士。

18世纪70年代，当时的人们对这次远航带来的深远历史意义没有任何概念，但他们确实喜欢上班克斯的另一个新想法。1773年，作为"奋进"号远航的参与者之一，西德尼·帕金森的论文集正式出版。这份论文集让大家认识了帕金森，帕金森是一位年轻、认真、有思想的航海者，他对死亡充满恐惧，却又渴望体验周围的世界，这看似矛盾，但他总能实现两者完美的平衡。也不知道是什么时候，帕金森航海日志的"誊清稿"在返航的路上不见了，帕金森的哥哥和班克斯为此还产生过争执，但他在《南海航海日志》一书中介绍的内容却让英国公众对太平洋岛屿的生活有了更清晰的认识。让这本书增色不少的是帕金森精美画作选集，这些画作对文身战士、异域风景和奇花异草进行了栩栩如生地描绘，让人爱不释手。当然，这本书收录的只是帕金森大量画作的一小部分，其总数远远超

259

过一千幅。当班克斯开创航海博物学家的先河时，帕金森则奠定了航海画家的地位。

在这些人物中，最重要的还是库克。1771年，英国海军部认为几乎没有人能比他更令人满意的了。库克取得的各种成绩本身就是佐证，但同样引人注目的是他的处事方式。他所处的这个年龄段很容易感情用事，但库克用实际行动证明了他有很多坚毅隐忍的品性。库克在处理暗礁险情时表现得沉着冷静、坚决果断。库克没有因塔希提岛的安逸而堕落放纵，也没有像沃利斯和拜伦那样面对成功忘乎所以，而是继续保持勤勉，忠于职守。即便在巴达维亚，当其他人都被疾病压垮，意志消沉时，库克依然表现如初。或许，海军部从"奋进"号远航中收获最大的就是库克本人。

"奋进"号上的一干人等得到晋升、嘉奖和人们的敬重，但这艘船本身并没有立即得到什么。一代人以后，当想到库克的那些船时，海军部高级官员约翰·巴罗爵士这样写道，他本来是想将其"弃之码头"，直到"船板一块一块腐烂掉"。巴罗爵士按文献记录，声称伊丽莎白一世女王对弗朗西斯·德雷克爵士的"金鹿"号就是这样处置的。"德雷克爵士的船被停放在德特福德造船厂里，精心保存了很多个年头；随着时间的流逝，船体腐烂日益严重，直到渐渐解体。后来有人将船上的一些最坚固部件制成了一把椅子并赠送给牛津大学，作为一件文物，直到目前仍有进一步保存的价值。"[36]

对"奋进"号则完全不是这样。等到了九月份，当桑德维奇伯爵在海军部为"奋进"号船员举行盛大招待会时，这艘船

已经重新接受任务到其他地方服役去了。如果库克和班克斯想
再次出海，他们需要找到一艘新船。事实上，再一次起航的计
划已在酝酿之中，有一片大家颇感兴趣的明显区域仍有待探
索，其位于太平洋中部高纬度地区，这是最后一个能发现新大
陆的海域。库克船长很快接受了，他们一行人将返回新西兰夏
洛克皇后海湾的优良锚地，"奋进"号的航海日志到此也就画
上了句号。9 月 25 日，海军部命令海军委员会"采购两艘四百
吨位左右的合适船只，用于遥远地区的服役"。这次，库克的
机会终于来了。如果说模仿是奉承的最高形式，那么没有比
"奋进"号更能说明问题的了，库克在那个秋天赶到泰晤士河，
挑选了两艘设计相似的船只，一艘是"格兰比侯爵"号，吨位
为四百五十吨；一艘是"罗金汉侯爵"号，吨位为三百三十六
吨。这两艘船都是托马斯·菲什伯恩造船厂建造的运煤船。菲
什伯恩造船厂可不是一条省际河流上的鲜为人知的企业，它
的名气相当大，在一定程度上可说是乔治王朝时期的卡纳维
拉尔角＊：探索新世界的远征就在这里起航。

　　计划是春天出海，到了十一月，海军部、海军委员会和海
军粮食委员会之间的频繁通信仍不断进行。两艘军舰也进行了
命名。"格兰比侯爵"号被命名为"德拉克"号，"罗金汉侯
爵"号被命名为"罗利"号，当然，不久之后又进行了修改。
"德拉克"号改为"决心"号，"罗金汉侯爵"号改为"探险"

＊　美国著名航空海岸，附近有肯尼迪航天中心和卡纳维拉尔空军基地，美国
　的航天飞机都是从这里发射升空的。

号，桑德维奇伯爵是在他的一位同僚"暗示"之后批准改名
的。这位同僚指出，西班牙人"憎恶这两个名字（德拉克和
罗利），如果这么命名，西班牙人就会认为我们在故意侮辱他
们"。

　　1771 年的秋天和冬天，桑德维奇伯爵和库克被大量事务
缠身，这场讨论只是其中之一。现在，我们可以研究两人之间
大量的信件、备忘录、命令和笔记，但在当时，这些都是不公
开的，公众获得信息的途径只有报纸。这次远航的宣布方式和
以往有相当大的不同，这一独特的方式可以追溯到 1771 年 8
月 26 日《地方志与新每日广告人》上的一篇报道，其正式宣
布："班克斯先生将从政府获得两艘船，继续他在南海的探索
发现，并将于明年三月开启第二次远航。"[37]

　　1771 年夏天，公众对第二次远航的强烈兴趣不仅激怒了
达尔林普尔，也让班克斯有了更多期许。班克斯已经完成一次
小小的航行和一次伟大的远航，这足以证明他来自旅行世家。
班克斯确信，还有更多的桂冠等着他撷取。他确信下一次远航
将带他重返塔希提岛，与老友（和激情之火）再次相聚，但除
此之外，此行预示着会遭遇更多的风雪而不是温暖的阳光，因
为拟定的航海路线将让他们深入高纬度地区。班克斯不会因此
而畏缩不前，他在 1771 年的圣诞节大声高呼："啊！让我站在
南极上，一秒钟内旋转三百六十度，这将有多辉煌！"[38]

　　从公开报道来看，接下来的远航将是班克斯和索兰德的一
次老调重弹，他们也的确是这样报道的。据《水星报》预计，
"班克斯先生和索兰德先生的下一次南半球远航将奉命沿西北

261

通道航行，西班牙大使已经紧急照会我国外交部，声称西班牙
不会允许他们经过福克兰群岛。"更多的细节是《肯特郡公报》
透露的，它在圣诞前夜公布说："星期三晚上，索兰德博士和
班克斯先生在圣詹姆斯宫与国王陛下举行了一次私人会议，他
们在密室里待了将近两个小时。据推测，他们收到一些与其预
定远航有关的指示。"另外一次"时间非常长的会议"在翌年
一月初召开，参会人员除了国王，还有班克斯、索兰德、桑德
维奇伯爵和诺斯勋爵，这次会议"和他们预定的远航有关"。

　　班克斯再次为他这次远航提供资金，鉴于他在"奋进"号
受到的种种牵制，他急于解决这些缺点和不足。加入班克斯最
新远航计划的申请书汇集到了新伯灵顿街。到了春天，加入
"决心"号的班克斯一行人已经上升到十四人，这里面自然包
括他本人和索兰德。接下来，为了用油画的形式捕捉太平洋迷
人的优雅，他和德国新古典主义画家约翰·左法尼签约，让他
担任此次远航的首席艺术家。随行人员还包括另外两名制图员
（这两人和帕金森就像是一个模子出来的）、一名舰医、六名侍
从以及两名法国号演奏者（这是一个从未被遗忘的事实）。

　　库克在没有征求他意见的情况下又买了两艘运煤船，这
让班克斯感到很恼火，因为他觉得这两艘船还不够大。"决心"
号几乎和"奋进"号一个等级，但随他出海的人数却已翻倍。
班克斯现在做什么都为时已晚，但他置海军委员会和库克长期
以来的赞助人休·帕利泽（现已为海军审计长）的建议于不顾，
坚持要对船进行改装。"决心"号的改装主要集中在传统的军
官休息舱和大舱房上。菲什伯恩对这样的改装计划感到很为

难。水线以上的船体要被整体抬高一英尺，要建造一个新的甲板，而且要在大舱房上建造一个"圆形舱室"，库克和重要军官将搬到这个新建的舱室，这样班克斯就能继续占据大舱房。

262

当班克斯在早春期间召集他的人马时，"决心"号在德特福德造船厂完成了这些船体改造。结合报纸上的报道，这艘被改造得扭曲变形的船本身就成了一个吸引人的焦点。库克这样记录说，"各色人等出于无聊的好奇"纷纷来看这艘船，"船上几乎每天都被赶来的女士们和先生们挤得满满当当，他们上船没有其他目的，就是为了一睹这艘船的风采，因为它将载着班克斯先生环游世界"。5 月 2 日这一天，随着出发日期的临近，班克斯的给养和装备也在紧锣密鼓地装上"决心"号，库克带着以桑德维奇伯爵为首的检查团对船进行了检阅，"之后，为在场的贵族和绅士们举办了一场盛大的娱乐活动。"

1772 年 5 月 13 日，"决心"号从德特福德启航。计划是先由领航员带领向下游行驶，然后由库克船长接手驶到位于唐斯的锚地。船上满载给养物资和人员，一路向东驶向朝阳，沿途伴着"从东北东吹向东南东的徐徐微风"。这本该是他们起程的一个非常惬意的序曲，结果却大相径庭。为了这次远航，投入的资金足足有一万英镑，但却尴尬地发现航行效果是如此之差。所有的小型运煤船都在"顺流而下，有些船悬挂着上桅帆，但所有船都配备整个中桅帆和支索帆"，库克写道，可在"决心"号上他们"都无法安全地竖起一根带艏帆的伸缩式中桅帆（尽管风很平稳，没有疾风）"。一次又一次，"决心"号转向下风处，深深地没入水中，几乎和"奋进"号在新荷兰海岸被珊瑚礁戳破时一样倾斜着。这样的效果让人感到可耻。难道这就是他们寄希望于驶向世界尽头的船吗？库克一有空就给海军委员会起草了一封信：

> 领航员希望我能转告您，他一心只想把这艘船安全地带领到比诺尔*更远的地方，或者是尽力不让这艘船蒙羞，但前提是天公作美，一路顺风。我认为我有责任尽早通知您我们现在所处的境况。恳请您允许我发表个人意见，我可以向您保证，我认为这是一艘极其危险且不安全的船。[39]

263

用航海术语来说，"决心"号容易发生"侧倾"，或"侧倾太严重"，正如库克在后来的一封信中进一步阐述的那样："请允许我提出我的意见，这艘船吃水太深而无法张帆，重荷让船体支撑面低于水线过多，如果减少水线以上的部分船体，缩短桅杆，并将舰炮从六门减少到四门，这就能减轻船的重量使其保持适当的水深，从而使这艘船非常适合完成后续远航。"

要说库克事先没有考虑到这些，那简直不可思议，库克在惠特比的院子里长大，和少数人一样，他非常清楚运煤船的平衡构造和线条设计。库克明确表示，问题就来自班克斯对船的改装。库克一定已经知道，接下来要发生的事就是让他背负偷奸耍滑这样的谴责，班克斯很快就把这个指责栽赃到他头上。

---

* 诺尔位于泰晤士河在北海的入海口处，是一处危险的沙洲。

对班克斯而言，他花了八个月时间建造的这座宏伟的纸牌屋即将轰然倒塌。

班克斯不免会听到查尔斯·克拉克的悲惨境遇，他曾随班克斯一起完成"奋进"号的远航。"领航员明确表明了他的态度，这艘船实在太糟糕了，如果不顺风，他不会冒着有损自己人格的风险继续冒险前行，到达诺尔一切就结束了。"他这样解释。尽管如此，克拉克还是表现出令人钦佩的团队精神：

> 我真希望您能了解我的为人，这样就不会把我向上面汇报情况的行为归咎于只为我自己考虑，如果这样理解就太荒谬了。上帝做证，如果有需要，我会义无反顾地出海，或只要您愿意，我就尽快下定决心；但我必须要说，到目前为止，这艘船是我见过或听说过的最不安全的船。但是，如果您认为乘坐一艘领航员都不愿意接手的船去南极是合适的（我认为这位领航员绝不是一个胆怯的人），那我只能说，只要我们能让这艘船不沉下去，您就应该满心欢喜地始终随行。[40]

5月20日，英国海军部下令将"决心"号恢复原样，此时班克斯的真正惨况才暴露出来。这对班克斯来说不啻为当众羞辱。班克斯生性本就容易情绪化，现在可好，他又用如此愚蠢的方式行事，乔治王朝时期的英国海军势必会对他念念不忘。5月28日，班克斯下令从"决心"号上撤下他的所有设

264

备、人员和给养，因为他"谢绝"了此次远航。

　　班克斯言辞激烈地致信桑德维奇伯爵，通过这种方式将他的决定传达给英国海军部，殊不知，他的判断并不明智。他的这封信混杂着争取权利、虚伪的谦逊和极度的傲慢。他在信中暗示，他只是应"其他人"的要求才进行此次远航的；他已向"整个欧洲"发过"誓言"；他慷慨无私地捐赠大笔金钱，而别人根本不曾这样做。"尊敬的阁下，我已经毅然决然地放弃那些能让我在自己的国家惬意生活的一切，把我本应在自己一生中最美好的三年时光里收获的所有乐趣抛在一边，我这么做仅仅是为了完成这项充满危险而困难的事业……那么，您觉得我应该乘坐这艘饱受质疑的船出发吗？船上的住宿条件比我当初就完全拒绝的船还要糟糕。"现在，班克斯总算说出了自己最耿耿于怀的不满，这让任何一位海军军官都会认为他极其无礼。班克斯坚持认为，说这艘船"不安全，仅仅是依据海军委员会的官方意见得出的，海军委员会在采购这艘船时从来就没征求过我的意见。"桑德维奇伯爵对此无法容忍。班克斯越来越把海军部当作卑躬屈膝的办公部门，这简直太过恶劣，但是，说他对船舶的操作、准备和管理了解得更多，那纯粹是自以为是。

　　桑德维奇伯爵6月2日严肃地进行了回应。班克斯采用写公开信的方式进行威胁，桑德维奇伯爵奉劝他不要这样做，"现在看来可能有必要给出一些答复……因为这是针对海军委员会的一项严重指控，认为海军委员会蓄意用不安全的船只派遣一批人出海。"这样的解释方法是班克斯根本无法还击的。

同一天，桑德维奇伯爵写信进行了还击，库克也正致信伦敦新伯灵顿街的显赫人士。"库克和两名法国号演奏者随时都有权离开"，这不是库克最有见地的一句话，但却令人难忘。库克在别处进行了总结：

> 遗憾的是，班克斯先生为自己着手制订的计划过于庞大，这个计划与探索地球遥远另一端的计划格格不入。如果他把自己局限于上次远航中，并想制订一份相同的计划，只考虑自己的主张，不顾及大家的选择和装备的实际情况，甚至对他根本无法胜任的船只使用操纵也指手画脚，那么他将发现，探险队中的每个人都准备和他作对。于我本人，我认为班克斯不应该对这艘船干涉过多，他应该考虑这样一个事实："奋进"号和这艘船根本就不可同日而语。"奋进"号质量上乘，它载着我在南海航行如此之久，这是以前的任何船都无法实现的，这才让"奋进"号有机会赢得荣誉，大家非常慷慨而公正地让她获此殊荣。[41]

这件事又引出另一篇耐人寻味的文章。休·帕利泽很久以来非常仰慕库克船长，他从头到尾目睹了班克斯的计划被推翻。帕利泽长期以来根植海洋，他18世纪30年代加入英国皇家海军，在40年代和50年代爆发的海战中大显身手，曾多次参与过单船交战。帕利泽生性追求实用主义，出于这样的本性，他写了一份备忘录，名为《关于可用于地球远洋探索的适宜船只种类的思考》。这篇文章列举了远洋航行面临的诸多危险，特别是"登上无人居住的荒漠海岸，甚或是可能遭遇野蛮人聚居的海岸"。他认为，理想的船只必须满足以下条件，"载重量要大，吃水要浅，船体能承受搁浅，并且船的大小要适中，以便必要时可以安全方便地停靠岸边，从而修复任何意外损坏或故障。"

　　总的来说，我坚信没有其他类型的船只能像以往使用的"奋进"号那样适合在遥远未知之地进行探索发现，这是因为，考虑到远航可能需要的必要持续时间以及船只本身是否允许长时间航行，任何其他种类的船都无法根据远航目标携带充足的物资和食物（与补给成比例）。就算最终抵达探索目的地，就船只结构和大小的固有性质而言，这些船只仍然不太满足和适合远航目标。因此我得出结论，正是因为"奋进"号出现以前的所有致力于南半球探索的船只并不胜任这样的任务，所以其探索任务收效甚微，尽管这些船的性能已发挥到极限。布干维尔一看见库克船长已完成全面勘测的部分新海岸，他就飞快地逃走了，因为他根本就不敢让自己乘坐的船靠近这片海岸。

　　正是基于这些考虑，三桅帆船"奋进"号才被那次远航选中（它是英国国王如此雇用的第一艘船），且尽管船上的人（他们并不是最合适的裁判者）在整

266

个远航期间发现了这艘船存在缺陷，然而正是由于这艘船具有的这些特性，他们才能保住性命，并让库克船长能在那遥远的海面上航行如此之久，历史上没有任何船只曾经或可能完成这样的壮举。[42]

桑德维奇伯爵和帕利泽的想法几乎完全一样。班克斯发誓要开始一次全新的探险之旅，完全属于他自己的探险之旅，桑德维奇伯爵给班克斯匆匆写下几句忠告，建议他：

> 总之，为了人类的好奇心，我希望你们一如既往地保持对远航的热情，我衷心祝愿你们圆满完成各项任务……正像我真诚地关心你的幸福和安全，我满心希望那艘船不能是一艘破旧的战舰，也不能是与印度开展贸易的大商船，而应该是一艘新的运煤船。[43]

报界很快就获悉了这一消息。5月29日，也就是班克斯怒气冲冲地给桑德维奇伯爵写信的第二天，报纸报道说："据最新消息，班克斯先生和索兰德博士原定的南半球远航被彻底搁置了。"接下来的几天，取消远航计划的各种理由纷至沓来，比如它给西班牙国王带来了"不快"，"缺乏必要的住宿条件"等，但背后的实质原因一直没发生变化。班克斯不会随船出发了，他回到了最初状态，"决心"号很快就起程赶往普利茅斯，为远航做最后的准备工作。这回，"决心"号又将像一艘真正的惠特比运煤船那样扬帆起航。

7月12日，班克斯的失败以英国伦敦新闻界讽刺漫画这样的正统英式风格被最终证实。这幅讽刺漫画的标题为《吸引英国花花公子的飞虫》，画中，班克斯穿着蓓尔美尔街绅士的华丽服饰，两腿分开分别站在两个上下颠倒的地球仪上，好像他正在横跨一个露天游乐场。好不容易找到平衡后，班克斯的眼睛盯着画面的左上角，那里有一只蝴蝶飞过。就在班克斯用他的捕虫网抽打这只昆虫的关键时刻，他的动作僵住了。为了夸大荒谬感，这位艺术家在蠢蛋的头上加了一对驴耳朵。漫画的配图文字这样写道："我从地球的北极游荡到南极，你问我为什么要这样做，我实话告诉你，就是为了抓到一只飞虫。"[44]

班克斯是与地球南极无缘相见了，而库克将与英国皇家海军"决心"号的首次远航越走越近，历史学家格林杜尔·威廉姆斯曾这样评价"决心"号远航："这可以说是所有海上探险中最伟大、最完美的一次。"[45]库克船长在途经好望角时暂停了下来，开始给班克斯写信，他想修复两人之间的关系。信中这样开头："尊敬的先生，后期在'决心'号的装备问题上出现了一些不愉快的情况，我有理由认为，这使你我之间的关系冷淡了下来，但我一点也不觉得，因为这点情况就要切断和你的所有联系，更何况我对你还负有许多责任和义务。"为了舒缓心情，库克在更平常的事情上找到了安全感：

　　你留在船上的腌制的干鲑鱼我还没给钱，就在不久前，这些鱼还好好的。但我给自己留下的八桶腌咸鱼实在太糟糕了，连猪都不吃。[46]

　　库克和班克斯之间没有什么芥蒂，他们后来一直相互关心，直至终老。特别是班克斯，他后来把查尔斯·丹斯画的标志性的四分之三身长的库克肖像画作挂在他书房壁炉的上方，每当他举棋不定时势必瞥一眼这幅画。至于他的另一位老朋友——英国皇家海军三桅帆船"奋进"号，即使到了1771年11月"决心"号被采购时，她也离开班克斯很久很久了。

11

The Frozen Serpent of the South

第十一章
殖民之后

桑德维奇伯爵一直以来就被报界所诟病。1763 年 11 月 15
日发生的一段难忘插曲彻底让公众看清楚了他的面目。事情的
来龙去脉大家都非常清楚，这要从威尔克斯事件平息后说起。
英国政府动用一切合法手段扳倒威尔克斯，而桑德维奇伯爵作
为国务大臣自是冲锋在前。众所周知，高举自由大旗的威尔克
斯不但没有被挫败，反而在英国人民中赢得了崇高的威望，政
府的如意算盘落空了，于是桑德维奇想出一个计划，他要当众
羞辱威尔克斯。桑德维奇很了解威尔克斯，如果他们同在一个
社交圈子，甚至有可能成为莫逆之交。正因为如此熟络，桑德
维奇了解到威尔克斯与别人合写了一首淫秽下流的诗歌，诗的
名字叫《女人论》，通篇充满了对神明的亵渎。这首诗是对亚
历山大·蒲柏《人论》的戏仿，开篇是这样的诗句：

> 醒醒吧，我的范妮，让那些卑鄙的事情统统滚开。
> 这个早晨将证明天旋地转带来的快感，
> 生活无非就是享受几次高潮，然后死去。[1]

这首诗在17世纪50年代写完后就被漫不经心地扔到一边，1763年，威尔克斯偶然把这首诗翻了出来。他让印刷商翻印了几本，给朋友们消遣解闷。这首诗有部分内容特别粗鄙，含沙射影地侮辱格洛斯特主教的妻子。桑德维奇也拿到了一本。他觉得这绝对可以成为一个猛料，于是在11月15日把它带到了上议院。他站起来告诉他的上议院同僚说，"他手里有篇文章用最粗俗下流的手段辱骂格洛斯特主教"。他接着说，这首诗"伤风败俗，满篇淫语，恶意亵渎，达到了无以复加的程度，他都不好意思给各位阁下全念出来"。结果整个议会大厅顿时沸腾起来，高喊着："念出来！念出来！"桑德维奇照做了，影响自然是十分恶劣。[2]

桑德维奇逞一时之快，看似羞辱了威尔克斯，但也无形中 269毁了自己的名声，这是他没有料到的。大家都知道，桑德维奇的私生活远非一尘不染。他除了和情妇公开同居，在伦敦西区秘密幽会的传闻也是甚嚣尘上。对他来说，充当被激怒的卫道士角色简直是在自取其辱。在如此庄重的场合把威尔克斯的丑事抖搂出来，他犯了大忌，因为当时的社会规范不允许将绅士的私生活公之于众。桑德维奇触犯了众怒，这让他的形象雪上加霜。要知道，桑德维奇可不是什么无足轻重的市井乡绅，他是世袭的伯爵大人。

《女人论》这首淫诗的热度很快就凉下去了，但桑德维奇虚伪的恶名却无丝毫减损。德斯潘塞勋爵的看法很有代表性，他说："恶魔讲经布道，教人们行善，我反正是闻所未闻。"桑德维奇这回板上钉钉，成了口诛笔伐的背信弃义之人，很快就获得了"杰米·特威切尔"这个绰号，这个人物是约翰·盖伊《乞丐歌剧》中臭名昭著的叛徒。出卖耶稣的是犹大，恺撒被最亲信的布鲁图斯刺杀，对比之下，桑德维奇就是威尔克斯的叛徒。在伦敦的街道上，人们撵着桑德维奇的四轮大马车高喊："杰米·特威切尔！杰米·特威切尔！"从此以后，他的名字屡屡见诸报纸专栏。

到了18世纪70年代，这件事已成了旧闻。桑德维奇学会了隐忍，沃波尔评价说，"他的朋友攻讦他时，他的对手讽刺他时，桑德维奇以同样的手段笑对着反击"[3]。桑德维奇之所以对谩骂嘲讽保持更大程度的克制，或许是因为这并没有影响到他仕途上的平步青云。最关键的是，桑德维奇并不是腰缠万贯的富人。为了在伦敦贵族精英中占有一席之地，身居政府高位对他来说至关重要。国王陛下不是没怀疑过桑德维奇的坏名声，但他的治国才干不容小觑。沃波尔注意到，"行政当局里还没有哪个人能像他一样这么熟悉业务，办事非常高效，眼光非常好"。在这些才能的加持下，曾坚决主张对殖民地采取强硬政策并反对废除《印花税法案》的桑德维奇成了鹰派集团和势力强大的贝德福德派系都想争取的得力干将。桑德维奇的这些立场让他和英国国王站在了一边。因此，当桑德维奇伯爵于1771年在诺斯勋爵的举荐下获封海军大臣时，根本就不足为奇。沃波尔写道，赴任英国海军部是"桑德维奇伯爵梦寐以求的目标，他对海洋事务极为关切，处事灵活，异常勤奋，顺应大局，这让他很受海军青睐"[4]。

诺斯勋爵一直对英国海军的现状忧心忡忡。霍克因身体原因辞任后，桑德维奇接过了这个烫手山芋。桑德维奇从来没有责怪过霍克，但他后来曾透露，海军陷入了"崩溃状态"[5]。海军造船厂堆积的是不足六年树龄的橡材和"各种其他品种"的船材，许多战列舰状况堪忧，除了报废别无他用。回到他熟悉的白厅海军部办公室和会议室后，桑德维奇开始着手改变衰弱无力的海军。从 1771 年开始，他每天早晨起来就写信，一般到早餐时才结束。他需要的是名单、图表和事实。这些是制定一系列改革措施，简化供应链，寻找造船用的好橡材，以及让造船厂高效运行的基础。不管他在私生活方面忍受哪些嘲讽，没有人质疑桑德维奇的职业操守。

人们经常看到桑德维奇借着烛光笔耕不辍，这种工作状态持续一段时间下来，他养成了吃"三明治"的习惯。但他并不是完全待在办公室伏案工作，为了检查海军落实他命令的情况，桑德维奇恢复了微服私访海军造船厂的老习惯。这些视察成了造船厂生活的一部分。人们在造船厂越来越多地看到他高大轻盈的身躯，他时不时凝视船壳，从甲板的舱口钻进去，消失得无影无踪。到了 1772 年夏季，他的工作热情被广为传颂，《肯特郡公报》撰文说："当国王内阁会议的贵族老爷们在赛马中心纽马克特和矿泉疗养胜地挥霍时间时，桑德维奇伯爵却在为国效劳，为自己赢得荣耀。"

自从上一次战事过后 *，尊敬的桑德维奇阁下在短

---

* 指 1754—1763 年爆发的英法七年战争，英国是这场战争最大的赢家。

短几个星期内频频视察海军，成效卓著，世所罕见。
他不满足于英王战舰和战略物资储备现状，俯下身子
详细了解规章制度和工人现状的每一处细节，在日记
中详细记录所见所闻，把他掌握的一切都如实禀告国
王陛下。[6]

桑德维奇视察了享誉盛名的皇家海军一级旗舰"胜利"
号，这艘战舰有三层舰炮甲板，分别是崭新的七十四门舰炮
甲板、六十四门舰炮甲板和原来就有的五十门舰炮甲板。他
第一次了解到了独特的护卫舰系列：安装金属铜船底的快艇，
在追逐战中的表现极为优异。1772 年 8 月 18 日，他又视察
了那艘来自惠特比的非同寻常的老运煤船，詹姆斯·库克驾
驶这艘帆船实现了环球远航。现在这艘帆船就停泊在伍利奇
造船厂。

"奋进"号自从 1771 年返回英国后一直没闲着。库克刚把
她带进泰晤士河，海军部就向海军委员会建议，"这艘帆船不
应该退役，其绝对还有用武之地"。这艘船回来得正好，福克
兰群岛的危机或许已经过去，但问题依然悬而未决。西班牙
又开始主张埃格蒙特港的主权，这是当务之急。1771 年 4 月，
英国派"朱诺"号护卫舰、"猎犬"号单桅帆船和"佛罗里达"
号运输舰，以及总计三百人的兵力赴该地区密切监视。由于
沿途没有补给站，因此，尽快补充一艘军需船显得格外重要。
"奋进"号恰好在这个时间点回来了。"奋进"号快速经过检
修，编制名额从库克航行时的九十四人缩减到技术更为娴熟的

三十五人，詹姆斯·戈登被任命为新指挥官。到 1771 年 9 月，戈登的船员全部就位。10 月，他宣布"奋进"号整装待发。1771 年 11 月 19 日，"奋进"号通过英吉利海峡向西航行。

这次航行来回一共用了九个月。戈登于 1772 年 8 月初回到英吉利海峡，当时还是引起了部分关注，毕竟这是一艘"载着索兰德博士和班克斯先生完成全球远航的帆船"。此外，这艘船还取得了另外一个成绩，据报道，"这艘船离开英国的日子是 1771 年 12 月 5 日，来回仅用了八个月，创下了迄今为止最快的纪录"[7]。八月中旬，"奋进"号正行驶在泰晤士河上。8 月 16 日，回到伍利奇。两天后，桑德维奇伯爵和海军审计长休·帕利泽造访"奋进"号。

与皇家船坞的巨型战舰相比，"奋进"号相形见绌，看起来没有任何特别之处。但在过去的一年里，"奋进"号与班克斯朝夕相处，桑德维奇伯爵了解这艘运煤船的故事，而码头上的其他人很少知晓。这对他来说是一个机会，他可以到甲板下面检查右舷处的船壳，那就是被珊瑚礁穿透橡木底肋板的地方，他还在大舱房里逗留了一会儿，班克斯和索兰德正是在这里讨论他们在植物学方面的新发现。但是，像他那个时代的其他人一样，桑德维奇的直觉是从实用和理性出发，而不是从感性出发。"奋进"号并不是博物馆，相反，她还可以继续发挥用处，因此桑德维奇伯爵把她列入了自己的盘算当中。这艘运煤船从出厂到现在已有八年的船龄，粗略地算一下，这些年来，她穿越了大西洋、太平洋和印度洋，总航程达到了大约七万英里。这艘船还能服役多久？算来算去，无非就是维修保

272

养费用是否能抵得上在他的舰队里接纳一艘惠特比三桅帆船所
发挥的作用。

桑德维奇决定派遣"奋进"号再一次远赴福克兰群岛，对
此他是有足够信心和把握的。英国政府的政策已经发生了调
整。在南大西洋的一个偏远岛屿上保留大量守备部队并不是长
远之计，因为后勤补给根本无以为继。到目前为止，在那里建
立殖民地的方案因为一个不堪一击的思路而始终无法达成一致
意见。如果运输舰触礁，那么它就会消失在一千英寻以下的
苍茫大海中，等待守备部队的只能是忍饥挨饿。但是，英国政
府又不想放弃这个经过浴血奋战才夺来的地方，于是决定换掉
"猎犬"号及其船员（这艘战舰一直执行巡逻任务），取而代之
的是一支小规模部队。"奋进"号负责运送这支部队，还有能
维持一年的给养和物资。除这支部队外，还有一艘三十六吨位
的皇家海军"企鹅"号单桅帆船将驻扎在那座岛屿。"企鹅"
号是一艘轻型快艇，在伍利奇完成设计和建造。现在，这艘小
船被拆解为各个组成部分，包括舷列板、龙骨、船舵、圆材等
部件，所有这些将被打包装进"奋进"号的货舱，到达目的地
后再组装起来。

单桅帆船是一种渐渐被淘汰的帆船，具有轻巧、灵活和
快速的特点。这种帆船被广泛用于沿岸勘测，年轻时的约瑟
夫·班克斯曾搭乘这种帆船在拉布拉多海岸城堡湾巡游，那次
的经历让他感到很不安，他发誓再也不想提及。"企鹅"号帆
船在此基础上进行了改进，虽然只有三十六吨的载重量，但能
配备十个旋转炮架，在枢轴上安装小型舰炮。在具备防御能力

的同时，"企鹅"号要具备一定的探索海湾的能力，有战事发生时甚至还能协助人员撤离。二副塞缪尔·克莱顿中尉被任命为"企鹅"号指挥官，到达目的地时，他还将获得"福克兰群岛指挥官"的头衔。1772年11月中旬，一切准备就绪。到达诺尔河后，又上来一些海军陆战队士兵，现在"奋进"号上总计有九十二人以及后勤补给物资，运载量只比1768年少一点点。

戈登记录的大量文字材料有幸被保留了下来，包括他的航海日志和记录，他与海军委员会的频繁通信，这其中就有他孜孜不倦整理的"'奋进'号每周状况报告"，该报告详细记录了士兵取得的进步和维修情况。但即便留下了这么多资料，人们仍然很难摸透戈登的性格。他的信言简意赅而措辞庄重，说明他天生就沉默含蓄，一心扑在工作上。和库克充满好奇心的日志相比，戈登的通信平淡无奇，给人的印象是这个人缺乏天赋，没有什么想象力。但是，把这两个人放在一起对比，也有失公允。戈登的职权范围要小得多，他的任务不是远航探索，而是实际的运输工作。戈登严格按照命令行事，他可能就是一位非常典型的海军中级军官，靠自己的努力取得今天的地位，对自己的能力和水平有清楚的认识。戈登对"奋进"号以前的经历没有表现出任何兴趣，只有一次他提到了库克。他抱怨说，他的舱室应该有个壁炉，"本来这艘船是配备壁炉的，但在船坞里重新整修时被库克拆掉了"[8]。

戈登在抱怨壁炉时，无意中也透露出一个事实。表面上看，"奋进"号和1768年出海航行的那艘船是同一艘船，但就像船长室熄灭的炉火一样，这艘船往日的光辉也一去不复返。船上的科学仪器已经被搬到岸上，上层后甲板也看不到查尔斯·格林站在那里，缠着海军军官候补生提高测量精度。一同消失的还有班克斯、索兰德和帕金森。"奋进"号经过1768年的整修后得到了很大的增强，船上设备的消减也是非常明显的。阅读戈登1772至1773年向南航行到福克兰群岛的平淡无奇的记录，人们不禁想知道格林一路上会注意到多少天文现象；有多少海鸟落在船帆和索具上歇脚，最后被班克斯用捕网抓住；他们一路上目睹多少浅滩暗礁，而库克会将之一一标记在航海图上。再看看戈登的记录，只有对沿途经过哪些地点的简单结论。他迫切地想"循着最短的航线尽快到达目的地，不会绕道拜访任何无关的地方，除非绝对有必要这么做"。[9]

　　这次到福克兰群岛的远征充满困难险阻。9月14日，克莱顿中尉通知海军委员会，"还没有舰医过来"，我们这里有一个人亟须救助。[10] 他们很快就找到了一位候选人，他就是伯纳德·彭罗斯，他可不是简单来凑数的，事实证明，他是1772年这次航行中最有趣的一个人。彭罗斯在这次旅途中悉心观察，把他的所见所闻在日记中兴致勃勃地记了下来。后来他的日记被整理出版，因为他的"高尚品格"而获得《绅士杂志》的首肯。[11] 继1773年霍克斯沃斯和帕金森的书问世后，旅行文学又有了一个新的风向标。人们对旅行带来的主观体验以及由此引发的情感反应特别感兴趣。长期以来，读者们都是被激动人心的远航带来的惊险刺激的故事吸引，但彭罗斯的日记有所不同，彭罗斯讲的并不是一行人如何跨越大洋，而是荒凉贫

274

瘠的大西洋岛屿上"鲁滨孙·克鲁索"式的生存实录。

1773 年 2 月 28 日，彭罗斯第一次看见了埃格蒙特港殖民地附近低矮而泛着灰色的海岸线。他们受到"猎犬"号船员的热烈欢迎，这些人看到"奋进"号时满心欢喜，因为他们终于可以吃上新鲜的食物了。当这些船员得知他们将被彻底解除防务任务并随船返回英国时，有些人甚至不敢相信这是真的。彭罗斯写道，这个消息"几乎没有人相信"。这里没有轮战的军舰，而且"做梦也没想到被拆得七零八落的'企鹅'号就躺在'奋进'号的货舱里。理解了这项命令到底是什么意思后，"猎犬"号的船长"倾其所有地把这个地方装点一番，举办了一场优雅的娱乐活动"。心里想着熟悉的英国土地，"猎犬"号的所有人手怀着"丝毫不加掩饰的"欢快神情帮"奋进"号卸货。[12] 从伍利奇过来的木工在海滩上开始组装"企鹅"号，他们搭建底座、加工斜面、反复敲打，在海浪的拍打声和海鸟的鸣叫声中，填塞船缝的人拿着榔头叮叮当当地敲打，增加了一段清脆的旋律。

摆在彭罗斯和"企鹅"号面前的是一段前景黯淡、令人心灰意冷的日子。他们就像孤立的社会细胞一样被抛弃在这个荒岛上，只能自求多福。但彭罗斯并不缺乏坚定的信念，他认为收复这些岛屿"已经向全世界表明，没有什么能阻止英国维护本国的权利；尽管这片存在争议的岛屿最终可能并不值得拥有，但这个结果应该是通过我们自身的经历证明得到的，而不是迫于外国势力的威胁，轻信他人的说辞，或胆小怕事带来的结果"：

　　我们坚定地认为，我们是殖民开拓者，不是遭遇海难的冒险家；我们得到英国政府的有力支援，不会在这个荒岛上忍饥挨饿；即便是在最差的情况下，我们还有一艘崭新的帆船，虽然不够大，但它足以把我们送到安全的港口。这些因素都会让我们得到慰藉。[13]

　　抵达埃格蒙特港六个星期后，1773 年 4 月 17 日，戈登指挥满载的"奋进"号扬帆起航。彭罗斯和其他四十六名同伴留在岛上开始移民者的生活，"完全占有这片属于英国的广阔领土"[14]。

　　有关福克兰群岛的文字记录和图像资料少得可怜，这片岛屿作为乔治王岛的孪生姐妹，只是存在于欧洲人的想象之中。一个在波光粼粼的太平洋，一个在荒芜凄凉的大西洋。乔治王岛物产丰富，那里有各种各样的动物、植物和食物，绿意盎然。福克兰群岛则正好相反，这里植被稀疏，到处是岩石，合恩角的劲风在每个角落肆虐，人迹罕至。自从 16 世纪 90 年代英国探险家约翰·戴维斯首次发现这里以来，欧洲的探险家一直避开这片岛屿，即使是 17 世纪在南美洲海岸外横行的海盗也唯恐避之不及。

　　直到 1765 年"海豚"号护卫舰来到这里，人们的态度才有所转变。拜伦的手下提到，这里并不是大家印象中的那样荒芜，他们发现这些岛屿还是有一些乐观的前景。他们称之为"埃格蒙特港"的地方看起来蕴含生机。这里有三个入口，大到可以"通过整个英国皇家海军"，后面的陆地到处是飞禽。

因此，当"海豚"号离开时，"若有人看到我们的船肯定会忍不住发笑……因为在利德贺市场上从来没有哪一家卖家禽的商店能有如此充足的供应"[15]。

在拜伦到过这里之后的八年间，英国下定决心把美好的愿景变成某种现实。到了1773年，埃格蒙特港作为英国的一个海外殖民地还相当不稳定，规模也非常小，因此这个名字仍然显得很夸张，但移民者们还是取得了一定的成绩。他们在这里建造了木质构架的堡垒作为"点缀和防御"；堡垒配有四门火炮，其意义非常重要，它们宣示了在这里建造永久防御工事的法律需要。但最近的事态表明，这座堡垒几乎没有起到任何防御作用。这座堡垒更实际的作用是容纳各种物资和给养，起到连接周围几座"较差"建筑的中心枢纽作用。周围那些建筑是"毫无经验的船舶设计师"用岸边的石头和草皮搭建起来的，"且大部分都是用企鹅草铺盖起来的"。彭罗斯带着一丝骄傲证实，在最"辉煌的"时候，"作为这里的长官，'猎犬'号船长已经站住了脚，现在他将被指挥官克莱顿中尉接替"。

前面是茫茫无际的大海，后面是稀稀拉拉、起伏不平的岛屿，上面长满随风舞动的企鹅草。这种草非常粗糙，能长六七英尺高，最高可达十英尺，最早登陆这些岛屿的殖民者要从这些草丛中艰难跋涉而过。他们把海草收集起来当作肥料耙到岛上的黑土里，然后种上马铃薯、卷心菜、西蓝花、胡萝卜、芜菁、西芹、菠菜和生菜，"有时还会种上一些数量虽然不多，但长势非常喜人的花椰菜"，这些蔬菜都很适应这里的土地，栽植比较成功。但彭罗斯注意到，黄瓜、甜菜和萝卜在这里无法存活，这让他们移植绿蔬的"超高技艺"遇到了难题。克莱顿的手下继承了这片蔬菜园，最初他们确实忙了一阵，一是要看护这些蔬菜，二是修缮附近的屋舍。为了整饬秩序，克莱顿每周开展例行检查。他在埃格蒙特港花了六天时间为冬天做准备，还乘坐"企鹅"号查看附近水域。每星期六他给大家放假休息，"清洗日用品，缝补衣裳，闲下来想想英国的朋友"[16]。

人们一般会用星期六来熟悉周围环境。穿过崎岖的海湾，通过空旷的荒原，彭罗斯和他的手下发现岸边"到处是企鹅"，直直地站在海滩上，很多企鹅还过来袭击彭罗斯一行人。在伦敦，人们对与众不同的生物很着迷。他们可以去莱斯特广场参观阿什顿·利弗开设的充满异国情调的霍洛普西肯博物馆，惊讶地看着那些自然界奇形怪状的生物。利弗的园子里有很多吸引人的动物，比如天堂鸟、蜂鸟、鹈鹕、火烈鸟、孔雀和企鹅。伦敦街头上轿子和马车里形单影只的企鹅可能很吸引人，但生长在殖民地野生环境中的企鹅更值得一看。彭罗斯看着这些野生企鹅筑巢，成对地聚在一起保护鸟蛋，但一些鸟蛋还是逃脱不了被水手拿走的命运。"如果说我们曾想过把企鹅杀了喂猪，只能是把成群的企鹅赶到一起，这是最简单的办法，然后刹那间把企鹅扑倒，想抓多少就可以抓多少。"[17]

乔治王朝时代对待动物的态度和现在完全不同。然而，即便在那个嗜血的年代，从彭罗斯的叙述中依然能感觉到他隐隐流露出的良心不安。杀戮对他们来说易如反掌。穿行在到处是企鹅的王国里，他们用英国城镇的名字给这里的每一块地命名，强制推行英国本土的法令和秩序。在这个过程中，彭罗斯发现自己有一种奇怪的感觉，"一个可怕的想法袭上心头"——
"人类的到来让这些岛屿变成荒漠"。空气中弥漫着令人恐惧的   277
空寂，企鹅"城镇"中到处是"死一般的沉静"。彭罗斯写道，
当"我们穿行在那些企鹅中间，想方设法抢夺企鹅蛋，在它们
的侧目扫视中，我们实际上就是不折不扣的入侵者"。这种沉
寂，这些企鹅侧目注视着屠夫，这种孤独和被监禁的感觉，所
有这些都呈现在彭罗斯的描述中，感觉就像未来年代兴起的哥
特式美学*的早期表现形式。彭罗斯对福克兰群岛的描述和18
世纪90年代的哥特式小说存在很多共同点。福克兰群岛像蜡
像一样静止不动，汹涌的海浪拍打着海岸；猛禽在空中盘旋，
海豹在海滩上的鲸鱼残骸旁滑行；雕塑般的企鹅用冰冷茫然的
眼神向后紧紧盯着屠杀它们的刽子手。

　　有时，大自然也会反攻。彭罗斯提到了岛上的海狮，海狮
的面部"又短又宽"，"就像斗牛犬那样，但看着极其凶残"。
彭罗斯亲眼看见海狮用锋利的牙齿将棍棒撕成两半。"猎犬"
号的水手得到了血淋淋的教训。有个水手想用尖锥袭击"一头
巨大的海狮"，当他瞄准目标猛刺时，那头海狮突然转身一口
咬住他，"将膝盖以下的整个右小腿撕断"。那个水手赶紧挣扎
着爬回堡垒，"截肢后才算保了条命"。彭罗斯写道，那头海狮
一尝到水手的血腥味，"它发出一声最恐怖的咆哮，然后退到

---

* 哥特式最早是文艺复兴时期被用来和中世纪艺术风格做区分的美学样式，
　以恐怖、超自然、死亡、颓废、巫术、古堡、深渊、荆棘、黑夜、诅咒等
　为标志性元素，广泛地运用在建筑、雕塑、绘画、文学、音乐、服装、字
　体等各个艺术领域。

海里”[18]。

埃德蒙·柏克很可能读过彭罗斯关于福克兰群岛的描述。在下议院的演讲中，柏克给这个充满敌意的地方起了一个难忘的名字："冻僵的南方毒蛇"。如果柏克去过福克兰群岛，他一定更有发言权。18世纪70年代，人们对边远贫瘠的地方越来越感到好奇，比如山岳、高沼地、沙漠和岛屿。许多人是通过柏克关于"崇高"的时尚写作才看到这些凄凉的景色的。对柏克来说，这种崇高就是"心里能感觉到的最强烈情感"[19]。他从靠近轰鸣的瀑布、凝视可怕的悬崖或令人眩晕的悬垂物这样的切身经历中体验到崇高。在福克兰群岛距离埃格蒙特港二十英里的一处孤零零的悬崖上，人们发现了一处崇高的景致，水手们称之为"鸢尾花角"。这里有壮观的景象，"来自深海的汹涌海浪重重地拍打、冲刷着"高高的海岸线，峭壁被冲蚀得千疮百孔，到处是洞穴和地下通道，在那里，他们感受撞击岸边产生的碎浪、轰鸣的声响和泛起的白沫形成的无休无止的连锁反应：

> 这是一次最浪漫的远足，这壮观的景色真是充满诗情画意。海水奔腾至此总是高得出奇，拍击岸边产生令人惊惧的浪花，小船根本不可能在这里登陆。海滩上面悬垂着荒芜的悬崖，海狮的吼叫声、海鸟的尖叫声和拍岸浪花的轰鸣声在这里回响激荡着，让人油然生起恢宏壮观之感。[20]

278

接下来还有更有趣的事情。他们最喜欢的活动是"流放游戏"——模仿一个世纪前如何惩罚那些臭名昭著的海盗。"选中六个人"并给他们一艘小艇，外加一些铺盖、面包、白兰地、几块牛肉和猪肉，还有几支火枪，然后把他们发配到遥远的海岸线。彭罗斯就是在这样的游戏活动中来到一座遍地是山谷和小溪岛屿的地方，从来没有人看到这样的景象。穿过冰冷的、明亮如镜的水面，他们把小划艇停在这片寒冷之地，待上三天或四天后再返回埃格蒙特港，满载着他们在这里找到和射杀的各种东西。彭罗斯刻意回避了与这个景致不协调的故事。他记下的都是临危不惧的"平静状态"，他们赏心悦目的平静只是偶尔被意外的小插曲打断，"比如小艇被淹和遇上逆风"，以及其他"微不足道的窘迫"。但由于远离驻地，很容易遭遇不测，他们的处境时时刻刻都面对不确定性。1773 年 11 月 6 日，彭罗斯轻快优美的笔调开始变得凄凄楚楚，这是因为这些殖民者"遇到了一起意外事件，让他们陷入严重恐慌之中"。[21]

十一月标志着春天即将结束，南半球温暖的夏天即将到来。这是企鹅繁殖的季节，他们可以尽情享用企鹅蛋。11 月 6 日，一小队人马冒险来到一处企鹅聚居的城镇。停下来休息时，他们在草地上生火烧水。这个点子真是糟糕透顶。"干燥如火种般"的草丛被一个火花瞬间引燃，火势迅速扩大，开始向四周蔓延。

企鹅镇离堡垒有四英里远。水手们飞奔回来，克莱顿立即派人"奋力扑灭大火"。但直到他们回来之前，火势已发展得

无法控制。第二天，也就是11月7日，现出了不祥之兆。到
了下午，远远可以看见大火正"迅速地向我们的定居点推进"。 279
他们现在已经无计可施，一道火帘在山上跳跃翻腾，目睹这一
切的水手们陷入无助的悲伤和恐惧之中。现在只有天气发生突
变才能救他们一命。此时此刻，他们没办法扭转这种局面，只
好开始撤离并尽量多带些东西。

　　第一个考虑的就是"企鹅"号。"企鹅"号还没有下海航
行，涨潮时用的支撑物将这艘船牢牢固定在了岸边。这是他们
逃生的唯一手段，现在最紧要的就是把这艘船滑入海湾。首先
把"企鹅"号的压舱物卸到岸边，然后将堡垒里的火药、船帆
和给养装船。在这个过程中，他们发现自己运气太差——"企
鹅"号"搁浅了"。那天正赶上一个月两次的"最低潮"，由于
引力减弱，水位仍然较低，时差变得非常关键。潮水距离"企
鹅"号还有三英尺，这个让人感觉不妙的事实就摆在那里，彭
罗斯看见大火"吞噬了小山上的菜园，正向岸边飞快逼近"。
现在别无他法，每个人都被派去灭火。

　　除了倒霉的潮水，天气也作祟，从企鹅镇燃起的大火很快
又会让他们焦头烂额。第二天，风势变强，"整个荒原再次燃
起熊熊大火"。水手们已经连续几天没停歇，现在又得重新开
始。所有易燃物品都被拖到海滩上，包括烈性酒、润滑油、一
桶桶的沥青、焦油和树脂等。他们用铲土堆起了没什么用处的
火障，用镰刀放倒草丛，遏制火势。夜幕降临时：

　　　　眼前的场景太骇人了，大火在四面八方肆虐，夜

晚的到来让恐怖进一步加剧。此时刮起的风几乎如飓风般猛烈，大火蔓延到很远很远，有时笼罩在我们头顶的烟雾大得几乎令人窒息。[22]

　　最终，荒芜的陆地救了他们。要是这里长满树木，大火可能要烧上几个星期。事实上，经过几个星期的鏖战，他们已精疲力竭，连住的地方也没有了，"实在没什么可烧的了，火势减弱了下来"。环顾四周，彭罗斯看见的都是虚弱的身体，烤得焦黄的四肢，熏黑的衣服和面庞。当他们休息时，火还在那烧，直到最后被猛烈的暴雨浇灭。彭罗斯写道，没有人在火灾中丧命，但是"很多海狮，事实上还包括多得数不清的企鹅，被无情的大火吞噬。由于当时刮起了大风，大火一下子在各个地方熊熊燃烧起来，可怜的动物被火海吞噬，根本不知道该往哪里逃命"[23]。

　　1773年发生在埃格蒙特港的大火证明了早期殖民地的危险性。1774年"奋进"号再一次回到这里，发现堡垒只剩下烧焦的外壳，岸上的人们或破衣烂衫，或只能裹着海豹皮。天气恶劣，加之疾病蔓延，他们饥寒交迫，这处殖民地已经从内部开始崩溃。但是，让殖民地垮掉的不只是这些，无聊的生活和松懈的纪律同样致命。这是"企鹅"号的水手们接下来不得不面对的挑战。到了1774年1月，他们归心似箭。预计"奋进"号可能随时会到来，克莱顿派两名海军军官候补生和一名普通水手到一座叫凯佩尔岛的山上守望，这座山是岛上的最高点。

　　在公开出版的记录中，彭罗斯非常小心，从没有质疑过建

280

立海外殖民地的动机。但是，任何一个经历过这种孤独的人肯定不会放过这一点。最突出的问题就在于，付出这么大的代价建立这些殖民地是否值得。正如英国人逐渐意识到的那样，殖民地建立以后，问题接踵而至。人们不会忘记殖民者在殖民地艰苦劳作的故事，比如清除弗吉尼亚州的"密林"，包括约翰·史密斯在 17 世纪初期乘坐单桅帆船勘测切萨皮克湾，都耗费了许多年月。当"企鹅"号的船员们探索福克兰群岛的海湾时，英国国内对此更是高度重视。正当彭罗斯和水手凝望着远方的地平线，翘首期盼"奋进"号到来时，位于美洲的殖民地也在回望大西洋寻求支持，一百五十年来一直如此。殖民地就是这样维系下去的。大英帝国就像人体的心脏，源源不断地向外进出维持生命的必需物质：殖民者、金钱、军队和法律等，这是一个社会建立和发展必不可少的。塞缪尔·约翰逊曾这样说道："殖民地和宗主国的关系恰如人体的各个部位，从生命的中枢汲取动力和力量。"对大多数人来说，如果殖民地"受英国法律管辖，享有英国的尊严，接受英国的忠告，得到英国军队保护……那么这些殖民地就应隶属于英国政府，向英国纳税，这看起来是顺理成章的事情。"[24]

　　构成殖民地的这种理念在过去的十年中备受质疑。对英国国内的许多人来说，约翰逊的这种说法无可指摘。英国政府必须坚定不移地维护殖民地的这种秩序；即使某个殖民地的发展速度和美洲殖民地一样快，取得了一样辉煌成绩，那里的人民也应该忠于这套体系和制度。因为正是这套体系和制度从殖民地初创时期就给它提供支持，保护它从弱到强。十年

281

来，英国人不断听到从大西洋彼岸传来的咆哮声，这种咆哮声就像是一只狗撕咬着殖民地的躯体发出的，它生生地将哺育殖民地的手咬断。

如果脱离宗主国和殖民地这些概念来讨论税收，那么这个问题永远都无法被理解。对那些殖民地的"乡巴佬"来说，政府摊到他们身上的税赋让他们像奴隶一样被抛弃，这种说辞荒谬至极。美洲殖民地的税赋要比英国三个王国的税赋低得多，因此，他们提出的理由反手甩了他们的傲慢一记响亮的巴掌。美洲人不应该抱怨政府的行为举措，而应该感激他们得到了议会的保护，正如每个真正的英国人知道的那样，正是议会捍卫了对抗君主专制的底线，英国从1689年独创一格地成立议会以来，一直坚定地反对暴政。这包括英国议会颁布的抑制王权的《权利法案》和《宽容法案》，与欧洲大陆的君主专制制度形成了鲜明的对比。作为一名英国人，安布罗斯·塞尔后来写道：

　　　　有谁能相信，在未来的岁月里，生活在这个地区的殖民地居民，他们享受着这个世界上最温和、最宽松的政府治理：政府允许他们扩大自己的商业活动，不断积累财富；政府给他们提供全方位的保护，不仅不向他们收取费用，还提供最慷慨丰厚的恩惠。那么他们应该丢掉对其宗主国的所有荣誉感、利益感和责任感，从而拒绝承担因他们而产生的费用，并试图彻底颠覆和毁灭宗主国吗？[25]

　　塞尔最后总结说："我真希望殖民地从来就没存在过。"约翰逊这样抱怨道："禁止使用'奴隶制'这个词是徒劳的，但我希望能以更谨慎的方式把这个词说出来；这个词曾一度因宾夕法尼亚州掀起的雄辩热潮而难以进入我们的耳朵。"[26]

282

　　这个争论的另一面也同样十分尖锐。当埃德蒙·柏克把这个问题在下议院提出时，很少有人能想到仅仅一个多世纪以来在北美洲的发生变化堪称人类奇迹。他请议员们想象自己穿越回1700年，那么好，现在请横跨大西洋向西侧看：

> 那边是美洲，在今天看来，那时的美洲不外乎充斥着野蛮人及其粗鲁举止的故事，不过是人们茶余饭后的笑料而已。然而，如果你还健在的话，美洲应该展现出自己可以匹敌全世界的商业实力，现在的美洲让全世界羡慕不已，心生嫉妒。不管英国现在发展到什么程度，这都是英国通过一点一点的进步逐渐实现的，在这个过程中，各种各样的人都参与进来，它是一千七百多年来文明征服和文明殖民接续不断的结果。但是无论如何你都应该看到，美洲在这个过程中以一己之力为英国增添了同样多的东西。[27]

　　柏克满心期待美洲会有这样的发展结果，他声称，这需要"年轻人具备所有的乐观、轻信和热情"。美洲也确实这样发展起来，柏克认为，美洲之所以能发展壮大，离不开美洲人民的勤奋和态度。殖民地定居者的人口规模和财富每年都在增长。然而，就是这样一个蓬勃发展的殖民地，他们竟然没有议会代表？那里到底存在怎样的制度体系，人人都要纳税，却没有任何发言权？这看起来有多荒谬。

总体来看，这就是分歧所在，1764 年，乔治·格伦维尔推出《食糖法案》，这项法案直到 1774 年仍然是争论的焦点。在那些年里，事情一直起起落落。1765 年，英国议会通过了《印花税法案》，第二年被废除。1767 年的《汤森法案》也是一样，1770 年诺斯上台后就废除了这项法案，但保留对茶叶征税的政策。富兰克林在威斯敏斯特有一个观察席位，他眼睁睁地看着政策反反复复，而政府却找不到解决这场纷争的方案，这让他越来越恼火。他经常利用报纸为和平解决争议或捍卫"美洲人"的观点提供线索和建议。1773 年 9 月，《公共广告人》刊载了富兰克林的一篇文章，名为《帝国分解规则》。其中第一条规则是这样开头的：

> 首要的考量是，绅士们，伟大的帝国好像大蛋糕，最容易从它的边缘分解。因此，先注意边远地区，把它去掉，其余便不难崩解。[28]

283

漂浮在南大西洋上的福克兰群岛是这块蛋糕的最边缘，彭罗斯没有机会通读富兰克林的全部"规则"，也无法见证马萨诸塞湾殖民地最近遇到的麻烦。1770 年，诺斯勋爵废除了令人极度反感的《汤森法案》税收条例，但是，为了表明议会有权征税，他不得不保留一个征税对象。几年下来，殖民地对每磅茶叶缴纳三便士的关税并无抱怨。到了 1773 年 5 月，诺斯内阁通过了《茶叶法案》，颁布这项法案的目的是通过让东印度公司垄断殖民地的茶叶贸易，帮助濒临破产的东印度公司解围。这项法案带来的后果非常严重。《茶叶法案》被视为威斯敏斯特维护对殖民地霸权地位的再一次尝试。尽管《茶叶法案》实际上降低了要求美洲人民支付的税款总额，诺斯勋爵后来承认，这项法案"不可能……预测到美洲人会拒绝喝便宜到每磅收九便士关税的茶"，但它的深层次意义不容忽视。[29] 既然殖民地人民同意纳税，这就意味着他们接受议会的税收政策。1773 年的夏秋两季，反对这项法案的呼声再次高涨。

当水手们与企鹅镇的大火搏斗时，三艘东印度公司的大商船满载着茶叶驶向波士顿港。抵港后，他们发现码头上贴满了愤怒的大字报。其中有一份大字报这样警告说："直面你们的是毁灭的时刻，美洲挺起男人的腰杆反对暴政的阴谋。"[30] 12 月 16 日，一群伪装成莫霍克印第安人的持不同政见者登上了船只，把装满茶叶的三百四十二个箱子全部扔到了海里。

1774 年 1 月，东印度公司的财产被"骚乱分子破坏"的消息传到大西洋彼岸。欧洲和美洲对英国的反应屏息观望。《米德尔塞克斯杂志》要求绞死一百名"波士顿清教徒叛乱分子"。英国下议院有人呼吁立即采取武力措施。一月份，英国政府下令禁止向美洲出口轻武器；接着就是颁布议会法案，关闭波士顿海关并封锁港口。到了春季，托马斯·盖奇中将被任命为驻美洲英军总司令和马萨诸塞湾殖民地总督。英国政府后续又出台更多的"强制"法令，"更好地治理"马萨诸塞湾殖民地，镇压暴动。其中有一项法案殖民地称为《不可容忍法令》，照此执行，少数人的行为会牵扯到许多其他人一起受罚。十年来一直积累的怒火终于爆发。美洲的一个小讲坛回荡着这样的布道词："啊！东方的主，西方的主，南方的主！保卫我们抗击诺斯勋爵！" [31] 这就是凯瑟琳·麦考利用十年时间揭露的邪恶暴政。作为伦敦一位同情美洲争取自由的友人，麦考利很快收到了阿比盖尔·亚当斯*的来信，信中强烈谴责"英国议会最近颁布的不人道法案给美洲人民带来痛苦和灾难"：

> 我们被舰队和陆军入侵，贸易不是受到阻碍，而是遭遇灭顶之灾：寻求正义的法院被关闭，许多人被赶出大城市，成千上万的人沦为贫困人口，只能依靠邻居们每天提供的救济食品度日。一方面我们受到内战的恐怖威胁，另一方面英国也为我们准备好了奴隶制的脚镣……你可能会想……我们陷入了极大的困惑和混乱之中，但还远不止如此。尽管只有极少数人没感觉到这场大灾难降临，但到目前为止，大部分人都支持我们的斗争。他们意志坚定，行为果敢，下定百折不挠的决心，因为他们意识到自己是受害者，而不是施暴者。他们投身大义，决不惧怕"血洒前胸，肝脑涂地"。[32]

---

* 美国政界人物，女权运动的先驱者，是美国第二任总统约翰·亚当斯的妻子。

和即将发生的大事相比，关于福克兰群岛的争议微不足道，很快就湮没在历史中。埃格蒙特港一直就是大国的玩物，仅对贸易和探险多少有一些影响。但美洲问题就完全不一样了，它关乎英国的核心。

派到凯佩尔岛观望的人等待"奋进"号现身已有好几个月了。4月23日圣乔治日这一天，"当我们已不抱任何希望时，惊喜地发现'奋进'号竟然驶进了港口"，彭罗斯写道。许多人看着这艘帆船越来越近，但很少有人对眼前这一情景欣喜若狂。彭罗斯继续写道："很容易想到，当我们看到这艘船时，心里确实非常高兴，即便我们只能祈求她带给我们新鲜食物和远在天边的朋友的消息。"但"奋进"号带来的消息远超他们的惊喜。彭罗斯最后说："我们接到命令，即刻撤出岛屿并返回英国，当我们听到这个消息时，喜悦之情无以言表。"[33]

时间一点都没浪费，所有物资被立刻从仓库里搬出来并装船。所有的住所变得空空如也，"企鹅"号也被拆成了碎片，船材已经变得脆弱不堪，除了当柴火烧，也没其他更好的用处了。这个活儿并不轻松，他们夜以继日地装船，"直到货舱满满当当，再也装不下什么东西了"。5月20日，两艘船的所有船员在清空的定居点旁集合，正式向这块土地告别。水手们排成一排站着，海军陆战队士兵也被吸引了过来，他们看着刻字的铅板被"固定在堡垒的正门"，上面写着：

　　　　知会所有国家注意：
　　　　福克兰群岛及岛上的这座堡垒、仓库、码头、港

口、海湾和小溪的主权和财产权只属于神圣而可敬的
乔治三世陛下，大不列颠、法国及爱尔兰国王，信仰
的捍卫者等。兹证明，福克兰群岛指挥官 C. W. 克莱
顿奉英王陛下命令立此碑文并留下旗帜在此飘扬，以
宣示主权。公元 1774 年。[34]

　　这就是一个殖民地的收场，欧洲一直保守这个秘密。在埃
格蒙特港装船持续了不到一个月的时间，5 月 21 日，"奋进"
号向北驶进大西洋，这将是一条热闹的回家之路。天色渐黑、
开始起风时，福克兰群岛已然消失在他们身后灰色的海面下。
船上的人想知道"现在掉头回去是否显得不明智"，但"回到
英国的强烈愿望占据了他们的全部心思"[35]。

　　他们因为鲁莽轻率差点失事，"奋进"号被连续十二天的
暴风雨天气困在海上。看着这些航海日志和日记，这是"奋
进"号第三次也是最后一次从大西洋返航的记录，它给人的
印象是这艘船正航行在生死边缘。水手们从横桁索上被吹了下   286
来，在浩瀚的海洋上被狂风大浪裹挟着向北疾驰时，他们错过
了一个又一个避风岛屿。船员们被困在船舱里无法露头，甚至
无法生火来烹煮食物，只能靠去毛的生猪肉和生牛肉勉强充
饥。船一刻也没有停下来，不到两个星期的时间，他们就行了
四百零五里格。这是一次非常了不起的航行，即便对一艘线条
修长、刚涂上油脂的护卫舰来说也不过如此，更别说一艘装得
满满的、处于重负状态且多少有点被海军占便宜利用的惠特比
运煤船了。"奋进"号离开菲什伯恩造船厂已经有十个年头了，

离开塔希提岛也有五年的时间。1774年，"奋进"号最后一次驶离南半球，这艘帆船在那里取得的探索成就比历史上任何一艘船都要辉煌。

1774年9月19日，彭罗斯和皇家海军"企鹅"号的其他船员在泰晤士河靠岸下船。泰晤士河还像以前一样繁忙，潮水载着东印度公司与西印度公司的大商船，美洲大陆的贸易船只，以及来自英国北方的运煤船。上游几英里以外的伦敦还是1772年他们离开时的那个永不停歇的大都市。但此时此刻，他们的心境完全发生了变化。报纸上充斥着来自政府的好战言论和焦虑的信件，这些信件是马萨诸塞州的居民私下寄回英国的，但为了公众的利益进行了重印。有一封从波士顿寄出的信这样写道："无论你对身处美洲的我们有什么看法，我都会向你保证，我们过得要比乔治三世国王的臣民更好；我们只要求享有宪法赋予我们的真正自由，我们不是暴乱的鼓动者，相反，我们热爱和平与正义"。

> 茶叶是争论的焦点；邪恶即将上演，但如果是这样的话，你必须分担灾难，诅咒压迫的铁腕。[36]

从波士顿寄出的信件讲述了在英国议会立法压迫下人们的处境。由于港口已被封锁，"那里的人们感觉非常痛苦，所有的贸易和商业都陷入停滞"。有一封私人信件寄给了盖奇将军，正是他在执行《强制法案》，信中警告他不要破坏英国与美洲之间的古老纽带。他"多半确信，这个纽带一旦断裂，没有人能再把两个地区重新维系在一起"[37]。

以马萨诸塞州为例，诺斯政府曾想发起镇压持不同政见者的运动。到了 1774 年 9 月，把殖民地当作叛变领地进行孤立排斥的努力似乎已经失败。1774 年 5 月，弗吉尼亚通过公投发表声明，英国对美洲一个殖民地下手，就是对所有殖民地发难。1774 年 6 月，北美十三州成立了一个"政治庄严盟约"。各州代表在费城举行会议，当"奋进"号返回泰晤士河时，他们正在共同商议大事。本杰明·富兰克林在克雷文街掌握一切动向。1774 年 9 月，富兰克林给他在波士顿的律师朋友托马斯·库欣写了一封信，他在信中说："我很高兴地发现，整个美洲大陆都把我们的事业当作自己的事业，表现得非常公正、明智和团结一致。这对英国当局是个意外打击，他们原以为其他美洲殖民地会对马萨诸塞州置之不理。"

> 他们现在有些不安，但我还没听说英国议会讨论撤退或改变措施。相反，他们的统一口径是英国国王现在必须坚持既定政策，不管后果如何。另一方面，支持我们的朋友也在不断增加并努力团结起来。[38]

富兰克林返回伦敦已有十年。从某些方面来说，他的生活一直像以前一样幸福快乐。他继续出席英国皇家学会举办的会议，并以克雷文街的居所为"基地"，广泛游历苏格兰、爱尔兰和法国乡村。富兰克林现在六十八岁，或许他已经开始享受晚年的欢乐时光，不再卷入政治纷争。他一直对美洲殖民地抱

有同情之心，英国当局不道德的愚蠢行为让他很恼怒，这已经
损害了他的公众形象。1774 年，当说到"富兰克林博士"是
"伟大的美洲哲学家"时，这可以从两个方面进行解读。对许
多政府人士来说，克雷文街从某种意义来看就是美洲殖民地驻
伦敦的非官方大使馆。富兰克林来自家乡的私信经常被拦截并
公之于众，他对此已习以为常。《肯特郡公报》撰文若有所思
地说："作为一名自然哲学家，富兰克林博士也许可以让我们
相信，美国的空气中有某种东西能激发出非凡的智慧以及非凡
的正直。"[39]

　　为了避免发生冲突，富兰克林已经从政治中抽身而退。他
告诉他的儿子威廉："对批评我的声音，我从不为自己辩护，
也没有对我的政敌睚眦必报；但我始终保持冷静，为将来的机
会留有余地。"[40] 但好像这样的机会一直没有到来。1774 年秋
季，诺斯勋爵出人意料地举行了一次大选，巩固了他在议会中
的多数支持票地位。仓促举行的大选让富兰克林心存疑窦，他
有充分理由相信，英国政府这样做是希望避免预料中的强烈抵
制，因为禁止从美洲进口货物后肯定会招致这种结局。富兰克
林推测，"这可能是一种让许多议会候选人出局的手段"[41]。诺
斯勋爵以高票再次当选英国首相，他在下一个七年任期内可以
高枕无忧了。这意味着英国政府在处理美洲事务上有了所需的
政治稳定。

　　然而，正当形势变得似乎毫无希望的时候，一些意想不到
的事情发生了。富兰克林一直在寻求政治上的解决办法，他非
常担心事态向暴力方向发展。强制措施的执行已经让局势逐渐

288

恶化，若有进一步的动作肯定会引发内战。和富兰克林一样，威廉·皮特也极力地想避免这种结局，他现在已成为查塔姆勋爵，是上一代人中最伟大的政治人物。到了1774年，查塔姆勋爵疾病缠身，退出了政坛，但他在七年战争中出谋划策，功勋卓著，这些记忆永远也不会被抹杀掉。1774年5月，查塔姆勋爵打破了他对美洲事务长期的政治沉默，在上议院发表了反对诺斯的讲话。接下来的八月份，富兰克林开始了一段意料之外的交往。富兰克林和查塔姆勋爵相遇，他们一起商讨应对之策。这两个人的相遇与结交非比寻常，在历史上发挥了强有力的作用：一位是那个时代的杰出政治家，一位是大西洋彼岸最伟大的美洲人之一，他们联合起来共同努力，以避免他们眼中的灾难事件发生。

当英国议会在秋季和初冬暂停选举时，富兰克林和查塔姆勋爵仍然保持着联系。查塔姆勋爵的想法是在新一届议会中尽早发表演讲，对政府施加他所有的政治影响力。与此同时，他们等待从费城传来的消息。十二月中旬，富兰克林最终等来了"大陆会议"的报道。他写道："大陆会议的召开给人们的第一印象对我们非常有利。"殖民地重申他们仍对英王"效忠"，但要求加强他们在议会征税方面的发言权。正如英国政府担心的那样，美洲殖民地决定执行不从英国进口货物的政策，据说他们正在组织民兵准备进行"武力抵抗"。富兰克林"一收到消息"，就立即通知查塔姆勋爵大陆会议召开的情况。1774年12月26日，他们再次会面：

他以那种非常友善的尊敬态度接待了我，这种尊敬出自如此伟大之人，着实让我感到非常高兴。他对议会表达的观点更是让我刮目相看。他说，他们已经行动起来，怀着满腔怒火，保持最大的克制，表现出非凡的智慧。他认为这是从古至今最值得尊敬的政治家集会，丝毫不亚于很久以前那个道德最高尚时代的古希腊人和古罗马人。[42]

查塔姆勋爵和富兰克林之间的交往没什么可保密的。富兰克林在月末的时候拜访了查塔姆勋爵，不仅如此，查塔姆勋爵甚至亲自来到富兰克林在克雷文街的居所。"他的马车就在我家门口候着，从教堂出来的人一眼就能看到，这引起了很大的关注和谈论，"富兰克林写道，"这么伟大的人为了如此重要的事到我家里做客，这真让我受宠若惊。"[43]

查塔姆勋爵的调解计划是打算让双方都做出让步。英国议会将继续保留控制帝国贸易和在美洲驻军的权力，但向各个殖民地征税的权力将交给殖民地的立法机构。他们所有的希望都寄托在一个日子上，那就是1775年1月30日，查塔姆勋爵将在这天当着上议院所有议员的面提出自己的议案。那天他邀请富兰克林在上议院旁听。富兰克林后来记下了查塔姆勋爵当时发言的情景，"他的演讲非常精彩，他将自己的计划和盘托出，并进行了详细解释和充分论证"。最初的反应令人欢欣鼓舞。美洲事务大臣达特默斯勋爵做出了让步，他承认查塔姆的观点"非常重要，值得考虑"，并且提议"他更乐意把这个提案直接摆在桌面上讨论"，而不是立即投票表决。[44] 这是查塔姆勋爵和富兰克林希望得到的最好结果。

1月30日，和查塔姆勋爵、达特默斯勋爵、富兰克林共处议会大厅的是桑德维奇伯爵。其间有一幕让富兰克林终生难忘，他注视着桑德维奇伯爵"站了起来，大发雷霆，愤怒地发表了演讲，坚决反对通过这项提案，他认为应该立即否决这项遭人鄙视的提案"。

> 他永远也不会相信这个提案竟出自英国同僚之手，这看起来更像是某些美洲人提出来的，然后把脸转向我这边。他当时靠在发言席的栏杆上，这样说道，他觉得他已经揪出了这个人，他是这个国家迄今为止最凶残、最恶毒的敌人。这把许多议员的目光引向了我，但我没有任何理由接受这样的指责，因此我面不改色，就像木头一般没有一丝表情。[45]

290

这就是桑德维奇的尖酸刻薄之处，在上议院揪住政敌不放，毫不避讳地公开羞辱，让对方声名扫地。但这还不算非常明显的"杰米·特威切尔"式背叛，毕竟这次有很多人在背后支持桑德维奇。上议院有很多议员和桑德维奇一样，对在美洲发生的事情非常恼火，让桑德维奇这么一搅和，查塔姆勋爵的提案被扔在一边，而勋爵也根本没有第二次发言的机会。富兰克林非常震惊地拂袖而去，这不仅仅是因为桑德维奇对他进行人身攻击，更是因为"有些人对这个问题完全不明就里，充满了偏见和激愤之情"。富兰克林带着"对他们能力的极端鄙视"离开了，他们的能力"完全不配对拥有三百万品德高尚、通情达理人口的美洲大陆提出主权要求，这显得荒谬至极，他们看起来连一群猪都管理不好。"[46]

尽管希望很渺茫，1775 年 1 月 30 日还有最后一次争取和平的机会。经过那天的事以后，富兰克林不再相信和解的可能性。1775 年，当凛冽的冬季悄悄过去，温暖的春天重回大地时，事态有了新进展。很快，马萨诸塞宣布独立，英国军队正准备开往波士顿。就在这个时候，桑德维奇伯爵宣布重振海军。如果说 1771 年英国海军的处境非常悲惨，那么到了 1775 年，形势得到了很大改观。八十艘战舰已下水服役，还有更多的战舰很快就能准备就绪，"还包括相当数量的低等级战舰，全部是坚固结实且线条流畅的帆船，或新造的帆船"。如果有更多的需要，造船厂存储了足够用上三年的干燥备用船材，几天便可以投入生产。不管发生什么，桑德维奇说，他有把握为"政府提供一支强大的海军，可立即投入保卫家园的战斗，也足以介入美洲战事"[47]。

也有来自美洲的消息。有一篇报道说美洲妇女"以罗马女性特有的方式"向费城捐献自己的珠宝首饰，如果大陆会议有需要，这些珠宝首饰就会派上用场，"为争取自由的崇高事业贡献力量"。据说那里的妇女"还进一步声明，如果美洲人民遭到通缉，她们会毫不畏惧地在自己的土地上对付来犯之敌"。在克雷文街，富兰克林正准备告别在伦敦的生活。1775 年 3 月，他接连向老友告别，偿还债务，打包行李。当然，他留下了时间参加 3 月 15 日召开的上议院会议，见证最后一场辩论。他希望能看到主持上议院的大法官卡姆登勋爵站在美洲的立场上讲话。但事与愿违，富兰克林的耳朵里充斥的是桑德维奇更多的咒骂。

> 上议院议员说征服美洲不切实际，我觉得这种想法没有经过深思熟虑。就算殖民地有很多人，这又有什么用？他们没有经过训练，毫无组织纪律，胆小懦弱。我倒是希望那里有四万或五万这么"勇敢"的人，他们在战场上又会催生至少二十万这样的懦夫，他们人越多，就越容易征服。如果他们没有逃跑，就会弹尽粮绝，最终遵守我们制定的规则。[48]

富兰克林给他的儿子写信说："他们对美洲人民的勇气、信仰和通情达理总是抱着卑鄙的想法，我对此感到厌恶至极。在他们眼里，我们美洲人民极其下贱，和英国人几乎就是完全不同的人种。"富兰克林怒气冲冲地回到克雷文街，毫无顾忌地向政府起草了一份备忘录，要求赔偿因封闭港口而蒙受损失的波士顿居民。富兰克林在把这份备忘录给他的朋友托马斯·沃波尔看过后这样写道："他不断地看着这份备忘录，并时不时打量着我，好像觉得我是不是有点神志不清了。"富兰克林想着把这份备忘录送到英国政府那里再好不过了。[49]

过了不到一个星期，1775 年 3 月 21 日，富兰克林就登上了从朴次茅斯到费城的邮船。到了海上，他取出笔，"终于有

闲暇时间写点什么了，"他给自己的儿子写道，"我既然答应了
你，就一定会努力回想一下我最近参与的谈判细节，重点是大
英帝国和美洲殖民地之间存在的误解。"[50] 他回顾了与查塔姆　　292
勋爵在一起长达六个月的会谈，这是他写过的最为辛酸的作品
之一。

北美洲殖民地脱离英国统治的第一枪是在列克星敦和康
科德打响的，时间定格在 4 月 19 日，当时富兰克林正在大西
洋海面上。第二天，以古希腊神话中的三头犬命名的皇家海
军护卫舰"地狱犬"号离开英国，上面载着威廉·豪将军、亨
利·克林顿将军和约翰·伯戈因将军。随后会有更多的战舰跟
上，包括六十四门舰、护卫舰、单桅帆船、火攻舰和大量的运
输舰。其中就有一艘惠特比造的运煤船，她辉煌的过去掩盖在
一个全新的身份之下。

12

The Collier Fleet

第十二章

远洋运兵

到了18世纪70年代中期，惠特比的造船业兴旺发达。利昂内尔·查尔顿写道，没有"哪个英国海港城镇"能"像惠特比镇一样每年建造和整修那么多的商船"[1]。通常来说，惠特比镇每年有二十四艘或二十五艘新造的船在埃斯克河下水。这些船几乎总是汇入三桅帆船和单桅帆船的洪流中，赶往位于纽卡斯尔的煤炭装卸码头，然后开往伦敦。1764年，在"彭布罗克伯爵"号的首航中，有不到二十艘的运煤船与她结伴同行，但到了18世纪70年代，这么小的一支船队显得有些古怪而落伍。数百艘帆船很快聚集在泰晤士河河口的下游，等着潮水将之带到上游。1775年，航海季开始时，新下水的运煤船正向泰晤士河上游挺进。这些崭新的运煤船装备着磨砂甲板，熠熠生辉的舷侧。新缝合的帆布以及鲜艳的联合王国国旗，国旗在旗杆上迎风飘扬，这些船无一例外都从停靠在伍利奇造船厂附近的一艘特别破旧的三桅帆船旁边经过。

1775年3月17日，当富兰克林在克雷文街收拾行李时，一位名叫乔治·布罗德里克的人正与海军委员会通信。布罗德里克是多得数不清的泰晤士河畔商人中的一员，他时刻关注着各种信息，唯恐错过赚钱的机会。就在上个月，他看到广告登出了"奋进"号出售的内容。布罗德里克登上这艘破旧的军需船仔细查看了一番，他看到了船上的四台手动榆木抽水泵，"齿轮比较像样"。正是这些抽水泵在1770年6月10日工作了一整晚，要不是这些抽水泵，或许就不会有英属澳大利亚了。但再次登上这艘军需船时，布罗德里克发现抽水泵和齿轮都被清理掉了。布罗德里克很生气，给海军委员会写了封信，称这艘军需船的"船舱里进了很多水，没有抽水泵根本就无法出海"[2]。

布罗德里克的信描绘了一幅令人遗憾的画面。这艘船很久以前就开始腐烂了。在往返大西洋的岁月里，戈登可能并没有对这艘船呵护有加，但一直让她处于适航状态。然而自从最后一次从福克兰群岛返航后，由于没有什么新任务适合"奋进"号，维护保养资金自然也就停了。停在那儿置之不理对船带来的损坏是致命的。航行中遭遇意外事故看起来比较糟糕，但弃之不用肯定会毁了一艘船。举例来说，1774年1月，"奋进"号在一片惊恐中被冲上希尔内斯岸边，看到船没受到什么损坏，戈登很快便下令再次出航。两相比较之下，整个冬天停靠在泰晤士河却是毁灭性的破坏。海水从外骨架的裂缝中渗了进来，船舱现在灌满了污浊的河水。橡材最珍贵的地方就是结实耐用，但根本禁受不住长期的海水浸泡。从底肋材和外部船壳向肘板和复肋材一点点腐烂，这只是时间的问题。1775年2月，伍利奇造船厂的官员对"奋进"号开展了检查，随后给海

军部秘书斯蒂芬斯回了封信，信中这样汇报，"奋进"号需要
花六个星期的时间进行"里里外外的修缮"。海军部不想出这
笔钱，于是"奋进"号被登广告出售。[3]

　　"奋进"号的故事到这也许就该结束了。这艘船已经筋疲
力尽，她本来可以很容易地被拆解为一块块木材的。留在人们
记忆中的"奋进"号并不仅仅是无关紧要的载重吨位，尽管
三百六十八吨这个数字确实应该铭记于心，实际上她是由大量
的橡材构成的，这才是她值钱的地方。拆船的人很善于把值钱
的东西挑出来卖掉。"奋进"号吸引人的地方还有她与众不同
的装饰品，比如安放行军床的舱室的木门，一些老旧的家具，
火炉和内部木材，这些物件没准能卖更多的钱。

　　布罗德里克看起来不像个废品商。1775 年 3 月至 11 月间，
"奋进"号到底发生了什么，现在已不得而知。皇家海军最后
的记录证实，这艘帆船在 1775 年 3 月 7 日以六百四十五英镑
的价格被卖掉。[4]很明显，布罗德里克参与了这次交易。他可
能代表这艘船的新主人完成交易，也有可能他就是这艘船的
主人。不久，英国劳氏船级社的航运目录中两次提及"奋进"
号，这让人很感兴趣。5 月 6 日，一艘名为"奋进"号的帆船
从多塞特普尔港驶向纽芬兰岛，船长是"布兰查德"。[5]尽管英
国有很多商船取名为"奋进"号，但"布兰查德"这个名字因
为一些显而易见的原因而和"奋进"号有着明显的联系。

　　第二次提及"奋进"号是 1775 年 10 月 27 日，当时一艘
叫"奋进"号的船从俄罗斯帝国的阿尔汉格尔港返回格雷夫
森德。这艘船一直和另一艘叫"忠诚朋友"号的帆船一起航

行，船长名为"布罗德里克"[6]。纽芬兰岛和阿尔汉格尔相距三千多英里，"奋进"号不大可能同时造访两地。接下来就到了1775年的夏季，这段时间"奋进"号发生了什么并不清楚。此时"奋进"号已不再隶属英国皇家海军，但可以肯定的是，就像这艘船所处的多事之秋一样，她也在不断发生着变化。

列克星敦和康科德发生暴力反抗的消息于1775年6月初传到英国。7月1日，乔治三世国王致信桑德维奇伯爵："我同意你的意见，一旦这些反叛者遭到漂亮的一击，他们就会乖乖投降。任何情况下我都不会改变我下过的决心：要么让殖民地服从宗主国的立法，要么就把他们彻底抛弃！"[7]

签订和平条约或开会商谈的时机已经结束，许多人对即将到来的冲突津津乐道。桑德维奇给他的一位舰队司令写信说："整个国家（除了某些不合作的派系和有利害关系的对手）一致同意，坚决采取武力措施粉碎美洲违背人情的叛乱。对这一使人深感忧虑的事件，我们现在发现，只有动用武力才是最好的解决办法。"历经十年的吵吵闹闹，终于确定了最后的解决方案，这似乎让人松了一口气。但是，如果用武力解决争端，那么英国将面临巨大的后勤补给问题。埃德蒙·柏克在下议院明确指出："你们和美洲有三千英里的海上距离，这么遥远的路途肯定会削弱政府对北美洲的影响力，没有什么好办法能阻止。命令从下达到执行的途中要穿越翻滚的海浪，几个月才能送到前方，而一道命令往往需要在第一时间就解释到位，这足以挫败你们的整个作战体系。"[8]

柏克的警告已经得到了印证。北美洲皇家海军总司令塞缪

尔·格雷夫斯上将现在就手足无措。在英国，他的懦弱无能已
经引起了众怒，桑德维奇几乎整个夏天都在不停地写信劝说格
雷夫斯要"竭尽全力"，"向叛军展示英国舰队的威力"[9]。他
反复向格雷夫斯强调这句格言："做得太少肯定遭指责，但一
个人绝不会因为做得太多而被诘难。"[10]英国政府的目标不明
确，加之舰队规模太小，这两个因素妨碍了格雷夫斯大显身
手。1774 年 4 月，当他到达英国皇家海军驻北美洲的基地时，
只有一艘战舰、几艘护卫舰和十几艘单桅帆船停靠在那里。从
那以后，再也没补充过任何舰只。当英王给桑德维奇伯爵写
信让他发动"漂亮的一击"时，休·帕利泽正在"调兵遣将"，
他需要用武力"惹恼那些反叛的殖民地"。他考虑波士顿需要
二十二艘战舰，一百五十艘部署在战略地位非常重要的罗得岛
港口，纽约部署一百艘战舰、三艘护卫舰和三艘单桅帆船。白
厅看着这份纸面上的排兵布阵感到很满意，但实际上格雷夫斯
一艘也没得到。[11]

　　桑德维奇对海军进行的大刀阔斧的改革进展很顺利，但
他也意识到了把舰队分散开来带来的危险。重型战列舰需要
留在国内防守，防止法国或西班牙，或这两个国家联合在一
起，利用英国在北美洲发动战事无暇顾及国内时发动突袭。战
舰是一方面问题，但更棘手的是军队问题。国王下定决心，要
像他的祖父平息 1746 年高地起义那样派重兵镇压北美洲殖民
地的叛乱。叛军将被剿灭，英国人会像鲨鱼一样在叛乱之前发
动攻击。今年的竞选季可能已经结束了，但乔治三世国王希望
在 1776 年下一个竞选季中能取得决定性大捷，比肩英国历史

上其他大胜之年（1415 年或 1759 年）而名垂青史。为了实现这个目标，他需要一支强大的军队。英国的常备军不足两万人，远远不能满足作战需要。国王自然而然地想到向海外寻求援兵。俄罗斯帝国的叶卡杰琳娜二世断然拒绝了乔治三世的请求，但他在德国传统的征兵场收获颇丰。到 1775 年 12 月，乔治三世国王与不伦瑞克公爵查理一世和海塞·凯塞尔伯爵几乎将所有的合约都签署完毕。德国答应向英国驰援约一万六千名援兵。

但柏克又提出了新问题。乔治二世国王或许目睹了他的大军挺进苏格兰北部，但要想像现在这样横跨大西洋把军队运送到三千英里以外的战场，情况就变得完全不一样了。这不仅涉及士兵和武器，还包括帐篷、营具、煤和火烛、军装、一袋袋面粉和燕麦、一桶桶淡水和马匹等等。詹姆斯·甘比尔上将写道，"我们的军队……健康、勇敢、热情"，但"一千两百多里格的路途加上肯定会遭遇的困难，这需要严肃对待，要考虑到方法和费用" [12]。

通常，海军部不会在运输问题上自找麻烦，但 1775 年至 1776 年冬季准备工作的重要性决定了桑德维奇，尤其是帕利泽必须积极参与其中。直到 1776 年 2 月，困难的严重性才真真切切地摆在眼前。在春季发动的攻势中，总计需要将三万名 297 陆军士兵和一千匹战马运到北美洲沿岸，还包括约八万吨的作战物资。[13] 这可能是整个乔治王朝时代面临的最严峻的后勤挑战。为了应对这一挑战，桑德维奇和帕利泽决定采取屡试不爽的战术：通过签订短期租赁合同雇用大容量的运煤船。但是，要找到这么多能抢风航行的船只也并非易事。这么做事关成败，如果运输舰队因不适航而蒙受损失，整个战役还没开始就注定失败了。

尽管如此，桑德维奇还是信心满满的。在1775年12月30日的一封信中，他承认：

> 我们一再地在北美洲事务上蒙羞受辱，但我一直以来始终坚持认为，这完全是我们动手太晚导致的，让自己因为所谓的"和解措施"而被贻笑大方。如果没有船只、军队和命令做后盾，我们的舰队和军队、司令和将军便完全没有用武之地；如果这些后勤增援措施落实很慢，其必然结果就是我们在这个战役中处于防御姿态……我们现在要做的就是向前看，不能再因为抱怨而浪费时间，接下来的战役前景大好。[14]

海军部的通知很快在北部港口传开，租用运煤船或其他货运船只作为运输工具，价格是一吨货物十先令，租用期为六个月。这个价格很吸引人，船长纷纷到德特福德造船厂报到，表示愿意提供可用之船。看一下从1775年年末到1776年年初的船厂工作日志，足见工作强度之大。这是当年的检查情况：检查橡木船壳是否可靠；检查索具准备情况；摘要记录各个尺寸；为便于管理，对船舶进行说明。没有时间绘制甲板平面图或图纸。现在面临两个突出问题：征用的船只适合出海吗？什么时候可以服役？

　　桑德维奇还需要更多的吨位，于是他扩大搜索范围。一月份，他致信国王，"我有一个想法……或许可在德国汉堡搜罗更多的船只"，帕利泽对这个主意"完全同意"。[15]1776 年 2 月，桑德维奇把搜索范围扩大到不来梅和吕贝克，接下来又向荷兰派去一位代理商。桑德维奇告诉国王："我们自认为，一旦国内知道我们决心与外国人打交道，我们就可以更好地把国内船东联合起来。"

　　在德特福德造船厂，这项工作就没停下来过。根据船厂的工作簿记载，每天都有船只领取租赁许可证，然后船厂会立即对船只进行检查。但这也不是不加选择随意进行的，由于结构存在问题，很多运输船都被拒之门外。12 月 6 日，造船厂的官员写道，"我们已对'奋进'号三桅帆船进行了检查"，但发现这艘船"和最近在伍利奇被卖掉的一模一样"：

　　　　这艘船在被卖掉之前，据我们掌握，当时船厂的官员罗列了这艘船的缺陷，因此其不适合再为英王陛下服役。在我们看来，这艘船很长时间都没有进行维护修缮，在这种情况下，我们不能推荐她执行运输任务。[16]

　　在信件底部的四个首字母中再次出现了"A.H"这样的字眼，想必就是亚当·海斯。海斯仍是德特福德造船厂的造船大师，他肯定不会认不出来这艘他在 1768 年帮助改造的三桅帆船。他也是唯一目睹这艘船整个生命进程的人。他知道这艘船

298

最初叫"彭布罗克伯爵"号，是米尔纳任船长时光鲜而结实的运煤船；他还见证了库克任船长时的"奋进"号，载着科学仪器和补给物资远赴南海。现在，海斯见证这艘船完成一生中的第三次重要转变。

1775 年年底，"奋进"号的主人是詹姆斯·马瑟。马瑟是来自伦敦东区三个兄弟中的一位，他的身影一直活跃在格陵兰的捕鲸远航中，并为皇家海军提供军需船租赁服务。"奋进"号或许已经老旧不堪，但还不至于一无是处。在十二月初被皇家海军拒绝后，"奋进"号被交给了一位叫威廉·沃森的修船工。被拒后三个星期，12 月 27 日，造船厂的官员再次检查了这艘运煤船。

> 船龄不详，目前正在维修，有许多船材已腐烂，威廉·沃森认为这艘船造于英国北方某个地区，现在看起来破旧不堪，问题较多。[17]

这段简短的话语概括了这艘船的现状。这艘三桅帆船目前不仅在浇注沥青，重新修补，涂抹油脂并擦洗清理，或许还要安装崭新的桅杆，并被赋予全新的身份。圣诞节到来时，人们决定彻底洗刷这样的污名带来的障碍。如果"奋进"号现在被记住的主要是她存在的缺陷，那么必须采取某些不同的措施。正如托马斯·米尔纳十年前在惠特比就知道的，如果有需要，名字也可以发挥政治声明的作用。正是出于这样的考虑，现在给这艘船起的是既符合时代特色又贴近功能的名字："桑德维奇勋爵"号。

　　这一身份的转变被记录在德特福德造船厂的另一份工作簿中。上面写着："第二次检查'桑德维奇勋爵'号，不适合服役，在这之前，这艘船曾以'奋进'号三桅帆船的身份在海军服役，退役后被出售，此前曾被拒绝再次服役。"在此后的几个世纪里，这种改名的花招会让历史学家不知所措。从管理的角度而言，"奋进"号实际上在1775年就消失了。当然，"奋进"号和"桑德维奇勋爵"号就是同一艘船的证据不仅仅存在于德特福德造船厂的工作簿中。1776年2月5日，又对"桑德维奇勋爵"号进行了一次新的检查：

船名	船长姓名	吨位	甲板间高度		
			船头	船中	船尾
"桑德维奇勋爵"号	约翰·布兰查德	$368^{71/94}$	7英尺6英寸	7英尺9英寸	7英尺11英寸

　　这样的证据容不得半点反驳。1768年，当米尔纳将"彭布罗克伯爵"号卖给海军时，也对这艘船进行了类似的检查。1768年3月27日，这艘船的吨位也登记为"$368^{71/94}$吨"。1768年测量得到的"彭布罗克伯爵"号甲板间高度，包括船头、船中和船尾，和1776年"桑德维奇勋爵"号的数据基本相似。[18] 在标准化造船普及之前的年代，两艘船测量尺寸完全相同的可能性是可以忽略不计的。

　　德特福德造船厂2月5日给出的检查结果还将"桑德维奇勋爵"号描述成一艘三桅帆船，"在惠特比建造，最近再次出现在水面上，船底进行了包裹，包覆高度达到后甲板和前甲板，船内空间很宽敞，舱内住宿条件较好"[19]。

2月9日又进行了后续检查。"桑德维奇勋爵"号帆船的载重吨位仍然是"368 71/94 吨"。在此之后，船厂的官员有足够的信心告知英国海军委员会，"我们发现这艘船结构完整、设备齐全、载重量大……人员全部就位，随时可以出航"[20]。

当桑德维奇伯爵在白厅办公桌上翻阅这份报告时，他可能对取这个名字感到很满意。桑德维奇伯爵诡计多端，他不会放过任何一个巧妙的外交策略。但他不可能料到自己的名字对这艘帆船只是一种掩饰。历史通常会掩盖现实，然而有时通过一个历史的长焦距透镜，人们可以发现那些完全隐藏在事件边缘的真相。读了这几行文字，桑德维奇根本不可能发现这就是他曾经非常熟悉的三桅帆船。重要的是，他们又找到了一艘载重量为三百六十八吨的运输舰，这样就可以从需要寻找船只的名单中再划掉一艘。

对"奋进"号，现在必须称其为"桑德维奇勋爵"号了，1776 年 2 月标志着她将开启最意想不到的新开端。回首过去，令人惊讶的是，这艘船的生命弧线与美洲政治冲突的兴起是多么相近。1764 年，《食糖法案》颁布几个月后，"奋进"号下水；1768 年，当北美殖民地反抗《汤森法案》时，"奋进"号被英国海军采购；波士顿惨案发生时，"奋进"号到达新荷兰，而第一次大陆会议召开之际，她完成最后一次远航回到英国。现在，经过这么长时间的惊人巧合，这艘三桅帆船的命运又将和美洲的战事交织在一起。1776 年 2 月，"奋进"号最后一次沿泰晤士河顺流而下。经过修补和堵塞，这艘船不再是昔日那

300

艘能抢风航行的船了，她曾经完成了一次最孤独的环球航行，彪炳青史。接下来的日子，作为"桑德维奇勋爵"号，她的秉性完全发生了变化，但以后的历史会证明，她同样出类拔萃。

用桑德维奇伯爵一位同僚的话说，1776 年的春季用"急促的步伐"赶着他前进。在朴次茅斯的南岸，军舰、运输船和辅助部队预计在四月或五月集结完毕，以便在夏季和深秋时及时横渡大西洋。殖民地报纸铺天盖地报道入侵部队的消息，还有就是"最近出版"的激烈辩论记录，这场辩论是波士顿一位最重要的宣传鼓动家塞缪尔·亚当斯发起的。《常识》这本小册子是托马斯·潘恩写的，当时还不为人所知，他是一位英国人，早些年前在本杰明·富兰克林的推荐下到费城游历。潘恩把旧英格兰甩在身后，他恳求所有其他英裔美洲人也迈出这一步。

> 几个不能自卫的小小岛屿是政府把它们置于保护之下的适当对象；但是认为一个大陆可以永远受一个岛屿的统治，那就不免有些荒谬了。在自然界从来没有使卫星大于其主星的先例。既然英国和北美在彼此的关系上违反自然的一般规律，那么显而易见，它们是属于不同的体系的。英国属于欧洲，北美属于它本身。[21]

301

英国的报纸长篇累牍地引用《常识》这本小册子的内容，这样做最明显的意义就是表达了对乔治三世国王的个人憎恶。这场争吵本来是从议会开始的，但是国王积极鼓动采取镇压措施并雇用外国军队，这就暴露了他充当暴君的可憎嘴脸，不惜残忍而邪恶地折磨他的臣民。潘恩把英国国王比作"某个不安分帮派的高级流氓"。君主防范内战了吗？显然没有。"英国的全部历史也否认了这样的事实。自从 1066 年以来[*]，有三十个国王和两个幼王统治了这个混乱的王国，在这段时期，至少发生过八次内战和十九次叛乱（包括革命在内）。"1776 年，潘恩规劝说"太阳从不照耀更伟大的事业"，"联合在一起的殖民地"有机会"让世界再一次改变"。"我们正在努力，并将继续稳步努力，斩断和溶解一条已经使我们的土地充满鲜血的纽带。"[22]

还有其他迹象表明，美洲人民不会像英国人希望的那样胆怯。5 月 2 日晚，桑德维奇被美洲事务大臣乔治·杰曼勋爵召集到内阁召开紧急会议。有消息传到伦敦说，英军总司令豪将军已经"因为缺乏给养和敌人处于有利地位"而"被迫"放弃了波士顿。事件的完整始末是豪将军被乔治·华盛顿将军率领的一支地方民兵武装巧妙地占了上风，但杰曼给国王的第一封信中并没有汇报这些。这让桑德维奇感到很困惑。去年秋天，桑德维奇已经撤掉了格雷夫斯中将，接替他的是舒尔德姆上将，要到一月份才能正式就任。看起来，舒尔德姆上任后的第一个任务是疏散波士顿，并与豪将军的六千人一起撤退到加拿大新斯科舍省的哈利法克斯。随着波士顿的陷落，战略重心不

---

[*]　英王威廉一世生于诺曼底，他在哈斯丁斯战役中残酷地镇压了当地居民的反抗，于 1066 年侵入了大不列颠的疆界。

可避免地转移到纽约。

纽约矗立在曼哈顿岛的最南端，所处位置就像脚尖上的脚趾一样。自从一个世纪前英国人从荷兰人手中把它夺过来以后，这个地方就一直是美洲殖民地的重镇。纽约的人口有两万，是惠特比镇的两倍，这里的街道从巨大的深水湾岸边一路延伸过来，布置得很整洁。17世纪初，当荷兰人第一次来到这个海湾时，他们兴高采烈。这里是"非常便利的避风港，可安全地容纳一千艘船"。纽约港位于哈得孙河的入海口，这样的地理位置更具吸引力。如果驻扎在加拿大的英军能确保这条走廊的北端万无一失，英国海军舰队就能长驱直入纽约，消灭华盛顿的抵抗军队，这样便可以在北方新殖民地和原来南方殖民地之间插入一个楔子。

纽约的重要性还在于它的社会构成。这里三分之二的私有财产归皇后区的英国保守派所有，可以说，这里就是保皇派的据点。直到1775年，纽约一直是英国的军事基地，许多军人对曼哈顿地区的森林、溪流、沼泽和岩石山了如指掌。有一位军官这样描述，曼哈顿有着"想象中的最漂亮、最浪漫的景致"。纽约城里剧院和舞场林立，骑马半个小时就可以到乡下狩猎，这一切让纽约极富魅力。

一侧是哈得孙河，另一侧是伊斯特河，往南便是港口，显而易见，谁的海军占上风，谁就可以从三面包围曼哈顿。这是不是就意味着无守可防了？大陆军的查尔斯·李将军认为就是这样。他致信华盛顿说，现在最好的办法就是将这座城市变成"对我们有利的战场"[23]。华盛顿将军满怀希望，他在四月中旬从波士顿赶到纽约，在纽约主干道百老汇建立了军事指挥部，随即便开始构筑防御工事。华盛顿有时间优势，但正如大家所知的，他没有战舰能和英国军队匹敌。1775 年 5 月以来，六十四门舰皇家海军"亚洲"号一直在港口附近巡航，如入无人之境。华盛顿 5 月 31 日给哥哥写信说："我们预计夏天会在纽约有一场血战。"[24]

英国方面最近刚用舒尔德姆上将替换掉格雷夫斯，二月份，桑德维奇伯爵给舒尔德姆写信，告诉了他一个"不好的"消息，他也要被换掉，用舒尔德姆的话说，这就像"踢皮球一样碰运气"[25]。英国舰队的规模逐渐扩大，接下来将由一位重量级人物来指挥。海军上将理查德·豪勋爵是威廉·豪将军的胞兄，他在海军中已叱咤风云多年。理查德·豪勋爵战功卓著，他十三岁就加入英国海军，1740 年随传说中的安森舰队远征，是他打响了七年战争的第一枪，并在基伯龙湾海战中发挥重要作用。在和西班牙争夺福克兰群岛的胜利指日可待之际，他被任命为英国地中海舰队的总司令。在充满期待中，理查德·豪勋爵指挥北美洲英国海军的消息如约而至。《伦敦纪事报》的一篇文章报道说："理查德·豪勋爵将率领舰队打击美洲叛乱分子，他的哥哥统领陆军，我们期待在下一场战役中兄弟二人有最勇猛的表现。"[26]

当华盛顿把豪将军赶出波士顿时，英国的报纸则跟踪报道他的胞兄在斯皮特黑德取得的进展，在那里，他将登上他的旗舰——新下水的皇家海军"鹰"号，这是一艘装备精良的六十四门舰战列舰。与此同时，伦敦路上嗒嗒嗒地驰过四辆载

重马车，里面驮着从英格兰银行取出的"重金"，用于"支付
英王陛下的战舰和运输舰"[27]。这给密切监视英国备战工作的
法国留下了深刻印象。法国情报部门在给法国外交大臣韦尔热
讷伯爵准备的汇报中说："短时间内把军队运送到北美洲并不
轻松，这包括三万四千名步兵、骑兵及弹药、粮食、大炮、马
车、驮马和所有的用具，这支庞大的军队将在遥远的敌方海岸
登陆，他们面临的将是狂热的抵抗分子，他们发誓要摧毁一切
他们无法保卫的东西。"[28]

　　这种运兵的规模非比寻常，但到了 1776 年 4 月，英国海
军已找到足够多的运输船来执行这一任务。对某些人来说，这
种孤注一掷地完成如此浩大工程的做法真是太不可思议了。当
时有一幅名为《国家铁匠为美洲臣民打造枷锁》的木版画对此
进行了辛辣嘲讽。上面刻着的是英国政府大员正忙着打造为他
们的臣民准备的枷锁。诺斯勋爵、曼斯菲尔德勋爵和乔治三世
国王正不辞辛苦地将铁链连接到一起。桑德维奇站在这幅搞笑
画面的中心位置，他一手拿着榔头，一手拿着铁钳。这个阴暗
的打铁铺中正酝酿着见不得人的坏事。

　　这就是大西洋彼岸的人们怎么看桑德维奇的，他在国内则
背负着"杰米·特威切尔"式叛徒这样的恶名。因此，当 1776
年 5 月皇家海军"罗巴克"号靠岸时，就有特拉华州发生小规
模战斗的消息见诸报端，这一点不令人感到奇怪。有报道透
露，"罗巴克"号是"去年夏天在桑德维奇伯爵的特别关照下
建造的，桑德维奇对这艘船情有独钟，而船长也是他特意挑选
的"。"当桑德维奇听说他的爱船被'懦夫一般的美洲臣民'拿

着生了锈的枪和扫帚柄打得落花流水时，这位阁下大人一定暴跳如雷，大骂这艘船是'假娘儿们'。"[29]

桑德维奇伯爵的这种决定在英国也不是没有任何质疑声音。1776 年 5 月 10 日，老苏格兰哲学家大卫·休谟乘马车从苏格兰到伦敦游历，当时他在纽伯里附近的一家客栈借宿，正好遇到了一群人，有桑德维奇、班克斯和"两三位笑靥如花的女士"，这帮人正在湖边钓鱼消遣。这种与当时政治氛围完全不相符的情景让休谟大跌眼镜。他看见桑德维奇"钓到了一条将近二十英寸长的鳟鱼，心满意足地开怀大笑"。这真是让人无法理解，休谟陷入了沉思：

> 当大英帝国性命攸关，全仰仗这位大权绝对在握的海军大臣时，他不应该这么休闲和平静，并有这般心思和雅量吧？这三个星期正是这一年最关键的时期，近六十英里以外国事一片繁忙，他竟然在这里悠然自得地钓着鱼。国家的命运可见一斑。[30]

休谟是一个高尚的人，但他确实误读了这种情景。实际上，桑德维奇伯爵已经尽自己最大努力为英国的回击做好准备。他从 1771 年发誓重振虚弱不堪的海军时就开始做这样的准备工作了。或许他的改革大业还没有全部完成，但已初见成效。他在办公室连续工作好几个月，现在，能做的他都已经做了。5 月 23 日，他致信国王："现在桑德维奇伯爵终于可以特别满意地向尊敬的陛下汇报，运送大军的浩大工程已圆满完成准备工作，没有耽搁一点时间，整个过程遇到的困难险阻比预期要小。"[31]

※

中世纪以来，德国人素以"好战民族"而闻名。一位士兵曾写道，德国人勇敢的性格"已融入民族精神之中，这个民族从诞生那天起就将这种品性代代相传"[32]。尽管德国人的这种性格散布在各个部落公国之中，但没有哪里比黑森—卡塞尔领地表现得更明显。黑森—卡塞尔位于德国中部，这里大部分被崎岖的山林覆盖，生长在这里的男人"体格异常粗壮结实"，这和当地"寒冷但有益于健康"的环境以及"虽然不丰盛但非常有营养"的饮食不无关系。黑森—卡塞尔的领主早就将他们的强健体魄变成了赚钱的工具：蓄养后备军，然后将其租给欧洲各国使用。对"黑森人"来说，当兵就是一种营生。

黑森人知道，他们生而为士兵，从童年起，黑森人对打仗以外的其他事充耳不闻。连下地干活儿都要带着武器的农民会给孩子讲述自己的生死经历，而这些孩子从小就渴望追随父辈的脚步，早早开始训练纤弱的手臂，希望有朝一日能用上令人胆寒的武器。[33]

整个 18 世纪，黑森—卡塞尔领主最好的顾客一直是英国王室。1775 年年终岁尾，英国亟须补充兵源，此时，乔治三世国王再次向黑森—卡塞尔求援，这就一点都不奇怪了。国王的目标是保证招募到四千至五千名雇佣兵，而黑森—卡塞尔没有让国王失望，多达一万两千名雇佣兵随时准备出征。事情进展得很快，1775年12月，一份条约草案被送到了伦敦，到了二月便签署完毕。杰曼勋爵这样考虑，"这种战争拖下去没什么道理，我觉得应该举全国之力一战定输赢，彻底消灭叛军"[34]。

黑森士兵训练有素，作战高效，极富经验，相比之下，华盛顿的民兵由农民、商人和年轻的小伙子组成，许多人连武器都没有，用黑森士兵对付这些美洲民兵，是迅速了结这场战役的最佳方式。1776年3月中旬，雇用的运输船开始从德特福德港驶往德国境内的威悉河。3月23日，集合后的黑森部队开始登船。接下来耽误了三个星期的时间，集合的部队比预期多出来一千多人，结果有两个团的兵力落在了后面。朴次茅斯的居民早就从报纸上了解了黑森士兵，五月初，当这些士兵抵达斯皮特黑德时，他们才亲眼看见了传说中的黑森士兵。

黑森第一师里有一个叫艾伯特·普菲斯特的人，他记录了这次作战之旅。尽管他们在战场上所向披靡，但普菲斯特的记录证明了黑森人在海上胆小怯懦。从部队调动以来，这些黑森士兵就对即将面对的"恐怖大海"感到焦虑不安。他们预见的危险很快就如期而至。5月6日，在威廉·霍瑟姆准将指挥的五十门舰"普雷斯顿"号的护送下，由一百艘舰船组成的庞大舰队秘密出发，其中百分之九十是运输船。还没离开朴次茅斯，"一场猛烈的风暴"就铺天盖地而来，把一切都搞得一塌糊涂。普菲斯特写道："在船舱里大家全都站不稳脚跟，东西散落一地，水手被风暴刮到海里，连救援的机会都没有。"[35]

306

　　普菲斯特笔下最初一段日子里的航海经历恰好呈现了人类对其毫不熟悉的领域的最初反应。他对船舶的颠簸很敏感，当没入海水不深的船壳随着大海的波涛有节奏地晃动时，他感觉到整个船都在剧烈地晃动或起伏。和班克斯一样，许多黑森士兵都出现了晕船现象。但普菲斯特也体验到了航海的魅力。有一天晚上，当风力开始减弱，海面"一片宁静"时，他站在月光下，看着运输船乘着波浪"一跃而上，高得骇人"，船头向上直指天空，直到到达浪尖后，再沿着波浪的后坡面加速滑下。他看见"海浪的泡沫闪闪发光，闪电时不时照亮卷起的波涛"[36]。

　　普菲斯特站在月光下，大西洋的和风迎面吹来，远处的闪电时隐时现，此情此景给人的感觉好像他们正朝着未来的美好岁月前行。但事实恰好相反。现在就等着太阳在早晨升起，庞大的舰队再次现身。大大小小的船只布满海面。带路的是皇家海军"普雷斯顿"号和霍瑟姆准将，后面跟着四艘装备三十六门舰炮的护卫舰和两艘火攻舰。[37]这些战舰护送着九十艘运输舰，上面载着约一万两千五百名陆军士兵。普菲斯特对海军展现出来的强大力量"深感惊诧"。他这样写道："当一艘丹麦的商船和后来两艘瑞典的东印度公司商船从舰队旁边经过时，谁是大海的主宰一目了然。"[38]当那几艘船进入火力覆盖范围时，商船升起船旗和顶帆向英国舰队致敬。

　　英国舰队一定让瑞典和丹麦的船员叹为观止。总体来看，307这支舰队的规模不亚于1588年的西班牙无敌舰队。注视着英国这支庞大的舰队，斯堪的纳维亚商人早就知道来自英国北方海域运煤船的大概情况了，他们也能发现运煤船航行得松散随意。操纵运煤船总是和自信心联系在一起。正如库克所说的，在小心谨慎之人的手上，运煤船非常灵巧自如。但是，如果船员缺乏经验，这么稀松平常的事也会变得危险重重。普菲斯特看见"善意"号运输船和"克劳迪娜"号的船头猛烈相撞，在船舱上方留下一道长长的划痕。其他运输船的情况也同样糟糕，"常常需要被战舰拖着前进"。还有"斯碧薇尔"号灌进了很多海水，普菲斯特觉得"这艘船肯定要沉到海里"。[39]

但是对斯堪的纳维亚商人来说，这支运煤船舰队显得破败不堪。英国皇家海军的简短命令也紧随其后，霍瑟姆指挥运输舰队航行五天后，理查德·豪上将乘坐"鹰"号离开了朴次茅斯。他的秘书安布罗斯·塞尔5月15日这样记录："整晚借着顺风神速航行，大多数情况下，我们能达到每小时七节或八节的航速。船摇晃得很厉害，这让我们几个人非常不舒服。就我而言，我很好，但做不了什么事。"

塞尔是接下来发生两船相撞事件的重要目击证人。塞尔闲下来的时候会写写日记，但在工作时间里，他一直是理查德·豪上将的得力干将。在豪上将的指挥下，塞尔时刻保持警觉，定期向豪上将汇报舰队的情况。或许正是塞尔列出了霍瑟姆准将指挥下的"八十五艘"运输舰的清单。在这份清单上，第十一艘船是三百六十吨载重量的"桑德维奇勋爵"号，船长威廉·奥瑟，船上载着两百零六名"近卫骑兵团"黑森士兵。[40] 只有一艘"桑德维奇勋爵"号赫然出现在豪上将的名单上，这个事实坐实了另外一个线索，当普菲斯特在他的运输船上左摇右晃时，离他不远处就是老态龙钟的"奋进"号。

　　并不是只有普菲斯特一个人在描述黑森士兵横渡大西洋的航程。和他一起出行的还有一位叫约翰·戈特弗里德·索伊默的诗人和探险家，他主要关注的是船上糟糕的饮食。他激烈地抨击了船上的条件，"今天的菜谱是咸猪肉和豌豆，明天是豌豆和咸猪肉"。索伊默抱怨说，这些单调的食物偶尔会替换为麦片粥、去皮的大麦或甜点，甜点由"发霉的面粉、半咸半甜的水和放了很久的羊油做成"。饼干上爬满了虫子，硬得无法咬动，只好用弹丸把饼干砸开：

　　　　他们言之凿凿地告诉我们，这些饼干来自法国，是七年战争期间英国军队从法国的舰船上收缴的。从那时起，这些饼干便存放在朴次茅斯的一些仓库里，现在拿出来给你们这些德国士兵吃，你们将被派往北美洲杀死那些罗尚博和拉斐特指挥下的法国人。[41]

　　黑森士兵在运输船里非常拥挤，他们感觉自己就像"咸鲱鱼"一样。架子板床要容下六个人，"但上去四个人后，剩下两个人只能硬挤进去"。士兵们被迫像旗杆一样直挺挺地躺着，"在蒸笼般的铺位上侧身躺了一段时间后，浑身已经湿透，铺位最右侧的人就会喊道：转过身来！然后所有人一起转向另一侧"。从历史记载来看，索伊默说的一点都不夸张。两百零六名黑森士兵在"桑德维奇勋爵"号运输船上挤得满满的（不算附属船只），远超"奋进"号定员人数的两倍以上。没人想到会遭这种罪。作为局外人，索伊默和普菲斯特非常关注水手们认为太普通而无足挂齿的小事。他俩记下了燃烧的厨房炉火，冒着热气的水壶，湿透的衣服和床单，以及拥挤不堪的下层甲板。那些衣服和床单晚上像果蝠一样挂着，白天则会数量翻倍，最好的地方在甲板上，但那里也会让人不安。5月20日，普菲斯特爬上了甲板，他看到阴暗的天空，感到一股清新的海风吹了过来。尽管水手们并不认为这是"真正新鲜的空气"，他注意到厨房的炉火被吹灭了，船帆被收起，桅杆的顶部也降了下来。[42]

在普菲斯特的记录中，最富戏剧性的核心内容是他以相当夸张的笔调描写的"圣神降临周风暴"。他写到船只像树叶一样随风飘散，他所在的船里乱作一团。"自认为系得很紧"的所有东西都变得松松垮垮，像"坐螺旋滑梯"一样被抛来抛去。黑森士兵也被抛到了半空中，"晕船的咒语就没停过，这种痛苦简直太荒唐了"。到了5月27日：

> 汹涌的大海就像摆弄玩具一样撕扯着这些巨大的船体结构。水手被海水吞没，其他人干脆自杀，冒险登上甲板的士兵被海浪拍击得不省人事。唯一让人感到安慰的就是天气开始转晴。但是，"圣神降临周风暴"的第三天，乌云密布，倾盆大雨让整个天空一片黑暗，风似乎不受任何约束地乱刮，听起来像是咆哮的雷声。大自然的万物似乎都联合起来，要给年轻的美洲带来一场可怕的葬礼盛宴。[43]

309

　　在詹姆斯·库克低调的笔下，这样的风暴一直都被说成"吹风天气"，普菲斯特则用适合舞台情节剧的笔调描绘海上生活。对不习惯水手生活以及对运煤船能承受住多大摧残毫无概念的人来说，这种笔调更容易被理解，库克曾这样描写"奋进"号，说这艘船的"主帆或后桅纵帆能让船保持非常好的平衡性，不论航行到哪片海域都不会发生倾覆"。此外，英国水手和黑森士兵对航海的态度还有另外一个不同之处，前者是从理性的角度做出回应，而后者则充满宗教迷信。普菲斯特曾描述这些"笃定的加尔文教徒"为了"祈求上天的保护"怎样进行"祈祷"，就好比"在美洲的小讲坛上，一股怒火在人群中传播，向上帝和救世主祈祷，诅咒英国的舰队被摧毁"。

　　　　伴随着震耳欲聋的咆哮声，滔天巨浪向船猛扑过来。只有对甲板和每个舷窗都采取加固措施，才能躲过一劫。士兵们躺在下面的隔舱中，就好像被活埋在棺材里，在无尽的黑暗中咀嚼着空气和海水。他们中的大多数人无时无刻不处在安静和沮丧当中，期待着能从这片暗黑之夜走出来，进入天堂永恒的白昼。[44]

　　普菲斯特描述的"圣神降临周风暴"很快就过去了，但是这场风暴给霍瑟姆留下了个烂摊子，他要重新把吹得七零八落的船集合起来。有十五艘运输船消失得无影无踪。桑德维奇最担心的事情之一就是舰队被暴风雨摧毁，结果差点就不幸言中。

310

到了 1776 年 6 月末，"经过无数大风大浪，历尽平静和汹涌的大海，饱尝欢乐和忧虑"后，霍瑟姆准将将舰队带到了纽芬兰岛海岸。原计划是在这里与豪上将会合，但豪上将已经离开。他给舰队留下一道命令，让舰队和他在纽约的桑迪胡克灯塔处会合。

当舰队折向南方时，普菲斯特看着"哈利法克斯灯塔射出的微弱光线"渐渐消失在视野中，"就像星星慢慢从夜空中隐去"，而在五百英里以外，安布罗斯·塞尔和豪勋爵乘坐的皇家海军"鹰"号正经过长岛。这座岛屿"似乎毫不费力地爬上山丘，到处都是郁郁葱葱的树木"。1776 年 7 月 12 日，塞尔从阳光灿烂的清晨起来，"新泽西海岸一片美丽的景色"，白色的卵石滩后面，森林和房屋清晰可见。[45]

豪上将的旗舰也在大西洋遭遇了同样的恶劣天气。皇家海军"鹰"号"在一个巨浪接着一个巨浪中左摇右摆，在大风大浪中就像一片羽毛"，这把塞尔吓得够呛，他不禁深深担心起运送黑森士兵的运输船。[46] 即便风暴已经过去，猛烈的阵风依然将他们吹得来回摇晃。有一天，当塞尔走上甲板时，一名叫威廉·恩格尔菲尔德的水手从主桅杆的桅楼上摔了下来，就落在塞尔脚下"几步开外的地方"。塞尔写道，他的一侧颅骨凹了下去，甲板上溅满鲜血。[47]

除了令人沮丧的景象外，当然还有让人为之一振的美景。塞尔曾被眼前的冰山惊得目瞪口呆，其中有一座冰山"至少和威斯敏斯特大教堂一样大"[48]。看着海豚在北美海岸边嬉戏，他感到非常享受。塞尔这样写道："经过这么长时间的海上航行，拥挤的船上到处散发着恶臭，好一点的气味至多也就是绳子和焦油的味道。现在终于可以闻到泥土和云杉树的芳香，真是让人心旷神怡。"[49]塞尔还看到了许多飞鱼，以前他只在书上看到过。据自然哲学家说，这些鱼能"逆风飞行"[50]。这些景象让塞尔的思绪转到美洲的叛乱，他一直都在思考这个问题。在他眼里，那些"叛乱者"就是无赖和忘恩负义者，就像飞鱼一样，他们逆历史潮流而动。塞尔思索着，"一小撮人抱成团引起社会动荡和对英国的极端憎恶，以致影响到那么多人的生命和福祉"，这真令人感到悲哀。[51]

7月12日下午，"鹰"号在危险的航道上航行，穿过桑迪胡克后在史丹顿岛抛锚停泊。

终于到达了目的地，整个舰队和军队都洋溢着喜悦之情。港口停靠的所有战船、船上的水手和岸上的士兵无一不向我们敬礼。这种美好的场景无以言表，可以想象，英国人和当地人，还有大大小小的船只等，都因为这个最光明的日期的到来而兴致高涨。[52]

"鹰"号刚停稳没多久，豪上将的胞弟就登船拜访，并告诉了他目前最新的消息。豪上将一直抱着缓解冲突的希望，从朴次茅斯起航之前，他就为自己和胞弟争取到了担任和平使者的权力。但就在胞弟登船的那一天，他获知已经错过了最后一次谈判机会。7月4日，在费城召开的大陆会议迈出了无法挽回的一步，会议宣布北美殖民地脱离英国统治。这场斗争再也不能被冠以争吵或叛乱的名头了。正如约翰·亚当斯指出的那样，北美殖民地已进入"大革命阶段，这是所有国家历史上最彻底、最出人意料、最非凡的革命"。对塞尔来说，他凝视着海湾对面的纽约城，这就是"这些被蒙蔽之人陷入邪恶和癫狂"的证据。塞尔写道，皇家海军"鹰"号停靠的地方"可将纽约城和叛军司令部尽收眼底"。他补充说："华盛顿现在被委任为大陆军总司令。"[53]

离港口不远的地方，纽约城的气氛虽然紧张但令人兴奋。7月8日接到美国宣布独立的消息后，华盛顿在他的军队和人民面前当众宣读《独立宣言》。宣读完毕后，一伙暴徒穿过百老汇涌向博灵格林公园，一边欢呼着，一边敲着鼓。为庆祝废除《印花税法案》而竖立的乔治三世国王塑像被众人推倒。人们朝雕像猛踢，乔治三世国王的雕像支离破碎，身首异处。国王的头像被挂在了一家酒馆外面的尖桩上，而雕像的其余部分则被带到了康涅狄格州的利奇菲尔德，在那里，四千磅的铅被熔化后"制成步枪的弹丸，供给美国佬使用"[54]。

纽约城的这种欢腾因英国舰队的到来而有所收敛。6月29日星期六这天，豪上将的一百艘帆船陆续从哈利法克斯到达。华盛顿的大陆军目睹了舰队的到来，他们"陷入混乱之中，你推我搡"，试着穿过桑迪胡克半岛的危险沙洲。或许直到此时，一个战略真相才终于浮出水面。纽约城被"适于通航的深水"环抱，但只能通过两个要冲进入这片水域：一是通过桑迪胡克半岛的沙洲，二是通过众所周知的"地狱之门"航道进入伊斯特河。这两处要冲都没有设防，但现在太晚了。

312

看到豪上将的舰队铺天盖地而来，史丹顿岛上华盛顿手下的一个民兵写道："我当时正在上面的瞭望楼里，当我向海湾方向望去时，突然发现有什么东西靠近，远远看去就像一片修剪过的松木……看到这一幕，我简直不敢相信自己的眼睛……我觉得那些浮在海面上的都是从英国过来的战舰。"[55]7月4日，《纽约日报》报道：

> 上周六到达桑迪胡克半岛的舰队（就像从无底深坑冒出的密密麻麻的蝗虫一样）据说是从哈利法克斯赶过来的，有一百三十艘，舰队司令是英国暴君指派的豪上将，他们的目的是在摧毁这里的英国宪法后，道貌岸然地精心布局，奴役英国殖民地，任意掠夺殖民地人民的财产，或者更干脆地立刻举起屠刀，抢夺殖民地的所有财产，就像亚哈对拿伯的葡萄园*干的那样。[56]

皇家海军"鹰"号和其他战舰的加入扩大了舰队的规模。7月12日，塞尔用望远镜查看了纽约城，他写道："叛军人数众多，估计有近三万人，但从鼓动他们闹事的方式来看，就是一群乌合之众，没什么大不了的。"[57]

---

* "拿伯的葡萄园"是《希伯来圣经》典故，喻指令人垂涎欲滴之物。源出《列王纪上》第二十四章，讲的是以色列昏庸无道的暴君亚哈王，以卑鄙的手段霸占了拿伯的葡萄园。故"拿伯的葡萄园"也含有不惜一切非法手段弄到自己想要的别人的东西。

当目的地从哈利法克斯改为桑迪胡克时，士气开始在和普菲斯特一起同行的黑森士兵们中间迅速下降。忍受了这么长时间的海上颠簸，却发现还要继续前进，这足以让他们感到坐立不安。这些黑森士兵发泄的第一个目标就是豪上将，责怪他临时更改计划。普菲斯特严厉地斥责说，这个人"一开始就犯下了愚蠢的错误，自己都不知道自己在干什么"。现在他"不合时宜地"赶往哈利法克斯，接下来"又在中途改变主意，最后锁定纽约"。按普菲斯特估计，像这样的计划变动至少要增加两个星期的行程，可能更长，如此一来，黑森士兵在船上待的时间有近一百天，"这种情况太罕见了"[58]。

为了尽量减小疾病带来的威胁，运输船制定了严格的定期 313
清洁制度。甲板每天都要擦洗，将新鲜空气抽到下面的船舱，床上用品要在甲板上晾干，亚麻布浸在冒着热气的醋里消毒。但是，他们对怎样减少腐烂变质的食物供应却无能为力。离开哈利法克斯后，船上开始出现坏血病的迹象。普菲斯特把疾病的发生归结于"精神状态不好"，并描述了黑森人是如何通过咀嚼烟草来治病的，这种习惯是通过观察英国水手学来的，他们还通过大口大口地喝海水抵抗疾病。但不论怎样都无济于事。"疾病开始暴发"，普菲斯特写道。喝盐水加上夏季温度逐渐升高导致大汗淋漓，这让士兵们口渴难耐，就在这个糟糕的节点上，他们又发现"整个舰队存储在橡木桶里"的淡水正变得"无法饮用，最后彻底变质"。

海上漂浮已进入第三个月，普菲斯特的笔调开始变得多愁善感、凄凄楚楚。他盯着"一股水柱形成的巨大圆锥体，非常骇人"，不禁肃然起敬，这股水柱是从一艘运输船的周围掀起来的。空气变得越来越厚重。桅杆的顶端和帆桁端闪烁出"圣艾尔摩之火"（大气静电放电现象）。普菲斯特看到了这种光，"像幽灵一般发出警告，让人畏惧"。7月12日，天气异常恶劣，"出现了最为可怕的雷暴"。第二天早上紧接着便是狂风大作，"把几艘船的船帆撕成了碎片"，但大风也吹散了浓浓的乌云，后来变得风平浪静。舰队在静谧中前进，普菲斯特听到有人在唱赞美诗。他忽然意识到，原来今天是星期日。祷告结束后，浓雾开始笼罩运输船，然后下雨。普菲斯特写道："突然，舰队中传出一声巨响。"

　　　　由于海浪太大，"哈特利"号（上面载着冯·比森罗德上尉率领的克尼普豪森兵团）和"桑德维奇勋爵"号（上面载着冯·沃姆上校和部分近卫骑兵团士兵）这两艘船发生了相撞，损失非常惨重。59

　　两艘撞在一起的运输船发出嘎吱嘎吱的挤压声，普菲斯特惊恐地看着，他不知道，这是他留给后世的关于"桑德维奇勋爵"号在海上航行的最后一次目击记录。

　　这一幕让普菲斯特心烦意乱，但更多的麻烦事还在后面。船上的士兵不满被虐待，愤怒的他们把军纪抛在了一边。有一艘船上发生了决斗事件，还有一艘船上的士兵发生了哗变，在他们还没有动刀动枪时就被拘捕了。至少从这几起事件来看，形势很不正常。看着水手们辛勤地工作，普菲斯特很受鼓舞。

314

不论是潮湿的雾天还是暴风雨天气，又或是酷热的夏天，他们从不停歇。当这些水手从横桅索上跳下来，在绳梯横索上飞快地爬上爬下时，表现得"永远都是那么敏捷"，这让普菲斯特大为赞叹。他写道，这些水手"就像蜘蛛一样，在蛛网上如离弦的箭一样快速移动，他们借助绳索在桅杆的绳梯上上上下下，只用脚吊在上面，把索具系好并绑上船帆"。

接下来的三个星期，天气十分糟糕，令人烦躁不安，直到8月10日，运输船的船帆都被"最强劲的风"吹得完全张开。借助"高耸的船帆"，他们终于有机会全速前进，在北美东北部地区新英格兰的海面上劈波斩浪。8月11日，"长岛的迷人海岸"就在前方向他们招手。第二天早上，整个舰队升起英国国旗，他们梦寐以求的桑迪胡克半岛从西方地平线上升起，远远可见白色的灯塔，史丹顿岛被抛在后面。

> 在这些初来乍到者眼前展开的是一幅美丽绝伦的风景画作。他们一路遭遇这么多的艰难险阻，很长时间甚至来不及看一眼美丽的风景，现在终于得以大饱眼福。岛上人丁兴旺，海岸上到处是威严尊贵的军队，敌我双方的行军帐篷遍地都是，五百艘舰船的桅杆如森林一般耸立，数百艘小艇警惕地盯着充满敌意的海岸。这里集合了一支美国人以前从未见过的勇敢好斗的军队，他们即将投入战斗，以不可估量的决策决定着世界命运的发展。[60]

1776 年 8 月 12 日，塞尔看着运输船舰队在史丹顿岛锚定。他匆匆记下这句话："我们很高兴看到这么庞大的舰队，英国海军和陆军异常兴奋，几乎就和取得作战大捷一样。"运煤船一艘接着一艘航行在桑迪胡克半岛的沙洲。舰队的规模极其庞大，这些运煤船排成一列依次通过闸口，用了整整一天的时间。塞尔写道："庞大的舰队进入港口时盛况空前，船帆摇曳，船旗飘扬，舰炮鸣响致敬，船上和岸上的士兵不停地欢呼。叛军从潜伏的巢穴中蜂拥而出（我们用望远镜观察到），争先恐后地往这边看，但这绝不是他们想看到的景象。"

华盛顿和他在纽约的指挥官用望远镜快速扫视着运煤船舰队，他们脑海出现的恐怕只有一种想法，这是他们能预料到的最糟糕情况。英国投入全部兵力来争夺他誓死捍卫的地方。现在的纽约港聚集着最强大的海军部队，这是英国有史以来派出的最大规模的战斗部队。事实上，直到第二次世界大战的诺曼底登陆，桑德维奇派遣的这支舰队一直是英国最大规模的陆军和海军集结。

从曼哈顿下城目瞪口呆地望着这片海湾，投入革命的律师约瑟夫·里德给老家的妻子写信这样说道："当我向下面望去，看见他们处心积虑集结的这支如此庞大的舰队，我在想，这一定耗费了巨额资金，由此禁不住大为诧异：他们这个民族竟然以这样的风险、麻烦和费用为代价，远赴三千英里以外去抢劫、掠夺和毁灭另一个民族，仅仅是因为这个民族的人民不会把自己的生命和财富拱手让出。"[61]

当这艘船作为"奋进"号航行在太平洋时，她散发出的是一种神秘气息。她的神秘力量通常来源于她那陌生的、不为人知或不是十分了解的能力与技术。相比之下，在纽约这个地方，所有人都意识到了这些运输船的显著之处。当他们目睹黑森士兵带着武器和弹药从船上下来，每个人都知道这意味着什么。这支舰队的威力有目共睹。"奋进"号现身在这支舰队前从来不会真正具有这样的威力。这艘三桅帆船已然见过那么多的景色，包括泰恩河上的煤炭装卸转运码头，马泰瓦伊湾波光粼粼的海水，德特福德的造船厂，巴达维亚的公路和埃格蒙特港的遥远殖民地前哨。但"奋进"号从没见识过像这样的战场。8月12日，一位纽约城的居民坦承，"我们估计每一次涨潮时都可能受到攻击"。

"桑德维奇勋爵"号抵港两天后，塞尔写道："现在，我们在这里拥有一支勇敢的舰队。不只是由单桅帆船、岸轰艇、火攻舰和装甲舰等组成，整个舰队约有三百五十艘帆船。在美洲从没有过这么多帆船从四面八方一起出现。"[62]那天晚上，皇家海军"鹰"号上举办了一场盛大而隆重的晚宴，出席宴会的人是一份将载入史册的名单。名单上有理查德·豪上将、他的胞弟威廉·豪将军、康沃利斯勋爵、格兰特将军、彼得·帕克爵士和黑森军团指挥官海斯特将军。塞尔证实，"我们的军队现在约有两万四千人，这些士兵的健康正处在最佳状态，斗志高昂。另一方面，叛军体弱多病，很快就会死去"[63]。

1776年8月17日，也就是"桑德维奇勋爵"号抵港五天后，华盛顿发表了一份声明：

316

鉴于我们残忍的宿敌将每隔一小时就对纽约城发动炮击和进攻，且城里仍有许多妇女、儿童和体弱多病者，他们继续留在城里对大陆军弊大于利，且这些人本身也会面临巨大的危险和灾难。因此，在这个危急时刻，我建议所有前面提到的重视自身安全的人迅速撤离城镇。请相信，上帝会保佑美国大陆军挫败强敌，我保证他们很快就会安然无恙地返回城里。[64]

现在的势态瞬息万变。8月25日，塞尔看到"黑森军团的主力部队"穿过海峡直驱长岛。[65]两天后，华盛顿的大陆军在布鲁克林战役中被击溃，这场战役是独立战争中规模最大的一次战斗。9月15日，豪将军在基普斯湾战役中攻入曼哈顿岛，纽约城落入英国人手中。11月16日，以黑森士兵为主力的英军对位于曼哈顿北部的华盛顿堡发动突袭，大陆军有近三千人被俘虏，剩下的溃军被迫向新泽西州撤退。尽管豪将军没能一举全歼华盛顿的大陆军，但这次战役让华盛顿陷入整个独立战争中最绝望的时刻。休将军和珀西勋爵向乔治·杰曼勋爵总结了战况："这场战争差不多结束了。"[66]

塞尔对这样的结果同样翘首以盼。11月22日，他这样写道："今天早上我们听说，费城陷入一片混乱，大量居民正向城外涌出。"[67]

塞尔意识到豪将军又想到了其他进攻目标。11月28日，塞尔看到"大多数载着士兵的轻装运输船通过伊斯特河，想穿过'地狱之门'航道进入康涅狄格海峡"，下一战即将打响。[68]

12 月 30 日，也就是一个月后，远在伦敦的乔治三世国王陛下　317
写来了一封贺信。1776 年完全按照他的希望过去了。他在信中
开头写道："桑德维奇伯爵，海军和陆军战果卓著，远超最乐
观的预期。"随着新年的到来，国王期待更多的好消息。"拿下
罗得岛，只许成功，不能失败。"[69]

13

Ghosts

第十三章

幽灵船

纳拉甘西特湾向南分岔后进入新英格兰海岸线。翻看查尔斯·布拉斯科维茨 1777 年绘制的纳拉甘西特湾地图，上面给出的地形断断续续，有很多地方还不确定。这片海湾看起来就像一把劈进大陆块的斧头留下的两道深深的裂缝，形成了一个面积约二百五十平方英里的巨大潮汐湖。纳拉甘西特湾的大西洋入口处散布着许多形状不规则的岛屿，其中有两座最大的岛屿让这里的地形变得非常复杂，分别是科纳尼卡特岛（或称之为詹姆斯敦岛）和阿奎德内克岛（或称之为罗得岛），北美洲殖民地的很多名称就来源于此。科纳尼卡特岛和阿奎德内克岛扼住了纳拉甘西特湾出口。这两座岛屿像地峡一样纵贯南北，形成三个独特的海峡，每个海峡各有特色。18 世纪 70 年代，人们发现纳拉甘西特湾最深的地方位于中间那条海峡：这里深达二十英寻，船只沿着这条海峡穿过一条狭窄的通道，经过高耸突出的布伦顿岬角后就进入了纽波特城旁的隐蔽水域。这就是布拉斯科维茨所说的"世界上最好的港口之一"[1]。

早在 1775 年 8 月，桑德维奇伯爵就暗示格雷夫斯上将，

"我一直都非常清楚，叛乱地区的罗得岛和其他一些地方面向
大海敞开"[2]。在格雷夫斯上将有机会贯彻这一暗示时，他就
被撤换掉了，但纽波特从来没有被英国人淡忘。1775 年 12 月，
桑德维奇收到一份详细的情报，其中重申了这片海湾的"特殊
地理优势"。据情报透露，纳拉甘西特湾的这三条海峡海面宽
阔，海水较深，军舰足以通过。冬天的时候，由于这片海湾水
流湍急，几乎没有冰封危险。如果英国用护卫舰守住出口，海
军主力部队驻扎在海湾内部，再用小股火力强攻守备部队控制
纽波特，那么英国便可以高枕无忧。情报最后总结说："叛军
永远不会冒险来到一个退路肯定会被切断的岛屿上。请注意，   319
沿这个海湾向上三十英里到达一个叫作普罗维登斯的小镇，这
里存放着为波士顿叛军提供的所有补给。"[3]

　　对桑德维奇 1775 年思考的这个问题，一年后，豪将军开
始细细斟酌。吸引英国人的并不仅仅是地理因素，这里的天气
是所有殖民地中"最宜人的"，气候凉爽，冬天一点也不难挨，
不像南方那样"终日暴晒，温度非常高"，"海洋凉爽而温和的
微风吹拂着这里，气温十分舒适"[4]。闭上眼睛呼吸这里的新鲜
空气，英国的军官感觉就像身处家乡的肯特郡或萨福克郡。似
曾相识的还有当地出产的面包、牛肉和苹果酒，"品质上乘"。
过去三十年里，这些日常必需品滋养着纽波特，使纽波特成为
殖民地的繁荣城镇之一。来这里的贸易商船像惠特比镇一样急
剧攀升，从 1741 年的一百艘增加到 1764 年的"三百五十二艘
沿岸贸易船只和一百八十三艘出港赴海外船只"[5]。

　　叛乱发生前，纽波特镇的人口约有一万人，和惠特比镇的

人口规模基本相当，越来越多的纽波特船只出现在远海。这些船只从海外运回格洛斯特硬干酪，西班牙特内里费岛和马德拉岛的葡萄酒、巧克力、咖啡、靛蓝和加勒比地区出产的原糖。原糖到港后通常被纽波特的奴隶提炼成塔糖，也是一种麻烦更大的生意。这些运回的货物都被运到靠近纽波特海滨的码头，每个码头都像一只手的手指一样伸进海湾。几十年来，当地人目睹了海上经济的扩张：商船载着各种各样的货物靠岸，然后用马车运走等待出售，包括从海湾捕捞的螃蟹、牡蛎和"几英尺长的"龙虾[6]。

　　纽波特充满进取精神，这里的主干道被称作泰晤士街，集旧世界和新世界的特征于一身，囊括了达尔林普尔这样的人的帝国幻想：这里与宗主国不同，但他们也算非常熟悉，令人感到舒适。可是英国同样也知道，纽波特充满敌意。尽管这里也有一些保守主义者，但自从1765年以来，当地的爱国者一直甚嚣尘上。《印花税法案》让这里的人暴跳如雷，持续十年的派系争斗的尖锐紧张氛围笼罩着整个地区。效忠英国的"纽波特秘密政治团体"遭到了令人难以置信的虐待。为了撰文捍卫英国政府的立场，秘密政治团体的一位成员刺探出以下答复。这篇文章"雄心勃勃，反映出了作者本人的性格"，闪耀出光辉：

　　　他的文章俏皮话连篇，充满了新奇有趣的比喻，诗意盎然，大量采用了夸张手法……以优雅的笔调表现出没有品位的东西，无稽之谈、轻蔑的话语和不容争辩的"呸呸声"被掺和在一起。[7]

320

1766 年以来，3 月 18 日这一天一直被当作一个庆祝日和敲钟日，以纪念《印花税法案》被废除。到了这个日子，人们会向着"自由之树"一路游行过去。所罗门·索思威克是《罗得岛水星报》的印刷商，他在报纸的刊头印着"不畏暴君——要么死去，要么自由"，就因为这个刊头，即便在英国他都声名狼藉。在安布罗斯·塞尔的眼里，这种好勇斗狠真是令人发狂。他尖锐地批评了"这个岛上居民的脾气"，说他们：

> 行为粗野，这就有可能让他们沾染上自认为的礼貌，这种礼貌其实就是一种粗暴无礼，和真正的礼貌根本不沾边。因此，当他们主动提出要文明行事时，没有比这更令人恼怒的了。他们的美德当然不包括慷慨的精神，他们似乎感觉不到高尚的情感，更别提会因为优雅细腻的感觉而忧虑不安。[8]

1772 年，皇家海军纵帆船"葛斯比"号被殖民地居民付之一炬，这个事件性质非常恶劣，无法获得原谅，也正是因为这件事，让塞尔和其他英国保守党对北美洲殖民地的印象一落千丈。这是北美洲殖民地和英国发生的第一次对峙，从那时起，英国开始非常严密地监视罗得岛。列克星敦发生暴动的消息一传到这里，有一位叫詹姆斯·华莱士的好战海军军官便开始指挥皇家海军"玫瑰"号袭扰海湾。1775 年 4 月，他警告罗得岛的居民，如果有任何军队胆敢支持叛军，他就会"血洗城镇，将这里化成灰烬"。当地人称华莱士是"毫无人性的恶棍"

和"臭名远扬的舰长"[9]。他纵火焚烧财物，拦截商人，有一次"疯狂发作时"，他纠集"全部三艘军舰列队纽波特镇，用最恶毒的话语咒骂说他要烧了这里"[10]。无论英国人使尽什么手段，都无法改变罗得岛居民的禀性。1776 年 5 月，这里的殖民地宣布独立，比北美其他殖民地早两个月。

1776 年 11 月，英军总司令豪将军发动了针对罗得岛的作战。他的命令下达给皇家海军五十门舰"查塔姆"号上的彼得·帕克爵士。12 月 8 日下午三点，整个舰队在华莱士上尉的带领下进入纳拉甘西特湾，华莱士现在负责指挥皇家海军"实验"号。他们没有遭遇任何抵抗。经过两个临时要塞时，没发现"岸炮"，华莱士拦截了一艘载着大桶、木柱和蜂蜡的双桅横帆船，而且他们看见三艘"叛军的私掠船"驶向普罗维登斯，那里是"海盗的老巢"。舰队就位后，登陆行动开始。在乔治·克林顿中将的指挥下，总计约七千人的英军和黑森士兵在纽波特北部上岸。部队遭遇了"零星抵抗"，大多数当地居民已经消失得无影无踪。[11]

当士兵们像泼出去的水一般涌到阿奎德内克岛（罗得岛）上时，最具戏剧性的故事主人公还要属《罗得岛水星报》印刷商所罗门·索思威克。敌人攻过来时，他花了一上午时间发了疯似的把印刷机和打字机埋在花园里，然后和妻子一起出逃，孩子就在妻子的怀中。登上一艘小船后，他们"刚从岸边驶进疾风引起的惊涛巨浪的大海，就看见追捕他们的一队士兵"。他们的一位保皇党亲戚拼命拖延那些士兵，索思威克一家才算侥幸逃生。这让所罗门：

　　在抓捕士兵到达他们刚刚离开的地点之前，有时间从岸边拿几个杆子。小船仍在敌人的射程范围内。士兵朝他们放枪，但没打中。船上的人幸运地没受任何伤害，很快便转移到了一个安全的地方。[12]

　　这对英国人来说只是一个小插曲而已。英国军队和政府间的急件花了六个星期才到达大西洋彼岸。1771年1月21日，胜利的消息刊登在《伦敦公报》号外上。乔治三世国王像其他人一样兴奋至极，他致信桑德维奇伯爵说："我很高兴你给我带来好消息，这为我们的舰队提供了一个极好的港口。"[13]

　　十一月下旬，帕克的舰队向纽波特开进。和以前一样，霍瑟姆在"普雷斯顿"号上给运输船带队，负责护送任务的还有两艘护卫舰"布律纳"号和"水星"号，以及十四门舰"翠鸟"号。作战开始之前，豪上将同样下令编制了一份"待用船舶"清单。霍瑟姆的运输船舰队中就有"桑德维奇勋爵"号，这艘船还是负责运送黑森士兵。

　　由于不想让运输船冒着风险在远海中航行，帕克决定分头行动。霍瑟姆从史丹顿岛北上赶往曼哈顿，从右岔口进入伊斯特河。这将是这艘三桅帆船的最后一次重要远洋航行，回首过往，这首帆船经历了无数艰难险阻，很难想象还会有更具标志性的航行。今天的曼哈顿以高耸的摩天大楼，星罗棋布的城市建筑以及不可一世的商业气息示人，但在1776年，"桑德维奇勋爵"号扬帆而过的曼哈顿完全是一种不同的景象。

　　曼哈顿岛的尖角矗立着满目疮痍的纽约城，自从9月21

日纽约被倾泻而下的炮火轰击后，这里成为一片焦土，在十一月昏暗阴沉的天气中显得更为凄凉。进入伊斯特河后，"桑德维奇勋爵"号穿过了布鲁克林战役后华盛顿撤退时最后一搏的地点。就是在这里，8月29日的夜晚"静得出奇"，华盛顿大陆军全部九千人携带帐篷和武器装备穿过伊斯特河秘密撤退到曼哈顿，这次大撤退是整个战争中最让人震惊的一次军事行动，产生了极其重要的后果。

沿伊斯特河向上不远的地方，从船头左舷望过去是称作基普斯湾的深水湾，9月15日英军正是从这里发动入侵曼哈顿的军事行动。据说，在离向前推进的英军仅八十码远的玉米地里，华盛顿看到自己的部队在撤退，他绝望地把帽子扔到地上，大喊道："我就是和你们这样的人并肩保卫美国吗？"[14] 穿过这片玉米地，基普斯湾后面就是老邮局路，这条公路连接纽约和哈莱姆高地以及华盛顿堡，在那里英军和大陆军进行了最后决战。

过了基普斯湾就是"地狱之门"航道上令人心惊胆战的浅滩。过了这片浅滩，"桑德维奇勋爵"号进入蜿蜒曲折的河道，顺着这些河道便可以到达法拉盛湾和汉普斯特德湾，最后进入长岛海峡。

帕克清楚，他的重型战舰不可能通过这样的航道，因此，他率领大部分舰队穿过狭长的海峡，经过桑迪胡克后进入大西洋。不到四天，帕克就赶上了霍瑟姆的运输船舰队，又过了三天，他们抵达纽波特。"桑德维奇勋爵"号将锚咔嗒咔嗒地放下，锚定在纳拉甘西特湾冰冷的海面，在收起船帆和索具后，黑森士兵带着武器装备鱼贯下船。

　　"桑德维奇勋爵"号的每次到来总是象征着变化。在德特福德造船厂，她改变了探索船的设计概念。在南海，她影响了古老社会的生活节奏、社会等级制度和信仰体系。在福克兰群岛，她的到来是物资匮乏和充裕时期的分界线。在纽波特，她象征着城市的权力结构发生彻底转变——先是阿奎德内克岛被占领，然后是科纳尼卡特岛，旧的社会体制和社会结构已经不复存在。现在，新的社会制度将由获得黑森士兵和当地效忠英王者支持的英国军队建立。海湾的每个入口都停靠着护卫舰。

　　纽波特的航海大师们凝视着自己的港口，他们可以用自己专业的眼光来解读这支舰队。他们可能正注视着舰体最长的皇家海军"亚洲"号，这是托马斯·斯莱德建造的第一艘六十四门舰，船体线条优雅，船上的五百名水手像蚂蚁一样忙忙碌碌。他们都知道，长长的两层甲板上的舰炮威力巨大，倾泻而下的炮弹能让纽波特积累了一个世纪的工业成果在几分钟内变成灰烬。那些机动敏捷的护卫舰也很吸引眼球，这些护卫舰已经深入海湾前面更远的地方搜寻私掠船。

　　但很少有人会长久盯着"桑德维奇勋爵"号。到达纽波特后，这艘帆船看起来除了是一艘俗里俗气的商船，再也没有什么了——索具已经破旧不堪，船帆被大风大浪撕扯得破破烂烂，打着补丁，甲板已经开裂，帆桁变得歪歪扭扭，下面的船舱多次用抽水泵进行过排水。到1776年12月，豪将军下令让许多运输船返回英国。但"桑德维奇勋爵"号并不在归国的名单里，原因之一可能是这艘船再也无法横渡大西洋了。

323

对明辨是非的人来说，所有这些再明显不过了。对其他人来说，更引人注目的是这艘船的名字。很长时间以来，新英格兰的报纸一直转载桑德维奇对他们谩骂攻讦的内容。现在，海湾里就停泊着"桑德维奇勋爵"号，这是一种多么嘲讽的存在，就像他说的那些话一样难以对付和不可改变。

对历史学家而言，这艘帆船散发着不同的力量。仅从这艘船的外在来看，根本无法洞穿她的历史，因为这艘帆船的历史隐藏在厚实的船材和朴实的外表内部。没有人知道这艘破旧的运输船到底航行了多远，也不知道她见证了哪些奇迹。此后，不论是塞尔、豪将军或报纸再提到她时，都被一种不和谐的基调包围着。这艘帆船始终乔装打扮。"桑德维奇勋爵"号外表阴暗，可她的内心充满远见卓识。1776年的时候，这艘帆船的真正价值并不能像"亚洲"号那样用舰炮的数量去衡量，也不能用吨位或搭载的黑森士兵数量去衡量。她的珍贵之处在于隐藏的秘密。

英国报纸把占领纽波特看作是对美德的一种拯救。《综合晚邮报》的一篇报道这样写道："自从美国独立战争爆发以来，罗得岛的人民几近崩溃，他们与西印度群岛赚钱的买卖自然也难逃厄运，在过去的两年里，他们装备的一百三十五艘船只中，有七十艘已经被摧毁或俘获，剩下的基本也在苟延残喘。"是英国人解救他们于水火之中，据说当地的居民"很高兴有机会宣誓效忠陛下"[15]。

占领纽波特的消息可能已被伦敦那些"粗野而呆板的政客"不假思索地就听进耳中了，在柏克的眼里，这么说那些政客一点都不为过，但这些消息透露出的坚持不懈的积极语调似乎在向他人暗示，宣传正在起作用。像纽波特这样被占领的地方，四面八方都被爱国者组成的军队包围着，只要摊开军事地图稍加思考就会发现，想守住这里绝非易事。入侵的初期一切看着都挺顺利，但现在遇到了问题。柏克1775年在他《与美国和解》的演讲中雄辩有力地进行了说明："动武只是权宜之计。它可能使人一时屈服，但无法消除再次使用压服手段的必要性；一个需要不断地加以征服的国家是无法治理的。"[16]

在英国人的眼里，阿奎德内克岛和科纳尼卡特岛看起来就像美德被溅上了污点，然而，在许多美国人眼里，这两座岛屿就是新英格兰体内的毒瘤。英国舰队或许可以把纽波特港当作海军基地，但在康涅狄格州绿色农田的另一边或马萨诸塞州海岸，爱国者组成的军队就在几英里以外虎视眈眈。由于黑森士兵于1776年12月占领了他们的防御阵地，他们耳边不断呼啸着炮弹声，这让他们始终处于惊恐之中。英国的护卫舰白天不断在这里的海域巡逻，但到了晚上，由于船桨划水的声音很轻，捕鲸船很容易在黑暗的夜晚躲过侦察。华盛顿的大陆军在向新泽西州拓展，预计不会发生战事。但摧毁武器装备和抓捕俘虏的突袭行动始终构成威胁。

纽波特社会动荡不安，陷入一片混乱。整个社会形成了爱国者与保守派、效忠者与反叛者这样的对立阵营，这是对当前社会成员的一种简单划分，完全忽视了相当重要的第三类人群：他们仍然模棱两可，对局势发展漠不关心，也没有做出任何表态。英国军队大举入侵时，纽波特有一半人口在战争爆发

前就已经出逃了，剩下的五千人曾一度扩充至七千人；占领纽
波特六个月后，七千人就缩减为四千人了。纽波特以前社会
安定，生机勃勃，发展多样，现在则局势瞬息万变，完全让
人摸不着头脑，这些转变让最简单的事情都变得复杂难懂。当
黑森士兵或英国士兵住到当地人家时，生活被彻底颠覆了。当
纽波特的上流社会人士被迫屈从时，社会的权力结构也就完全
颠倒了。食物首先要供给士兵，他们消耗大量木柴用于烧火，
为了维持供应，树木和篱笆纷纷被砍倒，甚至有些房屋也未能
幸免。

　　玛丽·阿尔米在纽波特经营一家寄宿公寓，战争爆发时她
没有离开，这种令人担忧的留守以实际例子说明了当时社会的
复杂性是多么令人困惑。玛丽·阿尔米是纽波特的终身居民，
她的祖辈曾是这里的一位总督。她的姐夫奥古斯塔斯·约翰斯
顿是纽波特秘密政治团体成员之一，因此约翰斯顿被说成是一
个"矮墩肥胖、油腔滑调的上帝子民"。[17]阿尔米本人对国王
忠贞不渝，可她的丈夫本杰明·阿尔米却在1775年逃离纽波
特，加入了内地的爱国者军队。阿尔米的家庭因为这场战争变
得四分五裂，她继续照看自己的生意，同时坚定地支持英国并
祝愿她的丈夫不会出事。阿尔米叹着气说："当我翻阅站在两
个立场的朋友名单时，一想到这心里就特别害怕，他们要杀死
多少人才罢休，两边的人都是那么顽固，那么坚决。"[18]

　　在这样的环境下，英国怎么能真正了解人们内心深处的
秘密？他们想方设法在入侵之后强迫当地人宣誓效忠。但是，
对于像塞尔这样不容异己的人物，他提防的是"新英格兰人

的奸诈狡猾，他们就是这样的性格"，这些人有什么价值？玛丽·阿尔米的丈夫离开这里追随华盛顿，也许连她都是个危险分子？这些都是英国守军喋喋不休的疑惑。虽然英国守军疑心重重，但他们绝对猜不到在占领期间，当地妇女会发展出秘密网络。凭借畅行无阻，这些支持爱国运动的妇女用烤面包夹带信息，捎带物资，有时甚至运送武器。英国人占领纽波特带来的一个矛盾是，它给纽波特的妇女们提供了一个机会，终于可以摆脱以前规定的性别角色限制。

　　漫步在纽波特码头，加之海军在海湾中抛锚给这些英国人带来的强大力量，当他们眼望着大批水手、酒馆老板、商人、卖鱼妇和杂货商在面前晃来晃去时，不禁凭空升起一丝恐惧和多疑。谁可以像朋友一样相处，谁又不可以？恐怕没有谁比理查德·普雷斯科特少将更能感到焦虑不安。普雷斯科特当时五十二岁，他是奥地利王位继承战争中的老兵，脾气暴躁，没有耐性，至今仍对他在费城被俘时遭到美国军队的拷打怀恨在心。他曾在十二月随克林顿一同出征纽波特，到了1777年初，他发现自己屈居在休将军和珀西勋爵之下，是纽波特英军的二号人物。普雷斯科特带着愤怒来到纽波特。他当众审问纽波特居民。贵格会教徒在所有宗教派别中表现最为温和，却被要求摘掉宽边帽向他致敬，表示顺从。如果不照做，普雷斯科特就视他们为大不敬并暴跳如雷。有一个人提出挑战，问道："为什么你不摘掉帽子？"得到的答复是："尊重他人不符合我的脾气秉性。"[19]普雷斯科特命令一个侍从把帽子扔到地上。另一位贵格会教徒也因冒犯普雷斯科特而被治罪，被普雷斯科特一把推到墙上。私下里，普雷斯科特做得更过分。入侵后不久，海军扣押了一艘大陆军的船，其中一名囚犯被拖到英国军事指挥官面前。

> 普雷斯科特说："你是什么人？"他回答道："我是私掠船的一名中尉军官。"普雷斯科特接着说："哈！私掠船的中尉，该死的人，你就是一个贼。"话音刚落，普雷斯科特冲上去给他的下颌一记重击，说要绞死他……普雷斯科特补充说："是的，你们太可恶了，我被你们这样的人俘虏过，我知道你们是怎样对待我的。"然后又打了他一顿。珀西勋爵不希望普雷斯科特继续这样下去，毕竟那名中尉是个俘虏。普雷斯科特告诉那个俘虏，他将被戴上脖链和脚链，除了麦片和水，什么也不会给他吃，让他活得痛不欲生，之后又是一顿暴打。珀西勋爵再次表示反对，下令把俘虏关进大牢，并说只要不再殴打他，戴着锁链就足够了。[20]

1777 年 5 月珀西勋爵被召回英国时，普雷斯科特留在纽波特真正成了说一不二的人物。1764 年至 1768 年，托马斯·米尔纳给"彭布罗克伯爵"号装满了煤炭。1768 年至 1771 年，约瑟夫·班克斯在"奋进"号上装满了植物。1777 年 1 月开始，理查德·普雷斯科特开始把俘虏塞进"桑德维奇勋爵"号。18 世纪的战争变得越来越持久和复杂，抓获的俘虏也变得日益棘

手。抓住敌方士兵并不是简单地说把他们带离战场，而是获得
一种商品，时机成熟时就可以卖掉。参照社会阶层的划分，俘
虏士兵的级别不同，卖的价钱也不同。从英国军队抵达纳拉甘
西特湾的那天起，双方便心照不宣地达成一致，英国人自己处
理自己的事务。整个冬季，纽波特都是英国的海军基地，这里
自然也就成了抓获俘虏战利品的卸货港。从 1777 年 1 月开始，
被抓获的商船上的俘虏搭乘返港护卫舰到纽波特码头，然后从
这里准备送往位于马尔伯勒街的纽波特市监狱，那是一座坚固
的砖砌建筑物，当地人称之为"军事监狱"[21]。军事监狱很快
就人满为患，英国人开始寻找新场所。

　　"桑德维奇勋爵"号虽然已近暮年，但还像以前那样宽敞，
因此不久便派上了新用场。"桑德维奇勋爵"号船尾的舱室修
长，内甲板空间非常大，这种非比寻常的结构正好被普雷斯
科特和海军指挥官彼得·帕克爵士相中，他们觉得这艘帆船和
监狱的建筑结构颇为类似，可为看守和囚犯提供界限分明的空
间。"桑德维奇勋爵"号的主甲板内部可方便地用舱门隔离出
牢房，而且这艘船吃水很浅，这样一来，这艘船既可以停靠在
离海岸非常近的地方，便于沿岸的小艇靠近，同时，如果叛军
发动袭击或受到其他安全威胁，又可以驶向海湾深处。

　　"桑德维奇勋爵"号到达纽波特六个星期后，接收了第一
批囚犯上船。这批囚犯约有五十人，是被皇家海军"猎犬"号
护卫舰抓获的。自从库克 1769 年在贫穷湾用这艘船劫持毛利
小伙子以来，1777 年 1 月，这是她第一次囚禁犯人。1769 年
的时候，那些毛利小伙子被抓上船时吓坏了，但他们受到了库

克船长的优待。时隔八年后，当美国战俘被押上这艘船时，他们的境遇可就悲惨多了。囚禁到下面的船舱后，这些犯人在一月份的寒风中和老鼠共处一室，只能靠少得可怜的口粮勉强度日。纽波特夏季的气候非常宜人，但冬天就不同了，来自北方刺骨的寒风和猛烈的暴风雪笼罩着这里。

　　岸上的人们很快便开始议论那座浮动监狱糟糕透顶的条件。1777 年 3 月 7 日，《普罗维登斯公报》刊发了一位当地医生的报道，这位医生谈到了从那艘监狱船回来的囚犯遭受的"极其恶劣的生活条件"。那些囚犯"身上虱蚤横行，被坏血病和高烧折磨得奄奄一息，有些人已被冻僵，长期没人理睬，几近腐烂"。他们被囚禁在潮湿寒冷的船舱里，见不到阳光，受着"该死的美国佬叛军"的"咒骂"，被士兵"随意脚踹、抽打和体罚"。这篇报道最后给出观察结论：

> 　　这就是生而自由的美国人遭受的残忍对待，他们不幸落入了英国人的手中，这个国家以前以人性而非勇敢闻名。但是，唉！他们的行为再明显不过地表明，他们已经丧失所有的荣誉感和人性。[22]

　　随着冬天结束，春天到来，新的苦难取而代之，温暖的空气让船上的情况变得更糟。囚犯们白天被允许呼吸新鲜空气，到了晚上则被"关到甲板下面热得像蒸笼的船舱"，"舱口竖着格栅"。待在臭气熏天、到处渗水的囚笼里，他们染上高烧、痢疾、腹痛、哮喘和肺结核这些可怕的疾病。《通用海洋词典》

的作者 J. H. 罗丁撰文写道："众所周知，由于出汗而受到影响的污浊空气要比干净的空气轻。因此，和油水分离一个道理，那些污浊的空气总是飘浮在上面并扩散。从病房不难了解这个事实，走进病房的人个子越高，越感到气味难以忍受。"[23] 随着温度的升高，纽波特港监狱船的空气变得又热又臭。

"桑德维奇勋爵"号完全成了"奋进"号的对立面。"奋进"号一直都以忙忙碌碌著称。"奋进"号一次次穿越大西洋，在此之前，她还航行在南海和印度洋。一直以来，水手们都在"奋进"号的桅杆、帆桁和甲板上忙得不可开交，他们缩帆、卷帆、固定、牵引、拉紧、起锚、放锚、打结和缠纱线。博物学家班克斯和索兰德从一个舷窗冲到另一个舷窗，都是为了满足瞬间的兴奋感，想看一眼海鸟罕见的羽毛或波浪上的彩虹般闪光。在里约热内卢时他们被限制在船上，这让班克斯感觉如同下地狱一般。到了 1777 年，所有这一切都一去不复返了。"桑德维奇勋爵"号现在被固定得一动不动：锚放到海底，船帆收起，舱门紧闭，到处是岗哨，让人精神特别压抑。囚禁在这艘帆船里的人就像幽灵。这艘船本身也像一个幽灵。

1777 年夏天，纽波特的形势很紧张。7 月 4 日，普罗维登斯炮声隆隆，标志着独立一周年纪念日的到来。一个士兵写道，"由于夜晚没有一丝风，天气十分晴朗"，回荡在海湾的炮声"听起来气势非常宏伟，每放一炮，炮声的回音都要重复三四次"[24]。

一星期后，也就是 7 月 11 日，英国人一大早醒来就听到一个非常震惊的消息，普雷斯科特将军和他的一名助手，也就是陆军大臣巴林顿勋爵的侄子，夜里在私人住所被绑架了。四十名"爱国者"士兵趁着夜色悄无声息地从大陆那边划船过来，这让普雷斯科特乡间幽静住所的哨兵大吃一惊，他们撒腿就跑了。绑架行动结束后，普雷斯科特对劫持他的人说："先生们，你们今晚真是太胆大了。"[25] 这是最富冒险精神的行动，并取得了完全胜利。一位爱国者军官感到难以置信，他这样写道：

> 这样的战例历史上几乎没有，当普雷斯科特将军想到他是在英国舰队和他军队的心脏位置被劫持到一个岛屿上，整个过程没响一枪，这对他来说肯定是一个最羞愧难堪的场景。[26]

普雷斯科特被抓后，英国人的疑心加剧了。1777 年 10 月，英国人得到情报，马上就会有一次新的袭击行动，城里关押危险分子的牢房将被打开。为了先发制人，英国守军拟定了一份疑似造反者的黑名单。六十一名"同情自由的人"被捕并被关押进"桑德维奇勋爵"号，"这些人拒绝在保卫城镇免受革命者攻击的誓言书上签字"[27]。

1777 年 10 月，最后一位知名人士被抓上船。约翰·汤森德是纽波特的一位木匠，他在当地很有名望，战争爆发后，他继续生产各式各样的家具，在美国奇彭代尔式家具的生产方面赢得了很高声望。汤森德因"一丝不苟、举止优雅和注重细节"而备受赞誉，但他却被抓到了菲什伯恩的三桅帆船上，和

六十名左右的人关押在一起。很难想象，还有哪些手艺人能像 330
菲什伯恩和汤森德这样形成鲜明对比。其中一位一心扑在实用
性上，将粗壮结实的英国橡木用到了极致；另一位则代表着乔
治王朝时期的优雅，他以加勒比红木为原料，制作出的家具富
丽堂皇，线条优美，表面像镜子一样反光。把汤森德囚禁在橡
木船舱的幽暗环境中，这让汤森德和菲什伯恩在一个物质空间
中实现了短暂相遇。扫视着"桑德维奇勋爵"号的内部做工，
汤森德一定会感受到一种比他经手的任何一件家具都更简单直
接的风格。这是一幅令人难忘的画面：一位制作家具的大师被
关在木质的监狱中。

　　1778 年，玛丽·阿尔米写道："天哪！以前这个岛上是多
么幸福和繁荣，可眼前是多么悲惨的一幕啊。"被掏空的不仅
仅是这艘船和船上的囚犯，仿佛他们这次真的变成了幽灵；这
座城市本身也被掏空了。1778 年 1 月 3 日，星期日这一天，当
安布罗斯·塞尔游览这个港口时，他亲眼看见了时事的艰难。
塞尔的身上有着英国人的所有偏见，这种偏见根深蒂固，时日
已久。他发现的是他满心希望的苦难：

　　　　这座城市几乎都是用木材建造的，但看着除了脏
　　乱也没什么了。这里有一条长长的主干道，在这之外
　　是几条小巷，所有街道用砖石铺砌，此时看起来格外
　　肮脏。公共建筑再普通不过，这座城市的风格和这里
　　人民的天资完美匹配。这里的人狡诈，靠走私为生，
　　充满叛逆，一点都不比北美洲其他地方强。但也有一

些例外，不过这样的例外少得可怜，丝毫不影响这里的污名。[28]

塞尔两天前搭乘皇家海军"鹰"号抵达纽波特。豪上将赶往罗得岛会见彼得·帕克上将和罗伯特·皮戈特将军，罗伯特·皮戈特将军接替普雷斯科特的职务，塞尔觉得他是一位"非常值得尊敬的军官"。虽然在纽波特很少有人愿意见到塞尔，但豪上将的到来却取得了意想不到的收获。豪上将看到监狱船的情况后感到很不安，他下令释放所有被囚禁的人，不管以前约定了怎样的交换条件。这些囚犯一释放，英国方面立即制订计划将他们送往布里斯托尔或沃威克附近的爱国者占领区。

"桑德维奇勋爵"号负责运送这些囚犯。1778 年 3 月 11 日，这艘运煤船执行了最后一次有记录的任务。悬挂着休战旗，"桑德维奇勋爵"号冒险沿着纳拉甘西特湾航行了十五英里到达布里斯托尔，将一百五十七名囚犯交接后返回纽波特。331 这艘帆船是怎么开走的不得而知。"桑德维奇勋爵"号已在纽波特港抛锚十五个月了，她很有可能将破旧的船帆升到桅杆一半高的位置，小心翼翼地操纵着前进，也有可能是被一艘护卫舰拖着，甚至还有可能用桨划着缓慢上路。

自从米尔纳把"彭布罗克伯爵"号带到海面，让她精准地在茫茫大海中抢风航行，时间已经过去了十四年。如果"彭布罗克伯爵"号能和米尔纳留在惠特比镇，这艘帆船可能会一直用到下个世纪，成为大海中屈指可数的"老处女"，就像托马斯·菲什伯恩在惠特比建造的"自由与财富"号，直到19世纪50年代新型钢铁巨舰出现才黯然隐退。惠特比没有人能预见到"彭布罗克伯爵"号最后一批可怕的货物是什么。赶赴布里斯托尔时，"彭布罗克伯爵"号上的囚犯是这个样子的：

> 由于他们在被囚禁期间遭到了可怕的虐待，现在这些人疾病缠身且非常消瘦，这些虐待的细节或对目前绝望状况的看法，可能会在撒拉逊人心中激起同情和怨恨，也有可能招致英国以外任何其他国家的强烈抨击。有许多不幸的人，他们的四肢在严冬中被冻僵，即便活了下来，也可能终身残疾。[29]

有四名囚犯没能挺到目的地就死了。《普罗维登斯公报》补充报道说："更重要的是，人们一定会这样认为，这些人成了我们残忍的敌人蓄意打击和肆意虐待的牺牲品。"

昔日的纽波特是一个繁荣和谐、多种宗教并存的商业城镇，如今已经被战争掏空。塞尔认为，要怪就只能怪叛军自己。到访纽波特期间，在一个"宁静而舒适温暖"的日子，塞尔逃离了满目疮痍的街道和废弃的码头，冒险来到阿奎德内克岛的最南端，在那里，大西洋翻滚的海浪拍打在"浪漫"的岩石上。攀到这些岩石的顶端，赛尔发现"一道由大海、城镇、港口和附近乡村构成的美丽风景"[30]。清新的海风、黑色的岩石和绿色的田野构成了一幅令人振奋的景色：波浪朝着一个方向起伏跌宕，另一个方向则是分散的岛屿和岬角。

和普雷斯科特将军一样，塞尔在纽波特停留期间也免不了犯疑心病，或者说是念念不忘对"叛乱分子"轻蔑和鄙视，是他们把大英帝国拆得四分五裂。站在高高的岩石上，大西洋的海风把他的头发吹得凌乱，此时，由自然景色带来的自由感和因政治事务造成的束缚感在塞尔的心中同时生起。凝视着那片广袤的内陆，他心里清楚，爱国者军队离这里仅有几英里远。到 1778 年春天，他们肯定会集结大军攻占阿奎德内克岛。按照塞尔的逻辑，这里的大海、海湾和所有的航道还会被纳入英国的版图。只有一件事可能会改变他的设想。

1776 年，当庞大的运输船舰队横渡大西洋时，英国国内刊出了一幅漫画对此进行了讽刺。漫画名为《欧洲和美国现状——在月球上观看英国舰队的人》，这幅讽刺画从感兴趣的旁观者（"月球人"）角度描绘了北半球发生的事件。画上为了突出当时政治的混乱，故意打乱了地理位置，把美国放在古老英格兰的东部，而法国放在了英格兰西部。英国舰队在大洋的中部航行，大批军队在北美战场等着他们。乔治三世国王在他的军舰后面怒视着叛军，但他没有注意到法国军队正在背后集结，而月球上的那个人却把这个局势看得一清二楚。乔治三世国王即将被一只强壮的高卢雄鸡的打鸣声吓得魂飞魄散。

这幅讽刺画影射的是每个人都心知肚明的政治形势。1763年，《巴黎和约》的签署让法国蒙羞，法国不得不向它的宿敌俯首称臣，法国人一直在等待机会反扑。法国有可能和美国联手共同对付英国，这让英国的政治家多年来一直提心吊胆。英国投入平息北美洲殖民地叛乱的兵力越多，它的处境就越危险。当安布罗斯·塞尔爬上阿奎德内克岛的岩石，"桑德维奇勋爵"号最后一次驶向布里斯托尔之际，伦敦收到了令人震惊的消息，北美洲殖民地已经同意并与法国缔结了《法美友好通商条约》。正如乔治三世国王担心的那样，这个条约"无疑相当于"宣战。在历史学家安德鲁·杰克逊·奥肖内西看来，局势的发展将让英国"变得比历史上任何时期都孤立，甚至比1940 年还要严重"[31]。

　　身处威斯敏斯特的诺斯勋爵被这个消息吓坏了，完全丧失了指挥这场战争信心的他试图辞去职务。诺斯勋爵恳求国王立即与反对派成员进行谈判。乔治三世国王称诺斯的行为"真让我这个国王丢脸，给我的王国和家族带来毁灭性打击"[32]。

　　与此同时，桑德维奇从海军部的情报获悉，法国海军"正在布列斯特和土伦全力以赴备战"。据说，装备一百一十门舰炮的旗舰"布列塔尼"号要赶赴布列斯特进行装备。"法国动员很多人夜以继日地建造新的船只，为每一艘适合服役的船只加装武器和装备。"[33] 这些报道让桑德维奇陷入了困境。豪上将这两年一直在北美洲指挥战事，他的军舰和手下疲惫不堪。豪上将的舰队在护航和巡航作战任务中被一点一点地分散开来。如果这支新组建的装备精良的法国舰队发动突然袭击，后果极为可怕。增援豪上将倒是个解决方案，但问题是，这样做将严重削弱英国的大后方力量，很容易遭到法国布列斯特主力舰队的攻击。

　　3 月 13 日，法国和美国签订条约的消息公之于众。一个星期后，法国驻英大使被驱逐出白厅。很快泰晤士河便接到命

333

令，扣留所有法国船只。在之后的几个星期，桑德维奇一直处于焦虑当中，他竭尽所能地窥探法国的动向。有消息反馈说，富兰克林、塞拉斯·迪恩和亚瑟·李在凡尔赛与路易十六国王和国务大臣韦尔热讷伯爵会面。有更多的报道证明，法国舰队正在土伦整备，这支舰队将由玛丽·安托瓦内特王后的亲信德斯坦伯爵统率。乔治三世国王和其他人一样参与到这场猜谜游戏中。他每天都给桑德维奇写信，信中提到了他关于法国动向和目标的最新看法。他在四月份的一封信中写道："我可以肯定，德斯坦的舰队和迪恩一起消失了……他们的目标要么是费城，要么是纽约。"[34]

为了更好地厘清形势，桑德维奇沉溺于"第三人分析"方法中，这是他弄清混乱局面的最好方法。他以"桑德维奇对时事的看法"为标题撰写了大量文件，在这些文件中，他综合多方面情报得出结论，将军舰调离英吉利海峡"极为危险"。他认为，"我们的首要目标就是保卫英国本土安全"。这相当于让北美洲的豪上将听天由命了。侦察船被派去观察直布罗陀海峡。四月转眼过去，五月来到了。

六月初，英国接到消息，德斯坦率领一支庞大的舰队通过英吉利海峡插向大西洋西部。这支舰队的规模不容小觑。带队的是德斯坦伯爵的旗舰"朗格多克"号，有三层舰炮甲板，九十门舰炮。其他支援舰包括一艘八十门舰、六艘七十门舰（其中就有一艘德·布干维尔指挥的探索南海的帆船）、三艘六十四门舰、一艘三十门舰和大量的护卫舰。这是华盛顿、富兰克林和几千名其他爱国者梦寐以求的力量。理查德·豪上将

334

绝对招架不了。得知这个消息后，经过几个星期的犹豫不决，桑德维奇最终命令一支英国舰队紧随其后，这支舰队由曾经带领"海豚"号探索南海的拜伦准将指挥。

1778年，德斯坦伯爵遇到了千载难逢的机会。他的舰队在火力、人员和精神状态等方面都占据优势，还具备突袭英国舰队的可能性。但德斯坦伯爵横跨大西洋的步伐有些慢，他的大多数帆船都很笨重，巨大的舰炮让这些船不堪重负。时间都浪费在追逐商船和作战训练上。总的来说，德斯坦的舰队穿越大西洋所花的时间几乎和两年前的英国运输船舰队一样长。《记录年鉴》这样写道，"德斯坦伯爵的最大目标是突然现身美国特拉华州"，但是，当他七月份抵达目的地时，豪上将的舰队已经撤回纽约。[35] 德斯坦伯爵想发动追击，但他找不到足够勇敢的领航员带领笨重的法国舰队穿过桑迪胡克海峡。这个奇怪的地理环境成就了豪上将。大型战舰是否有可能进入纽约港只能靠水文学进行猜测：

> 关于法国大型舰队强行通过海峡并突破封锁的可行性，各种不同的观点甚嚣尘上。有些人认为，德斯坦伯爵可能会谨慎地进行尝试。如果真是这样，各方将皆大欢喜，因为德斯坦没有那种进取的精神，这不啻为一次异常艰难的尝试。英国舰队的恐怖力量丝毫没有减弱，反对他的高级将领的名字也让他举棋不定。最终，德斯坦伯爵在新泽西州一侧什鲁斯伯里小镇附近抛锚，距桑迪胡克海峡约四英里。[36]

实际上，豪上将的舰队安全地停靠在纽约港。由于纽约已经失陷，华盛顿和任何人一样感到非常沮丧。德斯坦伯爵的舰队在新泽西州停留了十一天。华盛顿和德斯坦频繁通信，最后达成一致意见，纽约再等待一天。德斯坦将向东航行到纽波特的罗得岛。

"桑德维奇勋爵"号是在走投无路的阴影中被创造出来的。关于这艘船最早的记录很少且一笔带过。尽管如此，她的结局几乎不可能比历史叙事更为重要。七月底的时候，许多注意力都集中在纽波特外这艘船抛锚停泊的那片水域上。罗得岛部队司令官约翰·沙利文将军正在罗得岛北部的普罗维登斯为最后一次入侵行动做准备。纳撒尼尔·格林少将给他写信说："此战决定全局，你的朋友焦虑万分，你的敌人坐等观察，我赌你会大获全胜。"[37] 华盛顿在司令部等着从纽波特传来的消息。桑德维奇也一样，他在伦敦等着消息。在圣詹姆斯宫，乔治三世国王同样如此。

7月26日，罗得岛英军指挥官皮戈特将军收到警告，法国舰队正向他们驶来。他立即着手把阿奎德内克岛改造成一座能进行"有力而顽固防御"的堡垒。皮戈特将军下令将炮兵阵地和防御工事修建在海峡两侧。海军的水手也加入了英军和黑森士兵之中，他们"全部随时待命，就等一声令下"。

玛丽·阿尔米留下了此后发生的所有事的最生动完整的记录。她记下了"每名水手怎样在武器非常紧张的情况下拿到一把火枪，没有枪的人就用木棍、旧扫帚或能找到的任何东西当

武器"[38]。她说，人们因为心理和身体的双重压力而感到精疲
力竭，"他们身心疲惫，加上参加这种非同寻常的战斗准备面
临的千头万绪，最后他们干脆听天由命，不管是生还是死了"。
随着大战近在眼前，阿尔米想到丈夫可能就在入侵的军队中，
她心底一沉：

> 男孩们努力装出一副男子汉的样子，尽自己所能
> 提供帮助，却悄悄地溜到女孩身边低声问道："你认
> 为谁会伤害你？你爸爸不跟他们一起去吗？"这让我
> 心如刀割。流浪了三年后，他们仍然无法得到一个回
> 家的拥抱。[39]

7月29日，阿尔米看到了法国军队。当德斯坦伯爵舰队
的巨型帆船开进布伦顿岬角抛锚时，纽波特顿时像开了锅一样
兴奋不已。阿尔米用连珠炮似的话语把她看到的情景记录了下
来：人行道几乎"都被疾驰的轻骑兵占满了，消息瞬息万变；
对那些爱打探消息的闲人来说，今天绝对是个好日子。夜幕降
临时，每个人都竖起耳朵搜寻着令人惊异的消息，可我却因为
整天听到不实的消息而痛心不已"。

英国的护卫舰一直把守着进入这片海湾的三条海峡，这三
条海峡是法国舰队的捷径。阿尔米看着单桅帆船"翠鸟"号被
烧成灰烬，以防止落入法国人手中。7月31日，一场令人窒息
的大雾在整个海湾扩散，把纽波特团团困住，这让一切秩序被
打乱的感觉更为明显了。阿尔米写道："一切都在恐惧中，直

336

到消失殆尽。"8月1日，大雾散去，阿尔米记下：

> 舰队全部按作战队形展开，到处充满着恐慌，当地的居民变得更为忧虑。所有的大炮都准备就绪，就等着敌人到来。街道上满是运货马车和临时军火仓库，这次每个人都抓住对付敌人的所有机会，一刻不停地装着火药，弥补以前因疏忽和过失导致的遗憾。到了晚上，全部准备完毕，这些莽撞的人只希望法国舰队开进港口。但我躺到了床上，祈祷法国人永远不会靠近我。[40]

但是，皮戈特将军并不打算仅仅依靠老天成全。他决定在纽波特海岸线设置重重障碍，尽量让法国军队难以接近。为此，他打算让那些监狱船派上用场。皮戈特将军的想法是毁掉纽波特港，阻止法国舰队越过浅滩，这种战术华盛顿在1776年英军攻打哈得孙河时就曾使用过。沉船的船壳足以让法国舰队寸步难行。再加上船上的桅杆、圆材和其他残骸散落在海底，航道的通行情况会变得更加糟糕。如此一来，法国军队想登陆就非常困难，而且即便这座城市陷落，接下来的几个月也会因为航道被破坏而无法通航。

8月3日，英国海军军官布里斯班上尉奉命：

> 将五艘运输船沉入山羊岛和蓝岩之间的航道，阻止法国舰队离北炮台太近，以便利用优势地形发动攻

击。此外，出于同样的目的，另调遣五艘运输船沉入山羊岛和玫瑰岛之间的航道。[41]

　　领会上级的意图后，布里斯班上尉开始执行命令。更多的细节我们就不得而知了，但可以想象布里斯班带着一队海军陆战队士兵或陆军士兵从英军司令部出发，沿着工厂和喧嚣的泰晤士街一路向下，直到停放着小艇的港口那长长的码头。

　　码头和"桑德维奇勋爵"号停靠的港口相距不远，这处港口位于山羊岛和北炮台之间，虽然风浪不小，但停靠较为容易。几分钟后，布里斯班上尉和他的手下就过来了。布里斯班一个人抬起木板，翻身越过船舷的上缘，双脚站在主甲板上。

　　"桑德维奇勋爵"号在整个行动中出奇地平静，仿佛她是这个不停旋转的世界的静止中心。老水手仰起如雕刻一般的脸庞像以往那样从起锚机绞盘向外望去，但看见的却是一艘空空如也的船。所有的囚犯都已被带上岸。现在，船上只剩下一群幽灵：一位波利尼西亚祭司站在主桅楼上俯身沉思；他的正下方就是船的艏楼，惠特比的学徒工在这里挥动着铁锹将煤块高高扬起甲板；一位害羞的艺术家躲在船尾舱的舱门后，弓着背看着他写的航海日志。

　　当布里斯班着手他的破坏性工作时，一个高个子上尉在甲板上监视他。他知道，不出几个小时，这艘帆船就会沉到海底。在这名上尉脚下的大舱房里，两位植物学家不顾一切地忘我工作。他们围坐在一张长桌旁，桌上堆满了书籍和报纸。在这个由橡木构建的幽暗环境中，他们中的一个侧着身在那里一动不动，手里拿着什么新奇的物种冲着光啧啧赞叹。[*]

　　1778 年 8 月 29 日，罗得岛战役爆发。这是法国和美国第 338
一次联合军事行动，结局没有什么决定性意义。美国大陆军撤
回内陆，英军又占领阿奎德内克岛一年之久。

　　1778 年 11 月 30 日，约瑟夫·班克斯当选为英国皇家学会
主席。他在这个位置一干就是四十一年，直到 1820 年 6 月 19
日逝世。

　　1779 年 2 月 14 日，詹姆斯·库克第三次探索太平洋期间，
在夏威夷凯阿拉凯夸湾的一场小冲突中遇害身亡。"决心"号
上的舰医大卫·萨姆韦尔目睹了他生命的最后时光，萨姆韦尔
这样写道："有一个家伙用大木棍打在了他头部，由于无法游
走，他奋力爬上礁石，而我则眼看着他断气。"

　　1779 年 4 月 19 日，英国下议院提出一项动议，要求桑德
维奇伯爵卸任第一海军大臣。直到 1782 年诺斯政府垮台，也
就是战争结束一年前，桑德维奇始终保持在任。

　　1787 年 5 月 13 日，由十一艘帆船组成的一支英国舰队
（后称为"第一舰队"）从英国朴次茅斯起航前往新南威尔士的
植物学湾，开拓新的海外殖民地。其中就有一艘惠特比建造的
载重量为三百七十八吨的船只，名为"菲什伯恩"号。

---

[*] 作者行文至此，怀着恋恋不舍的心情与他笔下沉入海底的"奋进"号告别。
　　他觉得"奋进"号的精神永远留存于世，因此，在这两段文字中，他借
　　"幽灵"还原了曾经在这艘伟大的三桅帆舰上探索南太平洋的不朽人物，有
　　坚毅执着的库克船长、塔希提岛的图帕亚、满腔人文情怀的帕金森以及执
　　着于植物学研究的班克斯和索兰德。

Epilogue: Endeavours

结　语
奋　进

1967 年，为了纪念"库克船长"完成著名的环球航行两
百周年，澳大利亚发行了印着"奋进"号的圣诞贺卡。对圣诞
贺卡制造商来说，这是不愁销量的好买卖。"奋进"号早已成
为这个国家的名片，在现代澳大利亚的奠基历程中发挥了重要
作用。"奋进"号就像这个国家的橡子，澳大利亚从这颗橡子
开始一步步发展壮大。这艘帆船的形象代表澳大利亚人民追求
自由、勇气和独立的理想，也象征着澳大利亚与英国和过往历
史难以忘怀的联结。正如一位墨尔本居民在圣诞卡一上市就认
识到的那样，圣诞卡存在的问题就在于，这样描绘"奋进"号
实在是"大错特错"[1]。

雷·帕金是他那一代人中非常有名的澳大利亚作家、业余
艺术家和自学成才的历史学家，他以自己安静而独立的研究方
式而著称。雷·帕金于 1910 年出生在墨尔本科林伍德的一个
工人家庭，从孩童时代起，他就天天看着菲利普港湾中的喧
闹与嘈杂。在这片繁忙的港湾里，除了桨轮蒸汽船和涡轮驱
动游轮，偶尔还有机会见到挂着方形帆的老式帆船。博物艺术

家帕金曾把这种帆船优雅的线条和讨人喜欢的外形勾勒得淋漓
尽致。帕金十四岁就离开了学校，四年后加入澳大利亚皇家海
军。到了 1942 年，他已成为澳大利亚皇家海军"珀斯"号上
的一名士官，这艘战舰在巽他海峡战役中被日本战舰的鱼雷击
沉。在熊熊燃烧的大海中挣扎十个小时后，帕金幸运地活了下
来，他的脸上"溅满了军舰的油料"，只能"眯着眼睛看着眼
前的一切，时不时眨眨眼"[2]。后来他回忆说，自己一度差点
放弃，但他意识到"根本不知道怎样去死，所以不得不又向前
游动"[3]。当帕金爬上海滩时，"珀斯"号上有一半左右的人已
经死亡，这片海滩"呈现出一道道不同颜色的条纹，从最深的
乌贼墨色到生赭石色都有"[4]。这种视觉上的细节性描写非常
具有典型性。劳伦斯·凡·德·普司特不久就在日本的战俘营
见到了帕金。劳伦斯确信，帕金"天生就是艺术家，但生活却
让他成了一名舵手"。他补充说："在那相当糟糕的几星期时间 340
里，帕金孜孜不倦地继续着他的创作，我发现他的这种欲望丝
毫没有任何下降的迹象。"[5]

　　帕金说，他还喜欢画素描。他第一次尝试写作的浪漫题材
小说随"珀斯"号一起沉到了海底。战后，他又重新开始创
作。在墨尔本码头不做理货员的时候，帕金利用闲暇时间动
笔写作，当时他已意识到"生活并非想象的那样浪漫"，因此
将自己参加战争和成为战俘的经历浓缩成回忆录三部曲。劳伦
斯阅读了这部回忆录，整个作品娓娓道来，笔调幽婉而充满智
慧，这让他喜出望外，于是他立即决定将这部作品推荐给他在
英国的出版商。霍加斯出版社的伦纳德·伍尔夫欣然接受了整

个三部曲，伦敦的塞西尔·戴·刘易斯成为负责此书的编辑。对这位编辑，有一次帕金曾被这样问道："他不就是英国的桂冠诗人吗？"帕金回答说："是的，没错！但他没对本书做任何改动。"[6]

1967年圣诞节期间，帕金爱较真的热情又被激发了。我们真的了解"奋进"号吗？18世纪90年代以来，塞缪尔·阿特金斯引领了一个潮流，艺术家倾向于对"奋进"号进行"完善和提高"，好让这艘帆船能满足审美或叙述的要求。"奋进"号的船头本来是扁扁平平的，但却常常被描述成像战舰一样锋利。这艘船有时还会被刻意加长，好让她容纳更多的舰炮或船帆。所有这些不过是为了削足适履，让这艘船符合人们崇拜的样子。帕金没有时间这样做，他太熟悉运煤船了。他后来写道："这种类型的船在整个19世纪都在大量运用。"帕金觉得，总是将这些运煤船和"迷人的"维多利亚女王时代的快速帆船（比如"卡蒂萨克"号）进行比较，是非常不公平的。他认为，这些快速帆船"数量相当少，用途极为特殊，存在的时间非常短"[7]。相反，用于运煤的三桅帆船却长期以来一直在使用，他童年时就知道人们驾驶这种帆船出海。虽然还不确定，但直觉告诉他，"奋进"号的特点很少有人会大加赞赏。

1968年，"奋进"号诞生两百周年纪念之际，"机会主义新闻文体的泛滥"让帕金实在忍无可忍，他决定整理所有现存的关于"奋进"号的图纸和草图，用翔实的细节对虚假的宣传进行荡涤。他的目标是完整呈现出那张圣诞卡没有描绘的真实情况：清清楚楚地复原"奋进"号实体船。首先，帕金拿到了

"奋进"号全部"构件尺寸"的完整清单，包括每一块木料长度和厚度的明细表。帕金像做拼图游戏一样把全部零件图拼装在一起，然后画出图纸。1975 年退休后，帕金专门来到伦敦，对存放在格林尼治和大英博物馆阅览室的档案材料开展详细分析。为了让这艘帆船重新复活，他恳请获准使用这艘船的航海日志和所有现存日记的微缩胶片。回到墨尔本后，他把收集的资料全部打印出来，"有一千一百六十米长"，然后，他把这些资料剪下来按时间顺序排列，以便有需要的时候能看到有关这艘帆船在海上活动的全景画。[8]

341

　　帕金年复一年地画着他的图纸。他若有所思地说："越是知道我付出这么长时间，就越不会有人自视甚高了。""这艘船的长宽比约为三点三"，帕金断定，"奋进"号的比例非常合理。从他画的草图中可以看出，这艘三桅帆船并不像沃顿上将曾经揶揄过的那样"又蠢又笨"，相反，这艘船在设计上非常聪明，完全符合她的使命。还有哪些因素能让这艘船完美胜任自己的使命呢？帕金意识到，这艘船扁平的船底是一个重要特征，这能让她像在奋进河一样竖直地停靠在沙滩或河岸上。"奋进"号外形四四方方，鼻艏就像斗牛犬，这样的设计或许并不符合审美，但它毫无疑问是这艘帆船坚固有力的象征。还有就是这艘船具备的一些细微之处。帕金认为，"奋进"号船身下面奇特的凸起线条是经过精心设计的，这使其对舵轮的操纵更敏感。

　　从结构上的复原开始，帕金的工作拓展到了哲学领域。帕金思索这样一个问题："或许历史上没有哪种工具能像这艘船那样对使用它的人产生如此大的影响。这艘船不是一个可以随意拿起和放下的手持设备。但与此相矛盾的是，这艘船是一种工具，使用这个工具的人却被牢牢地控制。驾驭这艘船的人想要收获多少，就得成比例地向这艘船付出多少。"帕金想到了那些水手，他们的躯体不断地和建造这艘帆船的橡材以及麻布制成的船帆进行着身体上的对话：

> 在最黑暗的夜晚，通过他赤裸的脚底或紧握的双手，帕金感到了这艘船随着波浪摇晃、上升和下落。上一刻、这一刻和下一刻，凭借直觉，他将所有这些历史性时刻在内心中勾勒出一幅幅画面，这些画面合在一起形成节奏与韵律。正如他在黑暗中知道该准确地在哪里搔痒一样，他对这艘船本身也产生了更深刻的本体感觉。绳索上的张力、桅杆的扭动、滑轮的吱吱声、船身的倾斜、拂过面部的海风、索具的调校声、海上和天空显露的迹象、甲板上的离心力或夜空中的星星划过等等，所有这些都在他体内流淌着。[9]

人和船之间的这种交互作用让帕金深深着迷。这种相互关系的建立对双方都有很高的要求，一旦水手"按特定方式"组织自己的思维来控制这艘船，其结果便会在精神层面上呈现强大的说服力。他写道："'灵魂'这个词已用到了这些帆船上，但如果水手也曾用这个词形容帆船，他们指的则是'本质'，也即对人和船共同的经历进行浓缩。"一旦陷入这种关系之中，

342

帆船便成为某种记录生平的载体，能用于揭露性格特征。帕金写道："船可以唤起一个人超越常规的品质，挖掘使用这艘船的人的内在极限，并且，作为回报，可能给予使用这艘船的人一个持久的自尊，或者是一种非常可怕的洞察力。这可能会唤醒使用者从未察觉到的最佳状态，或者揭示出他最糟糕的状态。"[10]

在"奋进"号揭示的所有特征中，没有什么能比库克显现的更明显。帕金意识到，库克船长和"奋进"号之间的理解和相互作用有其特别之处。这两者结合在一起，已经证明了一个人能取得多么辉煌的成就。这不禁让人想到，帕金在库克身上看到了某些自己的影子。尽管他们处在不同的时代，但他们都是来自海滨的男孩，有着非凡的绘画天赋，向往到大海的风浪中去搏击，通过默默地承受痛苦，学会了如何在极端环境下生存下来。库克一直对他的运煤船很满意。帕金也承认，这艘运煤船是一个多么强大的工具。

帕金用了十四年的时间来复原"奋进"号。他完成了"奋进"号剖面图和透视图的绘制，画出了这艘帆船的小艇、铁锚、缆绳和索具，并整理出这艘帆船在整个航海历程中各个不同时期的描写与刻画。帕金单独用三年时间确定出"奋进"号船尾的外貌。为了给他绘制的草图提供支撑，帕金通过深思熟虑，撰写了不同的章节，比如"船长""坏血病与后勤补给"以及"船上的成员"等。由于库克指挥"奋进"号完成环球航行前后的相关资料非常少，帕金将研究的重点放在1768年至1771年这个时间段。他反复思考的是1770年"奋进"号沿新荷兰海岸线的巡航，一个小时一个小时地还原出当年航行的细节。还原得出的结果数量惊人，种类繁多，看过这些结果的人都觉得它们不适合出版发行。就这样又过去十七年（前后共计三十年），1997年，墨尔本大学出版社认可并出版了帕金的《皇家海军三桅帆船"奋进"号在澳大利亚的历史地位》一书。这本书出版时，帕金已是八十八岁高龄。该书售价为一百五十美元，两年内印了三版，荣获道格拉斯·斯图尔特非小说类图书奖，成为当时最不同寻常、最辉煌的出版传奇。

　　帕金对"奋进"号开展的历史探究令人难忘，但这样的工作不是独一无二的。"奋进"号的故事似乎有一种魔力，不断吸引着人们投入雄心勃勃的浩大研究工程当中。这就好像"奋进"号所处的乔治王朝时代拥有着如此强大的时代力量。那个时代无拘无束，随心所欲，四处扩张，以至于这种力量能够跨越几代人世代相传，不断传递着那个年代的能量，在不同的时代或地方催生出更多的、新生的奋进者。帕金跨越三十年的研究因为新西兰生物学家阿弗丽尔·莱萨特而黯然失色，阿弗丽尔·莱萨特用了三十三年的时间研究约瑟夫·班克斯和随他一起出航的采集小组成员。1980年，也就是莱萨特逝世的前一年，她若有所思地动笔写下最开始是怎样投入这项研究工作的。那是1948年的一个周六，那天下着雨，当时她在惠灵顿亚历山大·特恩布尔图书馆。莱萨特"偶然"翻开了班克斯写的"奋进"号航海日志的抄本。就在那一瞬间，她顿时感觉到了班克斯的人格魅力，为班克斯探索南海的大胆计划深深折服。莱萨特写道："我当即就决定，往后的余生就花在约瑟

343

夫·班克斯和他写的文章上面。"[11] 莱萨特信守诺言，完成了其不朽之作——《1766 年在纽芬兰和拉布拉多的约瑟夫·班克斯》（1972 年）。

但是，如果把莱萨特和詹姆斯·库克的伟大传记作家 J. C. 比格尔霍尔放在一起比较，那她的研究成果就不免显得寒酸了。比格尔霍尔关于库克及其三年远航的研究和作品被公认为 20 世纪最伟大的学术成就之一。他编撰的库克三部航海日志（1955—1957 年间共出版四卷）的每一部都洋洋洒洒地约有一千多页。里面的内容多是介绍、注释、脚注、附录、地图和插图，所有内容都与 18 世纪非常贴切，但这些也仅仅是比格尔霍尔为完成其伟大传记作品《詹姆斯·库克船长的一生》所做的"准备阶段工作"，这部作品在他离世后的 1974 年才出版。在库克的三次环球远航中，最让比格尔霍尔激动不已的就是"奋进"号这艘帆船。他曾在一封信中写道："库克的那次远航让 18 世纪的绝大多数重大历史事件都显得相当荒唐可笑，这是千真万确的。和库克放在一起，约翰逊博士、伏尔泰、柏克、蒲柏或查塔姆，这些人又算什么呢？"[12]

和莱萨特一样，比格尔霍尔在着手他的宏大研究前也经历了一段与"奋进"号的故事紧密联系的时光。那是 1935 年，比格尔霍尔正徒步穿越新西兰北岛，他到了惠蒂扬阿附近的"库克海滩"，当年"奋进"号曾在这里抛锚。比格尔霍尔在一间没有人看管的棚屋里"过夜"，有时他会在这样的夜里醒来，"这里的夜晚如同水晶一般透明清澈，大海和沙滩就像空气和初升的太阳一样纯净"。

我沿着海边的沙滩散步，绕过那条巨大的弧形沙滩……一直来到库克称之为"牡蛎河"的河边。小河的对面出现两三个毛利人并朝我看过来：要不是这几个毛利人的出现，整个海湾，从大海到山丘，都是空荡荡的，寂静无声。但我还是察觉到了什么。这种感觉与轻拂的微风或逐渐变暖的太阳无关，不过是涌上内心的微微的刺痛……我不想用"面纱的颤动"这样的陈词滥调来形容我的心情，但此时此刻真的就像一块面纱突然颤动起来，那是一块隐形的面纱；而且，河对岸已经远离视线的地方刚好有一艘帆船，一条小艇正向岸边划过来；我的耳边隐隐听到不知从哪里传来的说话声。就在转身的一刹那，我突然看见了"奋进"号，耳边似乎听到18世纪水手的声音。[13]

"奋进"号在1764年至1768年间的生命历程折射出了西方世界发展的一个非常关键的短暂时期。这段时期开始之际，《巴黎和约》刚刚签订不久，北美洲的问题也开始浮现。最终的结局是法国卷入美国独立战争，同时这也是帝国重建过程的一个开端，包括英属北美和英属澳大利亚。1778年，也就是"奋进"号被凿沉的那一年，卡尔·林奈在瑞典逝世，查塔姆勋爵在英国去世。他们是那个时代顶尖的科学和政治人物。除了这两位重要人物，相继辞世的还有库克船长（1779年）、索兰德（1782年）和桑德维奇（1792年），他们的离去标志着一个时代的结束。取而代之的是新的重要政治人物登上历史舞台，他就是小威廉·皮特，他年纪轻轻就大权在握，当时的欧洲革命风起云涌，对革命的恐惧让欧洲社会开始内省。

回首那段历史，西方社会在短短的十四年便实现了重塑，这真是令人震惊。1768 年，威尔克斯在米德尔塞克斯郡的胜利被视为民主运动的开端。1769 年，瓦特的蒸汽机取得发明专利。1770 年，哈格里夫斯的珍妮纺织机紧随其后。六年后，亚当·斯密的《国富论》出版发行，为资本主义社会提供了实用理论框架，同年，最大的资本主义国家美国诞生。在所有这些进步的背后，是与文化紧密相连的大胆进取的精神。在那些年里，人们生活在一个更广阔的世界，总是感到身心疲惫，因此常常用"奋进"这个词来表达这种生活状态。威尔克斯在竞选中用过这个词，库克在暗礁中挣扎时用过这个词，埃格蒙特港失火时，彭罗斯用这个词激励大家。"奋进"就意味着使出全部气力，让身心全部投向还差一点就能够得着的目标。这种冲动感染了每一个人。正如乔治三世国王一次这样写道："我们必须鼓足勇气保卫自己的国家，而且必须要冒一些风险，因为如果我们只是谨小慎微地投入游戏当中，就不可避免地要失败。"[14]

后人对那个充满变数的社会感到大为惊奇，那个社会到处充斥着激昂的思想、对知识的冲动以及视冒险为一种时尚。伊丽莎白·斯通在《时尚纪事》（1846 年）中写道，她不相信这样的荒诞打赌，"诸如两滴雨顺着玻璃窗往下流，哪个雨滴会最快落到玻璃窗的底部；在给定时间内两只蛆虫哪只能在奶酪板上爬得更远？"[15]这种愚蠢的行为让她感到震惊，但至少产

345

生了对往事的叙述。1881年，罗伯特·路易斯·史蒂文森让他的想象力回溯到上个世纪。他画了一个岛屿的地图，"这个岛屿的形状让我无法想象"。他创作了《金银岛》这部作品，小说中的人物"长着棕色的面庞，携带着闪闪发光的武器"，他们"从意想不到的地方向我窥视"[16]。他给小说中带路的投机者取名为"乡绅屈利劳尼"，或许也会给他取名"亚历山大·达尔林普尔"吧。

史蒂文森将那个年代的很多特征，比如力量、勇气、机敏和蔼可亲等，融入他的大反派主角高个子约翰·西尔弗身上。这是经典冒险故事的素材：一群英国投机者搭船密谋来到一个遥远偏僻的岛屿。《金银岛》这部小说出版后，史蒂文森亲眼看见了18世纪社会的急躁情绪带来的破坏性后果。19世纪80年底游历南太平洋时，他看见帝国主义者的舰船不怀好意地在海面上游弋。帕金森昔日在浅滩乘坐快速滑行的双壳体帆船，旁边就是塔希提岛的冲浪者，他们把面包果运到市场上出售，可如今被迫和铁甲战列舰或冒着蒸汽的轮船分享那片水域。史蒂文森目睹了传教士的狂热对当地文化的侵蚀或破坏，也看到了传入的欧洲疾病让当地人口锐减。1782年，英国阿伯丁大学哲学教授詹姆斯·邓巴预见到了这种遭到败坏的反乌托邦社会："原来快乐地生活在岛屿上的土著人受到如此残酷的虐待，他们有理由为未来悲怆的岁月哀悼，因为任何欧洲船只都将停靠在他们的海岸。"[17]对许多人来说，"奋进"号前进时泛起的白色泡沫不仅在海面上划过一道波浪线，也给时代划分了一条界线：过去那个连贯而不受干扰的世界从此将被现在的

346

急躁而混乱所取代。正如史蒂文森写的那样：

> 波利尼西亚七座沉睡的岛屿矗立在这个充满竞争
> 的世纪中，虽然还是那样安详，但有一半已被唤醒。
> 这些醒来的岛屿奋起直追，它们就好比在时间长河中
> 出发的一堆陶器，现在却绝望地发现，已然无法在铜
> 罐和铁罐的包围下前进了。[18]

没有哪里能比吉斯伯恩更好地诠释史蒂文森的观点了，在那里，库克和他不认识的毛利人于1776年第一次举行了碰鼻礼。1877年，那块纪念他们在此相遇的"特·托卡阿泰奥"岩石被当地港务局炸毁，虽然这块岩石是重要的文化遗产，历史意义丰富，但为了改善重新命名的吉斯伯恩港的通航条件，也只能做出这样的牺牲了。这种肆意毁坏历史文物的行为就是史蒂文森所说的典型的"投机冒险分子不定期的入侵"，在整个19世纪里，这种行为"开始大肆扑向太平洋岛屿"。史蒂文森迅速动手将"奋进"号到这里的航行与那些搞破坏的航行划分界线。但同样非常清楚的，是库克和班克斯绘制了这里的海图并开展科学考察，并在新发现的海岸线庄重地插上联合王国国旗，为后来欧洲国家侵略性殖民搭建了平台。时至今日，人们仍能感觉到这种举动的后遗症。

对很多太平洋岛屿上的居民来说，随着时间的推移，"奋进"号已成为殖民主义的有力象征。为了搞清楚后面接踵而至的充满暴力和掠夺的历史，并努力收回他们自己的话语权，人

们常常回顾那些第一次相遇短暂而复杂的历史时刻。其中一个最令人心酸的反思过程始于 2010 年，当时一群澳大利亚艺术家、学者和歌曲作者开始从不同的视角着手研究 1770 年"奋进"号在澳大利亚东部的巡航。《东海岸相遇：重新想象 1770年》一书的创作小组成员以历史学家朱迪斯·宾尼的后殖民时代诉求为基调开展工作，这种基调认为，"对话必须是在双方之间展开的，也就是说，这种对话必须超越自我表达和那些欧洲人一贯奉行的观念，即欧洲人把持建立逻辑和必然真理的历史话语权"[19]。

　　这次行动的成果就是一本书和一次展览。《东海岸相遇：重新想象 1770 年》囊括大量富有挑战性和充满自信的艺术作品。其中体现出与最初历史相联结的一个有力作品便是杰玛·克罗宁创作的《布查拉人之歌》，这首歌唤起人们对"奋进"号驶过天堂岛的记忆，当地人看见"奋进"号后，把她比作邪恶的水精灵或沙蟹。还有散文《透过我们的眼睛》和《你知道，库克船长很厚颜无耻地来到这里》，研究了澳洲土著居民和托雷斯海峡岛民对与欧洲人最初接触时刻的态度。《东海岸相遇：重新想象 1770 年》还提醒人们注意，历史上很少有什么东西能像托马斯·菲什伯恩的三桅帆船那样，在物质世界和文化意义之间呈现这样一个鸿沟。对这艘帆船最引人注目的描绘是一幅用木炭和彩色铅笔创作的画，名字叫《第一种亲密相遇》，作者是画家瑞格·蒙巴萨。蒙巴萨将"奋进"号从一艘用橡木建造的运煤船幻化成了一艘金属外星飞船，最突出的地方是它有一只巨大的眼睛。这艘飞船装饰有骷髅头、

347

英国皇家空军徽章、叮当作响的锁链和电线杆，它在东海岸的一个沙湾上空盘旋，与下面的画面相比占据了很大比例。这幅画采用了18世纪50年代和卢梭大致相同的方法描绘了野蛮而充斥各处的文明。

　　这就是"奋进"号存在的令人不安的优势。如果"奋进"号拥有强大的创造力量，那她同样也有能力摧毁一切。然而，许多西方国家继续利用这艘船的积极内涵。"奋进"号是灵感的源泉，是人们探索人类能力极限的驱动力。1928年，飞行员雷·欣奇利夫上尉和他的副驾驶、尊敬的埃尔西·麦凯女士尝试飞越大西洋，在当时引起了轰动，埃尔西·麦凯是英奇凯普伯爵的女儿。他们驾驶的是斯廷森"底特律人"型单翼飞机，这种飞机以"黑色的机身和明亮的金色机翼"而著称，"奋进"号这个名字就喷在起落架上。1928年3月13日，欣奇利夫和麦凯避开媒体，秘密地从林肯郡克兰韦尔机场起飞。麦凯的一位朋友说她是"一位非常有胆量的人"，她当时正尝试成为第一位飞越大西洋的女飞行员。[20] 报道称，两人在清晨离开格兰瑟姆时带了一包三明治。"奋进"号在爱尔兰西部四百英里处被发现，但欣奇利夫上尉和麦凯女士再也没有回来。

　　"奋进"号这个名字在探索时代和航空时代都发挥了重要作用，那么接下来"奋进"号自然会现身航天时代。1971年，"阿波罗15"号登月任务指令舱的呼号为"奋进"号。1989年5月，乔治·H. W.布什总统宣布，新的航天飞机被命名为"奋进"号，用于取代命运多舛的"挑战者"号航天飞机。美国国家航空航天局的新闻发布会这样解释："这是美国历史上第一次通过开展全国中小学学生竞赛的方式来命名轨道飞行器，这些学生可根据勘探或研究用的航海船只选择一个名称。"[21] 他们之所以选择"奋进"号这个名称，是因为这个名字把科学和探索完美地结合了在一起。为了起这个名字，他们甚至对这个词的英文拼法做出了罕见让步，保留了字母"u"*。

20 世纪 60 年代末，"奋进"号的六门舰炮和大部分压舱物都被从大堡礁打捞上来重见天日，这些东西都是当年在大堡礁被抛下船的，它们已经在海底沉睡了两个世纪，上面覆满了珊瑚硬壳。随后这些东西分别被运到美国、新西兰、英国和澳大利亚的博物馆。博物馆更需要的是来自这艘船的木制文物。"奋进"号后来到底经历了什么，现在并没有公认的记录。有人说这艘船在完成环球航行又去贩煤；还有人说这艘船曾在滑铁卢大桥附近充当囚禁犯人的海上监狱。大家普遍接受的说法是，这艘船在罗得岛的纽波特走到了生命的尽头，当时她已成为法国的捕鲸船，叫"自由"号。1852 年约翰·迪克斯游览罗得岛时听到的就是最后一个版本。这种理论在 19 世纪 20 年代就被提出来，当时"自由"号被认定为库克的旧船，至于为什么这样认定，原因并不是很明确。当"奋进"号在纽波特的谢尔曼码头腐烂殆尽时，人们才纷纷前来一睹她的真容。有些人把"奋进"号的残骸砍下来当作触手可及的纪念品，要么自己留着，要么卖掉赚钱。为了证明文物出处的真实性，英国驻罗

---

* 对"奋进"这个词末字母的拼写，美国英语用"or"，而英国英语用"our"，于是才有了同一个词的两种拼法：endeavor/endeavour。

得岛领事约翰·B.吉尔平出具了两份证明文件。1828年，乔治·霍华德还写了一封证明信，他是纽约海洋学会的会员。这封信被寄往利物浦和伦敦的相关机构：

> 随信附上一块木头，这块木头是"奋进"号龙骨的一部分，詹姆斯·库克船长于1769年、1770年和1771年驾驶这艘船完成第一次环球航行。这艘船后来在一次捕鲸航行中遇险，被拖回到罗得岛纽波特港，1793年被认定为不适合继续航行，随后被"警惕"号巡逻艇的约翰·卡弘船长收购并拆毁，其中一些碎片存放在许多公共机构或被私人收藏。[22]

英国驻纽波特领事得到了"奋进"号的一小块碎片。另一块送给了小说家J.费尼莫尔·库珀。迪克斯1852年看到了"奋进"号的整个船尾柱，这为他的诗歌《海洋断章》提供了绝佳的素材。20世纪30年代，托马斯·索普威斯在美洲杯帆船赛（他的参赛帆船名为"奋进"号）后被授予一块当年"奋进"号的碎片，托马斯·索普威斯是航空先驱和帆船比赛选手。随着20世纪库克的声望越来越高，越来越多的人渴望自己能和库克船长的故事扯上关系。更多的文物也被运抵悉尼的澳大利亚国家海事博物馆和格林尼治。

还有碎片被送到了更远的地方。既然"阿波罗15号"的指令舱的呼号为"奋进"号，那么将库克船长这艘船的一块碎片作为纪念品送给宇航员并随其一同遨游太空，就显得再合适不过了。1971年夏天，"奋进"号的碎片被运到了月球。这块橡木碎片绕过了合恩角，留下了新西兰社会群岛的记录，在大堡礁侥幸逃过一劫，现在正奔向更远的月球，越过宁静海 * 和亚平宁山脉，最后来到哈德利月溪边缘的一个新着陆点。这块碎片不仅到过班克斯和索兰德造访的新海岸，还随着指挥官大卫·斯科特和飞行员詹姆斯·艾尔文一起探索未知的世界。只不过斯科特和艾尔文寻找的并不是植物，而是月球原始地壳的碎片。

　　更多的船尾柱会紧随其后。1992年，"奋进"号航天飞机发射升空，美国国家航空航天局《太空新闻摘要》这样报道：

　　　　当英国的库克船长1768年横渡南太平洋时，他可能很想弄明白为什么能用满天的繁星给他导航，但他可能做梦都想不到，一艘穿越太空的航天飞机将用他脚下的这艘帆船来命名。

　　　　库克的探索精神将随"奋进"号航天飞机的首航一起翱翔太空，代表这种探索精神的是库克"奋进"号帆船的一小块船尾柱，这块船尾柱是罗得岛大学海洋学研究生院暂借给美国国家航空航天局的。[23]

　　这真是一幅引人入胜的画面：图帕亚、库克和格林，他们

_____

* "宁静海"，月球上为数众多的"月海"之一，也是阿姆斯特朗当时登陆月球的地点。

在一个寒冷的夜晚仰望着南海的天空，根本没有想到有一天这艘船能走那么远。1996年，澳大利亚第一位宇航员安德鲁·托马斯将"奋进"号的一块碎片带到地球运行轨道上，事后他说："我很好奇，如果库克能得知他那艘帆船的一块碎片正沿地球轨道飞行，他会做何感想呢？"[24] 同年，有一个人来到澳大利亚国家海事博物馆，想出售来自"奋进"号龙骨的一大块木材。这块木材随即被送到澳大利亚政府官方海事估价师迈克·康奈尔那里，他检查了这块碎片。

康奈尔说："我一看见这块碎片就非常紧张。"[25]

康奈尔担心的是缺乏足够的证据表明这块碎片和"奋进"号有关联。为了塑造一个更好的案例，他决定着手开展一项研究。康奈尔请他的同事德斯蒙德·利迪帮忙，他们一起在档案馆中搜寻有关"奋进"号的资料。但遗憾的是，他们没找到1775年以后这艘帆船的任何资料。她似乎从泰晤士河的喧嚣中消失，彻底被历史遗忘了。最后，他们发现了一些蛛丝马迹。

1970年，《新西兰海事新闻》的秋季刊报道了一则新闻，海事历史学家N. A. 马菲发现了一个不寻常的细节。马菲一直对纽波特给出的说法持怀疑态度。他写道，"在某段时间里，人的记忆会出现奇怪的错觉"。留下的文件记录往往更可信。就在几年前，马菲开始研究英国劳氏船级社的早期登记资料，这些资料刚刚进行了重印。他在这些登记资料中发现，有一艘叫"奋进"号的船于1776年2月被更名为"桑德维奇勋爵"号。这艘船是1764年在惠特比建造的，其吨位和库克探索南海的那艘船大致相当。此外，这艘船还在国王的造船厂进行了防护层加装和修缮，这是"只有国王陛下的舰船才能享有的待遇"。马菲发现，这艘帆船将用于运输，此后便再也没有记录，"因此她的最终命运仍不是很明了"[26]。康奈尔和利迪仔细研究了马菲给出的结论。他们还从劳氏船级社那里得到了证实，1775年至1776年的登记簿进行过手写改正，表明这艘船确实从英国皇家海军财产变为私人所有，同时将"奋进"号更名为"桑德维奇勋爵"号。1776年这艘帆船接受了全面检查，后来被列入"运输船"序列，"用于将军队、囚犯或罪人运出伦敦"。至此，康奈尔和利迪完全接受了这一事实。这只是"奋进"号这艘船最终结局的其中一种说法。他们认为，"奋进"号最终很有可能"被丢弃在泰晤士河任其自然腐烂"[27]。

　　但康奈尔和利迪还有另外一个发现。根据马萨诸塞州一名记者的指点，他们找到了纽波特"自由"号的另外一种解释。约翰·巴罗是乔治王朝时代晚期的一位杰出的海军大臣，他曾亲眼见过"自由"号。1792年的时候，约翰·巴罗还很年轻，351他当时正前往英国驻中国大使馆，途中到访了佛得角群岛。有四艘敦刻尔克的捕鲸船一路尾随着他们进入锚地。

　　　　这四艘捕鲸船中有一艘就是库克船长以前的"决心"号，当时这艘船改名为"自由"号，成为偷运鲸鱼的捕鲸船，更让人无法忍受的是，这艘船悬挂着法国共和国国旗。看到这艘曾和英国一位叱咤风云的人物有着如此紧密关系的船堕落成这个样子，我承认自己受到了深深的伤害，把这种感情表达出来我一点都不觉得羞愧。尽管让我心痛的只是一艘没有生命的帆船，但我坚信，萌发出这种感情再自然不过了，一点都不奇怪……如果一个人目睹自己出生和度过快乐童年时光的房子被彻底拆掉，或挪作他用，一点价值都没有，我不相信他会无动于衷，而我此时和他的感觉是一模一样的。"决心"号是永远不朽的库克的栖身之所，出于对库克的尊敬，换作是我，我肯定会把这艘帆船停放在码头，直到她一点一点老去。[28]

巴罗是个无可指摘的证人。正是在他的推动下，约翰·罗斯和约翰·富兰克林才完成了北极探险，而且，巴罗还是英国皇家学会的成员。巴罗特别精通海军事务，这一点获得大家一致公认，因此，他把"自由"号认定为"决心"号是非常可信的。在巴罗这样的人看来，无论尺寸和装饰，"决心"号和"奋进"号都存在天壤之别。但对约翰·迪克斯就不一样了，从他写的《海洋断章》不难看出，里面很多地方都把库克远航的事实搞混了。这样看来，19世纪20年代在纽波特也极有可能发生混淆事实的情况，康奈尔和利迪对此一点都不怀疑，他们的论文最后得出结论，"综合分析各种证据可以确定，罗得岛纽波特港那艘烂掉的船是詹姆斯·库克的'决心'号，而不是'奋进'号"[29]。这个结论引人深思。如果真是这样，那么在太空遨游的的确是菲什伯恩建造的其中一艘运煤船的残骸，只是它并不属于"奋进"号。

　　当迈克·康奈尔和德斯蒙德·利迪不再研究"奋进"号后，
又有一位新人进入这个领域，她就是 D. K. 阿巴斯，在听说康
奈尔和利迪之前，她已经有好几年一直在"罗得岛海洋考古项
目"的资助下从事纳拉甘西特湾历史沉船事件研究工作。一听
到"桑德维奇勋爵"号这个名字，人们肯定就会想起英国占
领罗得岛期间关押囚犯的那艘臭名昭著的帆船。阿巴斯很好
奇的是，"奋进"号和"桑德维奇勋爵"号两者之间是否有关
联，于是她来到伦敦的历史档案馆，查证 1775 年年底到 1776
年年初这段重要历史时期内德特福德造船厂的记录。经过一个
星期的仔细研究，她拿出了五份不同的第一手证据，这些证据
记录了"奋进"号每个阶段的转变。将这些证据和英国劳氏船
级社的记录结合在一起，一眼便可以看出"奋进"号和"桑德
维奇勋爵"号之间的联系。除了目击者的叙述，很难想象乔治
王朝时代能流传下来更好的证据。人们第一次有可能了解桑德
维奇、库克、班克斯甚至 J. C. 比格尔霍尔不知道的事情。"奋
进"号和"桑德维奇勋爵"号之间有一个非同寻常的巧合，这
两艘帆船都是在惠特比一小片海岸线上建造的，都完成过环球
航行，对库克的故事都非常关键，在彼此相距不到几码的地方
走到了生命的尽头。[30]

　　1999 年，阿巴斯将她的发现刊登在纽波特历史学会的杂
志上。从那以后，"罗得岛海洋考古项目"在阿巴斯的带领下
转向搜寻这艘帆船的遗骸。项目组在纽波特港的海底放置了遥
感器，精确定位橡木材质的框架和其他海底残骸。美国独立战
争期间在罗得岛海域沉没的船只约有两百艘，因此这项研究工

作面临重重困难。但是，在澳大利亚政府以及当地志愿者的帮助下，他们的浩大工程年复一年地持续下去。随着更多的证据从英国档案馆中被挖掘出来，他们的搜索范围逐渐缩小。2016年5月，阿巴斯宣布，他们确定了五个最有可能的地点，"桑德维奇勋爵"号就在其中一处。目前他们已完成四个地点的地图绘制，这就意味着有百分之八十的机会找到"桑德维奇勋爵"号的遗骸。最终的证据就差将沉船打捞出来并进行科学分析。如果他们能证明康奈尔和利迪提出的关联，那么就一定会找到整个启蒙运动期间最具代表性的物件之一。

　　在"奋进"号航行的那个年代，许多重要历史事件都是围绕着她展开的。当"奋进"号静静地躺在纽波特海底"死去"时，事情依然是这样，让人不禁觉得非常有趣。1953年，当约翰·F.肯尼迪和杰奎琳·李·鲍维尔在纽波特附近的哈默史密斯农场举行新婚庆典时，还有1965年，当鲍勃·迪伦在纽波特民间音乐节上因为"用电吉他演奏歌曲"而激怒民间音乐界时，"奋进"号应该就在这里。对这样一个充满政治色彩的对象，前国务卿约翰·克里的游艇经常在纽波特附近被人看到似乎就再合适不过了。与此同时，澳大利亚人也有自己辛酸的表达。1983年，当约翰·伯特兰率领澳大利亚二队夺得美洲杯帆船赛冠军时，他很有可能就在"奋进"号沉船地点的上方飞速掠过。

353

　　至于奋进精神，那又如何呢？试想一下，我们是那种天天忙忙碌碌却很少有梦想的人，我们身处一个对风险唯恐避之不及的社会里，在这种环境下，即使是一个温和的政策也需要花费数年时间才能付诸实施，要想做出一个决定，需要几十封电子邮件才行。但即便这样，偶尔你会听说有一个来自切尔滕纳姆留着长胡子的人，穿过一层层水母组成的厚厚墙壁，从苏格兰最南端的兰兹角游到最北端的约翰奥格罗茨。或者，你也会听说，马拉拉·尤萨夫扎伊心怀为世界上每个儿童争取教育机会的宏伟抱负；埃隆·马斯克计划在洛杉矶修建一个地下高速隧道网络，这样，汽车就能以一百三十英里的时速从一个地方飞驰到另一个地方，从而避免交通发生堵塞。或者你还会听说一个政治家在这个新世纪黯然伤感，就像贝拉克·奥巴马不久前在发表卸任演讲时说的那样："未来奖励那些坚持下去的人。我没有时间为自己感到难过。我没有时间抱怨。我要坚持下去。"[31]

致　谢

对 18 世纪中叶的世界感兴趣的读者，都可以从这本书 354
中找到许多非常有价值的历史人物、历史场景和历史观点。
二百五十年后，当我们回首那段历史，理解那段历史对人类社
会发展带来的重要意义，这对我来说是一个巨大而愉快的挑
战，在研究这艘帆船的过程中，如果没有学术界、作家、图书
馆员和世界各国朋友的支持和鼓励，我根本不可能迎难而上。

在此，我非常感谢温斯顿·丘吉尔纪念基金会提供的资
助，让我能追随"奋进"号的足迹来到遥远的海岸，遍历梦幻
般的夏洛特皇后湾、植物学湾和大堡礁。2016 年，我获得丘吉
尔奖学金的资助前往澳大利亚和新西兰游学，这为我有机会接
触学术界人士、博物馆馆长以及与"奋进"号故事相关的各界
人士提供了难得的帮助。这段经历丰富了本书的内容。我向伦
敦的茱莉亚·韦斯顿、萨拉·卡努洛、哈吉·加查、萨拉·韦
内鲁斯和特里斯坦·劳伦斯致以谢意。我还要感谢伊恩·麦卡
尔曼教授、大卫·菲利普·米勒教授、玛丽亚·纽金特博士、
凯特·富拉格博士、约翰·梅纳德教授、奈杰尔·厄斯金博士、
科琳·米勒、海伦·蒂尔南、罗宾、艾伦·卡德瓦拉德、亚

当·达韦、贝弗利·佩恩、坚克·巴班和劳拉·金，在我游历伦敦期间，是他们给我提出了很多建议、鼓励和指导。感谢碎浪湾的雷蒙德·摩根以及群岛湾"R. 塔克·汤普森"号帆船的船员，是他们让我领略了到达波浪顶峰的惊险刺激。

从北半球回来后，剑桥大学西蒙·谢弗教授的睿智和慷慨让我获益匪浅。我要感谢惠特比库克船长博物馆的索菲·福根博士，也感谢迈克尔·耶茨和艾伦·阿普尔顿。在格林尼治，历史学家理查德·邓恩博士给我提供了慷慨帮助。在大卫·辛普森、彼得·吉布斯和马修·比格斯的帮助下，我能像班克斯那样投入植物学研究，充满活力和亲切感。在罗得岛的纽波特，我受到了汤姆和科基·巴克利最诚挚的欢迎并参与了最优质的定制旅游。再次向我的老航海朋友奈杰尔·皮克福德致以深深的谢意，他在"Mr Bird"软件的使用上给了我很多提示。

在我开始动笔写这本书时，格莱斯顿图书馆的彼得·弗朗西斯为我辟出一间办公室，让我使用一个星期，这是我收到的最好的礼物。在哈瓦登，也要感谢路易莎·耶茨、加里·巴特勒以及他们不知疲倦的实习生团队，他们以约翰逊的风格帮助我整理注释的顺序。同时也感谢这个项目引领我去的其他图书馆：大英图书馆、皇家学会图书馆、新南威尔士州国家图书馆和澳大利亚堪培拉国家图书馆，当然，最重要的还是伦敦图书馆，这本书的大部分内容都是在那里完成的。我还要感谢诺思阿勒尔顿北约克郡档案馆的格温妮丝·恩德斯比。

在这里，特别感谢莎拉·贝克威尔和迈克·杰伊，我们在一起多次愉快交谈，他们耐心回答了许多问题，不断把我引向

355

非常有趣的研究方向，尤为让我感动的是，他们不辞辛苦审阅了这本书的初稿。他们给出的建议非常宝贵，书中存在的任何不足之处（库克就是这么说的）完全是我自己的原因。

如果朱丽叶·布鲁克一开始不同意我写这本书，那么就谈不上后续的工作了。我一如既往地感激她委托我做这件事，感谢她娴熟的编辑技巧和提供的帮助。在查托与温都斯出版社贝基·哈迪和格雷格·克洛斯的帮助下，这本书最终顺利出版。我还要向克拉拉·法默和露西·卡思伯森－特威格赖致以谢意。非常感谢索菲·哈里斯和苏珊娜·迪恩制作的非常精美的封面，感谢马特·布劳顿在地图、插图和衬页方面的出色工作。我也要感谢纽约法劳－斯特劳斯－吉鲁出版社的伊莱恩·史密斯等所有人；感谢悉尼的尼基·克里斯特和梅瑞狄斯·克劳；感谢大卫·米尔纳富有洞察力的编辑工作；感谢我孜孜不倦的代理人安娜贝尔·梅鲁洛以及彼得斯·弗雷泽·邓禄普代理公司的劳拉·麦克尼尔、亚历山德拉·克里夫以及其他所有人。

致力于"奋进"号研究的任何人都要感谢罗得岛海洋考古项目和澳大利亚海洋博物馆，尤其是凯西·阿巴斯（Kathy Abbass）博士证明了"奋进"号和"桑德维奇勋爵"号之间存在的联系。他们正携手在纳拉甘西特湾搜寻和打捞"奋进"号。最新的进展可登录网站http://www.rimap.org/channels/rimap-endeavour查阅。　356

当我还是一个孩子时，我就一直在法利湾的沙滩上凝望着大海，我特别想了解那些曾经在这里来来往往航行的船只。我之所以能有机会写这本书，是因为父母一直鼓励我，他们知道我深爱历史和讲故事。我要向父母致以最深的谢意，还有我的妻子克莱尔和我们活蹦乱跳的小男孩托马斯。在这本书的写作过程中，有很多人竭尽所能地支持我，谨以这本书向他们致敬。还有一些人千方百计地进行阻挠。无论如何，衷心感谢所有人的努力，让每一天都充满希望和快乐！

参考书目

关键参考

J. C. Beaglehole (ed.), *The Endeavour Journal of Joseph Banks 1768–1771*, 2 Vols. (London: Angus & Robertson, 1962)

J. C. Beaglehole (ed.), *The Journals of Captain James Cook on his Voyages of Discovery: The Voyage of the Endeavour 1768–1771* (Cambridge: Cambridge University Press for the Hakluyt Society, 1955)

Sydney Parkinson, *A Journal of a Voyage to the South Seas, in His Majesty's Ship, the Endeavour* (London: printed for Stansfield Parkinson, 1773)

一次文献

Anthony Addington, *An Essay on the Sea-Scurvy* (Reading: C. Micklewright, 1753)

Mary Almy, *Mrs Almy's Journal in Newport Historical Magazine*, Vol. 1 (Newport: Newport Historical Publishing, 1880)

Anon, *The North Briton* (London: W. Bingley, 1769)

Anon, *A Journal of a Voyage round the World, in His Majesty's Ship Endeavour* (London: T. Becket and P. A. de Hondt, 1771)

Anon, *Pen and Ink Sketches of Eminent English Literary Personages* (London: J. S. Pratt, 1850)

Anon, *Transatlantic Tracings and Popular Pictures from American Subjects* (London: W. Tweedie, 1853)

G. R. Barnes and J. H. Owen, *The Private papers of John, Earl of Sandwich, First Lord of the Admiralty 1771–1782*. Vol. 1, August 1770-March 1778 (Publications of the Navy Records Society, v. LXIX, 1932)

John Barrow, *A Voyage to Cochinchina in the years 1792 and 1793* (London: T. Cadell and W. Davies, 1806)

James Boswell, *The Life of Samuel Johnson, LL.D*, Vol. 1 (London: Henry Baldwin, 1791)

Burke: Select Works, Vol. 1 (Clark: The Lawbrook Exchange, 2005)

Edmund Burke, *A Philosophical Enquiry into the Origin of our Ideas of the Sublime and Beautiful* (London: R. & J. Dodsley, 1759)

Hugh Carrington (ed.), *The Discovery of Tahiti: A Journal of the Second Voyage of HMS Dolphin Round the World by George Robertson 1766–68* (London: Hakluyt Society, 1948)

Lionel Charlton, *The History of Whitby, and of Whitby-Abbey* (London: A. Ward, 1779)

Rev. Sir John Cullum, *The History and Antiquities of Hawstead in the County of Suffolk* (London: J. Nichols, 1784)

Alexander Dalrymple, *An Account of the Discoveries Made in the South Pacifick Ocean, Previous to* 1764 (London: privately printed)

Mr Dalrymple's Observations on Dr Hawkesworth's Preface to the Second Edition. (London: privately printed)

Daniel Defoe, *An Essay Upon Projects* (London: Thom. Cockerill, 1697)

Andrew Duncan, *A Short Account of the Life of Sir Joseph Banks* (Edinburgh: Archibald Constable & Co., 1821)

John Evelyn, *The Diary of John Evelyn* (London: Everyman, 2006)

Roger Fisher, *Heart of Oak: the British Bulwark* (London: J. Johnson, 1763)

George Forster, *A Voyage Around the World*, Vol. 2 (London: B White, 1778)

The Papers of Benjamin Franklin (New Haven: Yale University Press, 1972)

Edward Gibbon, *The History of the Decline and Fall of the Roman Empire* Vol. VIII. (Philadelphia: Abraham Small, 1816)

John Harris, *Navigantium atque Ifinerantium Bibliotheca, or a complete collection of voyages and travels* (London: T Woodward, 1744)

Samuel Johnson, *Selected Essays* (London: Penguin, 2003)

Samuel Johnson, *Taxation No Tyranny: An Answer to the Resolutions and Addresses of the American Congress* (London: T. Cadell, 1775)

James Lee, *An Introduction to Botany*. Second Edition (London: J. & R. Tonson, 1765)

Catharine Macaulay, *Loose Remarks on certain positions to be found in Mr. Hobbes's Philosophical Rudiments* (London: T. Davies, 1767)

John Marra, *Journal of the Resolution's Voyage in 1772, 1773, 1774 and 1775* (London: F. Newberry, 1776)

Mr. Marshall, *The Rural Economy of Yorkshire*, Vol. 1 (London: T. Cadell, 1788)

William Mountaine, *The Seaman's Vade-Mecum and Defensive War by Sea* (London: W. & J. Mount, 1756)

Naval Documents of the American Revolution, Vols. 3–6 (Washington: US Navy Department, 1968–1972)

Thomas Paine, *Common Sense* (London: Penguin, 2005)

Papers Relative to the Late Negotiations with Spain; and the taking of Falkland's Island from the

English (London: J. Almon, 1772)

Parliamentary History of England from the earliest period to the year 1803, Vol. 18 (London: Hansard, 1813)

Bernard Penrose, *An Account of the Last Expedition to Port Egmont, in Falkland's Islands in the Year 1772* (London: J. Johnson, 1775)

Albert Pfister, *The Voyage of the First Hessian Army from Portsmouth to New York 1776* (New York: Chas. Fred. Heartman, 1915)

Thomas Pierson, *Roseberry Topping: a poem* (Stockton: Jennett & Co., 1847)

Erich Pontoppidan, *The Natural History of Norway* (London: A. Linde, 1755)

Rev. J. Ray, *A Complete Collection of English Proverbs* (London: T. & J. Allman, 1818)

R. Richardson, *The Dolphin's Journal Epitomized in a Poetical Essay*(London: Privately published, 1768)

Jean-Jacques Rousseau, *The Social Contract* (London: Penguin, 2004)

John James Rousseau, *A Discourse upon the Origin and Foundation of the Inequality among Mankind* (London: R. and J. Dodsley, 1764)

Ambrose Serle, *The American Journal of Ambrose Serle, Secretary to Lord Howe 1776–1778* (San Marino: Huntington Library Publications, 1940)

Tobias Smollett, *Roderick Random* (London: Penguin, 1995)

Ezra Stiles, *The Literary Diary of Ezra Stiles*, Vol. 1 (New York: Charles Scribner's Sons)

William Sutherland, *The Ship-builder's Assistant, or some Essays Towards Compleating the Art of Marine Architecture* (London: Thomas Page, William and Fisher Mount, 1726)

Henry Taylor, *Memoirs of the Principal Events in the Life of Henry Taylor of North Shields* (North Shields: T. Appleby)

Mr. Tuke, Junior *General View of the Agriculture of the North-Riding of Yorkshire* (London: W. Bulmer & Co., 1794)

Richard Walter, *A Voyage Around the World in the Years MDCCXL, I, II, III, IV by George Anson* (London: John and Paul Knapton, 1748)

William Watson, *The Poetical Remains with other Detached Pieces of the Late F. Gibson* (London: R. Rogers, 1807)

Rev. Gilbert White, *The Natural History of Selborne* (Edinburgh: Constable & Co., 1829)

Rev. George Young, *A History of Whitby and Streoneshalh Abbey*, Vol. 2 (Whitby: Clark & Medd, 1817)

二次文献

Robert Greenhalgh Albion, *Forests and Sea Power: the timber problem of the Royal Navy 1652–1862* (Cambridge, MA: Harvard University Press, 1926)

Alan Appleton, *Whitby Timeline* (privately published)

Rodney Atwood, *The Hessians* (Cambridge: Cambridge University Press, 1980)

Peter Aughton, *Endeavour: the story of Captain Cook's first great epic voyage* (London: Cassell & Co, 1999)

Stephen Baines, *Captain Cook's Merchant Ships* (Stroud: The History Press, 2015)

R.E.R. Banks, B. Elliott, J.G. Hawkes, D. King-Hele, G. Ll. Lucas (eds.), *Sir Joseph Banks a global perspective* (London: Royal Botanic Gardens Kew, 1994)

Rosalin Barker, *The Rise of An Early Modern Shipping Industry: Whitby's Golden Fleet, 1600–1750* (Woodbridge: Boydell Press, 2011)

David Barrie, *Sextant: a voyage guided by the stars and the men who mapped the world's oceans* (London: William Collins, 2015)

J. C. Beaglehole, *The Life of Captain James Cook* (London: Adam &Charles Black, 1974)

Judith Binney, *Redemption Songs: A Life of Te Kooti Arikirangi Te Turuki* (Wellington: Bridget Williams Books, 1995)

John Brewer, *Sentimental Murder: Love and Madness in the Eighteenth Century* (London: Harper Perennial, 2005)

D. J. Carr, *Sydney Parkinson: Artist of Cook's 'Endeavour' Voyage* (London:Croom Helm Ltd, 1984)

Harold Carter, *Sir Joseph Banks* (London: British Museum, 1988)

Arthur Cash, *John Wilkes: the scandalous father of civil liberty* (New Haven: Yale University Press, 2006)

Neil Chambers (ed.), *Endeavouring Banks: Exploring collections from the Endeavour Voyage* (London: Paul Holberton Publishing, 2016)

Neil Chambers, *The Scientific Correspondence of Sir Joseph Banks*, Vol. 1 (London: Routledge, 2007)

Maurice Cranston, *Jean-Jacques: the early life and work of Jean-Jacques Rousseau 1712–1754* (Chicago: University of Chicago Press, 1991)

Paul F. Dearden, *The Rhode Island Campaign of 1778: inauspicious dawn of alliance* (Providence: Rhode Island Bicentennial Foundation, 1987)

Greg Dening, *Mr Bligh's Bad Language: Passion, Power and Theatre on the Bounty* (Cambridge: Cambridge University Press, 1992)

Joan Druett, *Tupaia: Captain Cook's Polynesian Navigator* (Santa Barbara: Praegar, 2011)

East Coast Encounter (Collingwood: One Day Hill, 2014)

Richard England, *Schoonerman* (London: Hollis & Carter, 1981)

Patricia Fara, *Sex, Botany and Empire: The Story of Carl Linnaeus and Joseph Banks* (London: Icon Books, 2003)

Howard Tyrrell Fry, *Alexander Dalrymple, 1737–1808, and the expansion of British trade* (London: Frank Cass & Co., 1970)

Kate Fullagar, *The Savage Visit* (Berkeley: University of California Press, 2012)

John Gascoigne, *Joseph Banks and the English Enlightenment: Useful Knowledge and Polite Culture* (Cambridge: Cambridge University Press, 1994)

John Gascoigne, *Captain Cook: voyager between worlds* (London: Hambledon, 2007)

George Goodwin, *Benjamin Franklin in London* (London: Weidenfeld & Nicolson, 2016)

Rongowhakaata (R.W) Halbert, *Horouta: The History of the Horouta Canoe, Gisborne and East Coast* (Auckland: Reed Books, 1999)

Gabriel Hemery and Sarah Simblet, *The New Sylva: a discourse of forest & orchard trees for the twenty-first century* (London: Bloomsbury, 2014)

Bridget Hill, *The Republican Virago: Life and Times of Catharine Macaulay* (Oxford: Clarendon Press, 1992)

Jonathan Lamb, *Scurvy: the disease of discovery* (Princeton: Princeton University Press, 2016)

Margarette Lincoln, *Science and Exploration in the Pacific: European voyagers to southern oceans in the eighteenth century* (Woodbridge: Boydell Press, 1998)

Averil M. Lysaght, *Joseph Banks in Newfoundland and Labrador, 1766: His Diary, Manuscripts and Collections* (London: Faber & Faber, 1971)

Christian M. McBurney, *Kidnapping the Enemy: Special operations to capture generals Charles Lee & Richard Prescott* (Yardley: Westholme Publishing, 2013)

Iain McCalman, *The Reef: A passionate history* (New York: Scientific American, 2013)

David McCullough, *1776* (New York: Simon & Schuster, 2005)

David R. MacGregor, *Merchant Sailing Ships: Sovereignty of Sail 1775–1815* (London: Conway Maritime Press, 1985)

Joseph Angus Mackay, *Historic Poverty Bay and the East Coast* (Gisborne: Joseph Angus Mackay, 1949)

Frank McLynn, *Captain Cook: Master of the seas* (London: Yale University Press, 2011)

Karl Heinz Marquardt, *Captain Cook's Endeavour* (London: Conway Maritime Press, 1995)

Karl Heinz Marquardt, *HM Bark Endeavour: What do we really know about the Ship* (available at: http://karl-heinz-marquardt.com)

Robert Middlekauff, *The Glorious Cause: The American Revolution, 1763–1789* (Oxford: Oxford University Press, 2005)

Edmund Sears Morgan & Helen Morgan, *The Stamp Act Crisis: Prologue to Revolution* (Chapel Hill: University of North Carolina Press, 1953)

Maria Nugent, *Captain Cook was Here* (Cambridge: Cambridge University Press, 2009)

Andrew Jackson O'Shaughnessy, *The Men Who Lost America* (London: Oneworld, 2013)

Lincoln Paine, *Sea and Civilisation* (New York: Vintage Books, 2013)

Ray Parkin, *HM Bark Endeavour: her place in Australian history* (Melbourne: Melbourne University Press, 1997)

Ray Parkin, *Out of the Smoke: The story of sail* (London: The Hogarth Press, 1960)

Roy Porter, *English Society in the 18th Century* (London: Penguin, 1991)

Roy Porter, *Enlightenment* (London: Penguin, 2001)

Oliver Rackham, *Trees & Woodland in the British Landscape* (London: Phoenix Press, 2001)

N. A. M. Roger, *The Wooden World: anatomy of the Georgian Navy* (London: Fontana Press, 1988)

N. A. M. Roger, *The Insatiable Earl: A life of John Montagu, Fourth Earl of Sandwich* (New York: W. W. Norton, 1994)

George Rude, *Wilkes and Liberty: A social study of 1763 to 1774* (Oxford: Clarendon Press, 1962)

John Rushton and Brian Walker, *Dalby: Valley of Change* (Scarborough: Newby Books, 2009)

Anne Salmond, *Two Worlds: First Meetings Between Maori and Europeans 1642–1772* (Honolulu: University of Hawaii Press, 1991)

Anne Salmond, *The Trial of the Cannibal Dog* (New Haven: Yale University Press, 2003)

Anne Salmond, *Aphrodite's Island: the European discovery of Tahiti* (Auckland: Viking, 2009)

Barnet Schecter, *The Battle for New York* (London: Jonathan Cape, 2003)

David Syrett, *Shipping and the American War 1775–83* (London: The Athlone Press, 1970)

Nicholas Thomas, *Discoveries: The Voyages of Captain Cook* (London: Penguin, 2004)

Andrew White, *A History of Whitby* (Chichester: Phillimore, 1993)

Glyn Williams, *The Prize of all the Oceans: The triumph and tragedy of Anson's voyage around the world* (London: HarperCollins, 1999)

Ben Wilson, *Empire of the Deep: The rise and fall of the British navy* (London: Weidenfeld & Nicolson, 2013)

Andrea Wulf, *The Brother Gardeners: Botany, Empire and the Birth of an Obsession* (London: Windmill Books, 2011)

Andrea Wulf, *Chasing Venus: The race to measure the heavens* (New York: Vintage Books, 2012)

注 释

序言 心灵的奋进

1. Anon, *Pen and Ink Sketches of Eminent English Literary Personages* (London: J. S. Pratt, 1850) p. ix

2. Anon, *Transatlantic Tracings and Popular Pictures from American Subjects*(London: W. Tweedie, 1853) p. 56

3. Ibid., p. 88

4. Ibid.

5. Ibid., p. 27

6. Ibid., p. 90

7. Ibid., p. 91

8. Ibid., p. 98

9. Emily Brontë, *Wuthering Heights* (London: Smith, Elder & Co., 1870) p. 113

10. Oxford English Dictionary, 2nd edn, Vol. 6 (Oxford: Oxford UniversityPress, 1989) p. 226

11. Theresa May, The government's negotiating objectives for exitingthe EU: PM speech, https://www.gov.uk/government/speeches/the-governments-negotiating-objectives-for-exiting-the-eu-pm-speech

12. Thomas Hobbes, *Leviathan, or The Matter, Forme, & Power of a Common-wealth ecclesiastical and civil* (London: Andrew Crooks, 1651) p. 1

13. Andrea Wulf, *Chasing Venus: The race to measure the heavens* (New York:Vintage Books, 2012) p. 41

14. James Boswell, *The Life of Samuel Johnson, LL.D*, Vol. 1 (London: HenryBaldwin, 1791) p. 101

15. David McCullough, *1776* (New York: Simon & Schuster, 2005) p. 93

16. Roy Porter, *English Society in the 18th Century* (London: Penguin, 1991)p. 206

17. N. A. M. Roger, *The Insatiable Earl: A life of John Montagu, Fourth Earlof Sandwich* (New York: W. W. Norton, 1994) p. 77

18. *Newcastle Chronicle*, Saturday 13 June 1761. Also, Robert Black, *The JockeyClub and its Founders* (London: Smith, Elder & Co., 1891) p. 133

19. Arthur Cash, *John Wilkes: the scandalous father of civil liberty* (New Haven:Yale University Press, 2006) p. 16

20. Ibid., p. 4

21. Neil Murray, 'Signs of Habitation', in *East Coast Encounter* (Collingwood:One Day Hill, 2014) p. 22

22. Greg Dening, *Mr Bligh's Bad Language: Passion, Power and Theatre on theBounty* (Cambridge: Cambridge University Press, 1992) p. 27

第一章　橡树之子

1.   Roger Fisher, *Heart of Oak: the British Bulwark* (London: J. Johnson, 1763)p. 38

2.   Ibid., p. 46

3.   Ibid., p. 37

4.   Rev. Gilbert White, *The Natural History of Selborne* (Edinburgh: Constable & Co., 1829) p. 9

5.   Rev. Sir John Cullum, *The History and Antiquities of Hawstead in theCounty of Suffolk* (London: J. Nichols, 1784) p. 2

6.   *The History of Ancient Greece; from the earliest times, till it became a RomanProvince* (Edinburgh: J. Bruce, 1768) p. 76

7.   Oliver Rackham, *Trees & Woodland in the British Landscape* (London:Phoenix Press, 2001) p. 15

8.   Fisher, p. 93

9.   Robert Greenhalgh Albion, *Forests and Sea Power: the timber problem of theRoyal Navy 1652–1862* (Cambridge: Harvard University Press, 1926) p. 99

10. John Evelyn, *The Diary of John Evelyn* (London: Everyman, 2006) p. 376

11. John Evelyn, *Sylva, or a Discourse of Forest Trees*, 2nd edn (London: Jo.Martyn & Ja. Allestry, 1670) p. 14

12. Ibid., p. 18

13. Ibid., dedication

14. Ibid., p. 24

15. William Mountaine, *The Seaman's Vade-Mecum and Defensive War by Sea*(London: W. & J. Mount, 1756) p. 144

16. Albion, p. 17

17. Mr Marshall, *The Rural Economy of Yorkshire*, Vol. 1 (London: T. Cadell,1788) p. 1

18. Ibid., p. 4

19. William Camden, *Britannia (*1607), *with an English translation by PhilemonHolland*, a hypertext critical edition by Dana F. Sutton (The University of California, Irvine: posted 14 June 2004)

20. Lionel Charlton, *The History of Whitby, and of Whitby-Abbey* (London:A. Ward, 1779) p. 308

21. Marshall, p. 9

22. Rev. George Young, *A History of Whitby and Streoneshalh Abbey*, Vol. 2(Whitby: Clark & Medd, 1817) p. 554

23. Charlton, p. 74

24. Marshall, p. 124

25. Ibid., p. 18

26. Charlton, p. 338

27. *Newcastle Courant*, Saturday 10 April 1762

28. Mr Tuke Jr, *General View of the Agriculture of the North-Riding of Yorkshire*(London: W. Bulmer & Co., 1794) p. 16

29. Marshall, p. 287

30. *Caledonian Mercury*, Thursday 20 November 1740

31. Evelyn, *Sylva*, p. 15

32. Tuke Jr, p. 90

33. Evelyn, *Sylva*, p. 23

第二章　数学谜题

1. Rev. J. Ray, *A Complete Collection of English Proverbs* (London: T & JAllman, 1818) p. 177

2. *The Yorkshire Archaeological Journal*, Vol. 17 (Leeds: John Whitehead &Son, 1903) p. 42

3. Lionel Charlton, *The History of Whitby, and of Whitby-Abbey* (London:A. Ward, 1779) p. 335

4　"关于在约克郡惠特比周边海岸发现的短吻鳄化石的记述，见海军上校威廉·查普曼写给医学博士约翰·福瑟吉尔的信。"《哲学会刊》L 卷第二部分 "1758 年"，第 691 页。（伦敦：L. 戴维斯 - C. 雷莫斯出版公司，1759）

5. Ibid., p. 354

6. Ibid., p. 356

7. William Watson, *The Poetical Remains with other Detached Pieces of theLate F. Gibson* (London: R. Rogers, 1807) p. vii

8. Rev. George Young, *A History of Whitby and Streoneshalh Abbey*, Vol. 2(Whitby: Clark & Medd, 1817) p. 869

9. William Watson, *The Poetical Remains with other Detached Pieces of theLate F. Gibson* (London: R. Rogers, 1807) p. vii

10. Ibid., p. 71

11. James Boswell, *The Life of Samuel Johnson, LL.D*, Vol. 1 (London: HenryBaldwin, 1791) p. 14

12. NYCRO, Mic 2003/213

13. Young, p. 869

14. Ibid.

15. These details come in a private communication from Mike Yates of theWhitby Literary and Philosophical Society

16. William Sutherland, *The Ship-builder's Assistant, or some Essays TowardsCompleating the Art of Marine Architecture* (London: Thomas Page, William and Fisher Mount, 1726) p. 38

17. *Newcastle Courant*, 9 November 1734

18. *Public Advertiser*, 15 December 1758

19. Charlton, p. 358

20. Young, p. 550

21. Watson, p. ix

22. Alison Adburgham, *Women in Print: Writing Women and Women'sMagazines from the Restoration to the Accession of Victoria First Edition* (London: Allen & Unwin, 1972)

23. Alexi Baker, 'Jane Squire (bap. 1686, d. 1743)', *Oxford Dictionary of National Biography*, https://doi-org.ezproxy2.londonlibrary.co.uk/10.1093/ref:odnb/45826

24. *The Ladies Diary: or Woman's Almanack, for the year of our Lord 1761*(London: A Wilde) p. 33

25. Ibid., p. 36

26. *The Gentleman's Diary or Mathematical Repository, 1761* (London: Companyof Stationers, 1761) p. 19

27. Ibid., p. 21

28. Shelley Costa, *The 'Ladies Diary': Gender, Mathematics, and Civil Societyin Early-Eighteenth-Century England* in *Science and Civil Society*, Vol. 17 (Chicago: University of Chicago Press, 2002) p. 58

29. Ray Parkin, *HM Bark Endeavour: her place in Australian history* (Melbourne:Melbourne University Press, 1997) p. 43

30. Charlton, p. 358

31. *Mechanics Magazine*, 21 March 1862

32. J. A. Leo Lemay, *The Life of Benjamin Franklin*, Vol. 2 (Philadelphia:University of Pennsylvania Press, 2006) p. 198

33. 关于三桅帆船和独桅帆船最好的概述，可见卡尔·海因茨·马奎特的《三桅帆船"奋进"号：关于这艘船，我们究竟知道什么》（见 http://karl-heinz-marquardt.com ）

34. John Evelyn, *Sylva, or a Discourse of Forest Trees*, 2nd edn (London: Jo.Martyn & Ja. Allestry, 1670) p. 20

35. Tobias Smollett, *Roderick Random* (London: Penguin, 1995) p. 426

36. Bram Stoker, *Dracula* (London: Penguin, 1994) p. 99

37. Scots Magazine, 5 December 1763

38. Derby Mercury, 16 December 1763

39. Caledonian Mercury, 21 December 1763

40. Scots Magazine, 5 December 1763

41. Charlton, p. xvii

42. Ibid., p. xii

43. Ibid., p. 314

44. Daniel Defoe, An Essay Upon Projects (London: Thom. Cockerill, 1697) p. 1

45. Ibid., p. 29

46. Ibid., p. 16

47. Ibid., p. 15

48. Charlton, p. 362

49. Mr Marshall, *The Rural Economy of Yorkshire*, Vol. 1 (London: T. Cadell,1788) p. 287

50. Stephen Baines, *Captain Cook's Merchant Ships* (Stroud: The HistoryPress) p. 170

51. Gazetteer and London Daily Advertiser, 21 April 1764

52. Samuel Taylor Coleridge, *The Major Works* (Oxford: Oxford UniversityPress, 2008) p. 49

第三章　时代横流

1. Erich Pontoppidan, *The Natural History of Norway* (London: A. Linde,1755) p. 211

2. Ibid., p. 211

3. Ray Parkin, *HM Bark Endeavour: her place in Australian history* (Melbourne:Melbourne University Press, 1997) p. 74

4. Robert Middlekauff, *The Glorious Cause: The American Revolution, 1763–1789* (Oxford: Oxford University Press, 2005) p. 138

5. N. A. M. Roger, *The Wooden World: anatomy of the Georgian Navy* (London: Fontana Press, 1988) p. 50

6. Caledonian Mercury, 8 July 1756

7. Ipswich Journal, 15 August 1761

8. Aberdeen Journal, 8 December 1760

9. J. C. Beaglehole, *The Life of Captain James Cook* (London: Adam &Charles Black, 1974) p. 45

10. Henry Taylor, *Memoirs of the Principal Events in the Life of Henry Taylorof North Shields* (North Shields: T. Appleby) p. 157

11. Stephen Baines, *Captain Cook's Merchant Ships* (Stroud: The HistoryPress, 2015)

12. Roger, p. 116

13. NYCRO. *Thomas Milner – Receipt from Thomas Milner [bearing his mark]to John Richardson for £1 15s for his last voyage in the ship Brotherly Love*. ZW VI 20/1

14. Roy Porter, *Enlightenment* (London: Penguin, 2001) p. 76

15. Rosalin Barker, *The Rise of An Early Modern Shipping Industry: Whitby'sGolden Fleet, 1600–1750* (Woodbridge: Boydell Press, 2011) p. 56

16. Richard England, *Schoonerman* (London: Hollis & Carter, 1981) p. 113

17. Taylor, p. iv

18. Lionel Charlton, *The History of Whitby, and of Whitby-Abbey* (London:A. Ward, 1779) p. 361

19. Taylor, p. 1

20. Ibid., p. 158

21. Ibid., pp. 4–5

22. A. F. Humble, 'An Old Whitby Collier', *The Mariner's Mirror* (1975) 61:1,51–60, DOI: 10.1080/00253359.1975.10658005

23. Taylor, p. 57

24. *Public Advertiser*, 7 August 1764

25. Porter, *Enlightenment*, p. 40

26. Roy Porter, *English Society in the 18th Century* (London: Penguin, 1991) p.186

27. *The Papers of Benjamin Franklin*, Vol. 11 (New Haven: Yale UniversityPress, 1967) p. 517

28. Ibid., p. 521

29. R. B. Mowat, *Americans in England* (Cambridge: Houghton MifflinCompany, 1935) p. 31

30. Walter Isaacson, *Benjamin Franklin: an American life* (New York: Simon& Schuster, 2003) p. 50

31. Porter, *Enlightenment*, p. 11

32. George Goodwin, *Benjamin Franklin in London* (London: Weidenfeld &Nicolson, 2016) p. 97

33. *The London Chronicle for 1763*, Vol. 14 (London: J. Wilkie, 1763) p. 435

34. Catharine Macaulay, *Loose Remarks on certain positions to be found in Mr.Hobbes's Philosophical Rudiments* (London: T. Davies, 1767) p. 38

35. *The Adventurer*, 16 October 1753

36. Robert Middlekauff, *The Glorious Cause: The American Revolution, 1763–1789* (Oxford: Oxford University Press, 2005) p. 61

37. Arthur Cash, *John Wilkes: the scandalous father of civil liberty* (New Haven:Yale University Press, 2006) p. 55

38. *The North Briton* (London: W. Bingley, 1769) p. 4

39. Ibid., pp. 17–18

40. *Annual Register, or a view of the history, politics and literature for the year1764* (London: J. Dodsley, 1764) p. 25

41. Goodwin, p. 155

42. Edmund Sears Morgan and Helen Morgan, *The Stamp Act Crisis: Prologue to Revolution* (Chapel Hill: University of North Carolina Press, 1953) p. 27

43. Sarah Vickery, 'Handwritten History, 1765–1867: Correspondence ofGreat Americans from the Collections of the Newport Historical Society', *Newport History*, Vol. 80, Iss. 264, p. 35

44. Howard Tyrrell Fry, *Alexander Dalrymple, 1737–1808, and the expansionof British trade* (London: Frank Cass & Co., 1970) p. xviii

45. Ibid., pp. 114–15

第四章　最终抉择

1. RS. Royal Society Club account slips. RSC/2/2

2. Alexander Dalrymple, *An Account of the Discoveries Made in the SouthPacifick Ocean, Previous to* 1764 (London: privately printed) p. 6

3. Ibid., p. 23

4. Alexander Dalrymple, *A Plan for Extending the Commerce of this Kingdom,and of the East-India-Company* (London: J. Nourse, 1769) p. 1

5. *Annual Register, or a view of the history, politics and literature for the year1768* (London: J. Dodsley, 1768) p. 58

6. Ibid.

7. Dalrymple, *An Account*, pp. iii-iv

8. *The Naval Chronicle for 1816*, Vol. 35 (London: Joyce Gold, 1816) p. 180

9. Ibid., p. 182

10. Ibid.

11. *The Politicians Dictionary; or a summary of political knowledge*, Vol. 2(London: Geo. Allen, 1775) p. 233

12. Ibid., p. 228

13. Ibid.

14. Ibid., p. 251

15. Dalrymple, *An Account*, p. iv

16. Ibid.

17. Ibid., p. 94

18. *The Works of Samuel Johnson L.L.D*, Vol. 4 (Philadelphia: William Brown,1825) p. 299

19. Dom Pernety, *The History of a Voyage to the Malouine (or Falkland) Islands,Made in 1763 and 1764* (London: T. Jefferies, 1771) p. vi

20. Anon, *A Voyage Around the World, in his Majesty's Ship the Dolphin*(London: J. Newberry, 1767) p. 76

21. *The Works of Samuel Johnson*, p. 295

22. J. C. Beaglehole (ed.), *The Journals of Captain James Cook on his Voyagesof Discovery: The Voyage of the Endeavour 1768–1771* (Cambridge: Cambridge University Press for the Hakluyt Society, 1955) p. 511

23. RS. *Letter from Alexander Dalrymple, London, to Dr Charles Morton, Secretary,Royal Society*. 7 December, 1767. MM/3/14

24. Ibid., 23 January 1766

25. Robert Middlekauff, *The Glorious Cause: The American Revolution, 1763–1789* (Oxford: Oxford University Press, 2005) p. 137

26. *The North Briton* (London: W. Bingley, 1769) p. xliii

27. Ibid., p. xlv

28. *The Papers of Benjamin Franklin*, Vol. 15. (New Haven: Yale UniversityPress, 1972) p. 82

29. Beaglehole (ed.), p. 604

30. Howard Tyrrell Fry, *Alexander Dalrymple, 1737–1808, and the expansionof British trade* (London: Frank Cass & Co., 1970) p. 119

31. Beaglehole (ed.), p. 605

32. Ibid.

33. 'Memoirs of Alexander Dalrymple', *The European Magazine and LondonReview for November 1802* (London: J. Sewell, 1802) p. 325

34. Alexander Dalrymple, *Mr Dalrymple's Observations on Dr Hawkesworth'sPreface to the Second Edition* (London, 1773) p. 19

35. Beaglehole (ed.), p. 606

36. *The North Briton*, p. xlvi

37. Ibid., p. xlvii

38. *The Papers of Benjamin Franklin*, p. 99

39. *Annual Register, or a view of the history, politics and literature for the year1768* (London: J. Dodsley, 1768) p. 92

40. Fry, p. 135

41. *Mr Dalrymple's Observations on Dr. Hawkesworth's Preface to the SecondEdition*, p. 19

42. Beaglehole (ed.), p. 513

43. 'Memoirs of Alexander Dalrymple', p. 325

第五章　生而自由

1. J. C. Beaglehole (ed.), *The Journals of Captain James Cook on his Voyagesof Discovery:*

The Voyage of the Endeavour 1768–1771 (Cambridge: Cambridge University Press for the Hakluyt Society, 1955) p. 606

2.   *The North Briton* (London: W. Bingley, 1769) p. xlvii

3.   *The Papers of Benjamin Franklin*, Vol. 15 (New Haven: Yale UniversityPress, 1972) p. 99

4.   *The Whitehall Evening Post Or London Intelligencer*, 18. Jan.–1. Feb. 1755

5.   Beaglehole (ed.), p. 608

6.   *Annual Register, or a view of the history, politics and literature for the year1768* (London: J. Dodsley, 1768) p. 202

7.   Ibid., p. 203

8.   Jean-Jacques Rousseau, *The Social Contract* (London: Penguin, 2004)p. 2

9.   *Annual Register*, p. 190

10.   Bridget Hill, *The Republican Virago: Life and Times of Catharine Macaulay*(Oxford: Clarendon Press, 1992) p. 56

11.   *The North Briton* (London: W. Bingley, 1769) p. xlviii

12.   Ibid., p. lii

13.   Ibid., p. l

14.   Arthur Cash, *John Wilkes: the scandalous father of civil liberty* (New Haven:Yale University Press, 2006) p. 217

15.   *Newcastle Courant*, 7 May 1768

16.   Cash, p. 217

17.   *Annual Register*, p. 105

18.   Cash, p. 221

19.   *The North Briton*, p. lxxviii

20.   *Annual Register*, p. 109

21.   *The North Briton*, p. lxxviii

22.   *The North Briton,* p. lxviii

23.   *Annual Register*, p. 106

24.   Andrew C. F. David and Colin Jones, *Documents, The Mariner's Mirror*,85:3, 335–7, 1999, DOI: 10.1080/00253359.1999.10656754

25.   J. C. Beaglehole, *The Life of Captain James Cook* (London: Adam &Charles Black, 1974) p. 16

26.   Stephen Baines, *Captain Cook's Merchant Ships* (Stroud: The HistoryPress) pp. 107–8

27.   Beaglehole (ed.), p. xxii

28.   Nicholas Thomas, *Discoveries: The Voyages of Captain Cook* (London:Penguin, 2004) p. 8

29.   Beaglehole (ed.), p. 607

30.   Ibid., p. 513

31.   Ibid., p. 608

32.   Ibid., p. 613

33. Ibid., p. 612

34. Caledonian Mercury, 30 May 1768

35. Hugh Carrington (ed.), *The Discovery of Tahiti: A Journal of the SecondVoyage of HMS Dolphin Round the World by George Robertson 1766–68* (London: Hakluyt Society, 1948) pp. 210–11

36. Robert Middlekauff, *The Glorious Cause: The American Revolution, 1763–1789* (Oxford: Oxford University Press, 2005) p. 153

37. The Papers of Benjamin Franklin, Vol. 15. (New Haven: Yale UniversityPress, 1972) p. 13

38. Karl Heinz Marquardt, *Captain Cook's Endeavour* (London: ConwayMaritime Press, 1995) p. 17

39. Cash, p. 232

40. Kentish Gazette, 8 November 1769

41. Rev. George Young, *The Life and Voyages of Captain James Cook* (London:Whittaker, Treacher & Co., 1836) pp. 111–12

第六章　乔装之旅

1. J. C. Beaglehole (ed.), *The Journals of Captain James Cook on his Voyagesof Discovery. The Voyage of the Endeavour 1768–1771* (Cambridge: Cambridge University Press for the Hakluyt Society, 1955) p. 11

2. J. C. Beaglehole (ed.), *The Endeavour Journal of Joseph Banks 1768–1771,*Vol. 1 (London: Angus & Robertson, 1962) p. 167

3. Ibid., p. 171

4. Ibid.

5. Beaglehole (ed.), *The Journals of Captain James Cook,* p. 13

6. Beaglehole (ed.), *The Endeavour Journal of Joseph Banks,* Vol. 1, p. 31

7. Averil M. Lysaght, *Joseph Banks in Newfoundland and Labrador, 1766: HisDiary, Manuscripts and Collections* (London: Faber & Faber, 1971) p. 44

8. Ibid., p. 234

9. Beaglehole (ed.), *The Endeavour Journal of Joseph Banks,* Vol. 1, p. 5

10. Edward Gibbon, *The History of the Decline and Fall of the Roman Empire,*Vol. 8 (Philadelphia: Abraham Small, 1816) p. 31

11. James Lee, *An Introduction to Botany,* 2nd edn (London: J. & R. Tonson,1765) p. v

12. Andrea Wulf, *The Brother Gardeners: Botany, Empire and the Birth of anObsession* (London: Windmill Books, 2011) p. 61

13. Lee, pp. iii–iv

14. Ibid., p. 232

15. Wulf, p. 117

16. Lee, p. iii

17. Carolyn Fry, *The Plant Hunters* (London: Andre Deutsch, 2009) p. 19

18. Lee, p. 243

19. Harold Carter, *Sir Joseph Banks* (London: British Museum, 1988) p. 62

20. Neil Chambers, *The Scientific Correspondence of Sir Joseph Banks*, Vol. 1(London: Routledge, 2007) p. 2

21. John Brewer, *Sentimental Murder: Love and Madness in the EighteenthCentury* (London: Harper Perennial, 2005) p. 9

22. G. R. Barnes and J. H. Owen, *The Private papers of John, Earl of Sandwich,First Lord of the Admiralty 1771–1782, Volume 1, August 1770–March 1778* (Publications of the Navy Records Society, v. LXIX. 1932) p. xiii

23. Andrew Duncan, *A Short Account of the Life of Sir Joseph Banks* (London:1821) p. 9

24. Averil M. Lysaght, *Joseph Banks in Newfoundland and Labrador, 1766: HisDiary, Manuscripts and Collections* (London: Faber & Faber, 1971) p. 46

25. *The Atheneum; or Spirit of the English Magazine*, Vol. 8 (Boston: Munroe& Francis, 1821) p. 64

26. Beaglehole (ed.), *The Endeavour Journal of Joseph Banks*, Vol. 1, p. 158

27. Jonathan Lamb, *Scurvy: the disease of discovery* (Princeton: PrincetonUniversity Press, 2016) p. 82

28. J. C. Beaglehole (ed.), *The Endeavour Journal of Joseph Banks 1768–1771*,Vol. 2 (London: Angus & Robertson, 1962) p. 311

29. Beaglehole (ed.), *The Endeavour Journal of Joseph Banks*, Vol. 1, p. 153

30. Ibid., p. 30

31. Carter, p. 55

32. D. J. Carr, *Sydney Parkinson: Artist of Cook's 'Endeavour' Voyage* (London:Croom Helm Ltd, 1984) p. x

33. Neil Chambers, *The Letters Of Sir Joseph Banks, A Selection, 1768–1820*(London: Imperial College Press, 2000) p. 1

34. John Gascoigne, *Joseph Banks and the English Enlightenment: UsefulKnowledge and Polite Culture* (Cambridge: Cambridge University Press, 1994) p. 61

35. Beaglehole (ed.), *The Endeavour Journal of Joseph Banks*, Vol. 1, p. 156

36. Greg Dening, *Mr Bligh's Bad Language: Passion, Power and Theatre on theBounty* (Cambridge: Cambridge University Press, 1992) p. 77

37. Beaglehole (ed.), *The Endeavour Journal of Joseph Banks*, Vol. 1, pp. 176–7

38. Anon, *A Voyage Around the World, in his Majesty's Ship the Dolphin*(London: J. Newberry, 1767) p. 19

39. Beaglehole (ed.), *The Endeavour Journal of Joseph Banks*, Vol. 2, p. 311

40. William Mountaine, *The Seaman's Vade-Mecum and Defensive War by Sea*(London: W. & J.

Mount, 1756) p. 42

41. Beaglehole (ed.), *The Journals of Captain James Cook*, p. 23

42. Beaglehole (ed.), *The Endeavour Journal of Joseph Banks*, Vol. 2, p. 312

43. Beaglehole (ed.), *The Journals of Captain James Cook*, p. 487

44. Beaglehole (ed.), *The Endeavour Journal of Joseph Banks*, Vol. 2, p. 315

45. Beaglehole (ed.), *The Journals of Captain James Cook*, p. 28

46. Ibid., p. 495

47. Beaglehole (ed.), *The Endeavour Journal of Joseph Banks*, Vol. 1, p. 194

48. Ibid., p. 195

49. Ibid., p. 212

50. *The Works of Samuel Johnson L.L.D*, Vol. 4 (Philadelphia: William Brown,1825) p. 301

51. Beaglehole (ed.), *The Endeavour Journal of Joseph Banks*, Vol. 1, p. 213

第七章　恍如梦幻

1. Richard Walter, *A Voyage Around the World in the Years MDCCXL, I,II, III, IV by George Anson* (London: John and Paul Knapton, 1748) pp. 74–5

2. J. C. Beaglehole (ed.), *The Endeavour Journal of Joseph Banks 1768–1771*,Vol. 1 (London: Angus & Robertson, 1962) p. 216

3. Sydney Parkinson, *A Journal of a Voyage to the South Seas, in His Majesty's Ship, the Endeavour* (London: printed for Stansfield Parkinson, 1773) pp. 10–11

4. Walter, pp. 79–80

5. Parkinson, pp. 10–11

6. Ibid., p. 5

7. Walter, p. 75

8. Parkinson, p. 11

9. *Mechanics Magazine*, 21 March 1862

10. Beaglehole (ed.), *The Endeavour Journal of Joseph Banks*, Vol. 1, p. 235

11. Parkinson, p. vi

12. Ibid., Advertisement

13. Ibid., p. xi

14. Beaglehole (ed.), *The Endeavour Journal of Joseph Banks*, Vol. 1, p. 176

15. Parkinson, p. 4

16. D. J. Carr, 'The Books that sailed with the *Endeavour*', *Endeavour*, NewSeries, Vol. 7, No. 4, 1983

17. Anne Salmond, *Aphrodite's Island: The European discovery of Tahiti*(Auckland: Viking, 2009) p. 66

18. Hugh Carrington (ed.), *The Discovery of Tahiti: A Journal of the SecondVoyage of HMS*

Dolphin Round the World by George Robertson 1766–68 (London: Hakluyt Society, 1948) p. 167

19. Anthony Addington, *An Essay on the Sea-Scurvy* (Reading: C. Micklewright, 1753) p.1

20. J. C. Beaglehole (ed.), *The Journals of Captain James Cook on his Voyagesof Discovery. The Voyage of the Endeavour 1768–1771* (Cambridge: Cambridge University Press for the Hakluyt Society, 1955) p. 74

21. Beaglehole (ed.), *The Endeavour Journal of Joseph Banks*, Vol. 1, p. 242

22. Jonathan Lamb, *Scurvy: the disease of discovery* (Princeton: PrincetonUniversity Press, 2016) p. 59

23. Carrington (ed.), pp. 139–40

24. Parkinson, p. 13

25. The Works of Samuel Johnson L.L.D, Vol. 4 (Philadelphia: William Brown,1825) p. 15

26. Beaglehole (ed.), *The Journals of Captain James Cook*, p. 79

27. Carrington (ed.), p. 154

28. Beaglehole (ed.), *The Journals of Captain James Cook*, p. 80

29. Parkinson, p. 28

30. Beaglehole (ed.), *The Endeavour Journal of Joseph Banks*, Vol. 1, p. 284

31. Oxford Journal, 10 June 1769

32. Beaglehole (ed.), *The Journals of Captain James Cook*, p. 98

33. James Cook, *Observations made, by appointment of the Royal Society, atKing George's Island in the South Sea. Philosophical Transactions of the Royal Society*, 61 (1771), pp. 397–421

34. Parkinson, p. 55

35. Joseph Farrell, *Robert Louis Stevenson in Samoa* (London: MacLehose,2017)

36. Parkinson, p. 14

37. D. J. Carr, *Sydney Parkinson: Artist of Cook's 'Endeavour' Voyage* (London:Croom Helm Ltd, 1984) p. xi

38. Parkinson, p. xi

39. "欧洲人的最初描述"，伊恩·唐纳森和塔姆辛·唐纳森，《初遇澳大利亚人》第28—29页，伯纳德·史密斯著。（悉尼：艾伦 - 昂温出版公司，1985）

40. Parkinson, p. 26

41. Ibid., p. 16

42. Ibid., p. 33

43. Scots Magazine, January 1766

44. Maurice Cranston, *Jean-Jacques: the early life and work of Jean-JacquesRousseau 1712–1754* (Chicago: University of Chicago Press, 1991) p. 293

45. John James Rousseau, *A Discourse upon the Origin and Foundation of theInequality among Mankind* (London: R. and J. Dodsley, 1764) p. 20

46. Ibid., p. 97

47. Cranston, p. 300

48. Parkinson, p. 24

49. Ibid., p. 23

50. Ibid., p. 26

51. Beaglehole (ed.), *The Endeavour Journal of Joseph Banks*, Vol. 1, p. 258

52. Parkinson, p. 27

53. Beaglehole (ed.), *The Endeavour Journal of Joseph Banks*, Vol. 1, p. 312

54. Ibid., pp. 313–14

第八章　文明之外

1. Anne Salmond, *The Trial of the Cannibal Dog: Captain Cook in the SouthSeas* (London: Allen Lane, 2003) p. 37

2. J. C. Beaglehole (ed.), *The Endeavour Journal of Joseph Banks 1768–1771*Vol. 1 (London: Angus & Robertson, 1962) p. 379

3. *Annual Register, or a view of the history, politics and literature for the year1777* (London: J. Dodsley, 1778) p. 64

4. Sydney Parkinson, *A Journal of a Voyage to the South Seas, in His Majesty'sShip, the Endeavour* (London: printed for Stansfield Parkinson, 1773) p. 73

5. Beaglehole (ed.), *The Endeavour Journal of Joseph Banks*, Vol. 1, p. 376

6. J. C. Beaglehole (ed.), *The Journals of Captain James Cook on his Voyagesof Discovery. The Voyage of the Endeavour 1768–1771* (Cambridge: Cambridge University Press for the Hakluyt Society, 1955) p. 563

7. Anne Salmond, *Aphrodite's Island: the European discovery of Tahiti*(Auckland: Viking, 2009) p. 20

8. Beaglehole (ed.), *The Endeavour Journal of Joseph Banks*, Vol. 1, p. 307

9. Beaglehole (ed.), *The Journals of Captain James Cook*, p. 564

10. Beaglehole (ed.), *The Endeavour Journal of Joseph Banks*, Vol. 1, pp. 312–13

11. Nicholas Thomas, *Discoveries: The Voyages of Captain Cook* (London:Penguin, 2004) p. 81

12. Beaglehole (ed.), *The Endeavour Journal of Joseph Banks*, Vol. 1, p. 318

13. Ibid., p. 323

14. Beaglehole (ed.), *The Journals of Captain James Cook*, p. 117

15. Anon, *Monsters of the Deep and curiosities of ocean life* (London: T. Nelson& Sons, 1875) p. 283

16. Beaglehole (ed.), *The Journals of Captain James Cook*, p. 514

17. Averil M. Lysaght, *The journal of Joseph Banks in the Endeavour / with a commentary by A. M. Lysaght* (Guildford: Genesis Publications, 1980)

18. Parkinson, p. 67

19. Lincoln Paine, *Sea and Civilisation* (New York: Vintage Books, 2013)p. 14

20. Beaglehole (ed.), *The Journals of Captain James Cook*, p. 154

21. Beaglehole (ed.), *The Endeavour Journal of Joseph Banks*, Vol. 1, p. 368

22. *A Letter from Mr Dalrymple to Dr Hawkesworth* (London: 1773) p. 27

23. Hugh Carrington (ed.), *The Discovery of Tahiti: A Journal of the Second Voyage of HMS Dolphin Round the World by George Robertson 1766–68* (London: Hakluyt Society, 1948) pp. 234–5

24. Beaglehole (ed.), *The Journals of Captain James Cook*, p. cclxxxii

25. John Marra, *Journal of the Resolution's Voyage in 1772, 1773, 1774 and 1775*(London: F. Newberry, 1776) p. 219

26. Beaglehole (ed.), *The Endeavour Journal of Joseph Banks*, p. 396

27. Ibid., p. 399

28. Beaglehole (ed.), *The Journals of Captain James Cook*, p. 565

29. Ibid., p. 566

30. Rongowhakaata (R. W.) Halbert, *Horouta: the history of the Horouta Canoe, Gisborne and the East Coast* (Auckland: Reed Books, 1999) p. 26

31. Joseph Angus Mackay, *Historic Poverty Bay and the East Coast* (Gisborne:Joseph Angus Mackay, 1949) p. 21

32. Beaglehole (ed.), *The Journals of Captain James Cook*, p. 169

33. Ibid., pp. 565–6

34. Beaglehole (ed.), *The Endeavour Journal of Joseph Banks*, Vol. 1, p. 402

35. Beaglehole (ed.), *The Journals of Captain James Cook*, p. 568

36. Ibid., p. 171

37. Beaglehole (ed.), *The Endeavour Journal of Joseph Banks*, Vol. 1, p. 403

38. Beaglehole (ed.), *The Journals of Captain James Cook*, p. 171

39. Beaglehole (ed.), *The Endeavour Journal of Joseph Banks*, Vol. 1, p. 403

40. Ibid., p. 404

41. Beaglehole (ed.), *The Journals of Captain James Cook*, p. 172

42. Beaglehole (ed.), *The Endeavour Journal of Joseph Banks*, Vol. 1, p. 424

43. *A Letter from Mr. Dalrymple to Dr. Hawkesworth* (London: 1773) p. 27

44. Beaglehole (ed.), *The Endeavour Journal of Joseph Banks*, Vol. 1, p. 472

45. Ibid.

46. Beaglehole (ed.), *The Journals of Captain James Cook*, p. cxlix

47. Beaglehole (ed.), *The Endeavour Journal of Joseph Banks*, Vol. 1, p. 435

48. J. C. Beaglehole (ed.), *The Endeavour Journal of Joseph Banks 1768–1771*,Vol. 2 (London: Angus & Robertson, 1962) p. 34

49. George Forster, *A Voyage Around the World*, Vol. 2 (London: B. White,1778) p. 477

50. Beaglehole (ed.), *The Endeavour Journal of Joseph Banks*, Vol. 1, p. 456

第九章　彩虹蛇之地

1. Thomas Pierson, *Roseberry Topping: a poem* (Stockton: Jennett & Co.,1847) p. 9

2. John Gascoigne, *Captain Cook: voyager between worlds* (London:Hambledon, 2007) p. 16

3. J. C. Beaglehole, *The Voyage of the Resolution and Adventure 1772–1775*(Cambridge: Hakluyt Society, 1961) p. 323

4. J. C. Beaglehole (ed.), *The Journals of Captain James Cook on his Voyagesof Discovery. The Voyage of the Endeavour 1768–1771* (Cambridge: Cambridge University Press for the Hakluyt Society, 1955) p. 300

5. Anne Salmond, *The Trail of the Cannibal Dog: Captain Cook in the SouthSeas* (London: Allen Lane, 2003) p. 131

6. Maria Nugent, *Captain Cook was Here* (Cambridge: Cambridge University Press, 2009) p. 110

7. Eric Deeral, 'Ngarrbal-ngay wanhu? Nguba ngaadal wuwu-thirr: Visitorswho may need help', in *East Coast Encounter* (Collingwood: One Day Hill, 2014) p. 28

8. Edmund Burke, *A Philosophical Enquiry into the Origin of our Ideas of theSublime and Beautiful* (London: R. & J. Dodsley, 1759) p. 19

9. Nugent, p. 111

10. Sydney Parkinson, *A Journal of a Voyage to the South Seas, in His Majesty'sShip, the Endeavour* (London: printed for Stansfield Parkinson, 1773) p. 56

11. Nugent, p. 114

12. J. C. Beaglehole (ed.), *The Endeavour Journal of Joseph Banks 1768–1771*,Vol. 2 (London: Angus & Robertson, 1962) p. 54

13. Glyndwr Williams, 'Far more happier than we Europeans: Reactionsto the Australian aborigines on Cook's Voyage', *Journal of Historical Studies*, Vol. 19, Iss. 77 (1981)

14. Beaglehole (ed.), *The Endeavour Journal of Joseph Banks*, Vol. 2, p. 50

15. Parkinson, p. 135

16. John James Rousseau, *A Discourse upon the Origin and Foundation of theInequality among Mankind* (London: R. and J. Dodsley, 1764) p. 21

17. Beaglehole (ed.), *The Endeavour Journal of Joseph Banks*, Vol. 2, p. 58

18. 'Badtjala Song', translated by Gemma Cronin, in *East Coast Encounter*(Collingwood: One Day Hill, 2014) p. 10

19. Parkinson, p. 136

20. Beaglehole (ed.), *The Endeavour Journal of Joseph Banks*, Vol. 2, p. 62

21. J. C. Beaglehole (ed.), *The Endeavour Journal of Joseph Banks 1768–1771*,Vol. 1 (London: Angus & Robertson, 1962) p. 447

22. Beaglehole (ed.), *The Journals of Captain James Cook*, p. 344

23. Parkinson, p. 142

24. Beaglehole (ed.), *The Endeavour Journal of Joseph Banks*, Vol. 2, p. 77

25. Ibid., p. 78

26. Parkinson, p. 142

27. Beaglehole (ed.), *The Journals of Captain James Cook*, p. 346

28. Ibid., pp. 350–1

29. Beaglehole (ed.), *The Endeavour Journal of Joseph Banks*, Vol. 2, p. 81

30. Ibid.

31. Ibid., p. 82

32. Parkinson, p. 141

33. Ibid.

34. Deeral, p. 28

35. Ibid., p. 31

36. Beaglehole (ed.), *The Journals of Captain James Cook*, p. 399

37. Gascoigne, p. 17

38. Beaglehole (ed.), *The Endeavour Journal of Joseph Banks*, Vol. 2, p. 145

39. Ibid., p. 84

40. Beaglehole (ed.), *The Journals of Captain James Cook*, pp. 351–2

41. Parkinson, p. 146

42. Beaglehole (ed.), *The Endeavour Journal of Joseph Banks*, Vol. 2, p. 87

43. Beaglehole (ed.), *The Journals of Captain James Cook*, p. 370

44. Ibid., p. 375

45. Ibid., p. 377

46. Beaglehole (ed.), *The Endeavour Journal of Joseph Banks*, Vol. 2, p. 105

47. Ibid.

48. Beaglehole (ed.), *The Journals of Captain James Cook*, p. 378

49. Beaglehole (ed.), *The Endeavour Journal of Joseph Banks*, Vol. 2, p. 107

50. Beaglehole (ed.), *The Journals of Captain James Cook*, p. 379

51. Ibid.

第十章　回到原点

1. *The Works of Samuel Johnson L.L.D*, Vol. 4 (Philadelphia: William Brown,1825) p. 304

2. *Horace Walpole's Correspondence*, Vol. 23, pp. 239–40

3.   *General Evening Post*, 25 September, 1770

4.   J. C. Beaglehole (ed.), *The Endeavour Journal of Joseph Banks 1768–1771*,Vol. 1 (London: Angus & Robertson, 1962) p. 51

5.   *The Works of Samuel Johnson L.L.D*, Vol. 4, p. 318

6.   John Brewer, *Sentimental Murder: Love and Madness in the EighteenthCentury* (London: Harper Perennial, 2005) p. 106

7.   *Middlesex Journal*, 5 January 1771

8.   *Oxford Journal*, 11 May 1771

9.   *London Evening Post*, 14 May 1771

10. J. C. Beaglehole (ed.), *The Endeavour Journal of Joseph Banks 1768–1771*,Vol. 2 (London: Angus & Robertson, 1962) p. 323

11. Ibid., p. 184

12. J. C. Beaglehole (ed.), *The Journals of Captain James Cook on his Voyagesof Discovery. The Voyage of the Endeavour 1768–1771* (Cambridge: Cambridge University Press for the Hakluyt Society, 1955) pp. 437–8

13. Beaglehole (ed.), *The Endeavour Journal of Joseph Banks*, Vol. 2, p. 187

14. Sydney Parkinson, *A Journal of a Voyage to the South Seas, in His Majesty'sShip, the Endeavour* (London: printed for Stansfield Parkinson, 1773) p. 182

15. Beaglehole (ed.), *The Endeavour Journal of Joseph Banks*, Vol. 2, p. 242

16. Beaglehole (ed.), *The Journals of Captain James Cook*, p. 466

17. Ibid., p. 471

18. Beaglehole (ed.), *The Endeavour Journal of Joseph Banks*, Vol. 2, p. 274

19. James Boswell, *The Life of Samuel Johnson, LL.D*, Vol. 1 (London: HenryBaldwin, 1791) p. 351

20. Beaglehole (ed.), *The Journals of Captain James Cook*, pp. 649–51

21. Beaglehole (ed.), *The Endeavour Journal of Joseph Banks*, Vol. 1, p. 53

22. Neil Chambers, *The Scientific Correspondence of Sir Joseph Banks*, Vol. 1(London: Routledge, 2007) pp. 42–3

23. Beaglehole (ed.), *The Endeavour Journal of Joseph Banks*, Vol. 1, p. 54

24. Ibid., pp. 55–6

25. *Public Advertiser*, 3 September 1771

26. *Kentish Gazette*, 28 September 1771

27. Boswell, p. 414

28. Neil Chambers (ed.), *Endeavouring Banks: Exploring collections from theEndeavour Voyage* (London: Paul Holberton Publishing, 2016) p. 208

29. "约瑟夫·班克斯爵士和英国皇家学会",《约瑟夫·班克斯爵士：全球视野》第 5 页，哈罗德·B. 卡特著。(伦敦：皇家植物园，邱园，1994)

30. John Hawkesworth, *An Account of the Voyages Undertaken by the order ofHis Present*

Majesty for making Discoveries in the Southern Hemisphere (London: W. Strahan, 1773) p. xxi

31. *The Papers of Benjamin Franklin*, Vol. 18 (New Haven: Yale UniversityPress, 1974) p. 210

32. *A Letter from Mr. Dalrymple to Dr. Hawkesworth* (London: 1773) p. 2

33. Ibid., p. 23

34. Ibid., p. 32

35. Hawkesworth, p. xix

36. John Barrow, *A Voyage to Cochinchina in the years 1792 and 1793* (London:T. Cadell, 1806) pp. 64–5

37. *Gazetteer and New Daily Advertiser*, 26 August 1771

38. Beaglehole (ed.), *The Endeavour Journal of Joseph Banks* Vol. 2, p. 329

39. J. C. Beaglehole, *The Voyage of the Resolution and Adventure 1772–1775*(Cambridge: Hakluyt Society, 1961) p. 930

40. Ibid., p. 931

41. Ibid., p. 718

42. Beaglehole (ed.), *The Endeavour Journal of Joseph Banks*, Vol. 2, p. 347

43. Ibid., p. 355

44. Chambers (ed.), p. 279

45. "库克船长时代南海上的水手和哲学家"，《水手之镜》第 14 页，格林杜尔·威廉姆斯著。

46. J. C. Beaglehole, *The Life of Captain James Cook* (London: Adam & Charles Black, 1974) p. 310

第十一章　殖民之后

1. John Brewer, *Sentimental Murder: Love and Madness in the EighteenthCentury* (London: HarperCollins, 2004) p. 104

2. Ibid., pp. 103–4

3. G. R. Barnes and J. H. Owen, *The Private papers of John, Earl of Sandwich,First Lord of the Admiralty 1771–1782*. Volume 1, August 1770–March 1778 (Publications of the Navy Records Society, v. LXIX. 1932) p. xiii

4. Ibid.

5. *Scots Magazine*, 1 March 1775

6. *Kentish Gazette*, 8 August 1772

7. Ibid.

8. NA. ADM 106/1209/304

9. Bernard Penrose, *An Account of the Last Expedition to Port Egmont, inFalkland's Islands in the Year 1772* (London: J. Johnson, 1775) p. 9

10. NA. ADM 106/1208/235

11. *Gentleman's Magazine*, February 1775

12. Penrose, p. 11

13. Ibid., p. 42

14. Ibid., p. 13

15. Anon, *A Voyage Around the World, in his Majesty's Ship the Dolphin*(London: J. Newberry, 1767) p. 73

16. Penrose, p. 44

17. Ibid., p. 49

18. Ibid., p. 27

19. Edmund Burke, *A Philosophical Enquiry into the Origin of our Ideas of theSublime and Beautiful* (London: R. & J. Dodsley, 1759) p. 59

20. Penrose, pp. 54–5

21. Ibid., p. 58

22. Ibid., pp. 62–3

23. Ibid., p. 64

24. Samuel Johnson, *Taxation No Tyranny: An Answer to the Resolutions andAddresses of the American Congress* (London: T. Cadell, 1775) p. 17

25. Ambrose Serle, *The American Journal of Ambrose Serle, Secretary to Lord Howe1776–1778* (San Marino: Huntington Library Publications, 1940) p. 58

26. Johnson, p. 39

27. *Burke: Select Works*, Vol. 1 (Clark, NJ: The Lawbrook Exchange, 2005)p. 173

28. 《帝国分解规则》，本杰明·富兰克林著,《公共广告人》1773 年 9 月 11 日刊。

29. *Annual Register, or a view of the history, politics and literature for the year1775* (London: J. Dodsley, 1776) p. 54

30. Sarah Vickery, 'Handwritten History, 1765–1867: Correspondence ofGreat Americans from the Collections of the Newport Historical Society', *Newport History*, Vol. 80, Iss. 264, p. 39

31. Andrew Jackson O'Shaughnessy, *The Men Who Lost America* (London:Oneworld, 2013) p. 54

32. Carla Hay, 'Catharine Macaulay and the American Revolution', *Historian*,Vol. 56, No. 2 (Winter 1994) p. 308

33. Penrose, p. 72

34. Ibid., p. 76

35. Ibid., p. 79

36. *Derby Mercury*, 15 April 1774

37. *Derby Mercury*, 26 August 1774

38. *The Papers of Benjamin Franklin*, Vol. 21 (New Haven: Yale UniversityPress, 1978) p. 306

39. *Kentish Gazette,* 4 January 1775

40. *Franklin Papers*, Vol. 21, p. 546

41. Ibid., p. 326

42. Ibid., p. 569

43. Ibid., p. 579

44. Ibid., p. 581

45. Ibid.

46. Ibid., p. 583

47. *Scots Magazine*, 1 March 1775

48. *The Parliamentary History of England from the earliest period to the year1803*, Vol. 18
     (London: Hansard, 1813) p. 446

49. *Franklin Papers*, Vol. 21, p. 598

50. Ibid., p. 545

第十二章　远洋运兵

1.   Lionel Charlton, *The History of Whitby, and of Whitby-Abbey* (London:A. Ward, 1779) p.
     358

2.   NA. ADM 106/1226/154. George Brodrick, 17 March 1775

3.   CL. ADM 354/189/330 – Woolwich Officers to Philip Stephens

4.   Mike Connell and Des Liddy, 'Cook's *Endeavour* Bark: did this vesselend its days in New-
     port?', *The Great Circle, Journal of the Australian Association for Maritime History*, Vol.
     19, No. 1, p. 40

5.   *New Lloyd's List*, No. 639, Tuesday 9 May 1775

6.   *New Lloyd's List*, No. 689, Tuesday 31 October 1775

7.   G. R. Barnes and J. H. Owen, *The Private papers of John, Earl of Sandwich,First Lord
     of the Admiralty 1771–1782, Vol. 1, August 1770–March 1778* (Publications of the Navy
     Records Society, v. LXIX, 1932) p. 63

8.   *Burke: Select Works*, Vol. 1 (Clark, NJ: The Lawbrook Exchange, 2005) p. 183

9.   Barnes and Owen, pp. 66–7

10. Ibid., p. 67

11. Ibid., p. 64

12. David Syrett, *Shipping and the American War 1775–83* (London: TheAthlone Press, 1970)
     p. 182

13. Ibid., p. 197

14. William Bell Clark, *Naval Documents of the American Revolution*, Vol. 3(Washington: US
     Navy Department, 1968) p. 463

15. Ibid., p. 504

16. NA. ADM 106/3402, op. cit., p. 377

17. Ibid., p. 388

18. Ray Parkin, *HM Bark Endeavour: her place in Australian history* (Melbourne:The Mie-gunyah Press, 1999) p. 4

19. D. K. Abbass, 'Endeavour and Resolution Revisited: Newport andCaptain James Cook's Vessels', *Newport History*, Vol. 70 (1999)

20. NA. ADM 106/3402, op. cit., pp. 424–6

21. Thomas Paine, *Common Sense* (London: Penguin, 2005) p. 35

22. Ibid., p. 73

23. Barnet Schecter, *The Battle for New York: the city at the heart of the American Revolution* (London: Jonathan Cape, 2003) p. 76

24. Ibid., p. 93

25. Barnes and Owen, p. 44

26. William Bell Clark, *Naval Documents of the American Revolution*, Vol. 4(Washington: US Navy Department, 1969) p. 885

27. Ibid., p. 1014

28. Ibid., p. 1098

29. William James Morgan, *Naval Documents of the American Revolution*, Vol.5 (Washington: US Navy Department, 1970) p. 107

30. Ernest Campbell Mossner, *The Life of David Hume* (Oxford: OxfordUniversity Press, 1980) p. 595

31. Clark, *Naval Documents of the American Revolution*, Vol. 4, p. 1137

32. Rodney Atwood, *The Hessians* (Cambridge: Cambridge University Press,1980) p. 7

33. Ibid., pp. 19–20

34. Ibid., pp. 25–6

35. Albert Pfister, *The Voyage of the First Hessian Army from Portsmouth toNew York 1776* (New York: Chas. Fred. Heartman, 1915) p.10

36. Ibid., p. 11

37. Ibid., p. 9

38. Ibid., p. 10

39. Ibid., p. 23

40. NA. ADM 1/487, Part I, p. 51

41. Pfister, p. 30

42. Ibid., p. 12

43. Ibid., p. 13

44. Ibid.

45. Serle, p. 28

46. Ibid., p. 9

47. Ibid., p. 12

48. Ibid., p. 14

49. Ibid., p. 20

50. Ibid., p. 24

51. Ibid., p. 25

52. Ibid., p. 28

53. Ibid., p. 30

54. Schecter, p. 102

55. Ibid., p. 99

56. Morgan, pp. 918–19

57. Serle, p. 31

58. Pfister, p. 23

59. Ibid., p. 25

60. Ibid., p. 29

61. David McCullough, *1776* (New York: Simon & Schuster, 2005) p. 149

62. Serle, p. 63

63. Ibid., p. 64

64. William James Morgan, *Naval Documents of the American Revolution*,Vol. 6 (Washington: US Navy Department, 1972) p. 217

65. Serle, p. 77

66. Andrew Jackson O'Shaughnessy, *The Men Who Lost America* (London:Oneworld, 2013) p. 95

67. Serle, p. 145

68. Ibid., p. 147

69. Barnes and Owen, p. 169

第十三章　幽灵船

1. Charles Blaskowitz, *A Topographical Chart of the Bay of Narragansett inthe Province of New England* (London: Wm Faden, 1777)

2. G. R. Barnes and J. H. Owen, *The Private papers of John, Earl of Sandwich,First Lord of the Admiralty 1771–1782, Vol. 1, August 1770–March 1778* (Publications of the Navy Records Society, v. LXIX. 1932) p. 72

3. Ibid., pp. 172–3

4. Blaskowitz

5. Marian Mathison Desrosiers, 'Daily Fare and Exotic Cuisine inMid-Eighteenth-Century Newport', *Newport History*, Vol. 85, Iss. 274, p. 2

6. Ibid., p. 13

7. Sarah Vickery, 'Handwritten History, 1765–1867: Correspondence ofGreat Americans from

the Collections of the Newport Historical Society', *Newport History*, Vol. 85, Iss. 264, p. 35

8. Ambrose Serle, *The American Journal of Ambrose Serle, Secretary to LordHowe 1776–1778* (San Marino: Huntington Library Publications, 1940) p. 279

9. Ezra Stiles, *The Literary Diary of Ezra Stiles*, Vol. 1 (New York: CharlesScribner's Sons) p. 610

10. Charles P. Neimeyer, 'Rhode Island Goes to War: The Battle of RhodeIsland, 1776–1778', *Newport History*, Vol. 72, Iss. 249, p. 123

11. Shrewsbury Chronicle, 25 January 1777

12. Deirdre C. Phelps, 'Solomon Southwick, Patriotic Printer ofRevolutionary Rhode Island', *Newport History*, Vol. 77, Iss. 259, p. 24

13. Barnes and Owen, p. 172

14. Barnet Schecter, *The Battle for New York: the city at the heart of the American Revolution* (London: Jonathan Cape, 2003) p. 186

15. Drewry's Derby Mercury, 24 January–31 January, 1777

16. Burke: Select Works, Vol. 1 (Clark, NJ: The Lawbrook Exchange, 2005)p. 177

17. Vickery, p. 35

18. Mary Almy, 'Mrs. Almy's Journal', *Newport Historical Magazine*, Vol. 1(Newport: Newport Historical Publishing, 1880) p. 21

19. Christian M. McBurney, *Kidnapping the Enemy: special operations to capture generals Charles Lee & Richard Prescott* (Yardley: Westholme Publishing, 2013) p. 115

20. Ibid., p. 114

21. Christian M. McBurney, 'British Treatment of Prisoners During theOccupation of Newport, 1776–1779: Disease, Starvation and Death Stalk the Prison Ships', *Newport History*, Vol. 79, Iss. 263, p. 5

22. Ibid., p.7

23. Karl Heinz Marquardt, *Captain Cook's Endeavour* (London: ConwayMaritime Press, 1995) p. 13

24. McBurney, *Kidnapping the Enemy*, p. 128

25. Ibid., p. 139

26. Ibid., p. 140

27. Donald F. Johnson, 'Occupied Newport: A Revolutionary City underBritish Rule', *Newport History*, Vol. 84, p. 12

28. Serle, p. 271

29. McBurney, 'British Treatment', p. 14

30. Serle, p. 272

31. Andrew Jackson O'Shaughnessy, *The Men Who Lost America* (London:Oneworld, 2013) p. 13

32. Ibid., p. 32

33. Barnes and Owen, p. 343

34. Ibid., p. 23

35. *Annual Register, or a view of the history, politics and literature for the year1778* (London: J. Dodsley, 1779) p. 227

36. Ibid., p. 228

37. Paul F. Dearden, *The Rhode Island Campaign of 1778: inauspicious dawnof alliance* (Providence: Rhode Island Bicentennial Foundation, 1987) p. 38

38. Almy, p. 22

39. Ibid., p. 23

40. Ibid., p. 20

41. NA. ADM 1/488, *Correspondence of Admiral Howe, 1777 to 1779*

结语：奋进

1. 《一场"该死的斗争"，但是他赢了》，托尼·史蒂芬斯著。(《悉尼先驱晨报》，见 http://www.smh.com.au/news/obituaries/a-damnable-struggle-but-hewon/2005/06/30/1119724752332)

2. Ray Parkin, *Out of the Smoke: the Story of a Sail* (London: Hogarth Press,1960) p. 1

3. Martin Flanagan, 'Be content, frugal, said a wise man', *The Age*, https://www.theage.com.au/articles/2003/02/02/1044122261316.html, accessed January 2018

4. Parkin, *Out of the Smoke*, p. 6

5. Ibid., p. ix

6. John Clark, 'Ray Parkin', http://mrjohnclarke.com/tinkering/ray-parkin accessed January 2018

7. Ray Parkin, *HM Bark Endeavour: her place in Australian history* (Melbourne:The Miegunyah Press, 1999) p. 69

8. Ibid., p. 6

9. Ibid., p. 42

10. Ibid., p. 41

11. Averil Lysaght (ed.), *The journal of Joseph Banks in the Endeavour / with acommentary by A. M. Lysaght* (Guildford: Genesis Publications, 1980) p. 30

12. Tim Beaglehole, *A Life of J. C. Beaglehole New Zealand Scholar* (Wellington: Victoria University Press, 2006) p. 351

13. Ibid., p. 217

14. Andrew Jackson O'Shaughnessy, *The Men Who Lost America* (London:Oneworld, 2013) p. 36

15. Mrs Stone, *Chronicles of Fashion, from the time of Queen Elizabeth to thepresent day*, Vol. 2 (London: Richard Bentley, 1846) p. 76

16. Robert Louis Stevenson, *Treasure Island* (Oxford: Oxford UniversityPress, 2011) p. xl

17. James Dunbar, *Essays on the History of Mankind in Rude and UncultivatedAges* (Dublin: B. Smith, 1782) p. 229

18. Robert Louis Stevenson, *A footnote to history: eight years of trouble inSamoa* (London: Cassell, 1892)

19. Judith Binney, *Redemption Songs: A Life of Te Kooti Arikirangi Te Turuki*(Wellington: Bridget Williams Books, 1995) p. 5

20. *Northampton Chronicle and Echo*, 14 March 1928

21. 'Space Shuttle Overview: *Endeavour*', Kennedy Space Center, https://www.nasa.gov/centers/kennedy/shuttleoperations/orbiters/endeavour-info.html, accessed January 2018

22. Steve Meacham, 'Murky history of the sunken *Endeavour*', *SydneyMorning Herald*, http://www.smh.com.au/news/world/murky-history-of-the-sunken-endeavour/2006/06/15/1149964675875.html, accessed January 2018

23. *NASA Space News Roundup*, 8 May 1992

24. 《四大使命，轨道上的一百七十七天，以及 "对永恒的一瞥"》: "这个小男孩成为澳大利亚第一位宇航员……他把从自己国家带来的一小块纪念品带到了最遥远的边疆。"凯特·莱昂斯著。(《每日邮报》, 见 http://www.dailymail.co.uk/news/article-2663279/Australias-astronaut-hangs-space-helmet-22-years.html)

25. *Meacham*

26. *N. A. Maffey, New Zealand Maritime News, Vol. 21, No. 4 (Autumn 1970)(New Zealand Ship and Marine Society) p. 131*

27. *Mike Connell and Des Liddy, 'Cook's Endeavour Bark: did this vesselend its days in Newport?', The Great Circle, Journal of the Australian Association for Maritime History, Vol. 19, No. 1, p. 47*

28. *John Barrow, A Voyage to Cochinchina in the years 1792 and 1793 (London:T. Cadell, 1806) p. 64*

29. *Connell and Liddy*

30. *D. K. Abbass, 'Endeavour and Resolution Revisited: Newport andCaptain James Cook's Vessels', Newport History, Vol. 70 (1999)*

31. *'Obama at Black Caucus dinner: "I need your help"', CBS News, https://www.cbsnews.com/news/obama-at-black-caucus-dinner-i-need-your-help/, accessed January 2018*

索引

（下面的页码指原书页码即本书边码）

图书在版编目（CIP）数据

奋进号：改变世界的伟大航行 / (英) 彼得·摩尔
著；祝晓辉译. -- 北京：北京联合出版公司, 2019.10
ISBN 978-7-5596-3628-7

Ⅰ.①奋… Ⅱ.①彼… ②祝… Ⅲ.①船舶 – 历史 –
英国 – 近代 Ⅳ.①U674-095.61

中国版本图书馆CIP数据核字(2019)第190872号

北京市版权局著作权合同登记 图字：01-2019-5687

ENDEAVOUR: The Ship and the Attitude that Changed the World
Copyright © Peter Moore 2018
Translation copyright © 2019, by Beijing Zito Books Co., Ltd.

奋进号
改变世界的伟大航行

作　　者　［英］彼得·摩尔
译　　者　祝晓辉
责任编辑　牛炜征
监　　制　黄利　万夏
特约编辑　张耀强　高翔　贾辅榕
营销支持　曹莉丽
版权支持　王秀荣
装帧设计　**紫图装帧**

北京联合出版公司出版
（北京市西城区德外大街 83 号楼 9 层　100088）
天津联城印刷有限公司印刷　新华书店经销
字数 380 千字　889 毫米 × 1194 毫米　1/32　20 印张
2019 年 10 月第 1 版　2019 年 10 月第 1 次印刷
ISBN 978-7-5596-3628-7
定价：119.00 元

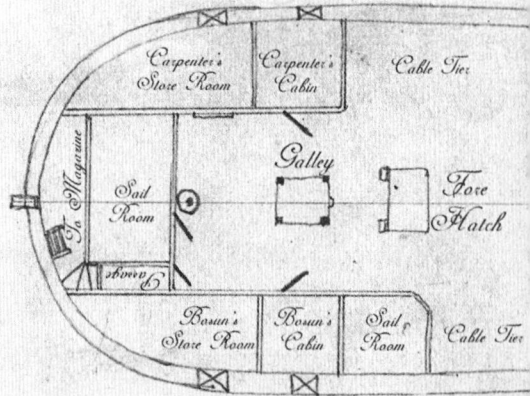

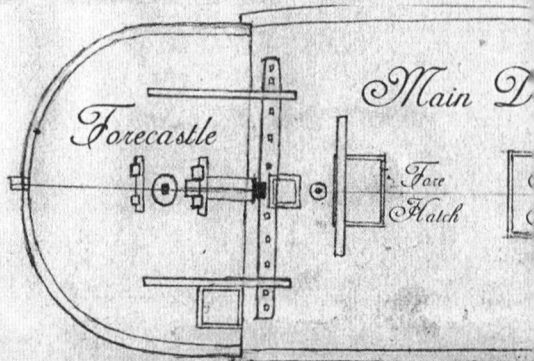